The Convention on the Elimination of
All Forms of Discrimination against Women
An Introduction

《消除对妇女一切形式歧视公约》
导 读

刘伯红 刘小楠 / 编著

中国政法大学出版社

2022·北京

前　言

《消除对妇女一切形式歧视公约》是联合国唯一的专门针对妇女的人权文书，是联合国9个核心人权公约之一。它以综合的、具有法律约束力的形式汇集了国际上公认的关于妇女权利的原则，明确规定这些原则适用于一切社会中的一切妇女。它是联合国为实现妇女权利奋斗的里程碑，构成了"妇女的国际人权宪章"。[1] 40多年来，它确保了妇女的充分发展和全面进步，并在性别平等的基础上行使和享有各项人权和基本自由，极大地促进了全球妇女人权事业的变化和经济社会的可持续发展。

1980年7月我国政府签署了《消除对妇女一切形式歧视公约》（简称《公约》），同年9月全国人大常委会第16届会议批准了《公约》，至今已经40多年。为履行《公约》义务，我国政府制定了一系列相关的法律法规、政策、行动计划、发展纲要等，建立了相应的专门机构，致力于消除对妇女的歧视，提高妇女地位，促进妇女全面发展，切实保障妇女人权。1980年后，我国政府又陆续签署了联合国6个核心人权公约。这些人权公约都要求缔约国政府采取一切适当措施，包括制定法律法规、采取暂行特别措施、改变社会和文化行为规范，消除一切形式对妇女的歧视，保证妇女得到充分发展和进步。

2004年，我国政府在《中华人民共和国宪法》修订中庄严载入了"国家尊重和保障人权"的条款，加入了"公民权利"专章，把实现充分的人权作为国家治国理政的重要原则。"以人为本"的科学发展观、尊重和保障人权的指导思想，已经写入国家国民经济和社会发展的"十一五""十二五""十三五""十四五"规划，写入中国共产党章程和党的十五大、十六大、十七大、十八大和十九大报告。2009年至今，我国政府分别颁布了四个周期的《国家人权行动计划（2009—2010）（2012—2015）（2015—2020）（2021—2025）》，依据《世界人权宣言》和国际人权公约的基本精神和我国国情，制定了中国历史上前所未有的包

---

[1] 联合国新闻部：《联合国与提高妇女地位（1945—1995）》，联合国蓝皮书系列卷六，第5页。

《消除对妇女一切形式歧视公约》导读

括妇女和其他群体在内的人权行动目标和人权教育计划，对我国人权事业的发展与进步，起到极为重要的指导和推动作用。

尽管如此，《公约》的主要原则、特点、内容、执行和报告机制等以及与此相关的国内立法决策等知识，在我国政府相关部门、我国社会和广大民众，特别是妇女组织和妇女中的知晓度仍然不足。习近平主席强调我们在新时期中华民族的伟大复兴中，要具有"全球视野、国际标准、高点定位和中国特色"，包括我们对国际人权理念、人权标准、人权机制、人权事业的熟知和借鉴。为此，我们编辑了这本《〈消除对妇女一切形式歧视公约〉导读》，以期普及《公约》的基本内容和妇女人权的基本知识。

本导读分两个部分。第一部分介绍《公约》的主要内容，包括《公约》的产生背景、《公约》的意义、特色的原则、《公约》的实质性条款、缔约国的责任和义务、《公约》的报告和执行机制、《消除对妇女一切形式歧视公约任择议定书》（简称《任择议定书》）等。第二部分是《公约》的附件，也是《公约》的重要组成部分，包括《公约》和《任择议定书》文本、消除对妇女歧视委员会的一般性建议，以方便读者全面了解《公约》内容和执行机制。因篇幅所限，与履行《公约》相关的一系列中国文书，没能收入本书中。

这本导读从2011年开始编辑试用，转眼已经十年了。在这十年中，随着国际国内妇女人权事业的发展与进步，我们对其进行了不断的补充和修订，我们也期待读者们对这本小册子的深入与完善提出宝贵意见。我们长期以来为此的努力与奋斗，都为了实现一个共同目标，即使中国人民特别是中国妇女，生活在一个尊重和保障人权的文明社会里，享受与遵守国际人权文书所列的所有权利和标准，实现人人平等参与社会发展，人人平等分享社会发展成果的美好梦想。

刘伯红　刘小楠
2021年12月31日

目 录

一、《公约》的产生和主要内容 ·· 1
  （一）《公约》的产生 ·· 1
  （二）《公约》的意义、特点和关键原则 ································ 13
    1. 《公约》的意义 ·· 13
    2. 《公约》的特点 ·· 14
    3. 《公约》的关键原则 ·· 14
  （三）《公约》的主要内容 ·· 20
    1. 序言 ·· 20
    2. 第一部分（第一至六条）·· 21
    3. 第二部分（第七至九条）·· 26
    4. 第三部分（第十至十四条）··· 27
    5. 第四部分（第十五至十六条）······································ 32
    6. 第五部分（第十七至二十二条）·································· 35
    7. 第六部分（第二十三至三十条）·································· 35
  （四）《公约》的执行机制 ·· 37
    1. 消除对妇女歧视委员会 ·· 37
    2. 成为《公约》缔约国 ·· 39
    3. 缔约国执行《公约》 ·· 42
    4. 缔约国报告程序 ·· 47
    5. 委员会对缔约国的审议 ·· 50
    6. 一般性建议 ·· 52
  （五）《任择议定书》 ·· 55
    1. 《任择议定书》制定的背景 ······································· 61
    2. 《任择议定书》的内容 ·· 62
    3. 《任择议定书》建立的机制 ······································· 64

4. 《任择议定书》的特色 …………………………………… 64
5. 《任择议定书》工作组 …………………………………… 64

二、附录 ……………………………………………………………… 66
  （一）消除对妇女一切形式歧视公约 …………………………… 66
  （二）消除对妇女一切形式歧视公约的任择议定书 …………… 76
  （三）第 1~38 号一般性建议 …………………………………… 81

后记 ………………………………………………………………… 352

一、《公约》的产生和主要内容

（一）《公约》的产生

1948年联合国制定了《世界人权宣言》（以下简称《宣言》），它是联合国第一个对人权进行全面阐述的正式的国际文件，由序言和30个条文组成。《宣言》第1条表明："人人生而自由，在尊严和权利上一律平等。……"第2条规定了平等和非歧视的原则："人人有资格享受本宣言所载的一切权利和自由，不分种族、肤色、性别、语言、宗教、政治或其他见解、国籍或社会出身、财产、出生或其他身份等任何区别。……"《宣言》第一次全面提出了人权的两大类权利，即公民和政治权利（第3条至第21条），经济、社会和文化权利（第22条至第27条），并规定了实现人权的条件和人权的限制。尽管受到历史条件限制，但《宣言》对《联合国宪章》[1]提出的"人权及基本自由"作出了系统的权威性解释，提出了所有国家和人民应努力实现的共同人权标准，阐明了保护和尊重人权的具体内容，成为联合国此后所制定的各项国际人权公约的源泉和基础。[2]

自《宣言》通过以来，联合国一直致力于将其中的各项原则演绎成为保护具体权利的国际条约。1949年至1962年，在国际妇女运动的推动下，联合国妇

---

〔1〕《联合国宪章》被认为是联合国的基本大法，既确立了联合国的宗旨、原则和组织机构设置，又规定了成员国的责任、权利和义务，是处理国际关系、维护世界和平与安全的基本原则和方法。《联合国宪章》关于人权问题的原则性规定成为国际人权保护活动的重要法律依据。遵守《联合国宪章》、维护联合国威信是每个成员国不可推脱的责任。1945年6月26日，来自50个国家的代表在美国旧金山签署了《联合国宪章》。《联合国宪章》于同年10月24日起生效，联合国正式成立。

〔2〕 参见白桂梅主编：《人权法学》，北京大学出版社2011年版，第73~75页。

《消除对妇女一切形式歧视公约》导读

女地位委员会[1]起草并通过了保障和促进妇女权利的多项条约，包括《妇女政治权利公约》（1952年）、《已婚妇女国籍公约》（1957年）和《关于婚姻的同意、结婚最低年龄和婚姻登记的公约》（1962年）等。1967年联合国妇女地位委员会制定并颁布了《消除对妇女歧视宣言》。其核心是遵循不歧视原则，废除歧视妇女的法律、习俗、规章和惯例，主张妇女与男子在平等的基础上参与国家的政治、经济和文化生活，强调把男女平等原则纳入各国宪法或起草专门的法律加以规定。

然而，《宣言》不是条约，虽然具有道德和政治影响力，但它对各国不具有确定的法律约束力。因此，制订一项专门规定妇女权利的法律文献成为联合国各成员国的共同意愿。1972年，第24届联合国妇女地位委员会通过了起草一项使《宣言》成为具有约束力的条约的决议。1975年在墨西哥城召开的联合国第一次世界妇女大会通过了《世界行动计划》，要求制定一项消除对妇女歧视公约，其中应包括有效执行的程序。此次妇女大会有力地推动了《公约》的起草和制订工作。

联合国妇女地位委员会用了长达8年的时间，酝酿、起草和制订《公约》。在上述有关妇女权利公约的基础上，《公约》将妇女的权利扩展到政治、经济、社会、文化、公民、家庭和任何领域，形成了一部综合性的具有法律约束力和广泛适用性的妇女人权公约。在1979年12月18日联合国第34届大会上，《公约》以130票支持、零票反对、11票弃权的压倒性多数获得了通过。

1980年7月17日，在哥本哈根召开的联合国第二次世界妇女大会的第三天，《公约》向联合国各成员国开放签署，当天即有64个国家在为此举行的专门仪式上签署了《公约》，两个国家递交了批准书，我国也是这一天签署《公约》的国家之一。《公约》在收到20个国家的批准书后，于1981年9月3日生效，是联合国各主要人权文书中生效最为迅速的，从而使联合国为妇女全面编纂国际人权

---

[1] 联合国妇女地位委员会，是1946年6月21日联合国经济及社会理事会设立的一个由15个成员国（后扩大到45个成员国）组成的妇女地位委员会，简称妇地会（Commission on the Status of Women，CSW），代替了从属于人权委员会之下的妇女地位小组委员会。妇地会的主要任务是：研究妇女在经济和社会发展中的作用；在全球范围内就成员国保障妇女在政治、经济、公民、社会和教育等方面权利的进展情况，向经社理事会提交报告，并对在妇女权益方面需立即引起注意的事项向经社理事会提出建议；制定有关妇女地位的公约、宣言；监督重要国际文书的执行；就有关妇女问题筹备和召开会议；制定提高妇女地位的计划和预算；协调联合国系统的妇女活动等。其日常工作由联合国提高妇女地位司负责。2011年1月，提高妇女地位司和另外三个联合国内的妇女专门机构，即性别平等问题和提高妇女地位问题特别顾问办公室、联合国妇女发展基金和提高妇女地位国际研究训练所合并，组成"联合国促进性别平等和妇女赋权署"，简称联合国妇女署。

和法律标准的努力结出了硕果。

截至2021年12月，已有189个国家成为《公约》的缔约国（详见表1），缔约国数位居联合国人权条约体系第2位。[1] 尚有下列联合国成员国未签署或批准加入《公约》，它们是美国、帕劳、伊朗、索马里、苏丹和汤加，其中美国和帕劳签署了《公约》，但未批准加入《公约》。[2]

表1 《公约》缔约国[3]

序号	国家	签署时间	收到批准、加入或继承书日期
1	阿富汗	1980年8月14日	2003年3月5日
2	阿尔巴尼亚		1994年5月11日 a
3	阿尔及利亚		1996年5月22日 a
4	安道尔		1997年1月15日 a
5	安哥拉		1986年9月17日 a
6	安提瓜和巴布达		1989年8月1日 a
7	阿根廷	1980年7月17日	1985年7月15日
8	亚美尼亚		1993年9月13日 a
9	澳大利亚	1980年7月17日	1983年7月28日
10	奥地利	1980年7月17日	1982年3月31日
11	阿塞拜疆		1995年7月10日 a
12	巴哈马		1993年10月6日 a

---

[1] 联合国人权条约体系中缔约国最多的是《儿童权利公约》，截至2010年底，该《公约》已有193个缔约国。转引自［美］玛莎·A. 弗里曼、［英］克莉丝蒂娜·钦金、［德］贝亚特·鲁道夫主编，戴瑞君译：《〈消除对妇女一切形式歧视公约〉评注（上）》，社会科学文献出版社2020年版，第10页。

[2] 将联合国成员国（网址：https://www.un.org/zh/about-us/member-states）与表1《公约》缔约国比对得出。

[3] https://treaties.un.org/Pages/ViewDetails.aspx? src = TREATY&mtdsg_no = IV - 8&chapter = 4&clang=_en，2021年12月31日。其中，a表示没有签署《公约》但递交加入书的国家，d表示国家在领土变更后递交继承书的国家。

《消除对妇女一切形式歧视公约》导读

续表

序号	国家	签署时间	收到批准、加入或继承书日期
13	巴林		2002年6月18日a
14	孟加拉国		1984年11月6日a
15	巴巴多斯	1980年7月24日	1980年10月16日
16	白俄罗斯	1980年7月17日	1981年2月4日
17	比利时	1980年7月17日	1985年7月10日
18	伯利兹	1990年3月7日	1990年5月16日
19	贝宁	1981年11月11日	1990年3月12日
20	不丹	1980年7月17日	1981年8月31日
21	玻利维亚	1980年5月30日	1990年6月8日
22	波斯尼亚和黑塞哥维那		1993年9月1日d
23	博茨瓦纳		1996年8月13日a
24	巴西	1981年3月31日	1984年2月1日
25	文莱达鲁萨兰		2006年5月24日a
26	保加利亚	1980年7月17日	1982年2月8日
27	布基纳法索		1987年10月14日a
28	布隆迪	1980年7月17日	1992年1月8日
29	佛得角		1980年12月5日a
30	柬埔寨	1980年10月17日	1992年10月15日a
31	喀麦隆	1983年6月6日	1994年8月23日
32	加拿大	1980年7月17日	1981年12月10日
33	中非		1991年6月21日a
34	乍得		1995年6月9日a
35	智利	1980年7月17日	1989年12月7日

续表

序号	国家	签署时间	收到批准、加入或继承书日期
36	中国	1980年7月17日	1980年11月4日
37	哥伦比亚	1980年7月17日	1982年1月19日
38	科摩罗		1994年10月31日 a
39	刚果	1980年7月29日	1982年7月26日
40	库克群岛		2006年8月11日
41	哥斯达黎加	1980年7月17日	1986年4月4日
42	科特迪瓦	1980年7月17日	1995年12月18日
43	克罗地亚		1992年9月9日 d
44	古巴	1980年3月6日	1980年7月17日
45	塞浦路斯		1985年7月23日 a
46	捷克		1993年2月22日 d
47	朝鲜		2001年2月27日 a
48	刚果（金）	1980年7月17日	1986年10月17日
49	丹麦	1980年7月17日	1983年4月21日
50	吉布提		1998年12月2日 a
51	多米尼克	1980年9月15日	1980年9月15日
52	多米尼加	1980年7月17日	1982年9月2日
53	厄瓜多尔	1980年7月17日	1981年11月9日
54	埃及	1980年7月16日	1981年9月18日
55	萨尔瓦多	1980年11月14日	1981年8月19日
56	赤道几内亚		1984年10月23日 a
57	厄立特里亚		1995年9月5日 a
58	爱沙尼亚		1991年10月21日 a

《消除对妇女一切形式歧视公约》导读

续表

序号	国家	签署时间	收到批准、加入或继承书日期
59	斯威士兰		2004年3月26日 a
60	埃塞俄比亚	1980年7月8日	1981年9月10日
61	斐济		1995年8月28日 a
62	芬兰	1980年7月17日	1986年9月4日
63	法国	1980年7月17日	1983年12月14日
64	加蓬	1980年7月17日	1983年1月21日
65	冈比亚	1980年7月29日	1983年4月16日
66	格鲁吉亚		1994年10月26日 a
67	德国	1980年7月17日	1985年7月10日
68	加纳	1980年7月17日	1986年1月2日
69	希腊	1982年3月2日	1983年6月7日
70	格林纳达	1980年7月17日	1990年8月30日
71	危地马拉	1981年6月8日	1982年8月12日
72	几内亚	1980年7月17日	1982年8月9日
73	几内亚比绍	1980年7月17日	1985年8月23日
74	圭亚那	1980年7月17日	1980年7月17日
75	海地	1980年7月17日	1981年7月20日
76	洪都拉斯	1980年6月11日	1983年3月3日
77	匈牙利	1980年6月6日	1980年12月22日
78	冰岛	1980年7月24日	1985年6月18日
79	印度	1980年7月30日	1993年7月9日
80	印度尼西亚	1980年7月29日	1984年9月13日
81	伊拉克		1986年8月13日 a

续表

序号	国家	签署时间	收到批准、加入或继承书日期
82	爱尔兰		1985年12月23日 a
83	以色列	1980年7月17日	1991年10月3日
84	意大利	1980年7月17日	1985年6月10日
85	牙买加	1980年7月17日	1984年10月19日
86	日本	1980年7月17日	1985年6月25日
87	约旦	1980年12月3日	1992年7月1日
88	哈萨克斯坦		1998年8月26日 a
89	肯尼亚		1984年3月9日 a
90	基里巴斯		2004年3月17日 a
91	科威特		1994年9月2日 a
92	吉尔吉斯斯坦		1997年2月10日 a
93	老挝	1980年7月17日	1981年8月14日
94	拉脱维亚		1992年4月14日 a
95	黎巴嫩		1997年4月16日 a
96	莱索托	1980年7月17日	1995年8月22日
97	利比里亚		1984年7月17日
98	利比亚		1989年5月16日
99	列支敦士登		1995年12月22日 a
100	立陶宛		1994年1月18日
101	卢森堡	1980年7月17日	1989年2月2日
102	马达加斯加	1980年7月17日	1989年3月17日
103	马拉维		1987年3月12日 a
104	马来西亚		1995年7月5日 a

续表

序号	国家	签署时间	收到批准、加入或继承书日期
105	马尔代夫		1993年7月1日 a
106	马里	1985年2月5日	1985年9月10日
107	马耳他		1991年3月8日 a
108	马绍尔群岛		2006年3月2日 a
109	毛里塔尼亚		2001年5月10日 a
110	毛里求斯		1984年7月9日 a
111	墨西哥	1980年7月17日	1981年3月23日
112	密克罗尼西亚（联邦）		2004年9月1日 a
113	摩纳哥		2005年3月18日 a
114	蒙古	1980年7月17日	1981年7月20日
115	黑山		2006年10月23日 d
116	摩洛哥		1993年6月21日 a
117	莫桑比克		1997年4月21日 a
118	缅甸		1997年7月22日 a
119	纳米比亚		1992年11月23日 a
120	瑙鲁		2011年6月23日 a
121	尼泊尔	1991年2月5日	1991年4月22日
122	荷兰	1980年7月17日	1991年7月23日
123	新西兰	1980年7月17日	1985年1月10日
124	尼加拉瓜	1980年7月17日	1981年10月27日
125	尼日尔		1999年10月8日 a
126	尼日利亚	1984年4月23日	1985年6月13日
127	北马其顿		1994年1月18日 d

续表

序号	国家	签署时间	收到批准、加入或继承书日期
128	挪威	1980年7月17日	1981年5月21日
129	阿曼		2006年2月7日 a
130	巴基斯坦		1996年3月12日 a
131	帕劳	2011年9月20日	
132	巴拿马	1980年6月26日	1981年10月29日
133	巴布亚新几内亚		1995年1月12日 a
134	巴拉圭		1987年4月6日 a
135	秘鲁	1981年7月23日	1982年9月13日
136	菲律宾	1980年7月15日	1981年8月5日
137	波兰	1980年5月29日	1980年7月30日
138	葡萄牙	1980年4月24日	1980年7月30日
139	卡塔尔		2009年4月29日 a
140	韩国	1983年5月25日	1984年12月27日
141	摩尔多瓦		1994年7月1日 a
142	罗马尼亚	1980年9月4日	1982年1月7日
143	俄罗斯	1980年7月17日	1981年1月23日
144	卢旺达	1980年5月1日	1981年3月2日
145	萨摩亚		1992年9月25日 a
146	圣马力诺	2003年9月26日	2003年12月10日
147	圣多美和普林西比	1995年10月31日	2003年6月3日
148	沙特阿拉伯	2000年9月7日	2000年9月7日
149	塞内加尔	1980年7月29日	1985年2月5日
150	塞尔维亚		2001年3月12日 d

《消除对妇女一切形式歧视公约》导读

续表

序号	国家	签署时间	收到批准、加入或继承书日期
151	塞舌尔		1992年5月5日a
152	塞拉利昂	1988年9月21日	1988年11月11日
153	新加坡		1995年10月5日a
154	斯洛伐克		1993年5月28日a
155	斯洛文尼亚		1992年7月6日d
156	所罗门群岛		2002年5月6日a
157	南非	1993年1月29日	1995年12月15日
158	南苏丹		2015年4月30日a
159	西班牙	1980年7月17日	1984年1月5日
160	斯里兰卡	1980年7月17日	1981年10月5日
161	圣基茨和尼维斯		1985年4月25日a
162	圣卢西亚		1982年10月8日a
163	圣文森特和格林纳丁斯		1981年8月4日a
164	巴勒斯坦		2014年4月2日a
165	苏里南		1993年3月1日
166	瑞典	1980年3月7日	1980年7月2日
167	瑞士	1987年1月23日	1997年3月27日
168	叙利亚		2003年3月28日a
169	塔吉克斯坦		1993年10月26日a
170	泰国		1985年8月9日a
171	东帝汶		2003年4月16日a
172	多哥		1983年9月26日
173	特立尼达和多巴哥	1985年6月27日	1990年1月12日

续表

序号	国家	签署时间	收到批准、加入或继承书日期
174	突尼斯	1980年7月24日	1985年9月20日
175	土耳其		1985年12月20日a
176	土库曼斯坦		1997年5月1日a
177	图瓦卢		1999年10月6日a
178	乌干达	1980年7月30日	1985年7月22日
179	乌克兰	1980年7月17日	1981年3月12日
180	阿联酋		2004年10月6日a
181	英国	1981年7月22日	1986年4月7日
182	坦桑尼亚	1980年7月17日	1985年8月20日
183	美国	1980年7月17日	
184	乌拉圭	1981年3月30日	1981年10月9日
185	乌兹别克斯坦		1995年7月19日a
186	瓦努阿图		1995年9月8日a
187	委内瑞拉	1980年7月17日	1983年5月2日
188	越南	1980年7月29日	1982年2月17日
189	也门		1984年5月30日a
190	赞比亚	1980年7月17日	1985年6月21日
191	津巴布韦		1991年5月13日a

此外，联合国根据《世界人权宣言》的宗旨与理念，将其中的各项原则逐渐演绎成其他保护具体权利的国际条约。例如，1965年联合国大会（简称联大）第二十届会议第2106号决议通过的《消除一切形式种族歧视国际公约》，1966年联大第二十一届会议第2200号决议通过的《经济、社会和文化权利国际公约》与《公民权利和政治权利国际公约》，1984年联大第三十九届会议第39/46号决议通过的《禁止酷刑和其他残忍、不人道或有辱人格的待遇或处罚公约》，1989

11

《消除对妇女一切形式歧视公约》导读

年联大第四十四届会议第 44/25 号决议通过的《儿童权利公约》，1990 年联大第四十五届会议第 45/158 号决议通过的《保护所有迁徙工人及家庭成员权利国际公约》，2006 年联大第六十一届会议分别由第 61/106 号和第 61/177 号决议通过的《残疾人权利公约》和《保护所有人免遭强迫失踪国际公约》。[1] 这些公约明文规定，其所确立的权利应平等地适用于男子和妇女。

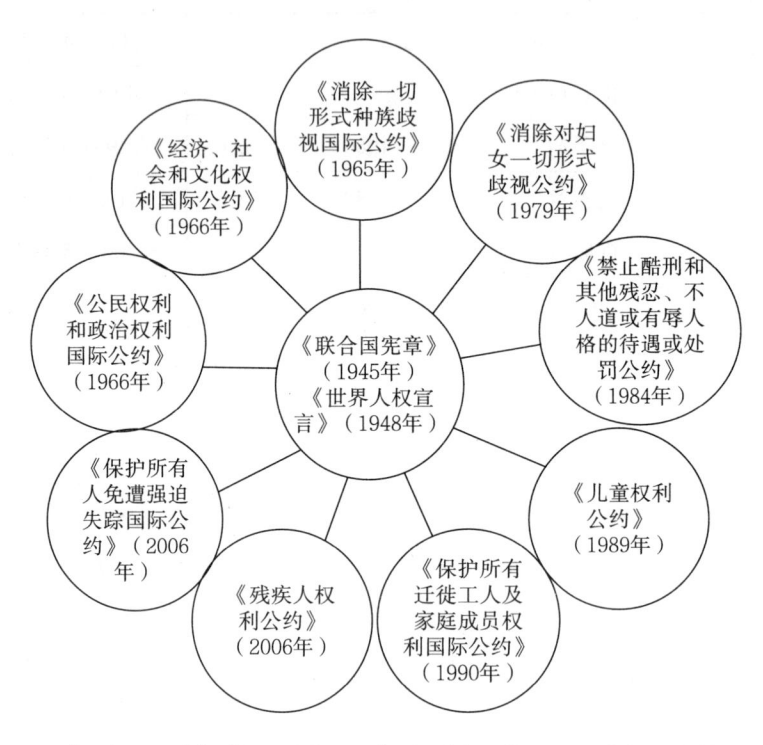

图 1　《联合国宪章》《世界人权宣言》与联合国核心国际人权公约关系图

上述 9 个核心国际人权公约，我国已签署了 7 个，全国人大批准加入了 6 个：①1980 年 7 月 17 日签署了《消除对妇女一切形式歧视公约》，1980 年 9 月 29 日第五届全国人大常委会第十六次会议予以批准（保留第 29 条第 1 款）；②1981 年 11 月 26 日第五届全国人大常委会第二十一次会议批准加入《消除一切形式种族歧视国际公约》，1981 年 12 月 29 日中国政府递交加入书（保留第 22 条）；③1986 年 12 月 12 日签署了《禁止酷刑和其他残忍、不人道或有辱人格的

---

〔1〕 资料来源：http：//www.un.org/zh/ga/documents/gares.shtml。

待遇或处罚公约》，1988年9月5日第七届全国人大常委会第三次会议予以批准（保留第20条和第30条第1款）；④1990年8月29日签署了《儿童权利公约》，1991年12月29日第七届全国人大常委会第二十三次会议予以批准（在符合《中华人民共和国宪法》第25条关于计划生育的规定的前提下，并根据《中华人民共和国未成年人保护法》第2条的规定，履行《儿童权利公约》第6条所规定的义务）；⑤1997年10月27日签署了《经济、社会和文化权利国际公约》，2001年2月28日第九届全国人大常委会第二十次会议予以批准[对该公约第8条第1款（甲）项，将依据《中华人民共和国宪法》《中华人民共和国工会法》和《中华人民共和国劳动法》等法律的有关规定办理]；⑥2007年3月30日签署了《残疾人权利公约》，2008年6月26日第十一届全国人大常委会第三次会议予以批准（该公约条文中关于"迁徙自由"和"国籍"的规定对于中华人民共和国香港特别行政区的适用，不改变中华人民共和国香港特别行政区关于出入境管制和国籍申请的法律效力）；⑦1998年10月5日签署了《公民权利和政治权利国际公约》，目前，我国尚未批准该公约。

（二）《公约》的意义、特点和关键原则

《公约》是联合国在维护妇女权利方面制定的最重要的具有法律约束力的国际法律文书，也是第一个把性别平等和非歧视原则法律化的国际人权条约。它建立在男女平等和保护妇女人权的原则之上，被称为"国际妇女人权宪章"。

1.《公约》的意义

- 《公约》对妇女问题和妇女权利的认识达到了一个新的高度。它给"对妇女歧视"所下的定义在理论上是一个重大的发展，为人们认识性别歧视提供了理论标准。
- 《公约》要求通过立法规范妇女的所有权利。全面要求在公民、政治、经济、社会、文化、家庭等所有领域给予妇女平等的权利，这些具体规定为消除对妇女的歧视提供了法律依据。
- 《公约》建立起了履行和监测妇女人权的机制。它在确保妇女所关心的问题成为国际和国家层面的中心议题上做出了重要贡献，对全球性别平等和妇女人权保障具有积极的推动作用。

2. 《公约》的特点

《公约》是唯一一个全面集中地规定实现妇女平等权利的具有普遍法律约束力的文件，其特点为：

- 《公约》是第一个有关妇女权利的国际性条约和第一个界定"对妇女歧视"的国际法律文书。
- 《公约》强调平等和非歧视原则，旨在消除一切形式的以性别（sex）和社会性别（gender）为由的对妇女的歧视。
- 《公约》规定了国家在确保尊重、保护和实现妇女不受歧视和享有平等权利方面负有不可推卸的责任与义务。
- 《公约》融合了几乎所有的妇女权利，包括公民权、政治权、经济权、劳动就业权、教育权、健康权、婚姻家庭权、社会文化权、农村妇女的权利和法律面前的平等权利，是妇女人权的全面与集中体现。
- 《公约》确保消除国家机构、个人、组织或企业对妇女的歧视行为，包括直接和间接等一切形式的基于性别和社会性别的对妇女歧视。
- 《公约》通过立法、行政等措施规范《公约》确定的权利，确保妇女的发展和进步，实现法律上和事实上的平等。
- 《公约》设立的"消除对妇女歧视委员会"，在监督各国消除对妇女的歧视，维护妇女权利方面发挥着积极的推动作用。

3. 《公约》的关键原则

《公约》有三个关键性原则：其一，实质平等；其二，不歧视（或非歧视）；其三，缔约国义务。具体如下。

原则一：实质平等

在世界各地，关于平等的概念，政治界、哲学界、学术界等对其都有千百年的各种争论。1975 年，联合国在第一次世界妇女大会通过的《墨西哥宣言》中，对男女平等作出如下定义：男女平等是指男女的人的尊严和价值的平等以及男女权利、机会和责任的平等。[1] 在人权背景下讨论男女平等时，《公约》强调了实质平等，它是针对形式平等和机会平等的概念，在多种意义上被使用的。

---

[1] 《一九七五年关于妇女的平等地位和她们对发展与和平的贡献的墨西哥宣言》，摘自联合国蓝皮书系列，卷六《联合国与提高妇女地位 1945—1995 年》，第 229 页。

不是形式平等

形式平等，即认为男性和女性的权利是相同的，因此像对待男性一样对待女性。这种模式的倡导者赞成给女性平等机会，但仍继续期望女性根据与男性同样的规则和标准获得和享有机会。

形式平等常常表现为中立的法律及其不偏不倚的应用，它没有关注到表面上中立的标准和做法，因为没有考虑到人与人之间的差异或多样性，以及潜在的歧视性社会结构，从而导致不平等的结果。

形式平等未考虑女性和男性的生理差异和社会文化差异，而且不为女性提供任何额外或特别的措施，这对那些不得不按照男性标准做事的女性造成了更大的压力或伤害。它也没有挑战传统的性别角色分工，从而强化了男性中心的社会价值和结构：女性只能主张那些男性已经享有的权利，形式平等不改变现有的社会结构，也未承认女性有与男性不同的地方。

不是保护性平等

保护性平等，即承认男女之间的差异并且主张保护女性，但通过排斥女性或限制女性权利的方法实施过度保护，即女性被假定为弱者，不合适做某些事情。

这会造成对妇女的长期不利结果，加强了社会性别成见，强化了男尊女卑的意识，抬高了女性从事社会发展的门槛，并使女性失去了获得多种不同经历和参与各种发展的机会。这种做法一方面使那些陈规陋习作为一种社会规范长期存在；另一方面使人们认为男性不需要任何针对危险或危险职业的保护。

保护性平等采取的干预措施总是着眼于排斥或限制女性，而不是探究造成女性（包括男性）难以享受权利的条件或环境。因此，对女性的保护并不是越多越好，而应在平等权利基础上适当保护为好，且应为女性的全面发展创造条件。

不仅是机会平等

机会平等是我们常常使用的平等的概念，也包含在联合国 1975 年对男女平等的定义中。但《公约》认为，机会平等包括"形式"和"实质"的意义。

"形式"上的机会平等指的是，认为对参与机会的群体不存在正式的法律障碍或其他因素的障碍，看不到实际环境给弱势群体成员利用这些机会带来的困难，或使他们无法利用这些机会。

"实质"上的机会平等指的是，认识到"形式"上的机会平等往往不能使遭受歧视者真正利用这些机会，因此，为确保不利群体成员实际上能利用机会，有必要采取一系列专门措施。

要求结果平等

作为对平等的确认，只有机会的平等而没有结果的平等，可能表明事实上并

《消除对妇女一切形式歧视公约》导读

不存在实质意义上的机会平等。因此,结果平等本身即被作为一个合理的目标被提出。

什么是实质平等

实质平等,即指结果的平等或事实上的平等,是与机会平等和法律平等相对应的概念。它承认男性和女性生理和社会文化上的差异,并且确保实现男性和女性的平等权利。结果平等相对于机会平等,强调不仅应有机会平等,且能获得平等的结果(也强调了过程的平等);事实上的平等相对于法律上的平等,强调不仅应有平等的法律,更应得到事实上的平等。

实质平等还强调通过提供有利条件或采取积极行动,创造支持性环境,使妇女行使并享有平等权利。

实质平等概念还被应用于社会性别理论,被包括在社会性别平等概念中。

社会性别和社会性别平等

1979年联合国大会通过《公约》时,社会性别的概念还没有在国际社会、包括联合国引起广泛的注意。对这一概念的普遍关注是在联合国第四次世界妇女大会之后,在这次大会上,社会性别主流化被联合国确定为推进性别平等的全球战略。

2004年,联合国消除对妇女歧视委员会(简称"消歧委员会"或"委员会")开始在第25号一般性建议中引入"社会性别"概念,[1]进而在2010年第28号一般性建议中给出了社会性别的定义:

"社会性别"一词指的是社会意义上的身份、归属和妇女与男子的作用,以及社会对这类生理差异赋予的社会和文化含义,正是这类生理差异导致男子与妇女之间的等级关系,还导致男子在权力分配和行使权利方面处于有利地位,妇女处于不利地位。妇女和男子的这种社会定位受到政治、经济、文化、社会、宗教、意识形态和环境因素的影响,也可通过文化、社会和社区的力量加以改变。

消歧委员会的关注点在于男女之间的权力分配关系,致力于解决根源于社会结构的歧视妇女现象。

社会性别平等

参照消歧委员会第28号一般性建议,社会性别平等指的是:所有人,不论男女,都可以在不受各种成见、严格的社会性别角色分工观念,以及各种歧视的

---

[1] 第25号一般性建议在阐述使用"暂行特别措施"的必要性时强调:"仅仅保证男女待遇相同是不够的。必须考虑到妇女和男子的生理差异以及社会和文化造成的差别",并在注释2中引用了联合国《1999年关于妇女在发展中的作用的世界概览》中关于社会性别的定义。详见本书第123页。

限制下，自由发展个人能力和做出各种选择。社会性别平等意味着男性和女性的不同行为、期望和需求，均能得到同等考虑、评价和照顾。这种待遇包括平等待遇，或包括在权利、福利、义务和机会等方面有区别但被视为公正的待遇。

社会性别平等并不意味着女性和男性必须变得完全一模一样，而是指他们的权利、责任和机遇并不由他们生来是男还是女来决定。

提出变革性平等

在讨论实质平等的同时，变革性平等（transformative equality）的概念也被提了出来。这一概念认为只有建立在性别或社会性别基础之上的社会等级与支配结构发生变革时，全面、真实的平等才有可能实现。变革性平等的定义为：

> 平等作为一种变革，其目标不是性别中立的未来，而是一个社会性别得到适当考虑的未来。未来不是简单地允许妇女进入男性定义的世界。相反，妇女的平等包括对社会的重构，因此不再由男性来定义。变革要求重新分配权力和资源，并改变使压迫妇女永久化的制度结构。它要求废弃公—私划分，重建公共世界，使对子女的养育和照料成为得到父母和社会重视的共同责任。它的目标是帮助妇女充分表现自己的能力和选择，充分融入社会……这表明，平等作为一种变革不仅要求去除障碍，还需要能够带来变化的积极措施。[1]

在全球反贫困的进程中，这一概念被强调提出。即在反贫困的工作中，不仅要提高贫困妇女生活与生计的水平，更要关注造成妇女贫困的不平等的制度结构，不仅使妇女获得或支配自己的经济收入，同时使妇女平等获得在家庭、社区和社会中的话语权、决策权，改变传统的社会性别规范和角色限制，使妇女免受一切形式的基于性别的暴力行为。

原则二：非歧视

消除对妇女的歧视，实现性别平等是《公约》的核心。《公约》界定对妇女歧视的行为包括任何基于性别和社会性别而作的区分，无论是区别、排斥或限制，其目的或影响均足以阻止或妨碍已婚或未婚妇女享有与男子同等程度的人权。它包括蓄意的或非蓄意的歧视，也包括差别对待，以及对妇女造成与男子不相同或不利影响的待遇。缔约各国有责任和义务采取一切适当措施，确保所有人

---

[1] S. Fredman, "Beyond the Dichotomy of Formal and Substantive Equality: Towards a New Definition of Equal Rights", in I. Boerefijn et al. (eds.), *Temporary Special Measures: Accelerating de facto Equality of Women under Article 4（1）UN Convention on the Elimination of All Forms of Discrimination against Women*（2003），P.111. 转引自［美］玛莎·A. 弗里曼、［英］克莉丝蒂娜·钦金、［德］贝亚特·鲁道夫主编，戴瑞君译：《〈消除对妇女一切形式歧视公约〉评注（上）》，社会科学文献出版社2020年版，第72页。

《消除对妇女一切形式歧视公约》导读

享有人权，以及消除一切形式基于性别和社会性别的对妇女的歧视。

《公约》开宗明义，第一条即界定了对妇女歧视的定义："'对妇女的歧视'一词指基于性别而作的任何区别、排斥或限制，其影响或其目的均足以妨碍或否认妇女不论已婚未婚在男女平等的基础上认识、享有或行使在政治、经济、社会、文化、公民或任何其他方面的人权和基本自由。"

基于性别和社会性别对妇女的歧视，在不同国家和地区、不同社会发展阶段、不同社会文化背景下，表现为不同形式。《公约》强调下述对妇女歧视的表现形式。

直接歧视

消歧委员会第28号一般性建议指出："对妇女的直接歧视包括明显以（生理）性别或社会性别差异为由而实施区别待遇。"

直接歧视指基于歧视妇女的"目的"而采取的行动或忽视，也称"形式上的歧视"或"有目的的歧视"。其结果是在相同条件下，一个人或一个群体所受到的待遇明显低于另一个人或群体所受到的待遇。直接歧视不论是显性公开的，还是隐性秘密的，都是法律明确严格禁止的行为。

间接歧视

委员会第28号一般性建议指出："对妇女的间接歧视指的是，一项法律、政策、方案或做法看似对男性和女性无任何倾向，但在实际中有歧视妇女的效果。因为明显中性的措施没有考虑原本存在的不平等状况。此外，因为不承认歧视的结构和历史模式以及男女之间不平等的权力关系，可能使现有的不平等状况因间接歧视更为恶化。"

间接歧视也称"实质性歧视"，是指无论有没有歧视女性的目的，但都有歧视"效果"的行动或忽略，即指某项规定、标准或做法看似中立，没有区别对待任何人或群体，但实际上导致某个人或某一群体不成比例地受到不利影响。间接歧视表明，对所有人使用同样的条件、待遇和要求，由于有关人员的生活环境和个人特点，可以在事实上导致非常不平等的结果。间接歧视强调歧视的结果和实质性。

多重/交叉性性别歧视

委员会第28号一般性建议指出："以性别和社会性别为由对妇女的歧视与影响妇女的一些其他因素息息相关，如种族、族裔、宗教或信仰、健康状况、年龄、阶级、种姓、性取向和性别认同等。以性别和社会性别为由的歧视对这类群体妇女的影响程度或方式不同于对男子的影响。多重/交叉性歧视恰恰揭示了两个或更多形式的歧视或同各种女性屈从制度之间的相互作用，因此导致结构性歧视后果。[1] 缔约国还需制订和实施消除这类歧视的政策和方案，包括根据《公约》第四条第 1 款和第 25 号一般性建议，酌情采取暂行特别措施。"

这里使用的"交叉性"性别歧视即指多重性别歧视。[2]

结构/制度性性别歧视

一些国家已将关注点从消除法律中的直接歧视与间接歧视，转向多重性别歧视，特别是结构/制度性的性别歧视。

结构/制度性歧视的概念主要基于性别定型观念的体制（诸如家庭、宗教组织或种姓制度、政治和法律结构、经济和教育制度以及大众媒体）和社会结构所建构的歧视形式。这一歧视形式支持并强化男女两性之间现有的不平等的权利关系。也有将其描述为"渗透在体制和社会结构中、具有歧视后果的不具体的歧视以及普遍性歧视"。

要改变由于法律或法律实施所造成的这种社会、经济或政治安排，以及因此形成的种种结构，就需要审视在整个法律框架中是否将规范和解释视为普遍性、一般性或中立性的。实际上，这些普遍、一般和中立大多反映的是男性抱持的价值观、规范和男性生活的范式，这也就意味着社会性别关系和男女定型观念潜藏在法律制度之中。[3] 反歧视最重要的是要消除制度和社会规范上的歧视。

原则三：缔约国义务

《公约》是一项条约，对缔约国具有法律约束力。缔约国指所有国家机器或机构，包括执行者、立法者、司法者和管理机构以及国家在各个地方的当地机构。人权保护的主要责任在各国政府，人权义务主要依靠各国政府在自己国家内履行。明确国家的人权保护义务，是缔约国有效履行人权义务的前提。

委员会第 28 号一般性建议指出，《公约》"第二条规定，缔约国必须履行其在《公约》之下法律义务的所有方面，尊重、保护和实现妇女不受歧视和享有平等的权利"。

"尊重的义务要求缔约国避免通过制订法律、政策、规章、方案、行政程序和体制结构等方式，直接或间接导致剥夺妇女享有在公民、政治、经济、社会和文化方面的平等权利。"

"保护的义务要求缔约国保护妇女免受私人行为者的歧视，并采取步骤，其

---

[1] 黄列："法律的社会性别分析框架"，载《中华女子学院学报》2012 年第 6 期。
[2] 黄列："法律的社会性别分析框架"，载《中华女子学院学报》2012 年第 6 期。
[3] 黄列："法律的社会性别分析框架"，载《中华女子学院学报》2012 年第 6 期。

《消除对妇女一切形式歧视公约》导读

直接目标就是要消除主张某一性别低于或高于另一性别的偏见、习俗和所有其他惯例,以及对男子和妇女社会功能的陈旧的刻板观念。"

"实现的义务要求缔约国采取各种步骤,保证男女在法律上和在实际中享有平等权利,包括根据《公约》第四条第1款和关于《公约》第四条第1款的第25号一般性建议,酌情采取暂行特别措施。"

根据国际人权法,国家承担的保护人权的义务是多方面和多层次的,一般包括:

(1) 尊重、保证个人享有人权的义务;
(2) 对侵犯人权事件进行调查和对违法者予以惩处的义务;
(3) 对受害者提供有效救济的义务。

上述三种义务是联系在一起的,如果只尊重人权,而没有具体的个案惩罚和纠错机制,则无法实现对人权的保证。[1]

人权保护的对象为缔约国境内和管辖范围内的所有人,包括本国公民和外国人。人权保护的主体还应包括社会团体、非政府组织、企事业单位、个人和国际机构。

(三)《公约》的主要内容

《公约》包含序言和六个部分,共30条。其中第一至十六条为实质性部分。

1. 序言

序言介绍《公约》的主题,解释《公约》的制定背景,预示《公约》条款,表明《公约》的语境、目标与宗旨。

重申《联合国宪章》和其他国际条约宣称,消除对妇女的歧视和促进妇女与男子的平等是联合国的核心原则与基本主题,强调人权、尊严和平等是《公约》的三大支柱。

提醒国际社会,尽管有这些文书,但是对妇女的普遍歧视依然存在,这违反了权利平等和尊重人类尊严的原则。

着重指出,对妇女歧视阻碍妇女与男子平等地参与国家的政治、社会、经济和文化生活,妨碍社会和家庭的繁荣昌盛,并阻碍国家充分和完全的发展、世界

---

[1] 白桂梅主编:《人权法学》,北京大学出版社2011年版,第261~263页。

的福利与和平事业。

深信基于平等和正义的新的国际经济秩序的建立,国际和平与安全的加强,彻底消除种族歧视、外国占领和统治、对别国内政的干涉等,都将促进社会进步和发展,对妇女充分享受平等权利是必不可少的。

认识到为了实现男女充分的平等,需要同时改变男子和妇女在社会上和家庭中的传统任务。决心执行《消除对妇女歧视宣言》内载的各项原则,并为此采取一切必要措施,消除一切形式的对妇女的歧视。

2. 第一部分(第一至六条)

在《公约》第一至第六条中,缔约各国同意采取一切适当的措施,促进妇女地位的提高。这些措施的形式为宪法、立法、行政措施及其他措施,包括暂行特别措施,纠正歧视措施,改变社会和文化行为模式,以及取缔贩卖妇女和逼迫妇女卖淫等剥削行为。

对妇女的歧视的定义

《公约》第一条,"对妇女的歧视"一词指基于性别而作的任何区别、排斥或限制,其影响或目的均足以妨碍或否认妇女不论已婚和未婚在男女平等的基础上认识、享有或行使在政治、经济、社会、文化、公民或任何其他方面的人权和基本自由。

《公约》第一条为"对妇女的歧视"提供了一个定义,这个定义适用于《公约》内所有条款,其目的是消除在一切公共领域和私人或家庭中基于性别的对妇女的歧视。

委员会第25号一般性建议认为,"《公约》超越了许多国家和国际法律标准与准则中使用的歧视概念。虽然这些标准与准则都禁止性别歧视,保护男女免受专横、不公平和(或)不公正的待遇,但《公约》的重点是歧视妇女问题,强调妇女只因其是妇女便一直并且继续遭受形形色色的歧视"。[1]

对于妇女,定义强调了"无论已婚未婚",是认为妇女的婚姻状况常常成为她们遭受歧视的一个原因,有时是因为已婚,有时是因为未婚,强调此语的目的是免于妇女因婚姻遭受歧视。《公约》所指的妇女,不仅包括了处于各种不利社会地位的妇女,例如女童、残疾妇女、少数民族妇女、移民和难民妇女、土著妇

---

[1] 第25号一般性建议第5段。

《消除对妇女一切形式歧视公约》导读

女、老年妇女、被监禁妇女等，也适用于基于性取向而被歧视的妇女。[1]

在委员会第28号一般性建议中，对妇女的歧视纳入了社会性别视角，扩展到以性别和社会性别为基础的对妇女歧视，包括消除对妇女的直接、间接歧视，交叉性歧视和制度性歧视。

关于妇女的平等权利，缔约国不仅有义务消除《公约》明确涵盖的领域中对妇女的歧视，而且还涉及更广泛的人权和基本自由。这些权利包括生命权，免遭酷刑权利，表达自由，隐私权，见解、信仰和宗教自由，少数人权利，适足住房权以及国际人道法或国际法其他专门领域所保障的权利，《公约》第二、三、二十四条规定的一般义务对此有所涵盖。

缔约国消除歧视的义务

第二条是《公约》的"核心"条款，它为缔约国提供了如何在国家层面执行《公约》的途径和方法。它指出了缔约国履行《公约》责任的一般性法律义务；同时，该条又与《公约》其他实质性权利条款有着千丝万缕的联系，缔约国有义务在国家层面上充分尊重《公约》所载的所有权利。2010年，委员会通过第28号一般性建议，进一步释明了《公约》第二条的范围、意义以及缔约国的核心义务。

缔约国第一项义务即"谴责对妇女一切形式的歧视"，明确要求缔约国警惕一切形式的歧视，包括《公约》未列明但有可能发生的一切歧视。

缔约国应将男女平等的原则纳入本国宪法或其他有关法律，修改或废除构成对妇女歧视的法律、规章、习俗和惯例，并废止构成对妇女歧视的一切刑事规定。缔约国必须采取一切措施履行《公约》所有方面的法律义务，尊重、保护和实现妇女权利，使她们不受歧视与平等地享有权利。缔约国有义务避免法律、政策、法规、规划、行政程序和制度结构直接或间接导致否认女性平等享受她们的公民、政治、经济、社会和文化权利；有义务采取积极措施消除文化和习俗中对任一性别的偏见和刻板印象；有义务采取一切措施使妇女享有与男子平等的法律上的权利，包括暂行特别措施。

缔约国也有义务承诺确保妇女免受来自公共部门、司法机关、团体、企业或个人的公共或私人领域的歧视。这种保护应当由主管法庭和其他公共机构负责，并有适当的制裁和补救措施。没有赔偿义务即没有履行该义务。补救措施应包括

---

[1] 在关于禁止多重歧视的第27号和第28号一般性建议中，委员会指出，妇女所经历的歧视不仅因为她们是妇女，还基于"其他因素"，其中就包括性取向。详见第27号一般性建议第13段，第28号一般性建议第18段，表达了委员会对这个群体所受歧视的关切。

不同形式的补偿,如货币补偿、赔偿、康复和复职;公开道歉、树立公共纪念碑和保证不重犯等措施;将侵犯妇女权利的人绳之以法等。缔约国应确保所有政府机构人员在性别与社会性别基础上,充分认识平等和非歧视原则,并有提升这方面认识的适当培训和宣传课程。

同样,缔约国有责任创建和不断完善分性别统计数据库,以分析所有形式针对妇女和某些特定弱势群体妇女的歧视。

《公约》第二条关注的是法律、立法和法律机制对确保妇女免遭形式歧视或实质歧视的作用。它强调为平等和免遭歧视提供实在的法律保障,强调消除现有的歧视性法律和习俗的重要性。但第二条并不局限于法律措施,它还要求缔约国通过政策或其他"适当措施"消除歧视。

促进妇女发展与进步的措施

《公约》第三条要求缔约国在所有领域,特别是在政治、社会、经济、文化领域,采取一切适当措施,包括制定法律、纲要、行动计划等,以有效执行《公约》第二条所罗列的法律法规和政策。其目的是在与男子平等的基础上,确保妇女的基本人权和自由,以及保证妇女得到充分发展与进步。第三条不只是对妇女人权保障的简单规定,它将妇女的充分发展和进步作为其自身权利的一个目标,并将它与行使和享有人权联系起来,意在为妇女生活的结构性变革提供法律基础。

为加强《公约》在国家层面的有效实施,1998年委员会通过了第6号一般性建议要求各缔约国在政府高层建立和/或加强有效的国家机制、机构和程序,并为其提供充足的人力、技术和财政资源,使其能更有效地提供咨询、协调和监督各级在男女平等方面的法律和政策措施的制定和执行,将性别观点纳入所有法律和政策的主流。

暂行特别措施

《公约》第四条规定,缔约国为加速实现男女事实上的平等而采取的暂行特别措施,不得视为《公约》所指的歧视,亦不得因此导致维持不平等或另立标准;只要不平等存在,这些措施就可以继续使用,这些措施应在男女机会和待遇平等的目的达到之后,停止采用。

为保护母性而采取的特别措施,包括《公约》所列各项措施,不得视为歧视。

2004年,委员会就如何根据《公约》采取暂行特别措施通过了第25号一般性建议,其中指出,《公约》第四条第1款的目的是加速改善妇女状况以实现事实上或实际上的男女平等,寻求必要的结构、社会和文化变革,以纠正过去和现在歧视妇女的形式和后果，并向妇女提供补偿。这些措施是暂行措施。

《公约》第四条第 2 款对由于妇女与男子生理上的差异而给予他们的不同待遇作出了规定。这些措施是永久性措施，至少直至第十一条第 3 款中提到的科学技术知识证明有理由进行改变。

第 25 号一般性建议指出，"缔约国应明确区分根据《公约》第四条第 1 款采取的暂行特别措施和其他一般性社会政策，前者旨在加速实现妇女事实上或实际平等的具体目标，后者旨在改善妇女和女童的状况。并非所有可能或将会有利于妇女的措施都是暂行特别措施。提供一般条件保证妇女和女童的公民、政治、经济、社会和文化权利并确保她们过上有尊严、不受歧视的生活，这些不能称之为暂行特别措施"。[1]

此类特别措施的"暂行"性质是，不应将此类措施视为永久的需要，暂行特别措施的延续时间应根据处理具体问题的效果而定，如果预期效果已实现并持续了一段期间，则必须中止暂行特别措施。其"特别"的真正含义是这些措施旨在实现具体目标。"措施"这一术语广泛包括各种立法、执行、行政和其他管理文书及政策和惯例，如：推广方案或支助方案；分配和（或）重新分配资源；优惠待遇；定向征聘、雇用和晋升；与一定时期有关的数目指标和配额制度。

改变男女定型观念及有害的偏见和传统习俗

《公约》第五条认识到尽管妇女在法律和事实上的平等取得了一定的进展，但要真正实现两性平等，还需要基本的社会和文化模式的变革，以消除基于男女任务定型观念或男尊女卑观念的做法，包括传统上有害的做法。改变男女在社会和家庭中的传统角色是实现男女实质平等和实现女性平等权利的前提。

第五条（a）要求缔约国采取一切适当措施，改变导致歧视和男女角色定型化的社会和文化行为模式。这种社会和文化模式包括：与宗教制度、财产制度、婚姻模式、继承制度、监护权利等有关的侵害妇女权利的传统与习俗；大男子主义的文化态度；对母亲、生育角色和家庭角色的过度保护（法律与政策）；养家糊口模式和家庭中的责任分担；教育和媒体中的性别刻板印象；以文化与宗教多元化为由使歧视妇女正当化的做法；等等。而改变上述行为模式，抵制社会和家庭中的陈规角色定型，废除和修改维持结构性歧视的法律和措施，包括执行暂行特别措施，是缔约国的义务和责任。它有助于处理男女间的人际关系，消除认为某一性别优于或者劣于另一性别或者性别定型观念基础上的活动。

第五条（b）认识到家庭生活中更容易出现性别角色定型，强调将生育视为

---

［1］ 第 25 号一般性建议第 19 段。

一种积极的价值而不是歧视妇女的理由，要求缔约国保证家庭教育应包括母性社会功能和确认教养子女是男女两性共同的责任。

尽管《公约》并没有专门条款针对对妇女的暴力问题，包括家庭暴力，但委员会第19号一般性建议对《公约》第五条作出新的进一步解释，其中指出，传统态度认为妇女处于从属地位或者具有传统定型的角色任务。这种态度长期助长广泛存在的一些做法，其中涉及暴力或胁迫，例如家庭暴力和虐待、强迫婚姻、嫁妆不足受屈死亡、被浇酸液、女性割礼，等等。这类偏见和做法可证明，基于性别的暴力是"保护"或控制妇女的一种形式；要求缔约国采取适当而有效的措施，消除一切形式基于性别的暴力，无论是出于公共或私人行为，并为暴力受害者提供服务和给予支援，包括收容所、受过训练的保健工作者、康复或咨询等。

委员会第21号一般性建议督促缔约国遵守第19号一般性建议，保障妇女免受公共和家庭生活领域的基于性别的暴力。委员会将家庭暴力归为诸种对妇女的暴力形式中最隐秘、最严重、危害最大的形式之一，并指出它表现为很多形态，包括殴打、强奸和精神暴力。此种暴力行为严重阻碍了妇女作为个人应享有的权利和自由。

2017年委员会第35号一般性建议将对妇女的暴力概括为"基于性别的暴力侵害妇女行为"，以此明示性别造成暴力的原因和暴力对妇女的影响。"委员会认为基于性别的暴力侵害妇女行为是一种将妇女在地位上从属于男性及其陈规定型角色加以固化的根本性社会、政治和经济手段。""此种暴力对实现男女平等以及妇女享有《公约》所规定的人权和基本自由构成了严重障碍。""缔约国的全面义务是以一切适当手段尽快采取政策消除对妇女的歧视行为，包括基于性别的暴力侵害妇女行为，该义务须立即履行；不得以任何理由，包括经济、文化或宗教理由为由拖延执行。"[1]

贩卖妇女和强迫妇女卖淫

《公约》第六条要求缔约国采取一切适当措施，包括制定法律，禁止一切形式贩卖妇女和强迫妇女卖淫对她们进行剥削的行为。

这里提到贩卖妇女和卖淫不是要缔约国惩罚选择成为卖淫女的妇女。从历史上看，联合国已通过若干关于处理买卖人口和奴隶以及强迫妇女卖淫的剥削行为的国际法律文书。而《公约》第六条则超越现存有关性剥削的国际法例，不仅要求缔约国通过和执行适当法律，还要求缔约国着力解决贩卖妇女和强迫妇女卖

---

[1] 第35号一般性建议第9、10、21段。

淫的根源。

委员会第 19 号一般性建议着重强调：贫穷和失业增加贩卖妇女的机会，迫使许多妇女包括年轻女孩从事卖淫。除既有的贩卖妇女形式外，还有新形式的性剥削，例如性旅游，向发展中国家征聘劳工到发达国家去工作，安排发展中国家妇女同外国人结婚。这些做法与妇女平等享有权利以及尊重其权利和尊严都不相容，它们使妇女特别容易受到暴力和虐待。

所有反贩卖措施应该为受害人恢复尊严和人权提供支持，受害者不应被简单粗暴地驱逐出境或者被拘留，她们也不应因是贩卖活动的直接结果而被起诉。对未成年受害人应特别予以关注。应采取年龄敏感措施满足她们的需求，保护她们的利益。

3. 第二部分（第七至九条）

在《公约》第七至第九条中，缔约各国承诺保障妇女参与本国政治和公共事务的权利、代表国家参与国际事务的权利，以及给予妇女与男子平等地享有获得国籍的权利。

妇女在公共和政治生活中的权利

《公约》第七条要求缔约各国应采取一切适当措施，消除在本国政治和公众事务中对妇女的歧视，特别应保证妇女在与男子平等的条件下：

（a）在一切选举和公民投票中有选举权，并在一切民选机构有被选举权；

（b）参加政府政策的制订及其执行，并担任各级政府公职，执行一切公务；

（c）参加有关本国公众和政治事务的非政府组织和协会。

《公约》的总体目的是消除一切形式对妇女的歧视，实现男女实质平等以及提高妇女地位，增加妇女的政治参与是许多其他领域社会变革的先决条件，也是实现妇女经济、社会和文化权利的前提条件。只有妇女能够充分、平等地参与决策时，对《公约》的执行才能得到改善。

委员会第 23 号一般性建议指出，"第七条规定各缔约国应采取一切适当措施，消除在政治和公共生活中对妇女的歧视并确保妇女在政治和公共生活方面享有与男子平等的地位。第七条具体说明的义务可扩大到公共和政治生活的所有领域，而不局限于（a）（b）和（c）款所规定的那些领域。一个国家的政治和公共生活是一个广泛的概念，是指行使政治权力，尤其是行使立法、司法、行政和管理权力。这一措词包括公共行政的所有方面以及在国际、国家、区域和地方各级制定和执行政策。这一概念还包括民间社会的许多方面，包括公共委员会、地方理事会以及诸如各政党、工会、专业或行业协会、妇女组织、社区基层组织和其他与公共生活和政治生活有关的组织的活动。"[1]

妇女平等地参与政治和公共事务,要求缔约国消除实现妇女政治权利的结构性障碍,必须采取主动措施改变传统的政治制度和社会规范,以及转变社会关系和公共事务中将女性定位于"私领域"的社会态度。

国际代表及国际事务参与

《公约》第八条要求缔约国采取一切适当措施,保证妇女与男子有同等机会在国际上代表政府,并参加国际组织的工作。

委员会第23号一般性建议指出,"各国政府有责任确保妇女有机会参与国际事务各个级别以及各个领域的活动,从而促使她们参与经济和军事事务、参与多边和双边外交活动,以及参加国际和区域会议的官方代表团。"[2]

国籍

《公约》第九条要求缔约国给予妇女与男子同等的取得、改变或保留国籍的权利。缔约国必须保证妇女的国籍不因她与外国人结婚或因她的丈夫改变国籍而自动受到影响。结婚不应必须采用丈夫的国籍或使妇女失去国籍。各国还应确保在子女的国籍方面妇女享有与男子的平等权利。

委员会第21号一般性建议指出,"国籍对于充分参加社会生活至为重要。妇女没有国民或公民的地位,就没有选举或担任公职的权利,并且可能无从获得公共福利和选择居所"。[3] 妇女缺乏独立的个人身份、男性作为养家糊口者/户主的观念、男性血统决定家庭成员身份的做法等,造成女性失去平等的国籍权。因此,国籍权被认为是一项"获取权利的权利",平等的国籍权是一项重要的公民权利和政治权利,对于性别平等、政治参与、妇女在公私领域享有人权以及作为一国的完全成员都至关重要。[4]

4. 第三部分(第十至十四条)

在《公约》第十至十四条中,缔约各国承诺在教育、就业、卫生、经济、社会生活中消除对妇女的歧视。采取一切适当措施,保证农村妇女享有本公约规定的各项权利。

---

[1] 第23号一般性建议第5段。
[2] 第23号一般性建议第35段。
[3] 第21号一般性建议第6段。
[4] 转引自[美]玛莎·A. 弗里曼、[英]克莉丝蒂娜·钦金、[德]贝亚特·鲁道夫主编,戴瑞君译:《〈消除对妇女一切形式歧视公约〉评注(上)》,社会科学文献出版社2020年版,第306页。

《消除对妇女一切形式歧视公约》导读

教育

《公约》第十条要求缔约各国消除教育中对妇女的歧视，特别是在接受学前教育、普通教育、技术、专业、高等技术教育以及各种职业训练方面。

应在城乡两地使妇女和女孩有机会得到与男子和男孩相同的课程、考试和相同质量的合格师资、校舍和设备。

应消除教育中的性别刻板印象，包括鼓励男女同校以及对教育制度和教材内容做出结构性的改变。

应给予妇女和女孩与男子和男孩相同的获得奖学金和研究补助金的机会，以及相同的进修机会，特别是学习旨在缩小男女教育差距的课程的机会。

应努力减少女生退学率，并为离校过早的少女和妇女开办种种课程。

应给予女孩和妇女提供与男子和男孩相同的积极参加运动和体育的机会，以及相同的接受特殊教育信息的机会，以保障家庭健康和幸福，包括关于计划生育的知识和辅导。

2017年委员会通过的第36号一般性建议指出："教育在推广人权价值观方面发挥了关键的推动变革和增强能力的作用，被认为是实现性别平等和增强妇女权能的途径。教育也是一项重要的工具，用于实现个人发展以及发展一支能够促进公民责任和国家发展的有能力的劳动力和公民队伍。"[1] "作为一项人权，教育有助于享有其他人权和自由、实现重大的发展惠益、促进性别平等和促进和平。教育还会减轻贫穷；促进经济增长和增加收入；增加获得健康生活的机会；减少童婚和孕产妇死亡；使个人能够防治艾滋病毒/艾滋病等疾病。"[2]

委员会第36号一般性建议指出，需要确保全民接受包容和优质教育并促进终身学习，这是《2030年可持续发展议程》目标4的优先事项。"需要实现的两项关键的教育方面的具体目标是：（a）确保所有男女儿童完成免费、公平和优质的中小学教育，并取得相关和有效的学习成果；（b）消除教育中的性别差距，确保残疾人、土著居民和处境脆弱儿童等弱势群体平等获得各级教育和职业培训。"[3]

第36号一般性建议还指出："本一般性建议立足于关于教育的人权框架，重点包括三个层面：首先是受教育权；其次是教育范围内各项权利；第三是通过教

---

[1] 第36号一般性建议第1段。
[2] 第36号一般性建议第9段。
[3] 第36号一般性建议第3段。

育实现的权利。"[1] 因此要求"缔约国必须采取积极步骤履行以下义务：通过确保受教育权、教育范围内各项权利和通过教育实现的权利，促进在与男子平等的基础上全面开发女童和妇女的潜能。"[2]

就业

《公约》第十一条全面规定了缔约国消除就业和职业领域对妇女歧视的义务，这是可持续发展和尊重个体人格尊严的关键。它以承认妇女经济、家庭和就业情况的复杂现实为基础，设定了妇女就业和职业权利的整体标准，规定了消除就业和职业领域结构性歧视的框架，责成缔约国采取一切适当措施，消除在就业方面对妇女的歧视。

应保证妇女有与男子平等的工作权利，工作权利还要求获得体面的工作；[3] 相同就业机会的权利；自由选择专业和职业的权利，不应被局限于与传统女性工作相关的领域；工作保障；各种福利以及接受职业训练、再训练和实习的权利。

应采取措施保证妇女同样价值的工作享有同等报酬，包括福利和享有平等待遇的权利；在评定工作的表现方面，享有平等待遇的权利。

应保证妇女在与男子相同的条件下享有社会保障的权利，在工作中享有健康和安全保障，包括保障生育机能的权利。

应采取具体措施，在就业中防止因结婚或生育而歧视妇女。应禁止以怀孕、产假或婚姻状况为由解雇妇女，违反规定者得受处分。

应实行带薪产假或具有同等社会福利的产假，不丧失原有工作、年资或社会津贴。

应鼓励提供支助，通过建立托儿设施系统，使父母能够兼顾工作责任和家庭义务，并参与公共事务。对于怀孕期间从事确实有害于健康的工作的妇女，给予特别保护。

《公约》第十一条第3款要求缔约国参照科技知识，定期审查保护性就业立法，必要时加以修订、废止或推广。

委员会在第16号一般性建议中指出，通常在为男性家庭成员所拥有的家庭企业中工作的妇女很少获得薪酬、社会保障和社会福利，这种无酬劳动是剥削妇女的一种形式。委员会要求缔约国收集在家庭企业中工作妇女的相关数据，采取

---

[1] 第36号一般性建议第14段。
[2] 第36号一般性建议第22段。
[3] 经济、社会及文化权利委员会第18号一般性建议第12段。转引自［美］玛莎·A. 弗里曼、［英］克莉丝蒂娜·钦金、［德］贝亚特·鲁道夫主编，戴瑞君译：《〈消除对妇女一切形式歧视公约〉评注（上）》，社会科学文献出版社2020年版，第379页。

《消除对妇女一切形式歧视公约》导读

必要措施保障这些妇女获得薪酬、社会保障和社会福利的待遇。[1]

委员会的第 17 号一般性建议,将关注点集中于妇女的无酬家务劳动,呼吁缔约国"收集按性别编制的关于参与家务活动和劳动力市场活动所花时间的统计数据;定量计算妇女的无偿家务活动并将其列入国民生产总值"。[2]

委员会在第 12 号一般性建议和第 19 号一般性建议中,提醒缔约国有关妇女在工作场所遇到的暴力问题,包括来自男性或上司的性骚扰。要求缔约国采取措施,包括刑事处罚、民事补救和赔偿措施,以保护妇女不受工作场所的性骚扰和性攻击等。[3]

将妇女视为家庭主妇或服务提供者的性别刻板印象,把照料职能施加在妇女身上的文化习俗,以及认为妇女不具备全面参与劳动力市场同等资格的社会态度,都对妇女的工作权利产生不利影响。这些歧视性的做法和观念很有可能导致缔约国不为妇女提供平等的就业机会。这些问题也是不能为育儿及其他需要照顾的家庭成员提供适当社会服务和设施的核心要素,而这些服务和设施又是照料者(通常是妇女)行使其工作权利的前提条件。转变这些观念和做法,才能履行缔约国尊重、保障和实现妇女就业与职业权利的义务。

缔约国消除就业和职业的歧视既适用于公领域也适用于私领域,这就要求消除任何来自"个人、组织或企业"的歧视,在决定和实施就业政策方面,私人企业主发挥着重要作用,也承担着消除歧视的责任。

保健

《公约》第十二条要求缔约国采取一切适当措施以消除在保健方面对妇女的歧视,保证她们在男女平等的基础上获得各种保健服务,包括有关计划生育的保健服务。

缔约国应保证为妇女提供有关怀孕、分娩和产后期间的适当服务,于必要时给予免费服务,并保证在怀孕和哺乳期间得到充分营养。消歧委员会第 24 号一般性建议指出,只有当缔约国切实履行其在《公约》下的义务,尊重、保护并促进妇女在其整个生命周期中享有保健的基本人权,妇女的健康权才能得到全面实现;要求缔约国通过实施一项全面的国家战略,确保所有妇女普遍能够获得全面的、经济实惠的优质保健服务,包括性健康与生殖健康服务;在制定保健政策和措施时,要考虑到妇女有别于男子的显著特点和因素,包括男女有别的心理因

---

[1] 参见第 16 号一般性建议。
[2] 第 17 号一般性建议第（a）和（b）段。
[3] 参见第 12 号一般性建议,第 19 号一般性建议。

素,从妇女需求和利益角度出发落实妇女的健康权利。

委员会第 24 号一般性建议要求各缔约国"将性别观点置于影响妇女保健的各项政策和方案的核心,并使妇女参与规划、实施和监测这类政策和方案,参与向妇女提供保健服务"。"应划拨充足的预算、人力和行政资源,确保保健预算总数中分配给妇女保健的份额与分配给男子保健的份额相仿,同时考虑到妇女的不同保健需要。"同时要求"各项保健服务尊重妇女人权,包括自主权、隐私权、保密权、知情同意权和选择权"。[1]

委员会第 24 号一般性建议还强调"应特别重视脆弱群体和处境不利群体妇女的保健需求与权利,如移民妇女、难民和国内流离失所妇女、女童和老年妇女、卖淫妇女、土著妇女以及体残和智残妇女"。[2]

社会及经济利益

《公约》第十三条要求缔约国消除在经济和社会生活、文化生活等其他方面对妇女的歧视,保证她们在男女平等的基础上享有相同的权利,特别是:领取家属津贴和社会福利的权利;银行贷款、抵押和其他形式的金融信贷的权利;参与娱乐活动、运动和文化生活等所有方面的权利。

第十三条再次确认了所有人权的不可分割性,以及《公约》的核心前提,即妇女有权在平等的基础上参与所有的生活领域。正如消歧委员会在第 28 号一般性建议强调的,"所有人,不论其性别,都有发展个人能力、从事其专业和作出选择的自由,不受任何陈旧观念、僵化的性别角色和偏见的限制"。[3] 第十三条承认,妇女和男人一样,有权按照自己的意愿自由选择经济活动、社会活动和文化活动,该条款保证妇女谋生的权利及在经济领域独立自主的权利。该条款承认人有社会交往的需求,以及个人自由而充分地发展的重要性。在这一领域实现男女平等尤其需要根除将性别刻板印象永久化的社会习俗和规范。它要求缔约国对妇女的经济、社会、文化生活现状进行全方位的考察,以便采取适当措施实现平等。

消除对农村妇女的歧视

《公约》第十四条是涉及农村妇女具体需要的、直接和全面处理农村妇女问题的唯一的国际人权条款,也是《公约》中唯一指向某一特定群体的条款。第十四条要求缔约国考虑到农村妇女面对的特殊问题,她们对家庭生计包括她们在

---

[1] 第 24 号一般性建议第 30、31 段。
[2] 第 24 号一般性建议第 6 段。
[3] 第 28 号一般性建议第 22 段。

《消除对妇女一切形式歧视公约》导读

经济体系中无金钱交易部门的工作方面所发挥的重要作用。

农村妇女包括土著妇女,在她们的家庭和社区中扮演着维持生活的重要角色,在提升农业和农村发展、改善粮食安全、消除农村贫困等方面发挥着关键作用和贡献,然而,农村妇女的努力和贡献很少得到认可,她们为社会发展所做的贡献经常被否认,这与她们较低的社会地位和家庭地位相关。在大多数农村中,社区和家庭的权利仍由男子掌握,妇女任何违背丈夫决定的做法,往往导致暴力或离婚,她们很少受到教育和培训,没有独立的经济权利,没有或很少有决定生育的发言权,更不幸的是,社会和文化往往容忍这种规范和行为。第十四条试图纠正这种情况,并要求缔约国确保农村妇女的权利和利益,《公约》所及的一切权利都适用于农村妇女,消除对农村妇女的歧视,使她们能够参与和受益于农村发展。

委员会敦促缔约国把促进性别平等作为国家发展计划和政策的明确组成部分,尤其作为消除贫困和可持续发展的计划和政策的组成部分,农村妇女应有同等的权利参与农村发展规划的拟订和执行工作,有权充分利用保健设施和服务,包括计划生育设施和信息,受益于社会保障方案,接受各种形式的训练和教育,组织自助团体和合作社,以及参加社区活动。

农村妇女还应有与男子平等的机会获得农业信贷,就业、创业培训,利用销售设施,获得市场准入的技术和技巧,并在土地权利和土地改革、土地垦殖计划和安置方案等方面享有平等待遇。

还应给予农村妇女与男子平等的权利享受适当的生活条件,包括住房、卫生、水电、供应、交通和通讯方面。

委员会第19号一般性建议强调了"农村妇女容易遭受基于性别的暴力,因为在许多农村社区,有关妇女的从属作用的传统观念仍顽固存在。农村地区的年青女性离开农村到城里找工作时特别容易遭到暴力和性剥削";要求"缔约国应确保农村妇女能够获得为暴力受害者提供的服务,并确保必要时向边远社区提供特别服务";"缔约国应报告农村妇女面临的危险、她们遭受的暴力和虐待的程度和性质、她们对支助及其他服务的需要和获得情况,以及克服暴力措施的有效性"。[1]

5. 第四部分(第十五至十六条)

缔约国同意在法定权利的行使以及在婚姻和家庭法方面,给予妇女在法律面

---

[1] 第19号一般性建议第21段、第24(o)(q)段。

前与男子的平等地位。

在法律面前的平等

《公约》第十五条要求缔约国保证妇女在法律面前享有与男子的平等地位，以确保妇女享有法律自主权，保证她们在公民事务中与男子有同等的法律行为能力，以及行使这种行为能力的相同机会，其中包括有关合同、财产和诉讼等。

缔约国应采取措施，将限制妇女法律行为能力的所有合同和私人文书一律视为无效；在流动自由和选择居所方面应给予男女相同的权利。

委员会第21号一般性建议强调了《公约》第十五条所确认的妇女权利的重要性，"妇女如根本不能签订合同或取得金融信贷，或者只能经其丈夫或男性亲属的同意或保证才能签订合同或取得金融信贷，就被剥夺了法律自主权"。[1] 如果"妇女提出诉讼的权利受到法律限制，或受到难以得到法律咨询、没有能力向法院申诉的限制"，如果"妇女作为证人的地位和其证词并不如男子那样受到尊重，或不如男子那么有份量，这种法律或习俗则限制了妇女有效地谋求或保有其平等财产份额的权利，削弱了她们作为其所在社区的独立、负责和受尊重成员的地位。当国家法律限制妇女的法律行为能力或允许个人或机构的这种做法时，实际上就是剥夺了妇女与男子平等的权利，限制了妇女养活自己和其受抚养人的能力"。[2]

《公约》第十五条规定以简明扼要的语言申明了支撑整个《公约》的男女在法律面前平等的规范。《公约》第二条为缔约国创设了确保对妇女权利的法律保护并通过司法机构执行该保护的积极义务。第十五条规定使妇女能够有效利用第二条规定的法律保护。两条一起为妇女提供了主张《公约》规定的所有权利的必要法律支持。有了法律面前的平等以及有保障的法律平等保护，妇女便有权要求《公约》所列举的平等标准。

在婚姻和家庭中的平等权利

《公约》第十六条责成缔约国消除在婚姻和家庭关系方面对妇女的歧视。因为"家庭是天然和基本的社会单元"，[3] 又因为婚姻仍然是绝大多数妇女生活中某一时段必须遵循的原则，婚姻结构中的男女不平等对妇女生活的影响深远而广泛。习俗、传统、宗教法律与实践以及刻板印象，对执行第十六条的影响比对执行《公约》其他条款的影响都大。根深蒂固的偏见以及特别与妇女生育和家

---

[1] 第21号一般性建议第7段。
[2] 第21号一般性建议第8段。
[3] 《世界人权宣言》第十六条第3段。

《消除对妇女一切形式歧视公约》导读

庭角色相关的公认的文化传统及态度，使得实现实质平等可能尤为困难。因此，理解并执行《公约》第五条对执行第十六条所有内容极为重要。

第十六条要求缔约国应给予妇女与男子相同的在充分和自由同意基础之上缔结婚姻和选择配偶的权利。她们在婚姻存续期间以及解除婚姻关系时拥有相同的权利和义务，拥有作为父母亲的相同权利和义务，无论是婚生或非婚生子女的父母；并拥有负责地决定子女人数和生育间隔的相同权利和自由，并应有机会获得使她们能够行使这种权利的知识、教育和方法。

夫妻有相同的个人权利，包括选择姓氏、专业和职业的权利以及财产权。缔约国还同意，童年订婚和童婚应不具有法律效力，并应采取一切必要行动，包括制订法律，规定结婚的最低年龄，以及规定婚姻必须向正式登记机构登记。

委员会第21号一般性建议详细说明了有关《公约》第十六条的意义及其所规定的义务范围。此项建议表示无论是何种家庭形式，妇女在家庭中的待遇，包括法律上和实际上，都必须符合《公约》第二条所载人人平等和公平的原则。

委员会表明《公约》第十六条所要求的义务十分广泛，其中包括缔约国有义务采取措施禁止及抑制一夫多妻制；消除因离婚或死亡而要分配财产时对妇女的一切形式歧视；确保男子必须与妇女平等分担对子女的责任，包括照料子女和财政上的支持；等等。

2013年委员会通过了第29号一般性建议，着重就家庭关系、婚姻存续期间的经济问题和婚姻关系解除后的经济后果对缔约国提出建议。该建议指出，"家庭中的不平等是所有其他歧视妇女现象的根本，而且经常以意识形态、传统和文化的名义合理化"。[1] 在许多国家，妇女往往不能平等享有其家庭的经济财富和收益，特别是在家庭解体后她们通常承受比男子更高的代价，守寡后则可能陷入赤贫。

第29号一般性建议要求缔约国在其宪法中保障男女平等，修订或通过法律包括民法、宗教法、族裔习俗等，以消除家庭法制度内的歧视。在婚姻解体方面，要求缔约国修订关于过错离婚制度对妻子和丈夫采取不同标准的法律、法规或做法；为没有能力支付律师费的妇女提供免费法律援助，以确保没有任何一个妇女因离婚而牺牲其经济权利；在财产分割上，鼓励缔约国考虑女方对婚姻财产作出间接贡献的价值，包括非金钱贡献的价值，如对家庭的照顾，对子女的抚养以及对丈夫职业发展的支持；并应将所有不同的延后补偿、养老金或在婚姻存续期间应得的但将在今后得到的收入进行现有价值估算，纳入可分割婚姻财产的一

---

〔1〕 第29号一般性建议第2段。

部分；等等。

6. 第五部分（第十七至二十二条）

为审查执行公约取得的进展，依《公约》设立了消除对妇女歧视委员会；概述了缔约国的报告义务；并论述了委员会开会时间、会址和报告义务。

消除对妇女歧视委员会

《公约》第十七条规定建立消除对妇女歧视委员会，负责审议《公约》的执行情况。它由23名在《公约》所适用领域的德高望重和有能力的专家组成，一届任期4年。委员会委员由《公约》缔约国提名和选举，以个人身份和独立专家任职，不作为缔约国的代表。

《公约》缔约国第一次大会于1982年4月16日举行，选举产生了第一批消除对妇女歧视委员会委员。与第十七条规定不同的是，委员会一开始就由23位委员组成，于1982年10月18日至22日召开了首次会议。[1]

缔约国报告义务

《公约》第十八条规定了缔约国的报告义务，这是审议缔约国执行《公约》情况的主要程序。要求缔约国在《公约》对本国生效后1年内，并在自此以后每4年，或在委员会提出要求之时，向秘书长提交报告。报告应涵盖《公约》的所有实质性条款，说明执行《公约》的情况，包括影响《公约》执行的原因和遇到的困难，供委员会审议。

消除对妇女歧视委员会的职能

《公约》第十九至二十二条述及委员会的职能；委员会应自行制订议事规则和选举主席团成员；规定了委员会会议频次地点；规定了委员会每年必须向联合国大会报告工作情况；规定了委员会可根据缔约国的报告和资料的审查结果，提出"结论性意见"和"一般性建议"，以及邀请相关专门机构就其工作范围内各个领域对《公约》执行情况提出报告。

7. 第六部分（第二十三至三十条）

规定了加入公约、保留、争端解决机制等；说明缔约国的国内法律、批准的其他国际公约与该《公约》的关系；承担在国家一级采取一切必要措施，以充分实现《公约》承认的各项权利；《公约》生效的时间和保留等具体事项。

---

[1] 参阅［美］玛莎·A. 弗里曼、［英］克莉丝蒂娜·钦金、［德］贝亚特·鲁道夫主编，戴瑞君译：《〈消除对妇女一切形式歧视公约〉评注（下）》，社会科学文献出版社2020年版，第638页。

《消除对妇女一切形式歧视公约》导读

更有利于实现男女平等的国家规定

《公约》第二十三条规定缔约国的法律或对该国生效的任何国际协定如载有对实现男女平等更为有利的任何规定，其效力不得受《公约》的任何规定的影响。该规定意在确保缔约国遵守保护妇女人权的最高标准，而不论这一标准的来源是《公约》、其他条约还是国内法中的义务。

《公约》第二十四条责成缔约各国在国家一级采取一切必要的措施，以充分实现公约承认的各项权利。该条并非简单重复《公约》第二、三、四、五条设定的一般义务，其重点是"充分实现"所承认的各项义务，清楚地说明这是一项包括生活所有领域的全面义务，适用于不仅是法律上而且在事实上对权利的享有。2008年后，委员会越来越强调缔约国建立独立的国家人权机构在《公约》执行中的作用。

加入公约、保留、争端解决机制和作准文本

《公约》第二十五条规定了通过签署和批准成为《公约》缔约国的程序；宣布联合国秘书长是批准书和加入书的保管人；《公约》允许世界上所有国家加入，在实践中包括继承。

《公约》第二十六条规定缔约国可以向联合国秘书长提出书面通知，请求修改《公约》，并授权联合国大会确立可能的修正程序。

《公约》第二十七条规定了《公约》生效时间，即第20份批准书或加入书交存联合国秘书长之后第30天开始生效。根据该规定，《公约》于1981年9月3日生效。

《公约》第二十八条使缔约国有权在接受《公约》时提出保留，但不得提出与《公约》目的和宗旨抵触的保留。缔约国可以随时向联合国秘书长提出通知，请求撤销保留。

《公约》第二十九条规定，两个或两个以上缔约国之间关于《公约》解释的争端，如不能谈判解决，可交付仲裁，而且在缔约国不能达成一致时，可提交国际法院裁决。允许提出对第二十九条的保留，而其他缔约国对于作出这项保留的任何缔约国，也不受该款的约束。

《公约》第三十条规定，《公约》的阿拉伯文、中文、英文、法文、俄文和西班牙文文本具有同等效力，均应交存联合国秘书长。

(四)《公约》的执行机制

1. 消除对妇女歧视委员会

消除对妇女歧视委员会是根据《公约》第十七条设立的，是监测《公约》执行情况的独立专家机构，其目的是审议和监测执行《公约》各项条款取得的进展，任务是审查缔约国根据《公约》第十八条提交的国家报告。作为联合国现有的9个核心人权条约机构之一，委员会的经费由联合国经常预算提供，而其有效履行职能所需的工作人员和设施由秘书长提供。

委员会的组成

委员会由23名专家组成，她/他们经无记名投票从"在本公约所适用的领域方面德高望重和有能力的"人员名单中选出。专家由缔约各国提名，缔约各国可从本国国民中提出一名候选人。《公约》要求在选举过程中应顾及公平的地域分配原则及不同文化形式与各主要法系的代表性。委员会委员虽然由各国政府提名并在缔约国大会上选举产生，但她/他们以个人资格任职，作为独立专家而不是作为国家的代表。消除对妇女歧视委员会现任委员详见表2。

当选专家的任期为4年，从当选后翌年1月1日开始，至当选4年后的12月31日届满。她/他们可以连选连任，在实践中，委员任期时间最长的达19年。选举在《公约》缔约国大会上举行，每两年在纽约联合国总部举行一次，选举委员会的半数委员。委员在任职期间如因死亡或不能履行其职责或辞职而出现临时空缺时，该委员国籍的缔约国有权从其国民中指派另一专家，经委员会核可后，填补遗缺，完成前任委员未完成的任期。

根据《公约》议事规则，委员会应适当考虑到公平的地域分配，从委员中选举主席一人，副主席三人和报告员一人，组成委员会主席团，任期两年，并可连选连任，"但应坚持轮换的原则"。

委员会的独立性非常重要。委员在履行职责时不应接受任何指示或影响，或来自缔约国或其机构的压力。委员们在履职之际所作的庄严宣誓被一再强调："我庄严宣誓，作为消除对妇女歧视委员会的一名成员，我将磊落、忠实、公正、认真地履行职责、行使权利。"委员应回避其所在国家与委员会的建设性对话，也不得参加委员会对其所在国制定的结论性意见。

自1982年委员会成立以来，曾有151位专家担任过委员会委员。与其他条约机构的情况不同，消除对妇女歧视委员会是唯一女性占大多数的条约机构，自

《消除对妇女一切形式歧视公约》导读

它成立以来,仅有极少数男性担任过委员。她/他们具有广泛且多样的专业背景,如法官、律师、医生、议员、心理学家、学者、经济学家、社会学家、教育家、妇女问题专家甚至政府官员等。

我国现任的消除对妇女歧视委员会委员是前全国妇联副主席、书记处书记夏杰。自1982年以来,全国妇联国际事务部门的负责人关敏谦、林尚贞、冯淬、邹晓巧、宋文艳都曾担任过委员,其中邹晓巧连任了三届(2005~2016年)。

表2 消除对妇女歧视委员会现任委员名单[1]

序号	姓名	国籍	任期届满时间
1	Ms. Gladys Acosta Vargas(主席)	秘鲁	2022年12月31日
2	Ms. Hiroko Akizuki	日本	2022年12月31日
3	Ms. Tamader Al-Rammah	沙特阿拉伯	2022年12月31日
4	Ms. Nicole Ameline	法国	2024年12月31日
5	Ms. Marion Bethel	巴哈马	2024年12月31日
6	Ms. Leticia Bonifaz Alfonzo	墨西哥	2024年12月31日
7	Ms. Louiza Chalal	阿尔及利亚	2022年12月31日
8	Ms. Corinne Dettmeijer-Vermeulen	荷兰	2024年12月31日
9	Ms. Naéla Gabr	埃及	2022年12月31日
10	Ms. Hilary Gbedemah	加纳	2024年12月31日
11	Ms. Nahla Haidar(副主席)	黎巴嫩	2024年12月31日
12	Ms. Dalia Leinarte	立陶宛	2024年12月31日
13	Ms. Rosario G. Manalo	菲律宾	2024年12月31日
14	Ms. Lia Nadaraia	格鲁吉亚	2022年12月31日
15	Ms. Aruna Devi Narain(报告员)	毛里求斯	2022年12月31日
16	Ms. Ana Pelaez Narvaez(副主席)	西班牙	2022年12月31日

[1] https://www.ohchr.org/EN/HRBodies/CEDAW/Pages/Membership.aspx

续表

序号	姓名	国籍	任期届满时间
17	Ms. Bandana Rana	尼泊尔	2024年12月31日
18	Ms. Rhoda Reddock	特立尼达和多巴哥	2022年12月31日
19	Mr. Elgun Safarov（副主席）	阿塞拜疆	2022年12月31日
20	Ms. Natasha Stott Despoja	澳大利亚	2024年12月31日
21	Ms. Genoveva Tisheva	保加利亚	2022年12月31日
22	Ms. Franceline Toe Bouda	布基纳法索	2022年12月31日
23	Ms. Jie Xia 夏杰	中国	2024年12月31日

委员会的职能

委员会的主要职能是：审议缔约国依法提交的关于其为落实《公约》各项条款而采取的各种立法、司法和行政措施的报告；对缔约国执行《公约》的情况进行监督；与缔约国开展建设性对话，并对其执行《公约》的情况提出"结论性意见"；根据《公约》有关条款和审议缔约国报告的结果，起草和制定"一般性建议"，以对《公约》条款的理解进行更新和扩展。

依据《消除对妇女一切形式歧视公约任择议定书》，委员会的职能还包括接受和审议个人的申诉，以及对缔约国严重地或系统地侵犯《公约》所规定的权利的可靠资料进行调查。

2. 成为《公约》缔约国

成为《公约》缔约国，就向国际社会和国内的利益相关方发出了一个明确的信号，即该国致力于消除对妇女的歧视，实现男女平等，以及引入并执行实现这些目标的法律、政策和方案。它还表明该国准备将其法律、政策和方案交给消除对妇女歧视委员会深入审查。

一国通过批准或加入《公约》而成为缔约国，就向国际社会表明它致力于履行采取一切措施消除对妇女的歧视的法律义务。《公约》第二十五条规定，《公约》开放供各国签署并须经批准。该条还规定《公约》开放供所有国家加入。

《消除对妇女一切形式歧视公约》导读

签署《公约》

一国签署《公约》，在法律上并非必须执行《公约》的各项条款。不过，签署《公约》表明，该国有意朝着同意受《公约》约束的方向前进。签署《公约》还创立了一项义务，即真心实意地不采取有违《公约》目的和宗旨的行为。签署后，需在国家一级批准公约，并为执行《公约》而对其法律和政策各项条款作出变更。

批准《公约》

批准《公约》通过向联合国秘书长交存批准书来实现。

国际一级的批准不应与国家一级的批准相混淆。在后一种情况下，在国家表示成为缔约国之前，可能需要按照本国宪法规定作出批准。国家一级的批准并不代表国际一级的接受或批准。这需要将批准书或加入书交存联合国秘书长。

加入《公约》

加入《公约》通过向联合国秘书长交存加入书来实现。与批准不同，加入之前不需要先签署。批准和加入具有相同的法律效力：一国成为《公约》缔约国并接受履行其义务的法律约束。

继承

如果"继承国"的"先前国"批准或加入了《公约》和（或）其《任择议定书》，则它们对"继承国"适用，"继承国"可向秘书长交存继承书。

保留

《公约》第二十八条允许各国在批准或加入时提出保留意见，正式声明国家不接受《公约》的某一部分或某些部分对它的约束。不过，第二十八条第2款规定各国不得提出与《公约》目的和宗旨不相符合的保留。

保留的性质和范围

在批准或加入《公约》时，一些国家对《公约》提出了许多正式的保留，可能比其他任何重要人权公约所提出的保留更多，有些保留是程序上的保留，或是一些无损《公约》基本目的和宗旨的保留。不过，有相当数量的保留是非常具体的，有的甚至与《公约》的目的和宗旨相抵触，直接影响妇女在各方面享有法律保护的权利。最有问题的是对《公约》第2条这一核心条款的保留，以及关乎一些消除对妇女歧视至关重要的领域的保留，如家庭法、法律行为能力和公民资格等。

虽然《公约》第二十九条规定可将缔约国之间关于《公约》的解释的争端提交国际法院审理，但《公约》条款中并没有程序拒绝缔约国提出与《公约》不相符合的保留。许多缔约国对第二十九条提出保留，而且也没有一个缔约国援引该条来质疑保留的有效性。

联合国的各种会议和首脑会议以及联合国大会也对《公约》有大量保留表示了关切。1993年联合国人权大会《维也纳宣言和行动纲领》第二部分第39段指出:"应鼓励以各种方式和方法处理对该《公约》提出的特别多的保留意见……消除对妇女一切形式歧视委员会应当继续审查对公约的保留。促请各国撤销与《公约》的目的和宗旨有抵触,或与国际条约法不相符合的保留。"联合国第23届特别联大的成果文件"2000年妇女:21世纪平等、发展与和平"(北京世妇会五周年会议文件)指出:"各国政府在国家一级应采取的行动:68(C):……限制对该公约提出保留的范围,撤销所有不符合公约目的和宗旨或不符合国际条约法的保留。"

委员会对保留的关切

委员会一直对保留的性质和范围表示严重关切,敦促各国采取行动,审查这些保留,弄清它们是否继续有效,并在可能时撤销它们。委员会在其第4号、第20号和第21号一般性建议中,在审议缔约国报告和提出结论性意见中,以及在提交联合国会议和首脑会议的许多呈文中都明确表达了这一观点,其中委员会认为有些保留不仅使妇女失去了《公约》的保障,而且也失去了其他国际文书中平等和不加歧视的保障。作为对1998年纪念《世界人权宣言》50周年的一个贡献,委员会通过了一项关于保留的声明,其中表示第二条和第十六条是《公约》的目的和宗旨的核心,并提请缔约国注意这项声明对不可允许保留的数目和范围的严重关切。

2010年,委员会在其第28号一般性建议中再次对保留问题提出关切,指出:对《公约》第二条或第二条之下各项规定的保留原则上不符合《公约》的目的和宗旨,按照第二十八条第2款的规定是不允许的;委员会要求提出保留的缔约国应对这些保留对执行《公约》的实际影响作出解释,并说明采取了哪些措施,为尽快撤销保留而对其进行持续审查。

委员会在有关缔约国报告的准则中,要求缔约国解释有关《公约》任何条款的保留或声明,并说出它们继续坚持其保留或声明的正当理由。应当解释保留或声明在国家法律和政策方面的确切效应,而且对第二条和(或)第三条提出一般性保留的缔约国应当报告这些保留的效应和解释情况,还应提供它们对于其他人权条约中类似义务提出的任何保留或声明的信息。

保留的撤销

在批准或加入《公约》时提出保留的国家,可以撤销其保留。撤销保留必须采取书面形式,并由国家元首、政府首脑、外交部长或为此目的拥有全权的人签署。同保留一样，撤销文书也由联合国秘书长分发给所有国家。

3. 缔约国执行《公约》

成为《公约》的缔约国虽然构成一国的承诺，但这本身并不确保妇女的权利在缔约国国内得到尊重。必须执行《公约》，以确保尊重其中阐明的原则和权利。

缔约国的义务

1969年《维也纳条约法公约》规定，生效的每项条约对它的缔约方都具有约束力，而且缔约方必须抱着诚意执行条约。它还规定条约的缔约方不得援引其国内法的规定作为不能服从条约的正当理由。

因此《公约》缔约国必须使其国内法律和政策符合《公约》的条款。缔约各国保证在法律上和事实上服从《公约》论述的全部经济、社会、文化、公民和政治权利，承诺制定出一系列的措施，以结束对妇女的一切形式歧视，包括：

- 将男女平等的原则纳入其宪法和法律体系；
- 废止所有歧视法律并通过禁止歧视妇女的法律；
- 建立法庭和其他公共机构，以确保有效保护妇女不受歧视；
- 确保消除个人、组织或企业对妇女的一切歧视行为；
- 按照《公约》规定向消除对妇女歧视委员会报告在执行《公约》方面取得的进展。

将《公约》纳入国家法律体系

批准或加入《公约》，意味着缔约国承担了国际法义务，但《公约》各项条款在国家一级可否实施，取决于是否将《公约》纳入缔约国的国内法律体系。各缔约国的宪政法规决定着《公约》生效的方式。

在许多国家，国际条约在国内的地位在国家宪法中有所规定，有的国家规定如批准或加入条约，其便成为国内法的一个组成部分。这被称为"自动纳入"。有些国家的宪法规定条约优先于国家法律，而另一些国家则表示条约具有与国内法相同的地位。

规定条约自动纳入国内法的许多国家还要求，在条约具有国家法律效力之前，先在官方公报中宣布或公布。即使在条约自动纳入的国家中，也需要在制定了国家执行立法之后，个人才能向国内法院援引条约规定。

许多国家的宪法明确指出，只有立法机关通过了条约的各项条款，条约才能成为国家法律体系的一个组成部分。在条约义务必须经立法纳入国家法律体系后才具有国内效力的国家，个人不能要求援引未经立法纳入的条约条款，而且这些条款将不优先于不相符的国内法。

其他国家，包括要求通过立法纳入条约的一些国家的宪法规定，在解释宪法时应考虑到国际标准。如果这些国家是《公约》缔约国，解释宪法时必须考虑到《公约》的规定。

将《公约》的各项原则纳入国家宪法

一国的宪法或基本法载有指导社会的原则和法律，构成决定政府形式的基本宪章，并阐明国家社会契约的一般原则。

宪法是所有立法的框架。因此，将男女平等的原则列入国家宪法或一国的基本法，为妇女权利的保护和政府这方面的义务提供了依据。

> "因此宪法应保证在国家生活的所有部门中坚持性别平等和公平原则。为实现这个目标，性别平等的原则和禁止性别歧视的原则必须在这一基本宪章中清楚说明，它们必须采用真实体现这些原则含意的措辞。除了性别平等原则和谴责歧视外，宪法还应提及依法消除所有歧视的义务，尤其是通过纠正歧视的措施。"
>
> 议会联盟关于"卢旺达新宪法的形成过程"的研讨会与会者通过的指导方针（2001年6月，卢旺达基加利）

可以采用几种方法将《公约》阐明的原则纳入一国国家宪法或基本法。在有些情况下，立法者在将基于性别的平等保障条款纳入宪法之前，先对宪法进行了一次审查。在另一些情况下，立法者提出并通过修正案。立法者要获得群众支持，提高认识，更为重要的是顾及人民的需要和关注的问题，与人民和公民社会组织磋商至关重要。在有些情况下，磋商可由女议员与非政府组织合作牵头进行。

国家执行立法

立法使《公约》的各项原则和目标演变为具体的法律规定，并阐明确立男女平等的国家行动的原则、目标和优先次序。它是确保充分执行《公约》的一个要素。

《消除对妇女一切形式歧视公约》导读

> "必须推行使国内司法体系适应国际法规范的机制,以便国际人权条约文书,特别是《消除对妇女一切形式歧视公约》保障的权利……能在国家一级得到维护。"
>
> 议会联盟关于"卢旺达新宪法的形成过程"的研讨会与会者通过的指导方针(2001年6月,卢旺达基加利)

一些步骤对于实行这种立法是必要的。

审查现行立法

审查所有法律,从而:

- 找出属于歧视性的法律。必须将所有法律都列入审查范围(即不仅仅是那些表面上看属于歧视性的法律,而且还有那些看起来"在性别上是中立的"但对男女双方产生不同影响的法律);
- 找出全面执行《公约》的现有法律漏洞;
- 查明下列情况:

——不同类型的法律(宪法、刑法、民法和行政法)之间的相互矛盾造成性别偏见;

——歧视妇女的行政程序有损法律;

——有害的传统做法和不良习俗与现行法律相抵触。

审查过程应涉及《公约》涵盖的所有问题和部门(政治权利、教育权利、保健机会、拥有财产机会等)。

审查和起草新立法

完成这项任务:

- 审查和修订带歧视性的法律,以便消除不平等。
- 起草新法律弥补法律漏洞。还应考虑采取纠正歧视的措施,以便消除和纠正不平等现象。

有些国家已建立了有关委员会,从而审查立法并提出改革建议。例如,乌干达建立了乌干达法律改革委员会,它的第一项任务是提出对属人法的修正案,因为这种法律对妇女和女孩具有负面影响。

实施措施

立法如不实施就失去意义。在有些情况下,由于没有适当的实施措施,处理对妇女歧视问题的法律得不到遵守。因此，服从的意愿或促进和尊重性别平等的一些好的理念，就成了激励尊重法律的主要因素。

重要的是应发起提高认识运动，从而加大通过立法或修正立法的力度。必须使妇女了解她们应享有的法定权利，这样她们才能要求这些权利。司法机关、行政部门和政府其他部门的官员和雇员，包括警察部门，也必须了解并尊重这些新的应享权利，以便这些要求得到实施。

司法机关在保证尊重《公约》阐明的权利方面的作用

在宣传和确保尊重《公约》的原则方面，司法机关可以发挥主要作用。在有关宪法或法规解释的裁决中，甚至在《公约》并不由于批准或加入而自动成为其国家法律体系的一个组成部分的国家中发展一般法律理念时，本国法院可以利用国际人权标准，包括《公约》中的标准。

因此，法官必须了解国际人权法的原则，特别是了解《公约》的各项规定，以在工作中考虑到它们。将国际人权法和性别平等观点列为对法官和律师的基本训练和继续法律教育的内容，确保他们了解这些领域的最新发展情况，是向法官和执业律师提供他们将这些领域纳入其工作所需的信息的关键性战略。

保护妇女免遭歧视的其他机制

有的国家已发展了其他机制来确保有效保护妇女的权利。这可以采取适应有关国家的需要和习俗的多种形式，它们往往是重点在于保障妇女权利的灵活制度。有些国家经议会授权设立了性别平等问题调查官。这一职务的职能是听取并通过调解处理对行政部门或官僚机构不胜任或不公正（但不是非法）的申诉，随后报告议会并提出建议。

在有些国家，建立了主管妇女事务的专职政府部门或办事处。设立负责协调官方政策的妇女事务国务秘书职位、设立妇女事务部或在已有的部委内指派性别问题协调人等。

有些国家建立了性别平等委员会，负责监测《公约》的执行情况。例如在南非，性别平等委员会是一个独立的机构，它向议会作报告。它的职能包括：监测和审查所有政府出资的机构的性别政策；提倡、宣传和教育；审查立法以确保法律保护妇女的平等权利；建议新的法律；调查任何与性别问题相关的申诉，必要时将它们移交人权委员会或检察官处理；监测并报告遵守国际公约的情况。

政府政策和国家方案

旨在贯彻《公约》阐明的权利、纠正不平等现象的政府政策和国家方案也很重要。

有些政策或方案经常横跨数年时间。它们阐明各种承诺和目标，并拟订实现

《消除对妇女一切形式歧视公约》导读

这些目标的措施。它们能够促成重要而且有时是立竿见影的变化，特别是当它们包括纠正某一问题的详细建议和应采取的措施（预算拨款、配额制等）时，而且它们往往具有长期、持久的影响。

如能获得关于社会不同部门妇女情况的详尽数据或分性别的数据统计，也能促进决策者制定适当的方案并促进其之后的评估工作。在拟订任何政策或方案时，均应考虑到政府根据《公约》承担的义务及消除对妇女歧视委员会的建议。

政府应定期监测履约进展情况，以评估成果和障碍，并决定今后应采取的步骤。

性别敏感的国家预算

国家预算是实施所有公共项目的关键。它将有效政策所追求的目标与财力组合在一起。因此，它是促进性别平等，制定有关方案和提供有关援助的不可或缺的工具。

预算不是中性的手段。构成其基础的战略和政策取向，反映人民的利益和所关心的问题。编制性别敏感的预算，是满足无论男女老幼大多数人的愿望和需要的最佳方法。

对性别敏感的预算并不意味着为妇女单立预算。它们意在按照预算对不同男女群体的影响，对政府的整个预算进行分解或分类，其中考虑到社会的性别关系以及获得和控制资源的作用和机会。

因此，对性别敏感的预算基本上属于将性别问题纳入主流，确保将这些问题纳入所有国家政策、计划和方案，而不是将妇女视为需要单独照顾的一个特殊"利益集团"。预算是提供财政支助满足妇女和女孩需要的工具，而且有利于缩小性别差距和不平等。

提高认识与动员舆论

如果得不到公众支持，得不到社会中各主要政治、经济和社会力量的后援，政府机构促进和落实妇女权利的工作难有多大作为。

为了动员舆论，必须制定一项交流战略，使各阶层人士都相信，尊重《公约》所载的妇女权利对男女双方同样有利。因此，社会的每一个成员都必须认识到妇女的权利，每一个人都必须为《公约》的执行作出贡献。若要在男女之间建立真正的伙伴关系，就需要人人都行动起来，而且必须加强这个领域提高认识的工作。除了提高认识的活动外，可能非常有用的是制定一套综合性的人权教育方案，在妇女中提高对自身人权的认识，在其他人员中提高对妇女人权的认识。

发展国际一级的合作

尊重、保护和促进《公约》所载妇女人权的理想是国际社会一致同意的优先任务。《公约》第六条论述的违反《公约》的具体情况，如贩卖妇女，要求各国之间开展合作，特别是在边境管制、调查和起诉等方面。

为了支持国际、区域和各国促进和尊重妇女权利的方案，也需要各国之间开展合作。与此同时，支持联合国各专门机构、基金和计划开发署及其他致力于维护妇女权利的国际组织的工作。

4. 缔约国报告程序

缔约国的义务

《公约》第十八条规定了缔约国的报告义务。缔约国在《公约》对本国生效后一年内向委员会提交初次报告，并在以后至少每4年并随时在委员会的请求下提交定期报告。报告应说明本国为使《公约》各项规定生效所通过的立法、司法、行政或其他措施，以及所取得的进展。报告还应指出影响履行《公约》规定义务的各种因素和困难。

报告的目的和意义

报告的主要目的是促进缔约国遵守《公约》所载的义务。

起草报告这一任务使缔约国有机会澄清其根据《公约》承担的义务，评估妇女的现状，查明哪些领域需要改革以确保完全遵守《公约》。

- 为了编写一份优质报告，需要在政府机构内部和政府与公民社会之间进行磋商，这种磋商能够使人们更深刻地理解《公约》的目标，从广义上说理解人权的目标。
- 围绕报告的编写开展宣传运动，提请人们注意缔约国遵守义务的情况，以及个人和团体如何为推动执行《公约》作出贡献。
- 消除对妇女歧视委员会对报告的审议，使缔约国能与一些公正且经验丰富的专家展开对话，其间可以确定需要进一步执行《公约》的领域，并了解委员会提出的改进建议。
- 该程序还突出说明所吸取的先进做法和经验教训，其他国家在执行《公约》时可以借鉴。
- 报告程序的成果，即委员会关于缔约国报告的结论意见，构成未来立法、政策和方案的权威指南。虽然结论性意见针对缔约国政府，但所有利益攸关方，如议员、公民社会包括妇女组织等，也能用来推动加速《公约》的全面执行。

报告的编写过程为缔约国提供了这样的机会：

- 可以全面审查国家立法、行政规章和做法；
- 确保缔约国定期监测执行《公约》每项规定的实际情况，了解妇女在所有领域享有所保障的各种权利的情况；

● 向缔约各国提供拟订明晰且目标明确的政策依据，其中包括与《公约》各项规定相一致的、旨在加速妇女与男子在法律上和事实上平等的优先任务；

● 给公众深入审查政府政策提供一个框架，鼓励各个部门，包括公民社会，参与这些政策的拟订和审查；

● 提供一条基准线，使缔约国和委员会能够据此评价在履行《公约》义务方面取得的进展；

● 使缔约国能够更深入地了解影响履行《公约》各项规定的因素和困难；

● 使委员会能够和所有缔约国交流信息，更深入地理解各国面临的共同问题，更充分地了解为促进有效履行《公约》规定的义务可以采取的各类措施。这使委员会能够确定国际社会可以采用哪些最合适的方法协助个别缔约国，乃至所有缔约国执行《公约》。

报告的编写

为了在审查报告时减少要求提供更多信息的次数，确保平等地审议每个缔约国的情况，委员会通过了报告准则。

这些准则规定：

● 在编写报告时，应考虑到所有条款和委员会的一般性建议；

● 应就缔约国可能提出的任何保留或声明提供详尽的信息；

● 应解释影响履行《公约》规定义务的因素或困难，并详细说明为克服这些因素或困难所采取的步骤；

● 应载有按性别分类的充足数据和统计资料，使委员会能够评估《公约》执行的进展情况。

2008年2月在第40届会议上，委员会根据2006年6月第5次人权条约机构委员会间会议通过的国际人权条约的报告准则，讨论并通过了消除对妇女歧视委员会的报告准则。之后各缔约国向委员会提交的执行《公约》报告将由两部分组成，即：共同核心文件和执行《公约》情况文件。共同核心文件的篇幅掌握在60~80页之间；执行《公约》情况的定期报告的篇幅应控制在40页之内，初次报告不应超过60页。

共同核心文件主要介绍国家的政治体制、经济和社会发展等基本情况；按性别、年龄和人口分类的统计资料；有关保护和促进人权总体框架的一般事实以及非歧视、平等和有效补救措施等的相关资料；说明在法律和事实上履行其加入人权条约的情况；不应只限于罗列或介绍缔约国近年来所通过的法律文书，而应说明这些法律文书是如何反映在缔约国的政治、经济、社会和文化现实之中，如何体现在国内目前的一般状况之中。

初次报告

初次执行《公约》情况文件应与共同核心文件一起构成缔约国的初次报告，这是缔约国第一次有机会向委员会陈述其法律和惯例在多大程度上与《公约》相符。缔约国应具体阐述《公约》第一部分至第四部分的每一条款；除了共同核心文件所载的资料外，执行《公约》情况文件中应详细分析和说明法律规范对妇女产生的实际影响，以及是否有对违反《公约》规定事件的补救措施，以及这些措施的落实和效果。

定期报告

执行《公约》情况文件与共同核心文件一起构成缔约国的定期报告。执行《公约》情况文件应把重点放在审议缔约国上一次报告与提交本次报告之间所发生的变化，包括：

● 为实施《公约》采取的法律措施和其他适当的措施以及取得的成果；

● 相关的分性别统计数据和资料；

● 妇女在与男子平等的基础上行使和享有她们在公民、政治、经济、社会、文化和其他领域的人权状况及面临的障碍和采取的措施；

● 委员会上次提出的结论性意见的落实情况。如未能做到，应说明没有落实的原因或遇到的困难；

● 有关在消除对妇女歧视和确保妇女充分享有人权方面所采取的措施和产生的影响，以及针对各妇女群体，特别是受多种形式歧视的妇女群体是如何落实《公约》的。

由于《公约》与《北京行动纲领》及《2030年可持续发展议程》（其前身为《千年发展目标》）之间有着相辅相成的关系，报告准则要求各缔约国在提交与《公约》具体有关文件时，应包括落实《北京行动纲领》和《2030年可持续发展议程》的有关情况。

此外，报告准则还要求，那些已成为《任择议定书》的缔约国，如委员会已就有关申诉该缔约国的来文发表了意见或根据《任择议定书》第8条规定进行了调查的，应提供所采取后续行动的详细情况。

非政府组织的参与

委员会从其早期届会开始就一直鼓励非政府组织关注并参与《公约》的活动。根据《公约》议事规则第47条，"委员会可邀请非政府组织的代表向委员会会议或会前工作组作口头或书面陈述，并提出与《公约》规定的与委员会活动有关的资料或文件"。为此，委员会在每届会议的第一周和第二周以及在会前工

《消除对妇女一切形式歧视公约》导读

作组开会的第一天安排一定时间听取非政府组织的意见，特别欢迎国家级的非政府组织参加这种会议。非政府组织可向人权高专办提供书面材料，后者将把材料转给委员会。委员会委员通常在审议某缔约国报告的前一天非正式与该国非政府组织代表进行对话，了解她/他们对政府履约方面的具体意见和建议。

消除对妇女歧视委员会2009年第45届会议通过了"关于委员会与非政府组织关系"的声明。声明指出，非政府组织在监督国家一级执行《公约》和《任择议定书》方面发挥着战略性的重要作用；鼓励各缔约国政府在可能的情况下，在财政方面支持非政府组织开展有关推动、监督《公约》及其《任择议定书》的落实活动；确保非政府组织代表参与和委员会的建设性对话。声明在强调政府为主要承担履行《公约》义务的同时，还特别建议缔约国在准备国家报告过程中与非政府组织进行磋商，并将报告散发给公民社会的各个方面。同时，鼓励非政府组织及时提交书面影子报告，对委员会制定的一般性建议提意见，以及就大规模侵犯妇女权利的案件通过《任择议定书》有关程序向委员会报告等。

5. 委员会对缔约国的审议

目前，委员会每年开会3次，每次会期3~4周，一般审议8~12个缔约国报告。[1] 在确定待审议的报告时，委员会优先挑选拖延时间最长久的报告，优先考虑初次报告，以及从地域和其他因素角度平衡考虑要审议的报告。

为了提高审议缔约国报告的效率，同时为了不断提高与缔约国进行建设性对话的质量，委员会：①从其委员中为每个接受审议的缔约国指定一位国家报告员。国家报告员的任务是负责准备一份该缔约国的简况，说明在履行《公约》方面取得的进展，包括立法、政策、措施等；尤其要指出在执行《公约》的实质性条款和落实委员会上一次结论性意见方面存在的问题和挑战，供委员会委员在与缔约国开展建设性对话时参考；与秘书处工作人员一道负责拟写结论性意见草案；②采用"工作队"（Task Force）的方式审议缔约国报告。"工作队"由10名左右的委员组成，在国家报告员牵头下与缔约国对话。未参加"工作队"的委员可就缔约国口头答复中不清楚的地方提出后续问题。

会前工作组

会前工作组在顾及区域平衡的原则下，由委员会的5位委员组成，在每届会后举行5天的闭门会议，拟订将接受审议缔约国报告的问题清单。一般而言，每份清单包含不超出30个明确而直接的问题，集中关注所涉缔约国在实施《公约》

---

[1] 新冠疫情时期大部分审议在线上举行。

方面令人关切的各主要领域，包括对上一次委员会结论意见采取的后续行动。在会前工作组完成其工作后一周之内，问题清单送有关的缔约国，并要求他们在此后六周内提供答复。答复应该言简扼要，切中要害，篇幅不应超出25~30页。这些问题清单和缔约国的答复都是联合国的正式文件，将翻译成联合国的各种文字。

建设性对话

根据《公约》第十八条的任务授权，委员会采取同缔约国代表进行建设性对话的形式审议报告，其目的在于改善该缔约国有关执行《公约》的状况。因此，当缔约国接受审议时，他们必须派代表出席会议。如缔约国代表缺席，委员会将不审议报告。

委员会用两次公开会议（每次3小时）审议初次报告。缔约国的代表应邀作最多30分钟的介绍性发言。初次报告的审议逐条进行，但第一条和第二条、第七条和第八条以及第十五条和第十六条例外。委员会委员逐条提出问题，由缔约国一一作答，直至覆盖到所有的条款。但凡初次报告与一次或多次的定期报告，也都用初次报告的审议办法进行。

委员会用两次公开会议（每次3小时）审议定期报告。介绍定期报告的缔约国代表应邀作最多30分钟的介绍性发言。在审议定期报告时，委员的问题按照《公约》的四个实质性部分分组进行，即第一部分：第一条至第六条；第二部分：第七条至第九条；第三部分：第十条至第十四条；和第四部分：第十五条至第十六条。在委员按组提出一些问题后，缔约国有机会作答；接着是下一轮的问答，直至所有分组的问题都覆盖。如果时间许可，委员们可以提后续问题。

在建设性对话中，委员的提问以3分钟为限，但如只有一个委员在某条款下提问，其提问时间可延长至5分钟。

结论性意见

在1993年委员会第12届会议上，为回应缔约国的报告，委员会一致通过了起草结论性意见（2008年之前称为"结论性评论"）的程序。从1994年开始，委员会采用了结论性意见来表达它对缔约国履约的关切。此前，委员会对缔约国的关切和建议包含在审议每个缔约国的一般记录中，而未形成一个独立的全面的文件。

审议报告之后，委员会拟定结论性意见，这种意见在闭门会议上起草和通过。结论性意见概述缔约国在执行《公约》方面的进展，特别是影响缔约国执行《公约》的各种主要因素和困难，以及旨在促进执行《公约》的意见和建议。结论意见中应只包括建设性对话期间提出的问题和关切事项。这些结论性意见代表委员会对缔约国情况的集体看法，一旦通过，就发给缔约国并公之于众。结论性意见是有关缔约国拟订今后国家政策的重要参考依据,也是其他利益攸关方,例如议员、非政府组织和公民社会等,发挥监督作用的重要工具。

每项结论性意见都包括委员会的一项要求,即广为传播它们,以便有关国家的人民,特别是政府管理人员和政界人士了解为确保妇女在法律上和事实上的平等已采取的措施和需要进一步采取的措施。委员会在第6号一般性建议中,建议采取适当的措施,确保用缔约国的文字,传播《公约》、缔约国的报告和委员会的报告,还请缔约国在其报告中列入为遵守第6号一般性建议所采取的行动。

后续报告

2008年6月,委员会第41届会议决定开始采用一种新的"后续报告"程序。借助这一程序,委员会在其通过的结论性意见中选择两个委员会最为关切的并已提出具体建议的问题(由国家报告员最先提出,委员会全体会议协商通过)作为优先事项请缔约国采取行动,委员会视情要求缔约国在一年或两年内就所采取的行动及落实情况向委员会作书面报告。

委员会收到缔约国的后续报告后,对其进行审议并作出诸如"已落实""部分落实""未落实"或"未提供相关信息"的评估。除"已落实"的部分,委员会将致函相关缔约国,请他们在一年内提供进一步的落实情况或请他们在下一个定期报告中说明已采取的行动或面临的困难和问题。

6. 一般性建议

根据《公约》第二十一条规定,委员会根据对各缔约国送交的报告和材料的审查结果,提出意见和一般性建议。委员会据此拟订关于《公约》各项条款和横向主题的一般性建议。其中多数概述委员会希望看到在缔约国报告中论述的事项,并寻求就缔约国的义务和遵守这些义务需要采取的措施向缔约国提供详细的指导。

委员会头10年中通过的那些一般性建议简短、适度,论述诸如报告内容、对《公约》的保留和委员会的资源等问题。在1991年第10届会议上,委员会决定采用这样的做法,即就《公约》的具体规定和《公约》条款与委员会所述的"横向"主题之间的关系颁布一般性建议。在此项决定后,委员会通过了较为详尽和综合性的一般性建议,向缔约各国提供关于在特定情况下适用《公约》的明确指导。一般性建议是委员会就《公约》中的具体条款和当代紧急事项所作出的权威解释。

例如1992年,委员会通过了第19号一般性建议,要求缔约国在报告中载列对妇女暴力发生率的统计数据,为受害人提供服务,以及为在日常生活中保护妇女免遭暴力，如工作场所的骚扰、家庭虐待和性暴力等而采取的立法及其他措施。在第19号一般性建议出台25周年之际，委员会通过了"关于基于性别的暴力侵害妇女行为的第35号一般性建议"，与时俱进地更新了第19号一般性建议：界定了"基于性别的暴力侵害妇女行为"的术语，将对妇女暴力的范围扩展到妇女整个生命周期，各种生活状态的妇女，以及人际接触的所有空间和领域；要求缔约国为此承担国家行为体和非国家行为体两方面的义务和责任；提出一般性立法、预防、保护、起诉和惩罚、赔偿、监测和数据收集以及国际合作等方面的具体建议。

委员会还就缔约国履约义务、老年妇女的权利、婚姻和家庭关系平等、妇女参与公共生活、妇女享有保健机会、妇女在武装冲突中的作用、女童权利、难民妇女权利、妇女司法救助权利、农村妇女权利、气候变化背景下减灾中的性别问题、全球化背景下贩卖妇女和女童问题等通过了综合的一般性建议。

截至2021年12月31日，消除对妇女歧视委员会一共通过了38项一般性建议，详见清单。

消除对妇女歧视委员会通过的1~38号一般性建议清单[1]

第1号：缔约国报告（1986年第五届会议）
第2号：缔约国报告（1987年第六届会议）
第3号：教育和宣传运动（1987年第六届会议）
第4号：保留（1987年第六届会议）
第5号：临时特别措施（1988年第七届会议）
第6号：有效的国家机制和宣传（1988年第七届会议）
第7号：资源（1988年第七届会议）
第8号：执行《公约》第八条（1988年第七届会议）
第9号：有关妇女状况的统计资料（1989年第八届会议）
第10号：《消除对妇女一切形式歧视公约》通过10周年（1989年第八届会议）
第11号：履行报告义务的技术咨询服务（1989年第八届会议）
第12号：对妇女的暴力行为（1989年第八届会议）
第13号：同工同酬（1989年第八届会议）
第14号：女性割礼（1990年第九届会议）
第15号：在各国防治后天免疫机能缺损综合症（艾滋病）战略中避免对妇女的歧视（1990年第九届会议）

---

[1] https://www.ohchr.org/EN/HRBodies/CEDAW/Pages/Recommendations.aspx

《消除对妇女一切形式歧视公约》导读

续表

第 16 号：城乡家庭企业中的无酬女工（1991 年第十届会议）
第 17 号：妇女无偿家务活动的衡量和量化及其在国民生产总值中的确认（第十届会议 1991 年）
第 18 号：残疾妇女（1991 年第十届会议）
第 19 号：对妇女的暴力行为（1992 年第十一届会议）
第 20 号：对《公约》的保留（1992 年第十一届会议）
第 21 号：婚姻和家庭关系中的平等（1994 年第十三届会议）
第 22 号：修正《公约》第二十条（1995 年第十四届会议）
第 23 号：政治和公共生活（1997 年第十六届会议）
第 24 号：关于《公约》第十二条（妇女和保健）（1999 年第二十届会议）
第 25 号：《公约》第四条第 1 款（暂行特别措施）（2004 年第三十届会议）
第 26 号：关于移徙女工问题的第 26 号一般性建议（2008 年第四十二届会议）
第 27 号：关于老年妇女问题和保护其人权的第 27 号一般性建议（2010 年第四十七届会议）
第 28 号：关于缔约国在《消除对妇女一切形式歧视公约》第二条之下的核心义务（2010 年第四十七届会议）
第 29 号：关于《消除对妇女一切形式歧视公约》第十六条的第 29 号一般性建议（婚姻、家庭关系及其解除后的经济后果）（2013 年第五十四届会议）
第 30 号：关于妇女在预防冲突、冲突及冲突后局势中的作用的第 30 号一般性建议（2013 年第五十六届会议）
第 31 号：消除对妇女歧视委员会第 31 号以及儿童权利委员会有关有害做法的第 18 号联合一般性建议/意见（2014 年第五十九届会议）
第 32 号：关于妇女的难民地位、庇护、国籍和无国籍状态与性别相关方面的第 32 号一般性建议（2014 年第五十九届会议）
第 33 号：关于妇女获得司法救助的第 33 号一般性建议（2015 年第六十一届会议）
第 34 号：关于农村妇女权利的第 34 号一般性建议（2016 年第六十三届会议）
第 35 号：关于基于性别的暴力侵害妇女行为的第 35 号一般性建议，更新第 19 号一般性建议（2017 年第六十七届会议）
第 36 号：关于女童和妇女受教育权的第 36 号一般性建议（2017 年第六十八届会议）
第 37 号：关于气候变化背景下减少灾害风险所涉性别方面的第 37 号一般性建议（2018 年第六十九届会议）
第 38 号：关于全球移民背景下贩运妇女和女童问题的第 38 号一般性建议（2020 年第七十七届会议）

(五)《任择议定书》

《消除对妇女一切形式歧视公约任择议定书》（简称《任择议定书》）于1999年10月6日由第五十四届联合国大会第54/4号决议通过。1999年12月10日开放给《公约》所有缔约国签署、批准和加入，恰逢世界人权日，当天就有23个国家签署了《任择议定书》。时任联合国秘书长科菲·安南随后讲到，他想不出"还有什么比在我们确保妇女真正享有这些权利的工具箱中增加这一重要工具更好的方式来庆祝本世纪——一个目睹了妇女权利巨大进步的世纪的最后一个人权日"。[1]《任择议定书》于2000年12月22日，即交存第10份批准书3个月后正式生效。截至2021年12月31日，已有114个国家成为《任择议定书》的缔约国，还有布隆迪、乍得、刚果、古巴、萨尔瓦多、印度尼西亚、利比里亚、马达加斯加、马拉维、塞拉利昂、赞比亚等11个国家只签署但未批准加入《任择议定书》，详见表3。

我国尚未签署和批准加入《任择议定书》。

表3 《消除对妇女一切形式歧视公约任择议定书》缔约国和签署国[2]

序号	国家	签署时间	收到批准、加入或继承书日期
1	阿尔巴尼亚		2003年6月23日 a
2	安道尔	2001年7月9日	2002年10月14日
3	安哥拉		2007年11月1日 a
4	安提瓜和巴布达		2006年6月5日 a
5	阿根廷	2000年2月28日	2007年3月20日
6	亚美尼亚		2006年9月14日 a

---

〔1〕 *IPS Daily Journal* Vol. 7, No. 238（1999年12月13日），转引自［美］玛莎·A. 弗里曼、［英］克莉丝蒂娜·钦金、［德］贝亚特·鲁道夫主编，戴瑞君译：《〈消除对妇女一切形式歧视公约〉评注（下）》，社会科学文献出版社2020年版，第809页。

〔2〕 https：//treaties. un. org/Pages/ViewDetails. aspx? src = IND&mtdsg_ no = IV-8-b&chapter = 4&clang =_ en，a表示没有签署《公约》但递交加入书的国家，d表示国家在领土变更后递交继承书的国家。

《消除对妇女一切形式歧视公约》导读

续表

序号	国家	签署时间	收到批准、加入或继承书日期
7	澳大利亚		2008年12月4日a
8	奥地利	1999年12月10日	2000年9月6日
9	阿塞拜疆	2000年6月6日	2001年6月1日
10	孟加拉国	2000年9月6日	2000年9月6日
11	白俄罗斯	2002年4月29日	2004年2月3日
12	比利时	1999年12月10日	2004年6月17日
13	伯利兹		2002年12月9日a
14	贝宁	2000年5月25日	2019年9月27日
15	玻利维亚	1999年12月10日	2000年9月27日
16	波斯尼亚和黑塞哥维那	2000年9月7日	2002年9月4日
17	博茨瓦纳		2007年2月21日a
18	巴西	2001年3月13日	2002年6月28日
19	保加利亚	2000年6月6日	2006年9月20日
20	布基纳法索	2001年11月16日	2005年10月10日
21	布隆迪	2001年11月13日	
22	佛得角		2011年10月10日a
23	柬埔寨	2001年11月11日	2010年10月13日
24	喀麦隆		2005年1月7日a
25	加拿大		2002年10月18日a
26	中非		2016年10月11日a
27	乍得	2012年9月26日	
28	智利	1999年12月10日	2020年3月12日
29	哥伦比亚	1999年12月10日	2007年1月23日
30	刚果	2008年9月29日	

《任择议定书》

续表

序号	国家	签署时间	收到批准、加入或继承书日期
31	库克群岛		2007年11月27日 a
32	哥斯达黎加	1999年12月10日	2001年9月20日
33	科特迪瓦		2012年1月20日 a
34	克罗地亚	2000年6月5日	2001年3月7日
35	古巴	2000年3月17日	
36	塞浦路斯	2001年2月8日	2002年4月26日
37	捷克	1999年12月10日	2001年2月26日
38	丹麦	1999年12月10日	2000年5月31日
39	多米尼加	2000年3月14日	2001年8月10日
40	厄瓜多尔	1999年12月10日	2002年2月5日
41	萨尔瓦多	2001年4月4日	
42	赤道几内亚		2009年10月16日 a
43	芬兰	1999年12月10日	2000年12月29日
44	法国	1999年12月10日	2000年6月9日
45	加蓬		2004年11月5日 a
46	格鲁吉亚		2002年8月1日 a
47	德国	1999年12月10日	2002年1月15日
48	加纳	2000年2月24日	2011年2月3日
49	希腊	1999年12月10日	2002年1月24日
50	危地马拉	2000年9月7日	2002年5月9日
51	几内亚比绍	2000年9月12日	2009年8月5日
52	匈牙利		2000年12月22日 a
53	冰岛	1999年12月10日	2001年3月6日
54	印度尼西亚	2000年2月28日	

续表

序号	国家	签署时间	收到批准、加入或继承书日期
55	爱尔兰	2000年9月7日	2000年9月7日
56	意大利	1999年12月10日	2000年9月22日
57	哈萨克斯坦	2000年9月6日	2001年8月24日
58	吉尔吉斯斯坦		2002年7月22日 a
59	莱索托	2000年9月6日	2004年9月24日
60	利比里亚	2004年9月22日	
61	利比亚		2004年6月18日 a
62	列支敦士登	1999年12月10日	2001年10月24日
63	立陶宛	2000年9月8日	2004年8月5日
64	卢森堡	1999年12月10日	2003年7月1日
65	马达加斯加	2000年9月7日	
66	马拉维	2000年9月7日	
67	马尔代夫		2006年3月13日 a
68	马里		2000年12月5日
69	马耳他		2019年3月14日 a
70	马绍尔群岛		2019年1月29日 a
71	毛里求斯	2001年11月11日	2008年10月31日
72	墨西哥	1999年12月10日	2002年3月15日
73	摩纳哥		2016年5月3日 a
74	蒙古	2000年9月7日	2002年3月28日
75	黑山		2006年10月23日 d
76	莫桑比克		2008年11月4日 a
77	纳米比亚	2000年5月19日	2000年5月26日
78	尼泊尔	2001年12月18日	2007年6月15日

《任择议定书》

续表

序号	国家	签署时间	收到批准、加入或继承书日期
79	荷兰	1999年12月10日	2002年5月22日
80	新西兰	2000年9月7日	2000年9月7日
81	尼日尔		2004年9月30日 a
82	尼日利亚	2000年9月8日	2004年11月22日
83	北马其顿	2000年4月3	2003年10月17日
84	挪威	1999年12月10日	2002年3月5日
85	巴拿马	2000年6月9日	2001年5月9日
86	巴拉圭	1999年12月28日	2001年5月14日
87	秘鲁	2000年12月22日	2001年4月9日
88	菲律宾	2000年3月21日	2003年11月12日
89	波兰		2003年12月22日 a
90	葡萄牙	2000年2月16日	2002年4月26日
91	韩国		2006年10月18日 a
92	摩尔多瓦		2006年2月28日 a
93	罗马尼亚	2000年9月6日	2003年8月25日
94	俄罗斯	2001年5月8日	2004年7月28日
95	卢旺达		2008年12月15日
96	圣马力诺		2005年9月15日 a
97	圣多美与普林西比	2000年9月6日	2017年3月23日
98	塞内加尔	1999年12月10日	2000年5月26日
99	塞尔维亚		2003年7月31日 a
100	塞舌尔	2002年7月22日	2011年3月1日
101	塞拉利昂	2000年9月8日	
102	斯洛伐克	2000年6月5日	2000年11月17日

《消除对妇女一切形式歧视公约》导读

续表

序号	国家	签署时间	收到批准、加入或继承书日期
103	斯洛文尼亚	1999年12月10日	2004年9月23日
104	所罗门群岛		2002年5月6日 a
105	南非		2005年10月18日 a
106	南苏丹		2015年4月30日 a
107	西班牙	2000年3月14日	2001年7月6日
108	斯里兰卡		2002年10月15日 a
109	圣基茨和尼维斯		2006年1月20日
110	巴勒斯坦		2019年4月10日 a
111	瑞典	1999年12月10日	2003年4月24日
112	瑞士	2007年2月15日	2008年9月29日
113	塔吉克斯坦	2000年9月7日	2014年7月22日
114	泰国	2000年6月14日	2000年6月14日
115	东帝汶		2003年4月16日 a
116	突尼斯		2008年9月23日
117	土耳其	2000年9月8日	2002年10月29日
118	土库曼斯坦		2009年5月20日 a
119	乌克兰	2000年9月7日	2003年9月26日
120	英国		2004年12月17日 a
121	坦桑尼亚		2006年1月12日 a
122	乌拉圭	2000年5月9日	2001年7月26日
123	瓦努阿图		2007年5月17日 a
124	委内瑞拉	2000年3月17日	2002年5月13日
125	赞比亚	2008年9月29日	

《任择议定书》包含两个程序：①来文程序，个人或联名的个人可就侵犯《公约》所载权利的行为向委员会提出权利主张；②调查程序，委员会可根据此程序，着手调查严重或系统侵犯《公约》所载权利的情况。

1.《任择议定书》制定的背景

制定《任择议定书》是各国在1993年维也纳世界人权会议和1995年北京第四次世界妇女大会上做出的承诺。

为《公约》引入一个申诉程序的想法产生于20世纪90年代初，那时兴起的国际妇女运动呼吁，促进妇女发展，完善联合国人权保障机制。加强妇女和女童的国际人权框架，给予妇女人权更多关注，是在维也纳世界人权大会之前高度组织化的国际妇女运动提出的要求之一。

在1993维也纳世界人权大会上，国际妇女人权运动充分认识到国际救济的优势和劣势，要求通过妇女在无国内救济时向国际社会寻求救济的程序。妇女人权活动家指出，国家法律常常不能全面保证妇女的人权，法院也经常无法坚持宪法或立法保护。有人认为，有必要采取国际补救措施，这不仅为妇女在个人案件中获得正义提供了可能，而且会有更加广泛的影响，并将鼓励政府在国家层面采取必要的行动，以避免国际社会的批评。

在《任择议定书》之前，其他人权公约或任择议定书（《公民权利和政治权利国际公约》第一任择议定书、《消除一切形式种族歧视公约》《禁止酷刑和其他残忍、不人道或有辱人格的待遇或处罚公约》）中也有国际申诉程序，虽然这些条约阐明了男女在平等基础上的权利，但它们并没有明示消除对妇女或男子的歧视和实现男女平等。而且，与消除对妇女歧视委员会不同，根据这些程序接受和审议申诉的人权条约机构，没有包括在执行《公约》方面具有长期经验的性别专家。

现有的人权公约和程序没有对有关性别的侵权行为给予足够的重视，这样的事实被特别提出，促使维也纳世界人权大会公开承认，妇女人权没有得到现有国际人权法和实施机制的妥善考虑。

应国际妇女人权运动的要求，1993年世界人权大会承认，需要采用实施妇女人权的新的程序，并要求妇女地位委员会和消除对妇女歧视委员会"迅速"审查通过《任择议定书》诉请权利的可能性。1994年消除对妇女歧视委员会开始讨论拟订议定书。1995年北京第四次世界妇女大会亦对制定《任择议定书》做出了承诺，1996年联合国妇女地位委员会开启了起草过程，1999年10月妇女地位委员会、经济及社会理事会和联合国大会以协商一致的方式通过了《任择议定书》。

2.《任择议定书》的内容

《任择议定书》共有 21 项条款。

《任择议定书》序言与《公约》的序言相比，显得非常简短。它注意到《联合国宪章》重申对基本人权、人的尊严和价值以及男女权利平等的信念，且《世界人权宣言》、国际人权盟约和其他国际人权文书禁止基于性别的歧视。它回顾了《公约》，谴责对妇女一切形式的歧视，商定毫不拖延地采取一切适当措施，执行消除对妇女歧视的政策。它重申加入《任择议定书》的缔约各国决心确保"妇女充分和平等地享有所有人权和基本自由，并采取有效的行动，防止侵犯这些权利和自由"。

《任择议定书》第 1 条确立了消除对妇女歧视委员会关于来文的权力，规定成为《任择议定书》的缔约国承认委员会有权根据《任择议定书》第 2 条接受和审议提出的来文。

第 2 条规定在《任择议定书》某一缔约国管辖下的个人或联名的个人，如果声称是《公约》规定权利受到侵犯的受害人，有权向委员会提出个人申诉，来文也可代表个人或联名的个人提交，但须经其本人同意，除非提交人能够证明有正当理由未经他们同意就代其行事。

第 3 条和第 4 条概述可受理来文的标准。第 3 条规定来文必须以书面提出，不得匿名。委员会不应收受涉及非《任择议定书》缔约国的来文。第 4 条指出，委员会受理一项来文之前，必须确定所有可用的国内补救办法已经用尽，或是补救办法的应用被不合理地拖延或不大可能带来有效的补救，否则不得审议。它还要求委员会在同一事项已经委员会审查或已由或正由另外一项国际调查或解决程序加以审查的情况下，宣布有关来文不予受理。在下列情况下，委员会也必须宣布一项来文不予处理：来文不符合《公约》的规定；来文明显没有根据或证据不足；来文滥用申诉权；或来文所述事实发生在《任择议定书》对有关缔约国生效之前，除非这些事实在该日期之后仍继续存在。

第 5 条赋予委员会一项明示权力，即在收到来文至确定是非曲直之前，可随时建议缔约国采取临时措施，以避免对声称被侵权的受害者造成可能无法弥补的伤害。

第 6 条和第 7 条概述委员会处理申诉的程序，第 6 条规定除非委员会认为一项来文不可受理而不必通知有关缔约国，否则委员会应在所涉个人同意向该缔约国透露其身份的情况下，以机密方式提请有关缔约国注意来文。第 6 条给予缔约国 6 个月的时间向委员会提出书面解释或声明，以澄清有关事项并说明它可能已提供的任何补救办法。第 7 条要求委员会根据申诉人和缔约国提供的资料审议来文，这些资料必须转送有关各方。来文在非公开会议上审议。审查来文后，委员会应将其意见和可能有的建议转送有关各方。缔约国应适当考虑委员会的意见及其可能有的建议，并在 6 个月内向委员会提出书面答复，包括说明根据委员会的意见和建议采取的任何行动。委员会可请缔约国就其根据委员会的意见和建议采取的措施提供进一步资料，包括缔约国在此后根据《公约》第十八条提交的报告中提供更多的资料。

第 8、9 条和第 10 条有关《任择议定书》确立的"调查程序"。第 8 条规定如果委员会收到可靠资料表明缔约国严重或系统地侵犯《公约》所规定的权利，委员会应邀请该缔约国通过提交意见合作审查这些资料。在考虑了有关缔约国的意见和任何其他可靠资料后，委员会可指派一名或多名委员紧急进行调查并向委员会报告。如有正当理由并征得缔约国同意，此项调查可包括前往该缔约国领土进行访问。在审查这项调查的结果之后，委员会须将这些结果连同它的评论一并转送有关缔约国，后者应在 6 个月之内向委员会提出意见。各个阶段调查均应以机密方式进行，并争取缔约国的充分合作。

在缔约国可提出意见的 6 个月期限过后，可请该缔约国在其根据《公约》第十八条提交的报告中包括为响应这项调查所采取任何措施的细节。委员会还有权进一步要求缔约国提供关于此事项的资料。批准或加入《任择议定书》的国家有权"选定退出"调查程序，第 10 条规定每一缔约国可在签署、批准或加入议定书时，声明不承认委员会发起和进行调查的管辖权。此种声明可在通知秘书长后撤销。

《任择议定书》的其余条款有关来文和调查程序，第 11 条规定缔约国应采取一切适当步骤确保在其管辖下的个人不会因为利用该议定书的程序而受到虐待或恐吓，而第 12 条责成委员会在提交大会的年度报告中摘要说明有关《任择议定书》的活动。第 13 条要求每一缔约国使《公约》和《任择议定书》广为人知，对它们进行宣传并便利人们查阅关于委员会意见和建议的资料，特别是涉及该缔约国的事项。

第 14 条要求委员会制订自己的议事规则，以便在履行《任择议定书》所赋予的职能时予以遵循，而第 15、16、18、19、20 和 21 条涉及签署、批准和加入标准与程序、生效、修正程序、退约和联合国秘书长的保管职能等问题。

第 17 条规定不允许对《任择议定书》提出保留，因而要求所有缔约国无保留地接受来文程序。

3.《任择议定书》建立的机制
《任择议定书》建立了新的机制,确保通过下列程序执行《公约》:
来文程序:
- 当一国侵犯妇女权利时,有机会在个别案件中进行具体补救;
- 使在国家一级没有机会得到公正审判的妇女有可能向国际社会求助;
- 使委员会能够强调在国家一级进行更有效补救的必要性;
- 使委员会能够就如何保障妇女权利制定一套新的判例;
- 协助缔约各国确定其根据《公约》承担的义务,并因而协助它们履行这些义务。

该程序允许个人或联名的个人直接或通过代表,就《公约》和《任择议定书》的某一缔约国侵犯受《公约》保护的权利,向委员会提出权利主张。

调查程序:
- 使委员会能够处理系统和广泛的侵权问题;
- 使委员会能够建议采取各种措施消除对妇女歧视的结构性根源;
- 使委员会有机会提出一系列实现男女平等的建议。

4.《任择议定书》的特色
《任择议定书》有如下特色:
- 不能对《任择议定书》的条款提出保留,因此缔约各国无法将《公约》的各个领域置于来文程序所能涉及的范围之外;
- 有着明确的后续程序,这样委员会就能够确定其建议是否已得到遵守。各国有义务公布《公约》《任择议定书》和根据程序通过的意见;
- 各国有义务采取适当步骤,确保在其管辖下的个人不因利用《任择议定书》而受到恐吓或虐待。

5.《任择议定书》工作组
根据《任择议定书》议事规则,委员会依照区域平衡的原则设立由5人组成的工作组。工作组通常在每次届会前举行4天的闭门会议,负责来文的前期审议工作并向委员会书面提交其意见和建议。委员会在闭门会议上审议并通过工作组提出的处理来文的建议。如在是否受理来文问题上出现分歧,委员会将通过表决形式解决。

自《任择议定书》生效以来到2021年2月,《任择议定书》来文工作组已登记了165个案件，其中36个案件有待审查，涉及11个缔约国的14个案件正在进行后续对话，15个案件已准备作出决定。[1]

主要参考文献

1. Pramila Patten：《〈消除对妇女一切形式歧视公约〉解读》，2011年6月。

2. Rea Abada Chiongson：《〈消除对妇女一切形式歧视公约〉法律评估手册》，2009年4月。

3. Rangita de Silva de Alwis：*A Guide to Implementing the CEDAW in China*，2004年8月。

4. ［美］玛莎·A. 弗里曼、［英］克莉丝蒂娜·钦金、［德］贝亚特·鲁道夫主编，戴瑞君译：《〈消除对妇女一切形式歧视公约〉评注》，社会科学文献出版社2020年版。

5. 联合国、各国议会联盟：《消除对妇女一切形式歧视公约及其任择议定书》议员手册，日内瓦：2004年。

6. 联合国消除对妇女歧视委员会：第1~38号一般性建议，https：//www.ohchr.org/EN/HRBodies/CEDAW/Pages/Recommendations.aspx。

---

[1] Report of the Working Group on Communications under the Optional Protocol to the Convention on the Elimination of All Forms of Discrimination against Women on its forty-ninth session，15~25 February and 4 March 2021，https：//tbinternet.ohchr.org/_layouts/15/treatybodyexternal/Download.aspx？symbolno＝INT/CEDAW/SED/78%20（Virtual%20session）/32411&Lang＝en，访问时间2021年12月31日。

《消除对妇女一切形式歧视公约》导读

二、附 录

（一）消除对妇女一切形式歧视公约[1]

联合国大会 1979 年 12 月 18 日第 34/180 号决议通过
并开放给各国签字、批准和加入；
按照第二十七（1）条的规定，于 1981 年 9 月 3 日生效。

本公约缔约各国，

注意到《联合国宪章》重申对基本人权、人身尊严和价值以及男女平等权利的信念；

注意到《世界人权宣言》申明不容歧视的原则，并宣布人人生而自由，在尊严和权利上一律平等，且人人都有资格享受该宣言所载的一切权利和自由，不得有任何区别，包括男女的区别；

注意到有关人权的各项国际公约的缔约国有义务保证男女平等享有一切经济、社会、文化、公民和政治权利；

考虑到在联合国及各专门机构主持下所签署旨在促进男女权利平等的各项国际公约；

还注意到联合国和各专门机构所通过旨在促进男女权利平等的决议、宣言和建议；

关心到尽管有这些各种文件，歧视妇女的现象仍然普遍存在；

考虑到对妇女的歧视违反权利平等和尊重人的尊严的原则，阻碍妇女与男子

---

[1] https://www.ohchr.org/EN/ProfessionalInterest/Pages/CEDAW.aspx，最后访问日期：2021 年 12 月 31 日。

平等参加本国的政治、社会、经济和文化生活，妨碍社会和家庭的繁荣发展，并使妇女更难充分发挥为国家和人类服务的潜力；

关心到在贫穷情况下，妇女在获得粮食、保健、教育、训练、就业和其他需要等方面，往往机会最少；

深信基于平等和正义的新的国际经济秩序的建立，将大有助于促进男女平等；

强调彻底消除种族隔离、一切形式的种族主义、种族歧视、新老殖民主义、外国侵略、外国占领和外国统治、对别国内政的干预，对于男女充分享受其权利是必不可少的；

确认国际和平与安全的加强，国际紧张局势的缓和，各国不论其社会和经济制度如何彼此之间的相互合作，在严格有效的国际管制下全面彻底裁军、特别是核裁军，国与国之间关系上正义、平等和互利原则的确认，在外国和殖民统治下和外国占领下的人民取得自决与独立权利的实现，以及对各国国家主权和领土完整的尊重，都将会促进社会进步和发展，从而有助于实现男女的完全平等；

确信一国的充分和完全的发展，世界人民的福利以及和平的事业，需要妇女与男子平等充分参加所有各方面的工作；

念及妇女对家庭的福利和社会的发展所作出的巨大贡献至今没有充分受到公认，又念及母性的社会意义以及父母在家庭中和在养育子女方面所负的任务的社会意义，并理解到妇女不应因生育而受到歧视，因为养育子女是男女和整个社会的共同责任；

认识到为了实现男女充分的平等需要同时改变男子和妇女在社会上和家庭中的传统任务；

决心执行《消除对妇女歧视宣言》内载的各项原则，并为此目的，采取一切必要措施，消除一切形式的这种歧视及其现象。

兹协议如下：

第一部分

第一条

为本公约的目的，"对妇女的歧视"一词指基于性别而作的任何区别、排斥或限制，其影响或其目的均足以妨碍或否认妇女不论已婚未婚在男女平等的基础上认识、享有或行使在政治、经济、社会、文化、公民或任何其他方面的人权和基本自由。

第二条

缔约各国谴责对妇女一切形式的歧视，协议立即用一切适当办法，推行政策，消除对妇女的歧视。为此目的，承担：

（a）男女平等的原则如尚未列入本国宪法或其他有关法律者，应将其列入，并以法律或其他适当方法，保证实现这项原则；

（b）采取适当立法和其他措施，包括适当时采取制裁，禁止对妇女的一切歧视；

（c）为妇女与男子平等的权利确立法律保护，通过各国的主管法庭及其他公共机构，保证切实保护妇女不受任何歧视；

（d）不采取任何歧视妇女的行为或作法，并保证公共当局和公共机构的行动都不违背这项义务；

（e）应采取一切适当措施，消除任何个人、组织或企业对妇女的歧视；

（f）应采取一切适当措施，包括制定法律，以修改或废除构成对妇女歧视的现行法律、规章、习俗和惯例；

（g）同意废止本国刑法内构成对妇女歧视的一切规定。

第三条

缔约各国应承担在所有领域，特别是在政治、社会、经济、文化领域，采取一切适当措施，包括制定法律，保证妇女得到充分发展和进步，其目的是为确保她们在与男子平等的基础上，行使和享有人权和基本自由。

第四条

1. 缔约各国为加速实现男女事实上的平等而采取的暂行特别措施，不得视为本公约所指的歧视，亦不得因此导致维持不平等或分别的标准；这些措施应在男女机会和待遇平等的目的达到之后，停止采用。

2. 缔约各国为保护母性而采取的特别措施，包括本公约所列各项措施，不得视为歧视。

第五条

缔约各国应采取一切适当措施：

（a）改变男女的社会和文化行为模式，以消除基于性别而分尊卑观念或基于男女定型任务的偏见、习俗和一切其他作法；

（b）保证家庭教育应包括正确了解母性的社会功能和确认教养子女是父母的共同责任，但了解到在任何情况下应首先考虑子女的利益。

第六条

缔约各国应采取一切适当措施，包括制定法律，以禁止一切形式贩卖妇女和强迫妇女卖淫对她们进行剥削的行为。

第二部分

第七条

缔约各国应采取一切适当措施，消除在本国政治和公众事务中对妇女的歧视，特别应保证妇女在与男子平等的条件下：

（a）在一切选举和公民投票中有选举权，并在一切民选机构有被选举权；

（b）参加政府政策的制订及其执行，并担任各级政府公职，执行一切公务；

（c）参加有关本国公众和政治事务的非政府组织和协会。

第八条

缔约各国应采取一切适当措施，保证妇女在与男子平等不受任何歧视的条件下，有机会在国际上代表本国政府参加各国际组织的工件。

第九条

1. 缔约各国应给予妇女与男子有取得、改变或保留国籍的同等权利。它们应特别保证，与外国人结婚或于婚姻存续期间丈夫改变国籍均不当然改变妻子的国籍，使她成为无国籍人，或把丈夫的国籍强加于她。

2. 缔约各方在关于子女的国籍方面，应给予妇女与男子平等的权利。

第三部分

第十条

缔约各国应采取一切适当措施以消除对妇女的歧视，并保证妇女在教育方面享有与男子平等的权利，特别是在男女平等的基础上保证：

（a）在各类教育机构，不论其在农村或城市，职业和行业辅导、学习的机会和文凭的取得，条件相同。在学前教育、普通教育、技术、专业和高等技术教育以及各种职业训练方面，都应保证这种平等；

（b）课程、考试、师资的标准、校舍和设备的质量一律相同；

（c）为消除在各级和各种方式的教育中对男女任务的任何定型观念，应鼓励实行男女同校和其他有助于实现这个目的的教育形式，并特别应修订教科书和课程以及相应地修改教学方法；

（d）领受奖学金和其他研究补助金的机会相同；

（e）接受成人教育、包括成人识字和实用识字教育的机会相同，特别是为了尽早缩短男女之间存在的教育水平上的一切差距；

（f）减少女生退学率，并为离校过早的少女和妇女办理种种方案；

（g）积极参加运动和体育的机会相同；

（h）有接受特殊教育性辅导的机会，以保障家庭健康和幸福，包括关于计划生育的知识和辅导在内。

第十一条

1. 缔约各国应采取一切适当措施，消除在就业方面对妇女的歧视，以保证她们在男女平等的基础上享有相同的权利，特别是：

（a）人人有不可剥夺的工作权利；

（b）享有相同就业机会的权利，包括在就业方面相同的甄选标准；

（c）享有自由选择专业和职业，提升和工作保障，一切服务福利和条件，接受职业训练和再训练，包括实习训练、高等职业训练和经常训练的权利；

（d）同样价值的工作享有同等报酬包括福利和享有平等待遇的权利，在评定工作的表现方面，享有平等待遇的权利；

（e）享有社会保障的权利，特别是在退休、失业、疾病、残废和老年或在其他丧失工作能力的情况下，以及享有带薪假的权利；

（f）在工作条件中享有健康和安全保障，包括保障生育机能的权利。

2. 缔约各国为使妇女不致因为结婚或生育而受歧视，又为保障其有效的工作权利起见，应采取适当措施：

（a）禁止以怀孕或产假为理由予以解雇，以及以婚姻状况为理由予以解雇的歧视，违反规定者得受处分；

（b）实施带薪产假或具有同等社会福利的产假，不丧失原有工作。年资或社会津贴；

（c）鼓励提供必要的辅助性社会服务，特别是通过促进建立和发展托儿设施系统，使父母得以兼顾家庭义务和工作责任并参与公共事务；

（d）对于怀孕期间从事确实有害于健康的工作的妇女，给予特别保护。

3. 应参照科技知识，定期审查与本条所包含的内容有关的保护性法律，必要时应加以修订、废止或推广。

第十二条

1. 缔约各国应采取一切适当措施以消除在保健方面对妇女的歧视，保证她们在男女平等的基础上取得各种保健服务，包括有关计划生育的保健服务。

2. 尽管有本条第1款的规定，缔约各国应保证为妇女提供有关怀孕、分娩和产后期间的适当服务，于必要时给予免费服务，并保证在怀孕和哺乳期间得到充分营养。

第十三条

缔约各国应采取一切适当措施以消除在经济和社会生活的其他方面对妇女的歧视，保证她们在男女平等的基础上有相同的权利，特别是：

（a）领取家属津贴的权利；

（b）银行贷款、抵押和其他形式的金融信贷的权利；

（c）参与娱乐活动、运动和文化生活所有各方面的权利。

第十四条

1. 缔约各国应考虑到农村妇女面对的特殊问题和她们对家庭生计包括她们在经济体系中无金钱交易的部门的工作方面所发挥的重要作用，并应采取一切适当措施，保证对农村地区妇女适用本公约的各项规定。

2. 缔约各国应采取一切适当措施以消除对农村地区妇女的歧视，保证她们在男女平等的基础上参与农村发展并受其惠益，尤其是保证她们有权：

（a）充分参与各级发展规划的拟订和执行工作；

（b）有权利用充分的保健设施，包括计划生育方面的知识、辅导和服务；

（c）从社会保障方案直接受益；

（d）接受各种正式和非正式的训练和教育，包括实用识字的训练和教育在内，以及除了别的以外，享受一切社区服务和推广服务的惠益，以提高她们的技术熟练程度；

（e）组织自助团体和合作社，以通过受雇和自雇的途径取得平等的经济机会；

（f）参加一切社区活动；

（g）有权取得农业信贷，利用销售设施，获得适当技术，并在土地改革和土地垦植计划方面享有平等待遇；

（h）享受适当的生活条件，特别是在住房、卫生、水电供应、交通和通讯方面。

第四部分

第十五条

1. 缔约各国应给予男女在法律面前平等的地位。

2. 缔约各国应在公民事务上，给予妇女与男子同等的法律行为能力，以及行使这种行为能力的相同机会。特别应给予妇女签订合同和管理财产的平等权利，并在法院和法庭诉讼的各个阶段给予平等待遇。

3. 缔约各国同意，旨在限制妇女法律行为能力的所有合同和其他任何具有法律效力的私人文书，应一律视为无效。

4. 缔约各国在有关人身移动和自由择居的法律方面，应给予男女相同的权利。

第十六条

1. 缔约各国应采取一切适当措施，消除在有关婚姻和家庭关系的一切事项上对妇女的歧视，并特别应保证她们在男女平等的基础上：

（a）有相同的缔婚权利；

（b）有相同的自由选择配偶和非经本人自由表示，完全同意不缔婚约的权利；

（c）在婚姻存续期间以及解除婚姻关系时，有相同的权利和义务；

（d）不论婚姻状况如何，在有关子女的事务上，作为父母亲有相同的权利和义务。但在任何情形下，均应以子女的利益为重；

（e）有相同的权利自由负责地决定子女人数和生育间隔，并有机会获得使她们能够行使这种权利的知识、教育和方法；

（f）在监护、看管、受托和收养子女或类似的制度方面，如果国家法规有这些观念的话，有相同的权利和义务。但在任何情形下，均应以子女的利益为重；

（g）夫妻有相同的个人权利，包括选择姓氏、专业和职业的权利；

（h）配偶双方在财产的所有、取得、经营、管理、享有、处置方面，不论是无偿的或是收取价值酬报的，都具有相同的权利。

2. 童年订婚和童婚应不具法律效力，并应采取一切必要行动，包括制订法律，规定结婚最低年龄，并规定婚姻必须向正式登记机构登记。

第五部分

第十七条

1. 为审查执行本公约所取得的进展起见，应设立一个消除对妇女歧视委员会（以下称委员会）由在本公约所适用的领域方面德高望重和有能力的专家组成，其人数在公约开始生效时为十八人，到第三十五个缔约国批准或加入后为二十三人。这些专家应由缔约各国自其国民中选出，以个人资格任职，选举时须顾及公平地域分配原则及不同文化形式与各主要法系的代表性。

2. 委员会委员应以无记名投票方式自缔约各国提名的名单中选出。每一缔约国得自本国国民中提名一人候选。

3. 第一次选举应自本公约生效之日起六个月后举行，联合国秘书长应于每次举行选举之日至少三个月前函请缔约各国于两个月内提出所提名之人的姓名。秘书长应将所有如此提名的人员依英文字母次序，编成名单，注明推荐此等人员的缔约国，分送缔约各国。

4. 委员会委员的选举应在秘书长于联合国总部召开的缔约国会议中举行，该会议以三分之二缔约国为法定人数，凡得票最多且占出席及投票缔约国代表绝对多数票者当选为委员会委员。

5. 委员会委员任期四年。但第一次选举产生的委员中，九人的任期应于两年终了时届满，第一次选举后，此九人的姓名应立即由委员会主席抽签决定。

6. 在第三十五个国家批准或加入本公约后，委员会将按照本条第2、3、4款增选五名委员，其中两名任期为两年，其名单由委员会主席抽签决定。

7. 临时出缺时，其专家不复担任委员会委员的缔约国，应自其国民中指派另一专家，经委员会核可后，填补遗缺。

8. 鉴于委员会责任的重要性，委员会委员应经联合国大会批准后，从联合国资源中按照大会可能决定的规定和条件取得报酬。

9. 联合国秘书长应提供必需的工作人员和设备，以便委员会按本公约规定有效地履行其职务。

第十八条

1. 缔约各国应就本国为使本公约各项规定生效所通过的立法、司法、行政或其他措施以及所取得的进展，向联合国秘书长提出报告，供委员会审议：

（a）在公约对本国生效后一年内提出，并且

（b）自此以后，至少每四年并随时在委员会的请求下提出。

2. 报告中得指出影响本公约规定义务的履行的各种因素和困难。

第十九条

1. 委员会自行制订其议事规则。

2. 委员会应自行选举主席团成员，任期两年。

第二十条

1. 委员会一般应每年召开为期不超过两星期的会议以审议按照本公约第十八条规定提出的报告。

2. 委员会会议通常应在联合国总部或在委员会决定的任何其他方便地点举行。

第二十一条

1. 委员会应就其活动，通过经济及社会理事会，每年向联合国大会提出报告，并可根据对所收到缔约各国的报告和资料的审查结果，提出意见和一般性建议。这些意见和一般性建议，应连同缔约各国可能提出的评论载入委员会所提出的报告中。

2. 秘书长应将委员会的报告转送妇女地位委员会，供其参考。

第二十二条

各专门机构对属于其工作范围内的本公约各项规定，有权派代表出席关于其执行情况的审议。委员会可邀请各专门机构就在其工作范围内各个领域对本公约的执行情况提出报告。

第六部分

第二十三条

（a）缔约各国的法律；或

（b）对该国生效的任何其他国际公约、条约或协定，

如载有对实现男女平等更为有利的任何规定，其效力不得受本公约的任务规定的影响。

第二十四条

缔约各国承担在国家一级采取一切必要措施，以充分实现本公约承认的各项权利。

第二十五条

1. 本公约开放给所有国家签署。

2. 指定联合国秘书长为本公约的受托人。

3. 本公约须经批准，批准书交存联合国秘书长。

4. 本公约开放给所有国家加入，加入书交存联合国秘书长后开始生效。

第二十六条

1. 任何缔约国可以随时向联合国秘书长提出书面通知，请求修正本公约。

2. 联合国大会对此项请求，应决定所须采取的步骤。

第二十七条

1. 本公约自第二十份批准书或加入书交存联合国秘书长之日后第三十天开始生效。

2. 在第二十份批准书或加入书交存后，本公约对于批准或加入本公约的每一国家，自该国交存其批准书或加入书之日后第三十天开始生效。

第二十八条

1. 联合国秘书长应接受各国在批准或加入时提出的保留，并分发给所有国家。

2. 不得提出与本公约目的和宗旨抵触的保留。

3. 缔约国可以随时向联合国秘书长提出通知，请求撤销保留，并由他将此项通知全体国家。通知收到后，当日生效。

第二十九条

1. 两个或两个以上的缔约国之间关于本公约的解释或适用方面的任何争端，如不能谈判解决，经缔约国一方要求，应交付仲裁。如果自要求仲裁之日起六个月内，当事各方不能就仲裁的组成达成协议，任何一方得依照《国际法院规约》提出请求，将争端提交国际法院审理。

2. 每一个缔约国在签署或批准本公约或加入本公约时，得声明本国不受本条第 1 款的约束，其他缔约国对于作出这项保留的任何缔约国，也不受该款的约束。

3. 依照本条第 2 款的规定作出保留的任何缔约国，得随时通知联合国秘书长撤回该项保留。

第三十条

本公约的阿拉伯文、中文、英文、法文、俄文和西班牙文文本具有同等效力，均应交存联合国秘书长。

下列署名的全权代表，在本公约之末签名，以昭信守。

（二）消除对妇女一切形式歧视公约的任择议定书[1]

联合国大会 1999 年 10 月 6 日第 54/4 号决议通过并开放给各国签字、批准和加入；

按照第 16（1）条规定，于 2000 年 12 月 22 日生效。

本议定书缔约国，

注意到《联合国宪章》重申对基本人权、人的尊严和价值以及男女权利平等的信念，

又注意到《世界人权宣言》宣布，人人生而自由，在尊严和权利上一律平等，人人有资格享受该宣言所载一切权利和自由，不得有任何区别，包括男女的区分，

回顾国际人权盟约以及其他国际人权文书禁止基于性别的歧视，

又回顾《消除对妇女一切形式歧视公约》（"公约"），其中各缔约国谴责对妇女一切形式的歧视，商定毫不拖延地采取一切适当措施，执行消除对妇女歧视的政策，

重申他们决心确保妇女充分和平等地享有所有人权和基本自由，并采取有效的行动，防止侵犯这些权利和自由，

兹商定如下：

第 1 条

本议定书缔约国（"缔约国"）承认消除对妇女歧视委员会（"委员会"）有权接受和审议根据第 2 条提出的来文。

第 2 条

来文可由声称因为一缔约国违反公约所规定的任何权利而受到伤害的该缔约国管辖下的个人或个人联名或其代表提出。如果代表个人或联名的个人提出来文，应征得该个人或联名的个人同意，除非撰文者能说明有理由在未征得这种同意时，可由其代表他们行事。

---

[1] https：//www.ohchr.org/CH/ProfessionalInterest/Pages/OPCEDAW.aspx，最后访问日期：2021 年 12 月 31 日。

第 3 条

来文应以书面提出,不得匿名。委员会不应收受涉及非本议定书缔约方之公约缔约国的来文。

第 4 条

1. 委员会受理一项来文之前,必须确定所有可用的国内补救办法已经用尽,或是补救办法的应用被不合理地拖延或不大可能带来有效的补救,否则不得审议。

2. 在下列情况下,委员会应宣布一项来文不予受理:

(a) 同一事项业经委员会审查或已由或正由另外一项国际调查或解决程序加以审查;

(b) 来文不符合公约的规定;

(c) 来文明显没有根据或证据不足;

(d) 来文滥用提出来文的权利;

(e) 来文所述的事实发生在本议定书对有关缔约国生效之前,除非这些事实在该日期之后仍继续存在。

第 5 条

1. 在收到来文后并在确定是非曲直之前,委员会可随时向有关缔约国转送一项要求,请该国紧急考虑采取必要的临时措施,以避免对声称被侵权的受害者造成可能无法弥补的损害。

2. 委员会根据本条第 1 款行使斟酌决定权并不意味来文的是否可予受理问题或是非曲直业已确定。

第 6 条

1. 除非委员会认为一项来文不可受理而不必通知有关缔约国,否则委员会应在所涉个人同意向该缔约国透露其身份的情况下,以机密方式提请有关缔约国注意根据本议定书向委员会提出的任何来文。

2. 在六个月内,接到要求的缔约国应向委员会提出书面解释或声明,澄清有关事项并说明该缔约国可能已提供的任何补救办法。

第 7 条

1. 委员会应根据个人或联名的个人或其代表提供的和有关缔约国提供的一切资料审议根据本议定书收到的来文,条件是这些资料须转送有关各方。

2. 委员会在审查根据本议定书提出的来文时,应举行非公开会议。

3. 审查来文后,委员会应将关于来文的意见和可能有的建议转送有关各方。

4. 缔约国应适当考虑委员会的意见及其可能有的建议,并在六个月内向委员会提出书面答复，包括说明根据委员会意见和建议采取的任何行动。

5. 委员会可邀请缔约国就其依据委员会的意见或可能有的建议采取的任何措施提供进一步资料，包括如委员会认为适当的话，在缔约国此后根据公约第18条提交的报告中提供更多的资料。

第 8 条

1. 如果委员会收到可靠资料表明缔约国严重地或系统地侵犯公约所规定的权利，委员会应邀请该缔约国合作审查这些资料，并为此目的就有关资料提出意见。

2. 在考虑了有关缔约国可能已提出的任何意见以及委员会所获得的任何其他可靠资料后，委员会可指派一个或多个成员进行调查，并赶紧向委员会报告。如有正当理由并征得缔约国同意，此项调查可包括前往该缔约国领土进行访问。

3. 在审查这项调查的结果之后，委员会应将这些结果连同任何评论和建议一并转送有关缔约国。

4. 有关缔约国应在收到委员会转送的调查结果、评论和建议六个月内，向委员会提出意见。

5. 此项调查应以机密方式进行，在该程序的各个阶段均应争取缔约国的合作。

第 9 条

1. 委员会可邀请有关缔约国在其根据公约第18条提交的报告中包括为响应根据本议定书第8条进行的调查所采取任何措施的细节。

2. 委员会于必要时可在第8条第4款所述六个月期间结束后邀请有关缔约国向它通告为响应此项调查而采取的措施。

第 10 条

1. 每一缔约国可在签署或批准或加入本议定书时声明不承认第8和9条给予委员会的管辖权。

2. 根据本条第1款作出声明的任一缔约国可随时通知秘书长，撤消这项声明。

第 11 条

缔约国应采取一切适当步骤确保在其管辖下的个人不会因为根据本议定书同委员会通信而受到虐待或恐吓。

第 12 条

委员会应在其根据公约第21条提出的年度报告中包括它根据本议定书进行的活动的纪要。

第13条

每一缔约国承诺广为传播并宣传公约及本议定书,便利人们查阅关于委员会意见和建议的资料,特别是涉及该缔约国的事项。

第14条

委员会应制订自己的议事规则,以便在履行本议定书所赋予的职能时予以遵循。

第15条

1. 本议定书开放给已签署、批准或加入公约的任何国家签字。

2. 本议定书须经已批准或加入公约的任何国家批准。批准书应交存联合国秘书长。

3. 本议定书应开放给已批准或加入公约的任何国家加入。

4. 凡向联合国秘书长交存加入书,加入即行生效。

第16条

1. 本议定书自第十份批准书或加入书交存联合国秘书长之日后三个月开始生效。

2. 在本议定书生效后批准或加入本议定书的每一个国家,本议定书自该国交存其批准书或加入书之日后三个月开始生效。

第17条

不允许对本议定书提出保留。

第18条

1. 任何缔约国可对本议定书提出修正案并将修正案送交联合国秘书长备案。秘书长应立即将任何提议的修正案通报缔约国,请它们向秘书长表示是否赞成举行缔约国会议以便就该提案进行审议和表决。如有至少三分之一缔约国赞成举行会议,则秘书长应在联合国主持下召开这一会议。经出席会议并参加表决的多数缔约国通过的任何修正案须提交联合国大会核准。

2. 各项修正案经联合国大会核准并经本议定书缔约国三分之二多数依其本国宪法程序接受即行生效。

3. 各项修正案一生效,即应对已接受修正案的缔约国具有约束力,其他缔约国则仍受本议定书的规定以及它们已接受的先前任何修正案的约束。

第19条

1. 任何缔约国可随时以书面形式通知联合国秘书长,宣告退出本议定书。退约应于秘书长收到通知之日后六个月开始生效。

2. 退约不妨碍本议定书的规定继续适用于在退约生效日之前根据第2条提

出的任何来文或根据第 8 条所发起的任何调查。

第 20 条

联合国秘书长应通知所有国家：

（a）根据本议定书的签署、批准和加入；

（b）本议定书以及根据第 18 条提出的任何修正案开始生效的日期；

（c）根据第 19 条宣告的任何退约。

第 21 条

1. 本议定书的阿拉伯文、中文、英文、法文、俄文和西班牙文文本具有同等效力，均应交存联合国档库。

2. 联合国秘书长应将本议定书业经核准无误的副本转送公约第 25 条所指的所有国家。

(三) 第1~38号一般性建议[1]

关于缔约国报告的第1号一般性建议
消除对妇女歧视委员会第五届会议通过（1986年）

根据《公约》第十八条提出的初次报告应载入至提出日期为止的情况。此后，在应提交首次报告的日期之后至少每4年应提交一次报告，并且应说明在充分执行《公约》时所遭遇的阻碍以及为克服这类阻碍而采取的措施。

关于缔约国报告的第2号一般性建议
消除对妇女歧视委员会第六届会议通过（1987年）

消除对妇女歧视委员会，

考虑到由于某些缔约国根据《公约》第十八条提交的初次报告并未按照准则充分反映有关缔约国的现有情况而使委员会的工作面临困难，

建议：

(a) 各缔约国在编写根据《公约》第十八条提交的报告时，应在报告的格式、内容和日期方面遵照于1983年8月通过的一般准则（CEDAW/C/7）；

(b) 各缔约国应按下述规定去遵循1986年通过的一般性建议下列要求：
"根据《公约》第十八条提交的初次报告应载入至提出报告日期为止的情况。此后，应在提出首次报告的日期之后至少每4年提交一次报告，并且应说明在充分执行《公约》时所遭遇的障碍以及为克服这类障碍而采取的措施。"

(c) 补充缔约国报告的附加资料至少应在审议该报告的该届会议开幕之前3个月送交秘书处。

---

[1] https://www.ohchr.org/EN/HRBodies/CEDAW/Pages/Recommendations.aspx，最后访问日期：2021年12月31日。

关于教育和大众宣传的第 3 号一般性建议
消除对妇女歧视委员会第六届会议通过（1987 年）

消除对妇女歧视委员会，

考虑到消除对妇女歧视委员会自 1983 年来，审议了各缔约国的 34 份报告，

还认为，尽管报告来自发展程度不同的国家，但这些报告在不同程度上表明由于社会文化因素目前仍存在对妇女的定型观念，使基于性别的歧视得以苟存，并且阻碍《公约》第五条的执行，

促请各缔约国有效地采用教育和公众宣传方案，以帮助消除妨碍充分执行妇女在社会上平等原则的偏见和现行习俗。

关于保留的第 4 号一般性建议
消除对妇女歧视委员会第六届会议通过（1987 年）

消除对妇女歧视委员会，

在其会议上审查了各缔约国的报告，

对提出的大量保留意见表示关切，这些保留意见显然不符合《公约》的目标和宗旨，

欢迎各缔约国在拟于 1988 年在纽约举行的下一次会议上对这些保留意见加以审议的决定，并为此建议各有关缔约国重新考虑其保留意见以期予以撤回。

第 5 号一般性建议：临时特别措施
消除对妇女歧视委员会第七届会议通过（1988 年）

消除对妇女歧视委员会，

注意到缔约国的报告、介绍性发言和答复均表明，虽然在废除或修改歧视性法律方面已经取得了显著的成绩，但仍有必要采取行动，通过促进男女实际上的平等来充分履行《公约》，

忆及《公约》第四条第 1 款，

建议各缔约国采取更多的暂行特别措施，诸如积极行动、优惠待遇或配额制度来推动妇女参与教育、经济、政治和就业。

第6号一般性建议：有效的国家机制和宣传
消除对妇女歧视委员会第七届会议通过（1988年）

消除对妇女歧视委员会，

审议了《消除对妇女一切形式歧视公约》缔约国的报告，

注意到联合国大会1987年11月30日第42/60号决议，

建议各缔约国：

1. 在高级政府一级建立和/或加强有效的国家机制、机构和程序，赋之以充分的资源、承诺和授权：

　　（a）由其就政府各项政策对妇女的影响提供咨询意见；

　　（b）全面监测妇女的状况；

　　（c）帮助拟订新政策和有效地执行消除歧视的战备和措施；

2. 采用适当的措施，确保用有关缔约国的语文传播《公约》、缔约国根据第十八条提交的报告和委员会的报告；

3. 在翻译《公约》和委员会报告方面寻求秘书长和新闻部的协助；

4. 在其初步报告和定期报告中列入为本建议所采取的行动。

第7号一般性建议：资源
消除对妇女歧视委员会第七届会议通过（1988年）

消除对妇女歧视委员会，

注意到大会第40/39和41/108号决议，特别是第42/60号决议第14段，其中请委员会和缔约国考虑委员会今后在维也纳举行届会的问题，

铭记大会第42/105号决议，特别是其中的第11段，要求秘书长加强联合国人权中心与秘书处社会发展和人道主义事务中心在执行人权条约和为条约机构提供服务方面的协调：

建议各缔约国：

1. 继续支持为加强设在日内瓦的人权中心与设在维也纳的社会发展和人道主义事务中心在为委员会提供服务方面的协调而提出的提议；

2. 支持委员会在纽约和维也纳举行会议的提议；

3. 采取一切必要和适当的措施，确保向委员会提供充分的资源和服务，协助它履行《公约》赋予它的职责，特别是要提供专职工作人员，帮助委员会筹备各届会议和会期工作；

4. 确保及时向秘书处提交补充报告和材料，以便及时译成联合国的正式语文分发和供委员会审议。

第 8 号一般性建议：执行《公约》第八条
消除对妇女歧视委员会第七届会议通过（1988 年）

消除对妇女歧视委员会，

审议了缔约国根据《公约》第十八条提交的报告，

建议各缔约国根据《公约》第四条进一步采取直接措施，确保《公约》第八条的充分执行，确保妇女不受任何歧视与男子一样有机会代表本国政府参加国际一级的活动和国际组织的工作。

第 9 号一般性建议：有关妇女状况的统计资料
消除对妇女歧视委员会第八届会议通过（1989 年）

消除对妇女歧视委员会，

考虑到统计资料对了解《公约》各缔约国的妇女真实情况是绝对必要的，

注意到许多提交报告供委员会审议的缔约国并未提供统计数字，

建议各缔约国竭尽全力确保其负责规划全国人口普查和其他社会及经济调查的国家统计部门编制的调查表，在绝对数字和百分比方面均按性别划分数据，以便有关使用者可获得有关其感兴趣的特定部门方面的妇女状况资料。

第 10 号一般性建议：《消除对妇女一切形式歧视公约》通过十周年
消除对妇女歧视委员会第八届会议通过（1989 年）

消除对妇女歧视委员会，

考虑到 1989 年 12 月 18 日是通过《消除对妇女一切形式歧视公约》十周年纪念日，

又考虑到《公约》是这十年中联合国为促进其会员国社会内男女平等而通过的最为有效的文件之一，

回顾到其第七届会议关于有效的国家机构和宣传的第 6 号一般性建议，

建议值此《公约》通过十周年之际，各缔约国考虑：

1. 举办各种方案，包括举行会议和讨论会，以本国的主要语文宣传《消除对妇女一切形式歧视公约》，并在其各自的国家内传播有关《公约》的资料；

2. 请其国家妇女组织在《公约》的宣传运动及实施《公约》等方面共同合作，鼓励国家、区域和国际各级的非政府组织广为宣传并实施《公约》；

3. 鼓励采取行动，确保《公约》的各项原则，特别是其第八条，得到充分的执行，第八条涉及的是妇女参与联合国和联合国系统的各级活动；

4. 请秘书长纪念《公约》通过十周年，与各专门机构进行合作，以联合国各正式语文出版和分发有关《公约》及其实施情况的印刷材料和其他材料，摄制有关《公约》的电视纪录片，向联合国维也纳办事处社会发展和人道主义事务中心提高妇女地位司提供必要的资源，以着手分析各缔约国提供的资料，从而增补和出版委员会的报告，（A/CONF.116/13），委员会的报告首次是为1985年在内罗毕举行的审查和评价联合国妇女十年：平等、发展与和平成就世界会议而出版的。

第 11 号一般性建议：履行报告义务的技术咨询服务
消除对妇女歧视委员会第八届会议通过（1989 年）

消除对妇女歧视委员会，

铭记截至 1989 年 3 月 3 日止，已有 96 个国家批准了《消除对妇女一切形式歧视公约》，

考虑到截至该日期，已收到 60 份初次报告和 19 份第二次定期报告，

注意到 36 份初次报告和 36 份第二次定期报告应于 1989 年 3 月 3 日前收到但尚未收到，

欢迎联大第 43/115 号决议第 9 段规定中要求秘书长在现有资源范围内，并在考虑到咨询服务方案优先事项的情况下，为在履行国际人权文书所规定的报告义务方面遇到最严重困难的国家安排进一步的培训班方案，

建议各缔约国鼓励、支持和合作举行一些技术咨询服务项目，包括培训讨论会，以便应缔约国的要求，协助它们根据《公约》第十八条履行其报告义务。

第 12 号一般性建议：对妇女的暴力行为
消除对妇女歧视委员会第八届会议通过（1989 年）

消除对妇女歧视委员会，

考虑到《公约》第二、第五、第十一、第十二和第十六条规定各缔约国采

取行动,保护妇女不受发生在家庭、工作岗位或任何其他社会生活领域内的任何暴力行为之害。

考虑到经济及社会理事会第 1988/27 号决议,

建议各缔约国在其提交委员会的定期报告中列入以下情况:

1. 关于保护妇女在日常生活中不受各种暴力行为之害的现行立法(包括性暴力、家庭内的虐待、工作地点的性骚扰等等);

2. 为根除这些暴力行为而采取的其他措施;

3. 为遭受侵犯或虐待的妇女所提供的支助服务;

4. 关于各种侵害妇女的暴力行为的发生率和暴力行为受害者妇女的统计资料。

第 13 号一般性建议:同工同酬
消除对妇女歧视委员会第八届会议通过(1989 年)

消除对妇女歧视委员会,

回顾国际劳工组织关于男女同工同酬的第 100 号公约,《消除对妇女一切形式歧视公约》的绝大多数缔约国都已批准了该《公约》,

又回顾自 1983 年以来已审议了缔约国的 51 份初次报告和 5 份第二次定期报告,

考虑到虽然各缔约国的报告表明,即使许多国家在立法中已接受了同工同酬的原则,但要在实践中确保落实这项原则,因此尚需作出更多的努力,从而克服劳动力市场上划分男女的状况,

建议《消除对妇女一切形式歧视公约》的各缔约国,

1. 为充分实施《消除对妇女一切形式歧视公约》,鼓励尚未批准劳工组织第 100 号公约的缔约国批准该公约;

2. 考虑研究、制定和实行以不分性别标准为基础的工作评价制度,在将便于对目前主要以妇女为主的不同性质的工作和目前主要以男子为主的工作进行价值方面的比较,各缔约国还应在向消除对妇女歧视委员会提交的报告中列入所取得的成绩情况;

3. 尽可能支持创建执行机构,并鼓励适用的集体劳资协议的各当事方,努力确保同工同酬原则得到执行。

第14号一般性建议：女性割礼
消除对妇女歧视委员会第九届会议通过（1990年）

消除对妇女歧视委员会，

关切到女性生殖器残割习俗和对妇女健康有害的其他传统习俗仍然继续存在，

满意地注意到那些存在这种习俗的国家的政府全国妇女组织、非政府组织以及联合国系统各机关，诸如世界卫生组织、联合国儿童基金会以及人权委员会及其防止歧视及保护少数小组委员会，特别认识到女性生殖器残割等一类传统习俗对妇幼造成严重的健康和其他后果，正在继续认真对待处理这个问题，

感兴趣地注意到关于影响妇幼健康的传统习俗的特别报告员研究报告以及关于传统习俗的特别工作组研究报告，

认识到妇女自己正采取重要行动以确认对妇幼健康和福利有害的习俗并与之进行斗争。

相信妇女和所有有关团体现正采取的重要行动需要各国政府的支持和鼓励，

严重关切地注意到促成延续诸如女性生殖器残割的有害习俗的文化、传统和经济压力仍然存在，

向各缔约国建议：

(a) 各缔约国采取适当有效措施以期铲除女性生殖器残割习俗。这种措施应包括：

（一）大学、医学或护理协会、全国妇女组织或其他机构搜集和散播关于这种传统习俗的基本数据；

（二）支持国家和地方等级的妇女组织努力消除女性生殖器残割和其他对妇女有害的习俗；

（三）鼓励政治家、专业人员，各等级的宗教和社区领导人，包括大众传媒和艺术在内，进行合作以影响对铲除女性生殖器残割的态度；

（四）举办以女性生殖器残割所引起的问题的研究结果为依据的适当的教育和培训方案及研讨会；

(b) 在其国家卫生政策内载列旨在铲除公共保健中女性生殖器残割的适当战略。这种战备可包含卫生人员（包括传统助产人员）负有特别责任解释女性生殖器残割的有害效果；

(c) 请联合国系统有关组织提供援助、资料和咨询意见以支援和协助进

行中的关于消除有害的传统习俗的工作；

（d）在向委员会提出的报告中在《消除对妇女一切形式歧视公约》第十和第十二条之下的部分载列关于消除女性生殖器残割的措施的资料。

第 15 号一般性建议：
在各国防治后天免疫机能缺损综合症（艾滋病）战略中避免对妇女的歧视
消除对妇女歧视委员会第九届会议通过（1990 年）

<u>消除对妇女歧视委员会</u>，

<u>审议了</u>它所收到的资料，其中涉及艾滋病全球传染各防治战略对行使妇女权利可能产生的影响，

<u>考虑到</u>世界卫生组织和其他联合国组织、机关、机构就人体免疫缺损病毒（艾滋病毒）所编制的报告和材料，尤其是秘书长向妇女地位委员会提交的关于艾滋病对提高妇女地位所产生的影响的说明，以及 1989 年 7 月 26 日至 28 日在日内瓦举行的国际艾滋病与人权问题协商会议的《最后文件》，

<u>注意到</u> 1988 年 5 月 13 日世界卫生大会关于避免歧视艾滋病毒感染者和艾滋病患者的第 WHA41.24 号决议、1989 年 3 月 2 日人权委员会关于卫生领域不受歧视的第 1989/11 号决议，以及尤其是 1989 年 11 月 30 日关于妇女、儿童与艾滋病问题的巴黎宣言，

<u>注意到</u>世界卫生组织已经宣布，1990 年 12 月 1 日"世界艾滋病日"的主题将是"妇女与艾滋病"，

<u>兹建议</u>：

（a）各缔约国加强努力散发材料，使群众提高觉悟，知道艾滋病毒感染和艾滋病对尤其是妇女和儿童的危险，以及对他们的影响；

（b）艾滋病防治方案应特别注意妇女和儿童的需要、有关妇女生殖作用的因素、她们在某些社会中的从属地位特别易受艾滋病毒感染之害；

（c）各缔约国确保妇女积极参与初级保健工作，采取措施以加强妇女在预防感染艾滋病毒方面作为儿童保育人员、卫生工作人员、教育工作者的作用；

（d）所有缔约国在《公约》第十二条下的报告内容中列入艾滋病对妇女地位的影响、面向感染妇女的需要所采取的行动、避免由于艾滋

病特别歧视妇女。

第 16 号一般性建议：城乡家庭企业中的无酬女工
消除对妇女歧视委员会第十届会议通过（1991 年）

消除对妇女歧视委员会，

铭记《消除对妇女一切形式歧视公约》第二条（c）项和第十一条（c）、（d）和（e）项以及关于妇女状况统计数字的第 9 号一般性建议（第八届会议，1989 年），

考虑到缔约国中在通常为一男性家庭成员所拥有的企业中工作的妇女很少获得薪酬、社会保障和社会福利，

注意到提交消除对妇女歧视委员会的报告一般不提及家庭企业中无酬女工问题，

申明无酬劳动是剥削妇女的一种形式，有悖于《公约》，

建议缔约国：
（a）在其提交委员会的报告中列入关于家庭企业中无酬女工的法律和社会状况的资料，
（b）收集关于在一家庭成员所拥有的企业中工作的妇女没有薪酬、社会保障和社会福利的资料，并将其列入提交委员会的报告；
（c）采取必要措施，保障在一家庭成员所拥有的企业中工作但没有薪酬、社会保障和社会福利的妇女获得这些待遇。

第 17 号一般性建议：
妇女无偿家务活动的衡量和定量及其在国民生产总值中的确认
消除对妇女歧视委员会第十届会议通过（1991 年）

消除对妇女歧视委员会，

铭记《消除对妇女一切形式歧视公约》第十一条，

忆及《提高妇女地位内罗毕前瞻性战略》第 120 段，

申明妇女的无偿家务活动为国家的发展作出了贡献，对这种无偿活动进行衡量和量化将有助于揭示妇女实际上的经济作用，

深信这种衡量和量化将为制定提高妇女地位的新政策提供依据，

注意到统计委员会第二十五届会议就目前修订国民核算制度和拟订妇女统计

数字问题所作的讨论。

建议缔约国：

（a）鼓励和支持调查和实验研究来衡量妇女无偿家务活动的价值；例如进行对时间利用的调查作为全国家庭调查方案的一部分，并收集按性别编制的关于参与家务活动和劳动力市场活动所花时间的统计数字；

（b）根据《消除对妇女一切形式歧视公约》和《提高妇女地位内罗毕前瞻性战略》的各项规定，定量计算妇女的无偿家务活动并将其列入国民生产总值；

（c）在其根据《公约》第十八条提交的报告中列入关于为衡量无偿家务活动的价值所进行的调查和试验性研究的资料以及在将妇女的无偿家务活动纳入国民核算方面取得的进展的资料。

第 18 号一般性建议：残疾妇女
消除对妇女歧视委员会第十届会议通过（1991 年）

消除对妇女歧视委员会，

顾及《消除对妇女一切形式歧视公约》第三条等，

审议了 60 多份缔约国定期报告，认为其中很少提及残疾妇女的情况，

对残疾妇女因其特殊生活条件而遭受的双重歧视状况表示关注，

忆及《提高妇女地位内罗毕前瞻性战略》第 296 段，其中在"应特别关注的领域"标题下将残疾妇女视为一个易受影响的群体，

申明支持《关于残疾人的世界行动纲领》（1982 年），

建议缔约国在其定期报告中提供资料，介绍残疾妇女的情况和为解决她们的特殊情况所采取的措施，包括为确保她们能同样获得教育和就业、保险服务和社会保障及确保她们能参与各方面社会和文化生活所采取的措施。

第 19 号一般性建议：对妇女的暴力行为
消除对妇女歧视委员会第十一届会议通过（1992 年）

背　景

1. 基于性别的暴力是严重阻碍妇女与男子平等享受权利和自由的一种歧视形式。

2. 1989年委员会建议缔约国在其报告内列入关于暴力及对付暴力所拟实行的措施的资料（第八届会议，第12号一般性建议）。

3. 1991年第十届会议上，委员会决定在第十一届会议分出部分时间，讨论并研究第六条和关于对妇女的暴力行为和性骚扰及色情剥削的其他条款。选择这个主题是为1993年世界人权会议作好准备，该会议根据大会1990年12月18日第45/155号决议规定召开。

4. 委员会的结论是，缔约国的报告没有充分反映出歧视妇女，以性别为基础的暴力、侵犯人权和基本自由之间的密切关系。《公约》的充分执行需要缔约国采取积极措施，消除对妇女施加的一切形式暴力。

5. 委员会建议缔约国审查其法律与政策，根据《公约》规定提交报告时，应照顾到委员会关于对基于性别的暴力的下列意见。

一般性意见

6. 《公约》第一条界定对妇女的歧视。歧视的定义包括基于性别的暴力，即因为妇女的性别而对之施加的暴力或不成比例地影响妇女的暴力。它包括施加身体的、心理的或性的伤害或痛苦、威胁施加这类行动、压制和其他剥夺自由行动。基于性别的暴力可能违犯《公约》的具体条款，不论这些条款是否明文提到暴力。

7. 基于性别的暴力损害或阻碍妇女依照一般国际法或具体的人权公约享受人权和基本自由，符合《公约》第一条所指的歧视。这些权利和自由除其他外，有：

（a）生命权；

（b）不受酷刑、不人道或有辱人格的待遇或惩罚的权利；

（c）在国际或国内武装冲突时享受人道主义规范的平等保护的权利；

（d）自由和人身安全权利；

（e）法律之前平等保护权；

（f）家庭平等权；

（g）可达到的最高身心健康权；

（h）工作条件公平有利的权利。

8. 《公约》适用于公共当局所犯的暴力。这种暴力行为除了违反《公约》规定之外，也可能违反缔约国根据国际人权法和其他公约所负的义务。

9. 但是，应当指出，《公约》所指的歧视并不限于政府或以政府名义所作的行为（见第二条（e）项、第二条（f）项和第五条）。例如，《公约》第二条（e）项呼吁缔约国采取一切适当措施，以消除任何个人、组织或企业对妇女的歧视。根据一般国际法和具体的人权公约规定，缔约国如果没有尽力防止侵犯权利或调查暴力行为并施以惩罚及提供赔偿，也可能为私人行为承负责任。

关于《公约》具体条款的意见

第二条和第三条

10. 第二条和第三条在第五至十六条所规定的具体义务外规定了，消除一切形式歧视的全面义务。

第二条（f）项、第五条和第十条（c）项

11. 传统态度认为妇女处于从属地位或者具有传统定型的角色任务。这种态度长期助长广泛存在的一些做法，其中涉及暴力或胁迫，例如家庭暴力和虐待、强迫婚姻、因嫁妆不足而被杀害、酸液毁容、女性生殖器残割等等。这类偏见和做法可证明，基于性别的暴力是保护或控制妇女的一种形式。这类暴力对妇女身心健康的影响很大，使她们不能平等享受、行使和知晓人权和基本自由。虽然这项评论意见主要针对实际发生或威胁进行的暴力而说的，但这些基于性别的暴力形式的后果助成了妇女的从属地位，使她们很少参与政治、受教育不多、技术水平低下和很少工作机会。

12. 这类态度也助长色情文化的传播，将妇女形容为性玩物而不是完整价值的个人。这反过来又助长基于性别的暴力。

第六条

13. 第六条要求缔约国采取措施，禁止一切形式贩卖妇女及意图营利使妇女卖淫的行为。

14. 贫穷和失业增加贩卖妇女的机会。除既有的贩卖妇女形式外，还有新形式的性剥削，例如性旅游，向发展中国家征聘劳工到发达国家去工作，安排发展中国家妇女同外国人结婚，这些做法与妇女平等享有权利以及尊重其权利和尊严都不相容。它们使妇女特别容易受到暴力和虐待。

15. 贫穷和失业还逼良为娼，包括年轻少女。妓女尤其容易受到暴力，她们由于地位不合法，往往受到排斥。她们需要平等的法律保护，使她们不被强奸和受到其他形式的暴力。

16. 战争、武装冲突、占领领土等往往导致娼妓人数以及贩卖妇女和对妇女进行性攻击的行为增加、需要采取具体的保护和惩罚性措施。

第十一条

17. 如果妇女遭受基于性别的暴力，例如在工作单位遭受性骚扰时，就业平等权利也会严重减损。

18. 性骚扰包括不受欢迎的具有性动机的行为，如身体接触和求爱动作，带

黄色的字眼，出示淫秽书画和提出性要求，不论是以词语还是用行动来表示。这类行为可以是侮辱人的，构成健康和安全的问题。如果妇女有合理理由相信，如她拒绝便在工作包括征聘或升级方面对她很不利或者会造成不友善的工作环境，则这类行为就是歧视性的。

第十二条

19. 第十二条要求各国采取措施保证平等取得保健服务。对妇女施加暴力会使她们的健康和生命都有危险。

20. 在某些国家，文化和传统长期助长了对妇女和儿童的健康都有害的一些传统习俗。这些习俗包括对孕妇饮食方面的限制、重男轻女、女性生殖器残割或切割生殖器。

第十四条

21. 农村妇女容易遭受基于性别的暴力，因为在许多农村社区，有关妇女的从属作用的传统观念仍顽固存在。农村社区的女青年离开农村到城里找工作时特别容易遭到暴力和性剥削。

第十六条（和第五条）

22. 强制绝育或堕胎对妇女的身心健康有不利的影响，并且侵犯妇女决定生育子女的数目和间隔的权利。

23. 家庭暴力是对妇女的最有害的暴力形式之一。它在所有的社会都普遍存在。在家庭关系中，各个年龄的子女都会遭受各种各样的暴力，包括殴打、强奸、其他形式的性攻击、精神方面的暴力以及由于传统观念而长期存在的其他形式的暴力。因缺乏经济独立，许多妇女被迫处在暴力关系之中。男子不承担其家庭责任的行为，也是一种形式的暴力和胁迫。这些形式的暴力置妇女的健康于危险之中，并损及她们平等地参与家庭生活及公共生活的能力。

具体建议

24. 鉴于这些评论意见，消除对妇女歧视委员会建议：

(a) 缔约国应采取适当而有效的措施，以扫除一切形式基于性别的暴力，不论是出于公共或私人行为；

(b) 缔约国应确保关于家庭暴力、强奸、性攻击及其基于性别的暴力的法律均能充分保护所有妇女并且尊重她们的人格完整和尊严。应向受害者提供适当保护和支助服务。向司法和执法人员及其他公务官员提供对性别问题敏感的培训，对于有效执行《公约》是根本必要的；

(c) 应鼓励缔约国汇编关于暴力的程度、原因和后果以及防止和处理暴力措施的有效性的统计并进行有关的研究；
(d) 应采取有效措施，确保新闻媒介尊重妇女和促进对妇女的尊重；
(e) 缔约国报告中应指明助长妇女受到暴力的态度、风俗和做法的性质和程度，以及产生哪一类暴力。它们应报告为克服暴力而采取的措施以及这些措施的效果；
(f) 应采取有效措施来克服这些态度和做法。各国应展开教育和新闻方案，帮助消除妨碍妇女平等的偏见（1987年，第3号建议）；
(g) 必须采取具体的预防和惩罚性措施消除贩卖妇女和性剥削的行为；
(h) 缔约国报告中应叙述这些问题的严重程度以及为保护卖淫妇女或被贩卖妇女或受到其他形式性剥削的妇女而采取的措施，包括刑罚规定、预防性和康复性措施。也应说明这些措施的有效性；
(i) 应有有效的申诉程序和补救办法，包括赔偿损失；
(j) 缔约国应在其报告中载列有关性骚扰的资料以及为保护妇女在工作单位不受性骚扰及其他形式胁迫暴力而采取的措施；
(k) 缔约国应为家庭暴力、强奸、性攻击及其他形式基于性别的暴力的受害者建立服务或给予支助，包括收容所、特别受过训练的保健工作者、康复和咨询；
(l) 缔约国应采取措施来克服这些传统习俗并应在报告健康问题时考虑到委员会关于女性生殖器残割的建议（第14号建议）；
(m) 缔约国报告中应确保采取措施，防止在生育繁殖方面的胁迫行为，并确保妇女不致由于节育方面缺少适当服务而被迫寻求不安全的医疗手术，例如非法堕胎；
(n) 缔约国报告中应说明这些问题的严重程度，并应说明已经采取的措施及其效果；
(o) 缔约国应确保农村妇女能够获得为暴力受害者提供的服务并确保必要时向边远社区提供特别服务；
(p) 保护她们不受暴力的措施应包括培训和就业机会以及监测从事家务劳动者的雇用条件；
(q) 缔约国应报告农村妇女面临的危险、她们遭受的暴力和虐待的程度和性质、她们对支助及其他服务的需要和获得情况以及克服暴力措施的有效性；
(r) 为克服家庭暴力所必需的措施应包括：
(一) 如出现家庭暴力，必要时刑事处罚以及民事补救办法；

(二) 立法规定在女性家庭成员受到殴打或杀害的情况下排除保护名誉；

(三) 提供服务以确保家庭暴力受害者的人身安全和保障，包括收容所、咨询和康复方案；

(四) 为家庭暴力的行为者开办改造方案；

(五) 为出现乱伦或性虐待的家庭提供支助服务；

(s) 缔约国应报告家庭暴力和性虐待的程度，并报告已经采取的预防、惩罚和补救措施；

(t) 缔约国应采取一切必要的法律及其他措施，有效地保护妇女不受基于性别的暴力，这种措施除其他外，包括：

(一) 有效的法律措施，包括刑事处罚、民事补救和赔偿措施，以保护妇女不受各种暴力、其中包括家庭暴力和虐待、工作单位的性攻击和性骚扰；

(二) 预防措施，包括新闻和教育方案，以改变人们对男女角色和地位的观念；

(三) 保护措施，包括为身为暴力受害者或易遭受暴力的妇女提供收容所、咨询、康复和支助服务；

(u) 缔约国应报告一切形式基于性别的暴力情况，并且这种报告应载列关于每种形式的暴力发生情况以及关于这种暴力对受害妇女的影响的一切现有数据；

(v) 缔约国报告中应载列关于为克服对妇女暴力而已经采取的各项法律、预防和保护措施及其有效性的资料。

第20号一般性建议：对《公约》的保留
消除对妇女歧视委员会第十一届会议通过（1992年）

1. 委员会忆及缔约国第四次会议关于按照第二十八条第2款对《公约》提出保留的决定，委员会第4号一般性建议欢迎这项决定。

2. 委员会建议，在筹备1993年世界人权会议时，缔约国应：

(a) 参照对其他人权条约的保留，提出对《公约》的保留的有效性和法律作用的问题；

(b) 目的在于加强所有人权条约的执行之下考虑此种保留；

(c) 考虑为《公约》的保留提出同其他人权条约的保留相当的程序。

第 21 号一般性建议：婚姻和家庭关系中的平等
消除对妇女歧视委员会第十三届会议通过（1994 年）

1. 《消除对妇女一切形式歧视公约》（大会第 34/180 号决议，附件）确认男女在社会上和家庭中享有平等的人权。《公约》在各项有关人权的国际条约中占有重要地位。

2. 另一些公约和宣言也对家庭和妇女在家庭中的地位赋予重要地位。这些公约和宣言包括《世界人权宣言》［大会第 217 A（Ⅲ）号决议，附件］,《公民权利和政治权利国际公约》［第 2200 A（XXI）号决议，附件］,《已婚妇女国籍公约》［第 1040（XI）号决议，附件］,《关于结婚的同意、结婚最低年龄及婚姻登记的公约》［第 1763 A（XVII）号决议，附件］及其后的有关建议［第 2018（XX）号决议］和《提高妇女地位内罗毕前瞻性战略》。

3. 《消除对妇女一切形式歧视公约》复述了已经写入上述公约和宣言内的妇女的固有权利，但更进一步地确认文化和传统对于男女思想和行为具有重要性并且对妇女行使基本权利具有限制作用。

背　景

4. 大会第 44/82 号决议指定 1994 年为国际家庭年。委员会希望利用这个机会强调遵循妇女在家庭中的基本权利以此作为支持和鼓励各国即将进行的庆祝活动的措施之一深具重要性。

5. 选择以此方式庆祝国际家庭年，委员会希望对《公约》中对于妇女在家庭中的地位具有特别重要的意义的三项条文进行分析：

第九条

1. 缔约各国应给予妇女与男子有取得、改变或保留国籍的同等权利。它们应特别保证，与外国人结婚或于婚姻存续期间丈夫改变国籍，均不当然改变妻子的国籍，使她成为无国籍人，或把丈夫的国籍强加于她。

2. 缔约各国在关于子女的国籍方面，应给予妇女与男子平等的权利。

意　见

6. 国籍对于充分参加社会生活至为重要。一般而言，国家对出生于本国的人给予国籍。也可由于定居的理由获得国籍，或由于人道理由如无国籍身份而获给予国籍。妇女没有国民或公民的地位，就没有选举或担任公职的权利，并且可能无从获得公共福利和选择居所。成年妇女应能改变国籍，不应由于结婚或婚姻关系的解除或由于丈夫或父亲改变国籍而其国籍被专横地改变。

第十五条

1. 缔约各国应给予男女在法律面前平等的地位。

2. 缔约各国应在公民事务上，给予妇女与男子同等的法律行为能力，以及行使这种行为能力的相同机会。特别应给予妇女签订合同和管理财产的平等权利，并在法院和法庭诉讼的各个阶段给予平等待遇。

3. 缔约各国同意，旨在限制妇女法律行为能力的所有合同和其他任何具有法律效力的私人文书，应一律视为无效。

4. 缔约各国在有关人身移动和自由择居的法律方面，应给予男女相同的权利。

意 见

7. 妇女如根本不能签订合同或取得金融信贷，或者只能经其丈夫或男性亲属的同意或保证才能签订合同或取得金融信贷，就被剥夺了法律自主权。这种限制使她不能作为唯一的所有者拥有财产，并使她不能对自己的物业进行合法的管理或订立任何其他形式的合同。这种限制严重限制了妇女养活自己和其受抚养人的能力。

8. 在有些国家，妇女提出诉讼的权利受到法律限制，或受到难以得到法律咨询、没有能力向法院申诉的限制。在其他一些国家，妇女作为证人的地位和其证词并不如男子那样受到尊重，或不如男子那么有份量。这种法律或习俗限制了妇女有效地谋求或保有其平等财产份额的权利，削弱了她们作为其所在社区的独立、负责和受尊重成员的地位。当国家法律限制妇女的法律行为能力或允许个人或机构的这种做法时，实际上就剥夺了妇女与男子平等的权利，限制了妇女养活自己和其受抚养人的能力。

9. 在普通法国家，户籍这个概念是指一个人打算居住并受其管辖的国家。子女原先是通过父母得到户籍，但在成年时，户籍是指一个人通常居住并且打算永久居住的国家。象有关国籍的情形一样，审查缔约国的报告显示，法律并不总是允许妇女选择其自己的户籍。成年妇女应能根据自己的意愿改变户籍，而不论其婚姻状况如何，就象有关国籍的情形一样。对于妇女在与男子相同的基础上选择户籍的权利的任何限制，就可能限制她在居住国向法庭申诉或阻碍她自身有权利自由进入或离开一国国境。

10. 暂时在另一国居住和工作的移徙女工应获允许有与男性移徙工人同样的权利，使她们的配偶、伴侣和子女与她们团聚。

第十六条

1. 缔约各国应采取一切适当措施，消除在有关婚姻和家庭关系的一切事务

《消除对妇女一切形式歧视公约》导读

上对妇女的歧视，并特别应 保证妇女在男女平等的基础上：

(a) 有相同的缔婚的权利；

(b) 有相同的自由选择配偶和非经本人自由表示、完全同意不缔结婚约的权利；

(c) 在婚姻存续期间以及解除婚姻关系时有相同的权利和义务；

(d) 不论婚姻状况如何，在有关子女的事务上，作为父母亲有相同的权利和义务。但在任何情形下，均应以子女的利益为重；

(e) 有相同的权利自由负责地决定子女人数和生育间隔，并有机会获得使她们能够行使这种权利的知识、教育和方法；

(f) 在监护、看管、受托和收养子女或类似的制度方面，如果国家法规有这些观念的话，有相同的权利和义务。但在任何情形下，均应以子女的利益为重；

(g) 夫妻有相同的个人权利，包括选择姓氏、专业和职业的权利；

(h) 配偶双方在财产的所有、取得、经营、管理、享有、处置方面，不论是无偿的或是收取价值酬报 的，都具有相同的权利。

2. 童年订婚和童婚应不具法律效力，并应采取一切必要行动，包括制订法律，规定结婚最低年龄，并规定婚姻必须向正式机构登记。

意　见

公共生活和私人生活

11. 有史以来，人类的公共生活和私人生活受到不同的看待，并因而受到不同的管理。在所有社会，传统上在私人或家庭范围内担当任务的妇女其活动长期以来被贬低。

12. 由于这类活动对社会的存续而言是宝贵的，因而没有理由对这些活动适用不同的歧视性的法律或习俗。缔约国报告表明，仍有国家在其国内不存在法律上的平等。妇女没有取得资源的平等机会，不能享有家庭中和社会上的平等地位。即使存在有法律上的平等，所有的社会都为妇女指定了被视为是低下的不一样的角色任务。这样就违反了特别是《公约》第十六条以及第二、第五和第二十四条内所载公正和平等的原则。

家庭的各种形式

13. 家庭的形式和概念因国家而异，甚至一国之内不同地区也不相同。不论其形式如何，也不论一国之内的法律制度、宗教、习俗或传统如何，在法律上和在私人生活之中，必须按照如《公约》第二条所规定的对所有人平等和公正的原则对待妇女。

一夫多妻制婚姻

14. 缔约国报告还表明在一些国家有一夫多妻的习俗。一夫多妻婚姻与男女平等的权利相抵触，会给妇女和其受抚养人带来严重的情感和经济方面的后果，这种婚姻应予抑制和禁止。委员会关切地注意到，有些缔约国其宪法保障平等权利，却按照属人法或习惯法而允许一夫多妻的婚姻，这违反了妇女的宪法权利，也有违《公约》第五条（a）项的规定。

第十六条第1款（a）和（b）项

15. 大多数国家报告说，它们的宪法和法律与《公约》相符，但习俗和传统以及实际上未能执行这些法律是与《公约》相抵触的。

16. 选择配偶和自由缔婚的权利对妇女一生以及对其作为个人的尊严和平等而言是非常重要的。对缔约国报告的审查表明，有些国家基于习俗、宗教信仰或某一特殊族群的民族渊源，允许迫婚或强迫再婚。其他一些国家允许妇女屈服于为钱财或出于某一方选择而安排的婚姻，在另一些国家，妇女为贫穷所迫而嫁给外国公民以求得经济上的保障。除了由于例如年幼或因与对方有血缘关系等合理的限制条件之外，妇女选择何时结婚、是否结婚、与谁结婚的权利，必须得到法律保护和执行。

第十六条第1款（c）项

17. 对缔约国的审查报告表明，许多国家通过依赖适用普通法原则、宗教法或习惯法而非遵循《公约》所载原则，在其法律制度中规定婚姻配偶双方的权利和责任。这些与婚姻有关的法律和实际做法方面的差异对妇女具有广泛的影响，普遍地限制了她们在婚姻中的平等地位和责任。这种限制往往导致丈夫被给予一家之主和主要决策者的地位，从而与《公约》规定有所抵触。

18. 此外，一般来说，事实上的结合关系完全不获法律保护。在这种关系中的妇女，应在家庭生活和共享受到法律保护的收入和资产方面享有与男子平等的地位。她们在照料和哺育受抚养子女或家庭成员方面应享有与男子平等的权利和责任。

第十六条第1款（d）和（f）项

19. 如第五条（b）项中所规定的，大多数国家承认在照料、保护以及抚养子女方面，父母应共同分担责任，《儿童权利公约》（大会第44/25号决议，附件）中列入了"应以子女的利益为重"这一原则，现在似乎已得到普遍的接受。然而，在实际做法中，一些国家并不遵守给予孩子父母平等地位的原则，特别是在双方未缔结婚姻的情况下，这种结合所生的子女并不总是享有与婚生子女相同的地位，而在父母离婚或分居的情况下，许多父亲在子女的照料、保护和抚养方面没有负起责任。

20.《公约》所阐述的这些共同分担的权利和责任应当能够通过监护、看管、受托和收养等法律概念依法并酌情得到实施。缔约国应确保其法律规定,不论父母的婚姻状况如何,也不论他们是否与子女共同生活,父母双方平等分担对子女的权利和责任。

第十六条第 1 款（e）项

21. 妇女必须生育和哺养子女的责任,影响到其接受教育、就业以及其他与个人发展有关的活动。还给妇女带来了不平等的工作负担。子女的人数和生育间隔对妇女的生活也会产生同样的影响,并影响到她们及其子女的身心健康。因此妇女有权决定子女的人数和生育间隔。

22. 有些报告表明,采取了一些对妇女有严重影响的强制性手段诸如强迫怀孕、人工流产或绝育。关于是否生养孩子,最好是与配偶或伴侣协商作出决定,但绝不应受到配偶、父母亲、伴侣或政府的限制。为了对安全可靠的避孕措施作出知情的决定起见,妇女必须获得有关避孕措施及其使用的信息,并能按照《公约》第 10 条（h）项获得接受性教育和计划生育服务的保证机会。

23. 人们普遍认为,如有自愿调节生育的免费可获得的适当措施,家庭所有成员的健康、发展和幸福都可获改善。此外,这种服务还有助于提高人民的总体生活质量和健康,自愿调节人口增长可帮助养护环境,取得持续的经济和社会发展。

第十六条第 1 款（g）项

24. 稳定的家庭是建立在每一家庭成员平等、公正和个人满足基础上的。配偶双方必须能够按照《公约》第十一条（a）和（c）项有权选择从事适合于自己的能力、资历和抱负的职业或工作,同样配偶双方都应有权利选择自己的姓氏以保持个人特性,在社区中的身份,并使其区别于其他社会成员。如果法律或习俗迫使妇女由于结婚或离婚而改变姓氏时,则其就被剥夺了此种权利。

第十六条第 1 款（h）项

25. 本条确定的权利部分重复和补充了第十五条第 2 款中的规定,后者责成缔约国给予妇女签订合同和管理财产的平等权利。

26. 第十五条第 1 款保障男女在法律面前平等。不论其婚姻状况如何,有对财产的所有、经营、享有和处置权,对妇女享有经济独立的权利来说,是十分重要的,在许多国家,对妇女谋取生计的能力以及对为她及其家庭提供充分的住房和营养而言,是十分关键的。

27. 国家如实施土地改革方案或向不同族裔群体重新分配土地,妇女不论其婚姻状况如何，与男子平等地分享这种重新分配的土地的权利，应当得到审慎的尊重。

28. 在大多数国家，相当人数的妇女为单身或离婚的，并且许多可能有独力养家的责任。认为男子有抚养其家庭里妇女和孩童的完全责任而他可以并且会信实地履行此一责任，根据这种假定而在财产分配方面带有任何歧视，显然是不切实际的。因此任何法律或习俗规定在婚姻结束或事实上的关系结束时，或在亲属死亡时，给予男子较大的分享财产的权利，都是歧视性的，将对妇女提出与丈夫离婚、负担她自己或其家庭以及作为独立个人尊严地生活的实际能力产生严重的影响。

29. 无论妇女的婚姻状况如何，所有这些权利都应得到保证。

婚姻财产

30. 一些国家不承认妇女在婚姻或事实上的关系期间以及在婚姻或关系结束时，享有同丈夫平等分享财产的权利。许多国家承认这一权利，但妇女行使这一权利的实际能力可能受到法律先例或习俗的限制。

31. 即便赋予妇女这些法定权利，法院也实施这些权利，妇女在婚姻期间或离婚时拥有的财产仍可能由男子管理。在许多国家，包括存在共同财产制的国家，并没有法律明文规定，要求在出售或处置双方在婚姻或事实上的关系期间所拥有的财产时必须征求女方的意见，这限制了妇女控制财产处置或处置后的收入的能力。

32. 在一些国家，在分配婚姻财产时，更多地强调婚姻期间对所获财产的经济贡献，而轻视其他贡献，诸如哺育子女、照顾老年亲属以及从事家务职责等。通常，正是由于妻子的这种非经济贡献，才使得丈夫得以挣取收入，增加资产。对经济贡献和非经济贡献应同等看重。

33. 在许多国家，法律对待事实上的关系期间所积累的财产不同于婚姻期间所获得的财产。在关系终止时，女方总是比男方获得的份额小得多。在这方面应废除或制止歧视有无子女的已婚或未婚妇女的财产法和习俗。

继承权

34. 缔约国的报告应按照《公约》和经济及社会理事会第884 D（XXXIV）号决议的规定，载有对与影响妇女地位的继承权法有关的法规或习俗规定所作的评论意见，经社理事会该决定曾建议各国确保同死者具有同样近亲关系的男子和妇女应有权同等分享财产，在继承顺序中具有同等地位，这一规定并未得到普遍执行。

35. 许多国家有关继承权和财产的法律和实际做法导致了对妇女的严重歧

视。这一不公平的待遇使得妇女在丈夫或父亲死后所获的财产，比鳏夫或儿子在这种情况下所获的财产份额小。在一些情况下，妇女只获得有限的和受控制的权利，只能从死者的财产中获得收入。寡妇的继承权往往不能反映婚姻期间所获财产平等拥有权的原则。这种规定与《公约》相抵触，应予废止。

第十六条第 2 款

36. 1993 年 6 月 14 日至 25 日在维也纳举行的世界人权会议通过的《维也纳宣言和行动纲领》敦促缔约国废止歧视女童和引起对女童的伤害的现行法律和条例并废除这类习俗和惯例。第十六条第 2 款和《儿童权利公约》均规定防止缔约国允许未成年者结婚或使这种婚姻生效。根据《儿童权利公约》，"儿童系指 18 岁以下的任何人，除非对其适用之法律规定成年年龄低于 18 岁"。尽管有此定义并且注意到《维也纳宣言》的规定，委员会仍认为男女结婚的最低年龄都应为 18 岁。男女结婚时承担重要的责任。因此不应准许他们在达到成年和取得充分行为能力之前结婚。根据世界卫生组织的观点，未成年人、特别是少女结婚生小孩，对其健康会有不利影响，同时妨碍其学业教育。结果，她们的经济自立也受到限制。

37. 这不仅影响妇女个人，还限制她们的能力发展和独立性，减少她们就业机会，从而对其家庭和社区都有不利影响。

38. 一些国家规定了男女不同的最低结婚年龄。这种规定不正确地假定，妇女的心智发展速度与男子不同，或者她们结婚时的生理的心智发展无关重要，这些规定应予废除。在其他一些国家，少女婚配或由其家人为其作主缔婚是许可的。这种措施不仅与《公约》规定相抵触，而且损害了妇女自由选择配偶的权利。

39. 缔约国还应要求所有婚姻必须登记，不论其是根据民法或是根据习俗或宗教法缔结的。这样，国家就能够确保遵守《公约》的规定，并规定配偶双方平等、婚姻最低年龄、禁止重婚或一夫多妻并保护儿童的权利。

建 议

对妇女的暴力

40. 在审议妇女在家庭生活中的地位时，委员会要强调指出，关于对妇女的暴力行为的第 19 号一般性建议（第十一届会议）的规定，对妇女能够享有与男子平等的权利和自由，有着重大的意义。务请各缔约国遵行该项一般性建议，确保在公共生活和家庭生活中，妇女可免遭基于性别的暴力行为，此种暴力行为还严重阻碍了妇女作为个人应有的权利和自由。

保 留

41. 委员会震惊地注意到为数不少的缔约国,在特别是已对第二条提出保留的情况下,对第十六条全文或部分提出了保留,声称遵行规定会与基于文化或宗教信仰或国家经济或政治状况而所共同持有的家庭观念相冲突。

42. 在这些国家中,许多国家持有父权结构家庭的信念,认为父亲、丈夫或儿子的地位居先。在一些国家,原教旨主义或其他极端主义思想或经济的困难境况鼓励回归古老价值和传统,妇女在家庭中的地位更形恶化。在其他一些国家,由于已认识到现代社会的经济进展和社会普遍福祉平等地依赖所有成年成员,不论其性别,这种禁忌和反动的或极端主义的思想就逐渐地受到抑制。

43. 委员会按照第二、第三和特别是第二十四条,要求所有缔约国逐渐进展到以下阶段,即由于坚决制止妇女在家庭中不平等的观念,每个国家将可撤消其保留,特别是对《公约》第九、第十五和第十六条的保留。

44. 缔约国应坚决制止法律、宗教或私法或习俗所确认的男女不平等的任何观念,进展到撤消特别是对十六条的保留的阶段。

45. 委员会注意到,根据其对初次报告和以后的定期报告的审查,在一些无保留地批准或加入《公约》的缔约国,有若干法律特别是关于家庭的法律,事实上不符合《公约》的规定。

46. 这些法律仍然载有根据规范、习俗和社会文化歧见歧视妇女的许多措施。鉴于这些国家在有关条款方面的特殊情况,委员会很难评价和了解妇女的地位。

47. 委员会特别是根据《公约》第一和第二条的规定,请那些缔约国作出必要努力,审查关于问题的实际情况,并在仍然载有歧视妇女的条款的国内立法中制订必要的措施。

报 告

48. 缔约国应参照本一般性建议的说明,在其报告中:

　　(a) 指出国家移除对《公约》的所有保留、特别是对第十六条的保留的进展所达阶段。

　　(b) 说明其法律是否遵循第九、第十五和第十六条的原则,以及由于宗教法或私法或习俗,遵循法律或《公约》的规定受到阻碍的情形。

立 法

49. 缔约国应于必要时遵循《公约》以及特别是为遵守第九、第十五和第十六条规定,制订并实施立法。

《消除对妇女一切形式歧视公约》导读

鼓励遵循《公约》

50. 缔约国参照本一般性建议的意见,并按照第二、第三和第二十四条的规定,应制订措施,以期鼓励充分遵循《公约》的各项原则,特别是当宗教法或私法或习俗与这些原则相冲突时。

第 22 号一般性建议:修正《公约》第二十条
消除对妇女歧视委员会第十四届会议通过(1995 年)

<u>消除对妇女歧视委员会</u>,

<u>注意到</u>《消除对妇女一切形式歧视公约》缔约国应大会所请,将于 1995 年间开会,考虑修正《公约》第二十条,

<u>回顾</u>它先前曾于第十届会议决定要确保其工作效能,防止缔约国报告的审议工作出现不应有的积压的情况,

<u>回顾</u>《公约》是经数目最多的缔约国批准的国际人权文书之一,

<u>认为</u>《公约》各条款处理妇女在其日常生活的所有各个方面以及在社会和国家的所有领域的基本人权,

<u>关注</u>委员会的工作负荷,因为批准的国家数目日增,加上如附件一所示待审议的报告积压,

<u>又关注</u>缔约国报告的提交和审议之间旷日持久,以致缔约国必须提供新的资料以增订其报告,

<u>铭记</u>消除对妇女歧视委员会是唯一经《公约》限定会议时间的人权条约机构,其会议时间如附件二所示是所有人权条约机构中最短的,

<u>注意到</u>《公约》对届会期间的限制,已成为委员会有效履行《公约》规定的职能的严重障碍,

1. <u>建议</u>缔约国积极考虑修正《公约》第二十条关于委员会会议时间的部分,让委员会年度会议的期间为有效履行《公约》规定的职能所必需的,除大会另有决定外无具体限制;

2. <u>还建议</u>大会在修正过程结束之前授权委员会例外地于 1996 年举行两届会议,每届为期三星期,并举行会前工作组会议;

3. <u>又建议</u>缔约国会议要求收到委员会主席关于委员会在履行其职能方面遇到的种种困难的口头报告;

4. <u>建议</u>秘书长向缔约国会议提供关于委员会的工作负荷的一切有关资料和关于别的人权条约机构的比较资料。

第23号一般性建议：政治和公共生活
消除对妇女歧视委员会第十六届会议通过（1997年）

各缔约国应采取一切适当措施，消除在本国政治和公众事务中对妇女的歧视，特别应保证妇女在与男子平等的条件下：

(a) 在一切选举和公民投票中有选举权，并在一切民选机构有被选举权；

(b) 参加政府政策的制订及其执行，并担任各级政府公职，执行一切公务；

(c) 参加有关本国公众和政治事务的非政府组织和协会。

背景说明

1. 《消除对妇女一切形式歧视公约》特别重视妇女参与其本国的公共生活。《公约》序言部分表示：

"考虑到对妇女的歧视违反权利平等和尊重人的尊严的原则，阻碍妇女与男子平等参加本国的政治、社会、经济和文化生活，妨碍社会和家庭的繁荣发展，并使妇女更难充分发挥为国家和人类服务的潜力。"

2. 《公约》序言部分还重申妇女参与决策的重要性：

"确信一国的充分和完全的发展，世界人民的福利以及和平的事业，需要妇女与男子平等充分参加所有各方面的工作。"

3. 此外，《公约》第一条对"对妇女的歧视"解释为：

"基于性别而作的任何区别、排斥或限制，其影响或其目的均足以妨碍或否认妇女不论已婚未婚在男女平等的基础上认识、享有或行使在政治、经济、社会、文化、公民或任何其他方面的人权和基本自由。"

4. 另一些公约、宣言和国际分析文件都十分重视妇女参与公共生活，并制定了有关平等的国际标准构架。这些文件包括《世界人权宣言》、《公民权利和政治权利国际公约》、《妇女政治权利公约》、《维也纳宣言》、《北京宣言》和《行动纲要》第13段、本《公约》的第5和8号一般性建议，人权事务委员会通过的第25号一般性意见、欧洲联盟理事会通过的关于男女平等参与决策程序的建议和欧洲委员会关于"如何在政治决策中实现性别均衡"的意见。

5. 第七条规定各缔约国应采取一切适当措施，消除在政治和公共生活中对妇女的歧视并确保妇女在政治和公共生活方面享有与男子平等的地位。第七条具体说明的义务可扩大到公共和政治生活的所有领域，而不局限于(a)、(b)和

(c)项所规定的那些领域。一个国家的政治和公共生活是一个广泛的概念,是指行使政治权力,尤其是行使立法、司法、行政和管理权力。这一措词包括公共行政的所有方面以及在国际、国家、区域和地方各级制定和执行政策。这一概念还包括民间社会的许多方面,包括公共委员会、地方理事会以及诸如各政党、工会、专业或行业协会、妇女组织、社区基层组织和其他与公共生活和政治生活有关的组织的活动。

6. 实际上,《公约》设想了在以下这种政治制度的框架内可以实现这种平等,即按照《世界人权宣言》第二十一条和《公民权利和政治权利国际公约》第二十五条的规定,每个公民均享有在真正的定期的选举中的选举和被选举权,这种选举应是普遍的并以无记名投票方式进行,以保证选举人的意志的自由表达。

7. 《公约》强调机会平等的重要性以及参与公共生活和决策的重要性,这促使委员会回顾第七条并建议各缔约国在审查其法律和政策以及根据《公约》提出报告时,应该考虑到下列评论和建议。

评 论

8. 人们在公共领域和私人领域的活动向来被视为互不相同,而得到相应的管理。妇女一般从事私人或家庭领域活动,负责生育和抚养子女,所有社会都将这些活动视为次一级。相形之下,公共生活受到尊重和尊敬,范围涉及除私人及家庭领域之外的各种活动。男子历来既支配公共生活,且掌有权力将妇女限制并约束在私人领域之内。

9. 尽管妇女在支撑家庭和社会方面起着核心作用,并对发展作出贡献,但她们被排斥在政治生活和决策进程之外,而决策进程却决定她们日常生活的模式和社会的前途。尤其是在危机时期,这种排斥压制了妇女的声音,埋没了妇女的贡献和经验。

10. 在所有国家,压制妇女参与公共生活能力的最重要因素一直是价值观和宗教信仰等文化环境、缺乏各种服务、男子未能分担与组织家务和抚养子女有关的工作。在所有国家,文化传统和宗教信仰一直是将妇女约束在私人生活领域并妨碍妇女积极参与公共生活的一个因素。

11. 减轻妇女的某些家务负担,将使妇女能够更充分地参与社区生活。妇女在经济上依靠男子,往往阻碍她们作出重要的政治决定,并阻碍她们积极参与公共生活。妇女承受双重的工作负担、经济上的依赖性,加上公共及政治生活工作时间长而且不具灵活性,使妇女无法更加积极地参与。

12. 陈规观念包括新闻媒介制造的陈规观念将妇女的政治生活局限在环境、

儿童和保健等问题上，而排除在财政、预算管制和解决冲突等方面的责任之外。妇女在产生政治家的职业中参与的程度很低，这又是一个障碍。一些国家是有女性领导人掌权，但这可能是其父亲、丈夫或其他男性亲属的影响所致，而不是她们本身参选成功所致。

政治制度

13. 多数国家的宪法和法律以及所有的国际文书都申明了男女平等的原则。然而，在过去50年内，妇女未能实现平等，妇女参与公共及政治生活的程度很低，强化了她们的不平等地位。单由男子制定的政策和作出的决定只反映了人类的部分经验和潜力。要公正有效地组织社会，就需要包容全体社会成员，由他们共同参与。

14. 没有一种政治制度同时赋予妇女充分、平等参与的权利和利益。虽然民主制度改善了妇女参与政治生活的机会，但她们继续面临许多经济、社会及文化障碍，这一点严重影响了她们的参与。即便是历来稳定的民主国家，也未能充分、平等地收纳占其人口半数的女性国民的意见和利益。将妇女排除于公共生活和决策之外的社会，不能说是民主的社会。只有在政治决策由妇女和男子共同作出并顾及双方的利益时，民主的概念才具有真正的、鲜活的意义和持久的影响。对各缔约国报告所作审议显示，在存在妇女充分、平等参与公共生活和决策的情况的国家，落实妇女权利和履行《公约》的情况都有所改善。

暂行特别措施

15. 虽然移除法律上的障碍是必要的，但这是不够的。未实现妇女的充分、平等参与可能不是存心的，是古旧过时的惯例和程序的结果，这些惯例和程序无心之中提升了男子。《公约》第四条鼓励采取暂行特别措施，以便充分实施第七和第八条。拟订有效暂行战略以实现平等参与的国家，已实施一系列措施，包括吸收、在财务上援助和训练女性候选人，修改选举程序，开展促进平等参与的竞选活动，规定数字指标和保障名额，有针对性地任命妇女担任在各个社会的日常生活中起重要作用的司法或其他职业团体公职。正式排除障碍，采取暂行特别措施鼓励男女平等参与社会公共生活，是在政治生活中实现真正平等的必要前提。但是要想克服多少个世纪以来男性在公共领域所占的支配地位，妇女还需要得到社会各界的鼓励和支持，以实现充分、有效的参与。这种鼓励措施必须由各缔约国以及各政党和政府官员领导。缔约国有义务确保暂行特别措施明确用来支持平等原则，因此也符合保障全体公民人人平等的宪法原则。

摘　要

16. 《北京行动纲要》强调的关键问题是，妇女在普遍参加政治和公共生活方面存在着法律与事实或权利与现实之间的差距。研究结果指出，如果妇女参与的比率能达到30%至35%（一般称为"关键人数"），就会对政治方式和决定内容产生实际的影响，政治生活就会充满新的活力。

17. 为了在公共生活中取得广泛代表性，妇女必须能够充分平等地行使政治和经济权力；她们必须能够充分和平等地参与国家和国际各级的决策，以便对平等、发展和实现和平等目标作出贡献。如要达到这些目标和确保真正的民主，则性别观点极为重要。因此，必须使妇女参加公共生活，以利用她们的贡献，确保她们的利益得到保护，并保障所有人不论男女都能享有人权。妇女充分参与不仅对增强妇女权力而且对整个社会进步都极为重要。

选举权和被选举权 ［第七条（a）项］

18. 《公约》促使各缔约国在其宪法或立法中采取适当步骤，确保妇女在一切选举和公民投票中均享有与男子平等的选举权和被选举权。必须在法律上和事实上都享有这一权利。

19. 对缔约国的报告的审查结果表明，尽管几乎所有缔约国都通过了宪法或其他法律条文，规定男女在一切选举和公民投票中享有平等的选举权，但是很多国家的妇女在这项权利的行使方面仍旧面临困难。

20. 损害这些权利的因素如下：

（a）妇女取得有关候选人以及政党的政纲和投票程序的资料的机会往往不如男子，政府和政党没有能够提供这方面的信息。阻碍妇女充分而平等地行使她们的选举权的另一些重要因素。包括妇女身为文盲，缺乏知识不了解政治制度，或是政治倡议和政策对她们生活的影响等。未能认识到选举权带来了要求变化的权利，责任和机会这一点也意味着妇女并不都参加选民登记。

（b）妇女双重的工作负担和财政上的限制使她们没有充分的时间或机会注意选举活动和完全自由地行使选举权。

（c）很多国家的传统、文化社会和文化上的陈规旧习阻碍了妇女行使选举权。许多男子通过劝说或直接行动包括替妇女投票来影响或控制妇女的投票。应当防止任何这类做法。

（d）在一些国家，妨碍妇女参与社区公共或政治生活的其他因素包括：妇女的行动自由或参与权受到限制，对妇女的政治参与普遍存在消极态度，或是选民不信任、不支持女性候选人等等。此外，有些妇女认为政治是令人讨厌的，因而避免参与政治活动。

21. 这些因素至少部分解释了一种怪现象，即代表半数选民的妇女却未能发挥政治权力或形成集团，以促进她们的利益或改变政府，或消除歧视性政策。

22. 投票方式、议会席位的分配、选区的选择均对当选议会议员的妇女所占的比例有重要影响。各政党应该本着机会平等和民主的原则，注意男女候选人人数均等的问题。

23. 不得对妇女享有的选举权施加对男子不适用或对妇女产生重大影响的限制或条件。例如，设限规定只有一定教育程度、拥有最起码财产资格或非文盲的人才有选举权，这不仅不合理，侵犯了普遍受到保障的人权，而且也会对妇女产生重大影响，从而违反《公约》的条款。

参加制订政府政策的权利 [第七条（b）项]

24. 尽管妇女在参加政府决策活动已经取得长足进展并且一些国家已经实现了这方面的平等，但是妇女的这类参与仍然不多，并且在许多国家，妇女的参与实际上已经减少。

25. 第七条（b）项还规定缔约国应保证妇女有权充分参加政府政策的制订，并担任各级政府公职。这将促进性别问题被融入主流，并有助于促使公共决策采纳性别观点。

26. 缔约各国有责任在它们的管辖范围内任命妇女担任高级决策职位并且理所当然地征求和吸取广泛代表妇女意见和利益的团体的意见。

27. 缔约各国还有义务确保查明和克服阻碍妇女充分参与政府政策的制订的障碍。这些障碍包括满足于象征性地任命几个妇女，以及阻碍妇女参与的传统和习惯态度。如果妇女在政府高层没有得到广泛代表或者没有得到适当的咨询，甚至根本没有得到咨询，政府的政策就将是不全面的和没有效用的。

28. 任命妇女担任高级的内阁和行政职位的权力一般在于缔约国，但各政党也有责任确保将妇女列入政党名册并在有可能成功获选的地区被提名竞选。缔约各国也应努力确保任命妇女在与男子平等的条件下担任政府咨询机构的职务。并且这些机构应根据情况考虑代表妇女的团体的意见。政府的基本责任是鼓励采取这些倡议行动来领导和引导舆论并改变歧视妇女或阻碍妇女参与政治和公众事务的态度。

29. 若干缔约国为确保妇女平等参与担任高级内阁和行政职位并成为政府咨询机构的成员所采取的措施包括：作出规定，在可能被任命者同样合乎条件的情况下，优先考虑女性提名人；通过一项规定，在公共团体中男女成员均不应少于40%；在内阁和公职任命方面制订妇女保障名额；和同妇女组织协商，确保合格妇女被提名为公共团体的成员和担任公职，并且编制和保持这类妇女的名册；在公共团体和公共职位的任命中便利妇女的提名。在私营组织的提名下任命咨询机构成员时，缔约各国应鼓励这些组织提出合格并适合的妇女作为这些机构的成员。

担任公职和执行一切公务的权利［第七条（b）项］

30. 从各缔约国的报告可见，妇女被排除在内阁、公务员和公共行政以及司法机构的高层职位之外。获任这类高层或具影响力职位的妇女甚少；虽然有些国家在较低层次和通常与家庭有关的职位上工作的妇女人数可能在增加，但是在有关经济政策、经济发展、政治事务、国防、建立和平行动、冲突的解决、宪法的解释和确定等方面的决策性职位中，她们只是极少数。

31. 审查了缔约国的报告后还发现，在某些情况下，法律禁止妇女行使皇室的权力、充当具有代表国家管辖权的宗教和传统法院的法官，或充分参与军队。这些规定歧视妇女、使得社会无法得到她们参与社区这些方面的生活的和利用她们的技能，并违反《公约》的原则。

参加非政府以及公共和政治组织的权利［第七条（c）项］

32. 审查缔约国的报告后发现，所提供的为数不多的有关政党的资料表明，妇女代表人数不足或集中在影响力不及男子的职责上的情况。鉴于政党在决策方面所起的重要作用，各国政府应鼓励政党审查妇女在何种程度上充分和平地参与它们的活动，如果情况并非如此，则应找出问题的起因。应该鼓励政党采取有效措施，其中包括提供资料、资金和其他资源，来克服防止妇女充分参与和实现代表权的障碍，并确保妇女实际上有平等机会充当党干部和被提名为选举的候选人。

33. 一些政党已采取的措施包括将其执行机构的某一最低限度数目或百分比的职位保留给妇女，从而确保提名的男女候选人人数均等，并确保妇女没有一律被分配到较不利的选区或党名单上最不利的职位。缔约国应确保禁止歧视的法律或其他的平等宪法保障明确允许这一类暂行特别措施。

34. 象工会和政党一般的其他组织有义务以执行理事会男女代表人数均等的方式在它们的规章、在执行这些规则和成员资格的组成方面表示它们对性别平等原则的承诺，以便这些组织得到社会所有阶层的充分和平等参与及两性的贡献的好处。这些组织以及非政府组织还在政治技巧、参与和领导方面为妇女提供宝贵的训练机会。

第八条（国际一级）

缔约各国应采取一切适当措施，保证妇女在与男子平等不受任何歧视的条件下，有机会在国际上代表本国政府参加各国际组织的工作。

意　见

35. 第八条规定各国政府有责任确保妇女有机会参与国际事务各个级别以及各个领域的活动，从而促使她们参与经济和军事事务、参与多边和双边外交活动以及参加国际和区域会议的官方代表团。

36. 从对各缔约国的报告的审查来看，很明显，大部分政府的外交和外事机构中妇女任职的人数不足，特别是在最高级别上。妇女常常被派往对本国的对外关系不太重要的使馆。在某些情况下，妇女的任命还会因婚姻状况方面的限制而受到歧视。在其他情况下，在同等地位上的妇女得不到男外交官所享有的配偶和家庭福利待遇。有关方面往往不给予妇女参与国际事务的机会，因为他们假定妇女要承担家务负担，包括假定她们由于必须照顾家庭中受抚养的人而无法接受任命。

37. 很多常驻联合国和其他国际组织的代表团中都没有女外交官，在较高级别上的妇女也很少。负责确定设立国际和全球目标、议程和优先次序的专家组会议也有类似情况。联合国系统的组织以及在区域一级的经济、政治和军事机构已成为重要的国际公共雇主，但即使是在这里，妇女仍然是少数，而且主要集中在较低级别上。

38. 往往由于在任命和提升人员提供重要职位和参加官方代表团方面缺少客观的标准和程序，妇女很少有机会象男子一样，在国际上平等地代表本国政府、参与国际组织工作。

39. 现代世界的全球化使得让妇女与男子一样平等地参与国际组织的问题变得越来越重要。把性别观念和妇女的人权纳入所有国际组织的议程中是各国政府义不容辞的责任。很多关于全球性问题——例如建立和平和解决冲突、军费支出与核裁军、发展与环境、对外援助和重新调整经济结构等问题——的关键决定都是在妇女参与有限的情况下做出的，这与妇女参与这些领域的非政府组织活动的情况形成鲜明对比。

40. 让大批妇女参与国际谈判、维持和平活动、所有级别上的预防性外交、调解、人道主义援助、社会和解、和平谈判以及国际刑事司法制度将会产生重要作用。在解决武装或其他冲突问题时，性别观点和分析有助于理解对男女分别带来不同影响。

建 议

第七条和第八条

41. 缔约国应确保其宪法和立法符合《公约》各项原则，特别是第七条和第八条。

42. 缔约国有义务采取一切适当措施，其中包括颁布符合宪法的适当立法，确保不直接受《公约》所载义务影响的政党和工会等组织不歧视妇女，并尊重第七条和第八条所载各项原则。

43. 缔约国应确定并实施暂行性质的特别措施，确保妇女在第七条和第八条提到的各个领域具有平等代表权。

44. 缔约国应解释对第七条和第八条持有保留的原因和其影响；指出哪些保留意见反映出传统习俗或对妇女社会角色陈旧的态度；及缔约国为改变这种态度而采取的步骤。缔约国应密切审查保留意见，并在报告中提出取消保留意见的时间表。

第七条

45. 第七条（a）项下应确定、实施并监测有效性的措施旨在：
   （a）促使民选职位上的男女人数平衡；
   （b）确保妇女了解其投票权、了解这一项权利的重要性及如何行使这方面的权利；
   （c）确保克服平等方面的障碍，其中包括因文盲、语言、贫困和妨碍妇女行动自由而造成的障碍；
   （d）协助处境不利的妇女行使其投票权和被选举权。

46. 第七条（b）项下的措施旨在确保：
   （a）妇女在制订政府政策方面的代表权平等；
   （b）妇女享有担任公职的平等权利；
   （c）针对妇女的征聘是公开的而且可上诉。

47. 第七条（c）项下的措施旨在：
   （a）确保颁布关于禁止歧视妇女的有效立法；
   （b）鼓励非政府组织及公共和政治协会采用鼓励妇女参加其工作和具有代表权的战略。

48. 缔约国就第七条提出报告时应：
   （a）说明落实第七条所列各项权利的法律规定；
   （b）细述对这些权利设有的限制，是法律规定造成的，还是传统、宗教或文化习俗造成的；
   （c）说明提出和制订了哪些措施以克服对行使权利的障碍；
   （d）提出按性别分列的统计数据，说明享有上述权利的男女比例；
   （e）说明有哪些政策制订类型，其中包括同发展方案有关的、有妇女参加的类型，以及妇女参与层次和程度；
   （f）在第七条（c）项下，说明妇女在其本国参加非政府组织的程度，其中包括妇女组织；

(g) 分析缔约国确保同这些组织协商的程度及其咨询意见对各层次的政府政策制订和执行工作的影响；

(h) 说明妇女担任政党、工会、资方组织和专业人员协会的成员或官员代表人数不足的情况，并分析造成这种情况的因素。

第八条

49. 应确定、实施和监测有效性的措施旨在确保：加强联合国各机构内的成员性别平衡，其中包括大会的各主要委员会、经济及社会理事会和专家机构（例如条约机构）及任命到独立工作组或担任国别报告员或特别报告员的性别平衡。

50. 就第八条提出报告时缔约国应：

(a) 按性别分列统计数字，说明在外交部门工作或经常在国际上代表其本国的妇女比例，其中包括作为其政府代表团成员出席国际会议或得到任命执行维持和平或解决冲突的任务，及妇女在这些部门担任多高的职位；

(b) 说明建立了哪些客观标准和程序来任命和提升妇女担任有关职位和官方代表团职位；

(c) 说明政府已采取哪些步骤来广泛宣传政府在国际场合上对妇女问题作出的承诺以及多边论坛向负责提高妇女地位的政府和非政府机构印发的正式文件；

(d) 提供妇女因其政治活动（以个人、或妇女组织或其他组织成员的身份从事的政治活动）而遭受歧视的资料。

注

1. 大会第 217 A（III）号决议。
2. 大会第 2200 A（XXI）号决议，附件。
3. 大会第 640（VII）号决议。
4. 《世界人权会议报告》，1993 年 6 月 14 日至 25 日，维也纳（A/CONF. 157/24（Part I），第三章。
5. 《第四次妇女问题世界会议报告》，1995 年 9 月 4 日至 15 日，北京（A/CONF. 177/20 和 Add. 1），第一章，决议 1，附件一。
6. 见《大会正式记录，第四十三届会议，补编第 38 号》（A/43/38），第五章。
7. CCPR/C/21/Add. 7，1996 年 8 月 27 日。
8. 96/694/EC，1996 年 12 月 2 日，布鲁塞尔。

9. 欧盟委员会 V/1206/96-EN 号文件（1996 年 3 月）。

10. 见 1995 年 9 月 4 日至 15 日在北京举行的第四次妇女问题世界会议通过的《行动纲要》第 141 段（A/CONF.177/20，第一章，决议 1，附件二），又见第 134 段，其中谈到："妇女有平等机会并充分参加权力结构，以及充分参与一切防止和解决冲突的努力，是维持和促进和平与安全的必要条件。"

第 24 号一般性建议：关于《公约》第十二条（妇女和保健）
消除对妇女歧视委员会第二十届会议通过（1999 年）

1. 消除对妇女歧视委员会认为，妇女获得保健包括生殖保健是《消除对妇女一切形式歧视公约》所规定的一项基本权利。委员会在其第二十届会议上根据第二十一条，决定拟订一项关于《公约》第十二条的一般性建议。

背 景

2. 各缔约国遵守《公约》第十二条对于妇女的保健和福址极其重要。这要求各国消除在妇女获得终生保健服务尤其是在计划生育、怀孕、分娩方面以及在产后期间对妇女的歧视。对各缔约国根据《公约》第十八条所提交报告进行的审查表明，妇女的保健是被承认是促进妇女保健和福址应关心的一个中心问题。为了缔约国以及特别关心和注意妇女保健方面各种问题的各方的利益，这项一般性建议力图阐述委员会对第十二条的理解，并论述为消除歧视、实现妇女最高健康标准的权利而需采取的措施。

3. 联合国最近举行的几次世界会议也讨论了这些问题。委员会在编制这项一般性建议时考虑到了联合国各次世界会议所通过的有关行动纲领，尤其是 1993 年世界人权会议、1994 年国际人口与发展会议和 1995 年第四次妇女问题世界会议的行动纲领。委员会还注意到世界卫生组织（卫生组织）、联合国人口基金和联合国其他机构所作的工作。此外，它在编制这项一般性建议时，也同在妇女保健方面具有专门技能的许多非政府组织开展了协作。

4. 委员会注意到联合国其他文书中把着重点放在实现良好健康和保障获得健康所需条件的权利方面。这些文书包括《世界人权宣言》、《经济、社会、文化权利国际公约》、《公民权利和政治权利国际公约》、《儿童权利公约》和《消除一切形式种族歧视国际公约》。

5. 委员会还提到其以前关于女性生殖器残割、艾滋病毒/艾滋病、残疾妇女、对妇女施行暴力和家庭关系中平等问题的一般性建议，所有这些都提到充分履行《公约》第十二条所必须处理的事项。

6. 虽然男女的生物学差异可能导致健康状况的差别，但是也有一些社会性的因素，对男女的健康状况有决定作用；这些因素在妇女相互之间也可能各个有别。因此，应特别重视脆弱群体和处境不利群体妇女的保健需求与权利，如：移徙妇女、难民和国内流离失所妇女、女童和老年妇女、卖淫妇女、土著妇女，以及体残和智残妇女。

7. 委员会注意到：缔约国只有通过安全、富有营养和因地制宜的食物供应、从而完成它们尊重、保护和促进妇女终生获得营养福址这一妇女的基本人权时，才有可能充分实现妇女的保健权利。为此目的，缔约国应采取步骤，便利实际而经济地取得生产资源、尤其是对农村妇女；或在其他情况下，确保在其管辖下的一切妇女特殊的营养需求都得到满足。

第十二条

8. 第十二条条文如下：

"1. 缔约各国应采取一切适当措施以消除在保健方面对妇女的歧视。保证她们在男女平等的基础上取得各种保健服务，包括有关计划生育的保健服务。"

"2. 尽管有本条第 1 款的规定，缔约各国应保证为妇女提供有关怀孕、分娩和产后期间的适当服务，于必要时给予免费服务，并保证在怀孕和哺乳期间得到充分营养。"

委员会鼓励各缔约国正视妇女一生的健康问题。因此，为这项一般性建议的目的，"妇女"包括女孩和少女。这项一般性建议将阐述委员会对第十二条各项主要要素的分析。

主要要素

第十二条第 1 款

9. 缔约国最合适报告本国境内影响妇女的最关键的保健问题。因此，为使委员会能评价消除在保健领域对妇女歧视的措施是否适当，各缔约国在制定妇女保健立法、计划和政策时，必须依据有关危害妇女健康的疾病和情况出现频率和严重程度的，按性别分类的可靠数据以及预防性和治疗性措施的采行情况与成本效益。向委员会提出的报告必须表明，保健立法、计划和政策所依据的是对本国妇女保健状况和需要的科学性和道德性研究与评价，并考虑到族裔、区域或社区的所有各种差异，或宗教、传统或文化上的习俗。

10. 委员会鼓励各缔约国在其报告中列入关于对妇女或某些妇女群体造成有别于男子的有害健康影响的疾病或情况方面的资料，以及在这方面可能采取行动的相关资料。

11. 假设某一保健制度不提供预防、诊察和治疗妇女特有的疾病的服务,那么,此种消除对妇女歧视的措施就被认为是不适当的。如缔约国拒绝在法律上许可为妇女提供某种生殖健康服务,那就是歧视。例如,保健部门如因良心理由拒绝提供此类服务,即应采取措施确保将妇女转至其他保健机构。

12. 各缔约国应汇报它们如何按照其对保健政策和措施的理解,从妇女的需要和利益出发,正视妇女的保健权利,以及如何正视妇女有别于男子的以下显著特点和因素:

(a) 妇女有别于男子的生理因素,如她们的月经周期及其生育功能和更年期。又如,妇女患性传染疾病的风险较高;

(b) 对妇女总体,尤其是对某些妇女群体而言有差别的社会经济因素。例如,男女在家庭和工作场所中的不平等权利关系可能消极地影响妇女营养和健康。她们可能遭受各种形式的暴力,从而影响其健康。女童和少女往往易受比她们年长男性和家庭成员的性凌虐,使她们极有可能受到身心伤害以及非自愿或过早地怀孕。诸如切割女性生殖器官之类的某些文化或传统做法也极有可能导致死亡和残疾。

(c) 男女之间存在差别的心理社会因素包括抑郁,特别是产后抑郁以及引起厌食或贪食等症状的其他心理状况;

(d) 虽说不严格保密对男女都会产生影响,但这会使妇女不愿寻求咨询和治疗,从而给她们的健康和福址带来不利的影响。妇女因此不太愿意为生殖器官方面的疾病、为避孕或为不完全流产,以及遭受性暴力或伤害身体的暴力而寻求医疗护理。

13. 各缔约国确保人人在男女平等的基础上获得保健服务的责任意味着必须尊重、保护和实现妇女的保健权利。缔约国有责任确保立法、行政行动和政策履行这三项义务。它们还必须建立确保有效司法行动的制度。做不到这一点即为违反第十二条。

14. 尊重权利的义务要求各缔约国不采取阻碍妇女为寻求健康而采取的行动。缔约国应提供报告,介绍公私营保健部门如何履行其尊重妇女获得保健权利的责任。例如,缔约国不应由于以下原因限制妇女获得保健服务或到提供保健服务的医务所就诊:没有得到丈夫、伴侣、父母或卫生当局的同意、因为她们未婚、[1]或因为她们是妇女。其他妨碍妇女获得适当保健的障碍包括将进行只有妇女需要的医疗程序定为犯罪行为的法律，或惩罚接受这类医疗的妇女的法律。

15. 保护妇女健康权利的义务要求各缔约国、其代理人和官员采取行动，防止个人和组织违反这些权利，并对违反行为进行制裁。由于基于性别的暴力对于妇女是一个重大的保健问题，缔约国必须确保：

　　（a）制订并有效实施法律，拟订政策，包括保健程序和医院程序，以处理对妇女的暴力行为和对女童的性虐待，并提供适当的保健服务；

　　（b）进行对性别问题敏感的培训，使保健工作者能察觉和处理对妇女的暴力给健康造成的后果；

　　（c）拟订公平的保护程序，以受理关于保健专业人员性虐待女病人的申诉，并给予适当制裁；

　　（d）制订和有效实施禁止切割女性生殖器官和童婚的法律。

16. 各国应确保提供充足的保护和保健服务、包括创伤治疗和咨询，给予处境特别困难的妇女、如陷入武装冲突境遇中的妇女和妇女难民。

17. 实现权利的责任，使缔约国负有义务使用最大限度的现有资源，采取适当的立法、司法、行政、预算、经济和其他措施，以确保妇女实现保健权利。这类研究报告强调全世界的产妇死亡率和产妇发病率均很高，许多夫妇愿意实行计划生育，但没有机会获得或根本不使用任何形式的避孕药具。这些事实有力地说明，缔约国可能没有履行确保妇女获得保健的责任。委员会请缔约国提出报告，说明它们是如何处理严重的妇女疾病问题的，特别是可预防的疾病，如结核病和艾滋病毒/艾滋病。委员会关切：各国正在将保健职能转交给私营机构，从而日益明显地表明它们正在放弃自己的责任。缔约国不能通过将这些权力下放或转交给私营部门的机构来免除自己在这些方面的责任。因此，缔约国必须报告：它们做了些什么，以组织政府系统以及各种机构，来行使国家权力，促进和保护妇女健康。它们应报告采取了哪些积极措施，制止第三方侵犯妇女权利、保护她们的健康，以及采取了哪些措施确保提供此类服务。

18. 艾滋病毒/艾滋病以及其他性传染病是妇女和少女性保健权利的中心问题。许多国家的妇女和少女不能获得充分的信息和服务，以确保性保健。由于基于性别的权力关系不平等，妇女和少女常常不能拒绝性要求或坚持安全负责的性行为。有害的传统习俗，如切割女性生殖器官、一夫多妻制以及婚内强奸也可能

---

〔1〕 见《大会正式记录，第四十九届会议，补编第 38 号》（A/49/38）第一章，A 节，一般性建议 21，第 29 段。

《消除对妇女一切形式歧视公约》导读

使女童和妇女染上艾滋病毒/艾滋病和其他性传染疾病。卖淫妇女也特别容易受到这些疾病的侵害。缔约国应无偏见、无歧视地确保所有妇女和女童获得性保健信息、教育和服务，包括被拐卖的妇女和女童在内，即使她们并非合法居住于该国境内。缔约国特别应确保男女少年获得性保健和生殖保健教育的权利，此种教育应在专门制订、尊重隐私和保密权的方案内由经过适当培训的人员提供。

19. 各缔约国应在报告中说明借以评估妇女是否能够在男女平等的基础上获得保健的测试，以证明遵守第十二条。在进行这些测试时，缔约国必须铭记《公约》第一条的规定。因此，报告应评述保健政策、程序、法律和规定对妇女和男子的不同影响。

20. 妇女在同意治疗或接受研究时，有权要求经适当训练的人员全面介绍各种选择，包括提议的程序和现有的选择可能带来的好处和可能产生的不利后果。

21. 各缔约国应报告已采取何种措施来消除妨碍妇女获得保健服务的因素，已采取何种措施来确保妇女及时经济地获得这些服务。这类障碍包括不利于妇女取得保健服务的要求或条件，例如保健服务费用高昂、事先必须得到配偶、父母——或医院当局的准许、距离医疗设施很远和缺乏方便和负担得起的公共交通工具。

22. 各缔约国还应报告为确保提供优质保健服务所采取的措施，例如，采取措施，使保健服务为妇女能够接受。所谓可以接受的服务，就是在向妇女提供这类服务时，确保她们完全知情并同意、维护她们的尊严、为其保密并体谅她们的需要和看法。缔约国不应允许任何形式的胁迫，如未经同意的绝育这种做法、强制性测试性病、或强制性妊娠测试，作为雇用条件，侵犯妇女的知情同意权和尊严。

23. 各缔约国应在报告中说明，已采取何种措施来确保及时获得与性健康和生殖健康有关的、特别是与计划生育有关的各种服务。[1] 应特别重视青少年保健教育，包括提供关于各种计划生育方法的教育和咨询。

24. 委员会对老年妇女的保健服务状况表示关切，这不仅是因为妇女比男子常常更长寿和更容易患致残和慢性退行性疾病，如骨质疏松和老年痴呆症，还因为她们往往有责任照料年龄越来越大的配偶。因此，各缔约国应采取适当措施，确保老年妇女能享受保健服务，以应付与老龄化有关的各种残疾。

25. 身患残疾的妇女，不论年纪多大，往往因身体条件所限而难以获得保健

---

〔1〕 青少年保健教育，除其他外，应进一步阐明性别平等、暴力、预防性病以及生殖健康权和性健康权。

服务。心理残疾的妇女，处境尤其不利，而一般对心理健康受到的各种危险了解有限。由于性别歧视、暴力、贫穷、武装冲突、流离失所和其他形式的社会困境，妇女遭受这种危险的人数多得不成比例。各缔约国应采取适当措施，确保保健服务能照顾残疾妇女的需要，并尊重她们的人权和尊严。

第十二条第 2 款

26. 报告还应说明缔约国已采取何种措施确保妇女在怀孕、分娩和产后获得适当的服务。报告还应说明这些措施使本国一般而言的以及易受影响的群体、地区和社区具体而言的产妇死亡率和发病率得到降低的情况。

27. 各缔约国应在报告中说明，它们如何在必要时提供免费服务，以确保妇女在怀孕、分娩和产后的安全。许多妇女因没有钱取得必须的服务包括产前、分娩和产后服务，而面临因怀孕造成的死亡或残疾的危险。委员会指出，缔约国有义务确保妇女安全孕产和获得紧急产科服务的权利。缔约国应给这些服务划拨尽可能多的资金。

《公约》的其他有关条款

28. 敦促各缔约国在报告为遵守第十二条而采取的措施时，应认识到该条与《公约》中与妇女保健有关的其他各条的关联。其他各条包括第五条（b）项，其中要求各缔约国确保家庭教育应包括正确了解母性的社会功能；第十条，其中要求各缔约国确保平等的教育机会，使妇女能够较易获得保健并减少往往因早孕而引起的女生退学率；第十条（h）项，规定缔约国应让妇女和女童有接受特殊知识辅导的机会，以有助于确保家庭的福祉，包括有关计划生育的知识和辅导在内；第十一条一部分是关于在工作环境中保护妇女的健康和安全，包括维护生殖功能、怀孕期间不担任有害工作的特别保护，以及提供带薪产假；第十四条第 2 款（b）项要求缔约国确保农村妇女享有适当的保健设施，包括计划生育方面的知识、辅导和服务，（h）项要求缔约国采取一切适当的措施，确保适当的生活条件，特别是住房、卫生、水电供应、交通和通讯。这一切对预防疾病和促进良好的健康极为重要；第十六条第 1 款（e）项要求缔约国确保妇女拥有与男子相同的权利，自由、负责地决定子女人数和生育间隔，并有机会使妇女获得行使这种权利的知识、教育和方法。第十六条第 2 款还禁止童年订婚和结婚，这是防止过早生育而引起身心伤害的一个重要因素。

供政府采取行动的建议

29. 各缔约国应实施一项全面的国家战略，促进妇女整个生命周期的保健。其中包括采取干预措施，预防和处理影响妇女的疾病和问题以及对妇女的暴力行为作出反应，并确保所有妇女普遍享受负担得起的各种优质保健，包括性保健和生殖保健。

30. 各缔约国应划拨充足的预算、人力和行政资源，确保保健预算总数中分配给妇女保健的份额与分配给男子保健的份额相仿，同时考虑到妇女的不同保健需要。

31. 各缔约国还尤应：

(a) 将性别观点置于影响妇女保健的各项政策和方案的核心，并使妇女参与规划、实施和监测这类政策和方案，参与向妇女提供保健服务；

(b) 确保消除妨碍妇女获得保健服务、教育和信息的所有因素，包括在性保健和生殖保健领域，特别是划拨资源，用于针对青少年的预防和治疗性病、包括艾滋病毒/艾滋病的方案；

(c) 通过计划生育和性教育，优先预防意外怀孕，并通过安全孕产服务和产前协助，降低产妇死亡率。尽可能修改定堕胎为犯罪的法律，以撤销对堕胎妇女的惩罚性措施；

(d) 由公众、非政府组织和私营组织监测向妇女提供的保健服务，确保机会均等和服务质量；

(e) 要求各项保健服务尊重妇女人权，包括自主权、隐私权、保密权、知情同意权和选择权；

(f) 确保保健工作者的训练课程包括全面、强制性的、对性别问题敏感的关于妇女保健和人权、特别是关于对妇女的暴力的科目。

第 25 号一般性建议：《公约》第四条第 1 款（暂行特别措施）
消除对妇女歧视委员会第三十届会议通过（2004 年）

一、导　言

1. 消除对妇女歧视委员会 1999 年第二十届会议依照《消除对妇女一切形式歧视公约》第二十一条决定拟订关于《公约》第四条第 1 款的一般性建议。这项新的一般性建议将借鉴以前各项一般性建议，包括关于暂行特别措施的第 5 号一般性建议（第七届会议，1988 年）、关于执行《公约》第八条的第 8 号一般性建议（第七届会议，1988 年）和关于妇女参与公共生活的第 23 号一般性建议（第十六届会议，1997 年），还将借鉴《公约》缔约国提交的报告和委员会关于这些报告的结论意见等。

2. 关于本项一般性建议，委员会的目的是阐明第四条第 1 款的性质和含义，以便于并确保缔约国在执行《公约》过程中充分利用该条款。委员会鼓励缔约国将该一般性建议翻译成本国语文和地方语文，并普通散发给包括行政管理机构在内的政府立法机关、行政机关和司法机关，以及包括媒体、学术界、人权及妇女协会和机构在内的民间社会。

二、背景：《公约》的目标和宗旨

3. 《公约》是一项活的文书。自1979年通过《公约》以来，委员会及国家一级和国际一级的其他行动者一直以进步的思维协助阐明和理解《公约》各项条款的实质性内容、歧视妇女的特别性质及消除此种歧视的文书。

4. 必须依照《公约》的总体目标和宗旨，即消除对妇女的一切形式歧视，确定第四条第1款的范围和含义，以期在享受人权和基本自由方面实现法律上和事实上的男女平等。《公约》缔约国有法律义务尊重、保护、促进和实现妇女不受歧视的权利，确保妇女发展和地位提高，以改善她们的处境，实现法律上和事实上的男女平等。

5. 《公约》超越了许多国家和国际法律标准和准则中使用的歧视概念。虽然这些标准和准则都禁止性别歧视，保护男女免受专横、不公平和/或不公正的待遇，但《公约》的重点是歧视妇女问题，强调妇女因为是妇女而一直并且继续遭受形形色色的歧视。

6. 第一至五和第二十四条构成《公约》所有实质性条款的一般性解释框架；第一至五和第二十四条的总和表明三项义务是缔约国努力消除歧视妇女的核心所在。应以综合方式履行这些义务，它们已超出男女平等待遇的纯粹正式法律的义务范畴。

7. 首先，缔约国有义务确保在其法律中没有直接或间接[1]歧视妇女的内容，并通过主管法庭及制裁和其它补救办法确保妇女在公共和私人领域都不受——公共当局、司法机构、机关、企业或私人的——歧视。第二，缔约国有义务通过实行具体、有效的政策和方案改善妇女的实际状况。第三，缔约国有义务处理普遍的性别关系[2]及基于性别的定型观念，这一切不仅通过个人的个别行为而且在法律、立法和社会结构和机构中都对妇女产生影响。

8. 委员会认为，仅仅采取正式法律或方案的方式不足以实现委员会解释为实际平等的事实上的男女平等。此外，《公约》要求男女起点平等，并通过创造有利于实现结果平等的环境赋予妇女权力。仅仅保证男女待遇相同是不够的。必须考虑到妇女和男子的生理差异以及社会和文化造成的差别。在某些情况下，必须给予男女不同待遇，以纠正这些差别。实现实际平等还需要有效的战略，目的是纠正妇女代表名额不足的现象，在男女之间重新分配资源和权力。

9. 结果平等是事实上或实际平等可想而知的必然结果。这些结果可能是数量和/或质量性质的结果；即妇女与男子在各领域享有有关权利的人数几乎相等，享有同等的收入、以及同等的决策权和政治影响力，和妇女不遭受暴力。

10. 必须有效处理歧视妇女和男女不平等的根本原因，才能改善妇女的状况。在审视妇女和男子的生活时必须考虑到这方面的前因后果，并采取措施以促进机会、机构和制度的真正改变，不再以历史沿袭的男性权力和生活方式的规范为基础。

11. 应区分妇女生理上决定的长期不变的需要和经历和下列情况造成的其它需要：过去和现在对妇女的歧视个体行为；占主导地位的性别意识形态；社会、文化结构和机构中歧视妇女的各种表现。由于正在采取步骤消除对妇女的歧视，妇女的需要可能改变或消失，或成为男女的共同需要。因此，需要继续监测旨在实现妇女事实上或实际平等的法律、方案和措施，以避免使可能已失去理由的不同待遇永久化。

12. 某些妇女群体除受性别歧视外，还受到基于种族、族裔或宗教、残疾、年龄、阶级、种姓或其它因素的多种形式的歧视。此类歧视首先可能影响到这些群体的妇女，也可能在不同程度上或以不同方式影响到男子。缔约国可能需要采取具体的暂行特别措施，消除对妇女的多种形式的歧视及其对妇女产生的复合不利影响。

13. 除《消除对妇女一切形式歧视公约》之外，联合国系统通过的其它一些国际人权文书和政策文件也包含关于采取暂行特别措施支持实现平等的条款。这些措施以不同术语表述，赋予它们的含义和解释也有所不同。委员会希望，本文所载的关于第四条第1款的一般性建议将有助于阐明术语。[3]

14. 《公约》所针对是过去和现在阻碍妇女享受人权和基本自由的社会和文化上的歧视，其目标是消除对妇女一切形式歧视，包括消除事实上或实际不平等的根源和后果。因此，根据《公约》采取暂行特别措施是实现妇女事实上或实际平等的手段之一，而不是不歧视和平等准则的例外。

三、《消除对妇女一切形式歧视公约》中暂行特别措施的意义和范围

第四条第1款

缔约各国为加速实现男女事实上的平等而采取的暂行特别措施，不得视为本公约所指的歧视，亦不得因此导致维持不平等的标准或另立标准；这些措施应在男女机会和待遇平等的目的达到之后，停止采用。

第四条第2款

缔约各国为保护母性而采取的特别措施，包括本公约所列各项措施，不得视

为歧视。

A. 第四条第 1 款和第 2 款之间的关系

15. 第四条第 1 款和第四条第 2 款中"特别措施"的目的明显不同。第四条第 1 款的目的是加速改善妇女状况以实现事实上或实际上的男女平等，寻求必要的结构、社会和文化变革，以纠正过去和现在歧视妇女的形式和后果，并向妇女提供补偿。这些措施是暂行措施。

16. 第四条第 2 款对由于妇女与男子生理上的差异而给予他们的不同待遇作出了规定。这些措施是永久性措施，至少直至第十一条第 3 款中提到的科学技术知识证明有理由进行审查。

B. 术　语

17. 在《公约》的准备材料中使用了不同术语表述第四条第 1 款中的"暂行特别措施"。委员会在以前的一般性建议中也使用各种术语。缔约国往往把纠正、补偿和促进意义的术语"特别措施"与"平权行动"、"积极行动"、"积极措施"、"反向歧视"和"积极的区别对待"等术语等同起来。这些术语源自讨论和各国在不同情况下采取的各种措施。[4] 在本一般性建议中，根据审议缔约国报告的惯例，委员会按照第四条第 1 款的要求只使用"暂行特别措施"这一术语。

C. 第四条第 1 款的关键内容

18. 缔约国根据第四条第 1 款采取的措施应旨在加速妇女在政治、经济、社会、文化、民间或其它任何领域的平等参与。委员会认为，实施这些措施并非不歧视准则的例外，而是作出一种强调，即暂行特别措施是缔约国的一项必要战略的组成部分，其目的是在享受人权和基本自由方面实现事实上或实际男女平等。虽然实施暂行特别措施往往补救过去歧视妇女的造成的结果，但不管过去歧视妇女的证据如何，缔约国仍应承担《公约》规定的义务，改进妇女状况以实现事实上或实际男女平等。委员会认为，根据《公约》通过并执行此类措施的缔约国没有歧视男子。

19. 缔约国应明确区分根据第四条第 1 款采取的暂行特别措施和其它一般性社会政策，前者旨在加速实现妇女事实上或实际平等的具体目标，后者旨在改善妇女和女童的状况。并非所有可能或将会有利于妇女的措施都是暂行特别措施。提供一般条件保证妇女和女童的公民、政治、经济、社会和文化权利并确保她们过上有尊严、不受歧视的生活，这些不能称为暂行特别措施。

20. 第四条第 1 款案文阐明此类特别措施的"暂行"性质。因此，不应将此类措施视为永久的需要，即使"暂行"其实是意味长期采取此类措施。暂行特别措施的延续时间应根据处理具体问题的效果而定，不应预先确定。如果预期效果已实现并持续了一段期间，则必须中止暂行特别措施。

21. 虽然"特别"这一术语与人权论述相符，但仍然应对其作出缜密解释。有时使用该术语会让妇女和其它受歧视群体显得脆弱、易受伤害并需要额外或"特别"措施才能参与社会或在社会中竞争。但在制定第四条第1款时，"特别"的真正含义是这些措施旨在实现具体目标。

22. "措施"这一术语广泛包括各种立法、执行、行政和其它管理文书及政策和惯例，如：推广方案或支助方案；分配和/或重新分配资源；优惠待遇；定向征聘、雇用和晋升；与一定时期有关的数目指标和配额制度。选择特定"措施"将取决于第四条第1款适用的情况，以及旨在实现的具体目标。

23. 通过并执行暂行特别措施可能导致讨论其对象群体或个人的资格和才干，并提出理由反对在政策、教育和就业等领域优待据称资格低于男子的妇女。由于暂行特别措施旨在加速实现事实上或实际平等，所以应认真审查资格和才干问题是否涉及性别偏见，特别是在公营和私营部门就业领域，因为资格和才干是由规范和文化确定的。在任命、甄选或选举担任公职和政治职务的人员时，除资格和才干以外的因素或许也应起作用，包括实行民主公正原则和选举原则。

24. 须参照第一、二、三、五和二十四条，对第六至十六条适用第四条第1款；第六至十六条规定缔约国"应采取一切适当措施"。因此，委员会认为，如果能够说明暂行特别措施对第六至十六条的无论哪一条是必要而恰当的，缔约国应就其通过并执行暂行特别措施，以便加速实现妇女事实上或实际平等的总体或特定目标。

四、对缔约国的建议

25. 缔约国的报告应说明采取或未采取《公约》第四条第1款之下的暂行特别措施的情况，缔约国最好坚持使用"暂行特别措施"这一术语，以避免混乱。

26. 缔约国应明确区分暂行特别措施和通过并执行的其它一般性社会政策，前者旨在加速实现妇女事实上或实际平等的具体目标，后者旨在改善妇女和女童的状况。缔约国应注意，并非所有现在或将来可能会有利于妇女的措施都是暂行特别措施。

27. 缔约国在实施暂行特别措施以加速实现妇女事实上或实际平等时，应分析妇女在所有生活领域以及特定、有针对性的领域中的状况。缔约国应评估暂行特别措施对国内特定目标的可能影响，并采取它们认为最适当的暂行特别措施来加速实现妇女事实上或实际平等。

28. 缔约国应说明选择一种措施而不选择另一种措施的理由。实施此类措施的理由应包括：说明妇女或受到多种形式的歧视的特定妇女群体的实际生活状况,包括决定其生活和机会的各种条件和影响;实施此类暂行特别措施将加速改进她们在缔约国的状况。与此同时,应阐明这些措施和一般性措施与努力改善妇女状况之间的关系。

29. 缔约国应就未采取暂行特别措施作出充分解释。不能以下列方式证明有理由不采取暂行特别措施:声称无能为力;或说明不行动的原因是占主导地位的市场力量或政治力量,如私营部门、私人组织或政党所固有的这些力量。此外,提请缔约国注意,应参照其它各条解释的《公约》第二条要求缔约国对这些行动者的行动负责。

30. 缔约国可就若干条款提出关于暂行特别措施的报告。根据第二条,请缔约国就这些措施的法律或其它依据提出报告,并说明选择某种办法的理由。此外,还请缔约国详细说明关于暂行特别措施的立法,特别是该立法是否对暂行特别措施的强制性质或自愿性质作出规定。

31. 缔约国应在其宪法或国家立法中规定,允许采取暂行特别措施。委员会提请缔约国注意,全面反歧视法、机会平等法或关于男女平等的行政命令等立法能够指导应采取哪种暂行特别措施,以实现特定领域的一个或数个特定目标。关于就业或教育的具体立法也可提供此类指导。关于不歧视和暂行特别措施的有关立法应涉及政府行动者及私营组织或企业。

32. 委员会提请缔约国注意,暂行特别措施还可基于国家、区域或当地行政部门包括公共就业和教育部门制定并通过的指令、政策指示和/或行政准则。这类暂行特别措施可包括公务员制度、政治领域以及私营教育和就业部门。委员会还提请缔约国注意,公营或私营就业部门的社会伙伴也可通过谈判达成此类措施,或由公营或私营企业、组织、机构和政党在自愿的基础上予以实施。

33. 委员会重申,应根据具体国情和打算克服的问题的具体性质,拟订、实施和评价暂行特别措施行动计划。委员会建议,缔约国在报告中详细说明旨在实现下列目标的行动计划:为妇女创造机会,克服她们在某些领域任职人数不足的问题;在某些领域重新分配资源和权力;和/或开始进行体制改革,消除过去或现在的歧视现象,加速实现事实上的平等。报告还应说明,此类行动计划是否考虑到此类措施可能意外造成的有害影响,以及为保护妇女免受这种影响可能采取的行动。缔约国还应在其报告中说明暂行特别措施的成果,并评估可能致使这种措施失败的因素。

34. 根据第三条,请缔约国提出报告,说明负责拟订、执行、监督、评价和推行此类暂行特别措施的机构。现有或计划设立的国家机构可承担这一责任,如妇女部、各部或总统办公室内的妇女司、监察员、法庭或其它公营或私营实体等，这些机构都应具有拟订具体方案、监督方案执行及评价方案影响和成果的任务规定。委员会建议，缔约国确保妇女，特别是受影响的妇女，在拟订、执行和评价此类方案方面发挥作用。此外，还特别建议与民间社会和代表各妇女团体的非政府组织进行合作和协商。

35. 委员会提请注意并重申其关于妇女状况统计数据的第9号一般性建议，建议缔约国提供按性别分列的数据，以便衡量在实现妇女事实上或实际平等方面取得的进展和暂行特别措施的效果。

36. 缔约国应报告根据《公约》有关条款在具体领域采取的暂行特别措施类型。根据有关条款提出的报告应提到具体的目标和指标、时间表、选择特定措施的理由、让妇女能够参与这些措施的步骤以及负责监督执行情况和进展的机构。还请缔约国说明受某措施影响及因暂行特别措施而有机会参加某领域的妇女人数，或说明国家打算在多长时间内向多少妇女重新分配多少资源和权力。

37. 委员会重申其第5、8和23号一般性建议，其中委员会建议在下列领域实施暂行特别措施：教育、经济、政治和就业；妇女在国际一级代表政府参加国际组织工作；政治和公共生活。缔约国应根据本国国情加强此类努力，特别是涉及各级教育所有方面及各级培训、就业和参加公共和政治生活所有方面的努力。委员会回顾，在所有情况下，特别是在医疗卫生领域，缔约国应仔细区分每个领域中持续及永久的措施和暂行措施。

38. 请缔约国注意，应采取暂行特别措施加速改变和消除歧视妇女或对妇女不利的文化、定型态度和行为。在信贷和贷款、运动、文化和娱乐及法律宣传领域也应采取暂行特别措施。如有必要，应针对受多重歧视的妇女，包括农村妇女，采取此类措施。

39. 虽然不可能对《公约》所有条款适用暂行特别措施，但委员会建议在下述情况考虑采取暂行特别措施：每当涉及加速提供平等参与的机会和加速重新分配权力和资源的问题；如果能够说明在特定情况下需要这些措施，而且这些措施最适合。

注

[1] 如果法律、政策和方案基于似乎不分性别但实际上对妇女有不利影响的标准，则会发生间接歧视妇女的情况。不分性别的法律、政策和方案保留过去歧视妇女的后果可能并非故意，以男人生活方式为模式因而未考虑到与男子生活方式不同的妇女生活经历也可能出于无心。存在这些区别是因为基于男女生理区别对妇女的陈见、态度和行为，还可能因为普遍存在的男尊女卑现象。

  [2] "给予生理性性别差异的社会含义便是性别观念的定义。性别观念是一种意识形态和文化概念,但是也再生于物质实践领域内,然后反过来影响这种实践的结果。它影响到资源、财富、工作、决策和政治权力的分配,还影响到家庭及公共生活中权利和待遇的享受。尽管文化各异,时间变迁,全世界范围内的性别关系均导致男女之间的权利不均衡,这是一个普遍特征。因此,性别是一个划分社会阶层的因素,在此意义上讲,它类似于种族、阶级、族裔、性行为和年龄等其它划分阶层的因素。这有助于我们了解性别特征的社会构造和作为两性关系基础的不平等权力结构。"《1999年关于妇女在发展中的作用的世界概览》,第7页,联合国,纽约,1999年。

  [3] 例如,见《消除一切形式种族歧视国际公约》,其中准许暂行特别措施。包括消除种族歧视委员会、经济、社会和文化权利委员会和人权事务委员会在内的条约监测机构的惯例表明,这些机构认为,要想达成各该条约的目标,必须执行暂行特别措施。在国际劳工组织主持下通过的各项公约和联合国教育、科学及文化组织的各种文件都明确或含蓄规定采取此类措施。促进和保护人权小组委员会审议了这一问题,并指定一名特别报告员编写报告供小组委员会审议和采取行动。妇女地位委员会于1992年审查了采取暂行特别措施的情况。联合国妇女问题世界会议通过的成果文件,包括1995年第四次妇女问题世界会议行动纲要及其2000年后续行动审查,提到积极行动是实现事实上平等的工具。联合国秘书长采取暂行特别措施是妇女就业领域的实例,包括在秘书处实行关于妇女招聘、晋升和职位安排的行政指示。这些措施的目的是在各级、特别是较高级别实现50/50的男女比例。

  [4] 在美利坚合众国和一些联合国文件中使用"平权行动",而在欧洲和许多联合国文件中目前普遍使用"积极行动"。但"积极行动"在国际人权法中有另一个含义,用于说明"积极的国家行动"(国家采取行动的义务相对于国家不采取行动的义务)。因此,"积极行动"这个术语不明确,因为其意思不限于《公约》第四条第1款中所理解的暂行特别措施。一些评论家批评"反向歧视"或"积极的区别对待"这两个术语不恰当。

《消除对妇女一切形式歧视公约》导读

第26号一般性建议：关于移徙女工问题
消除对妇女歧视委员会第四十二届会议通过（2008年）[1]

导言

1. 消除对妇女歧视委员会（委员会）申明移徙妇女与所有妇女一样，在生活的各个领域均不应受到歧视，在其第32届会议（2005年1月）上决定，按照《消除对妇女一切形式歧视公约》（《公约》）第21条，就某些可能受虐待和歧视的移徙女工类别提出一般性建议。[2]

2. 本一般性建议旨在帮助缔约国履行义务，尊重、保护和落实移徙女工的人权并履行其他条约所规定的法律义务，各次世界会议行动计划中所做的承诺，以及以移徙问题为重点的条约机构，特别是保护所有移徙工人及其家庭成员权利委员会的重要工作。[3] 委员会注意到《保护所有移徙工人及其家庭成员权利国际公约》根据移徙身份对个人，包括移徙妇女进行保护，而《消除对妇女一切形式歧视公约》则保护包括移徙妇女在内的所有妇女，使其免受性歧视和基于性别的歧视。虽然移徙为妇女提供了新的机会，可以作为一种手段，通过扩大参与增强其经济能力，但是她们的人权和安全可能因此受到威胁。因此，本一般性建议的目的就是彻底检查造成许多移徙女工易受伤害的情况，以及她们遭受性歧视和基于性别的歧视与其人权受侵犯互为因果的经历。

3. 国家虽然有权对本国边境和移民进行管制，但前提是，必须全面履行其已经批准或加入的人权条约所规定的义务。其中包括推行安全移民程序和在整个移徙周期尊重、保护与落实妇女人权的义务。履行这些义务的前提是，必须承认移徙女工通过护理和家庭佣工等方式，对自己的国家和目的地国作出的社会和经

---

〔1〕 委员会感谢保护所有移徙工人及其家庭成员权利委员会在编写本一般性建议期间所作的贡献。

〔2〕 消除对妇女歧视委员会感谢其他人权条约机构、移徙者人权问题特别报告员、联合国妇女发展基金、提高妇女地位司、妇女地位委员会、大会和促进和保护人权小组委员会完成的有关移徙者权利的重要工作，并设法借鉴这些工作。委员会还提及以往的一般性建议，如关于收集妇女状况统计数据的第9号一般性建议、特别是关于暴力侵害妇女行为的第12号一般性建议、关于同值工作同等报酬的第13号一般性建议、关于在预防和控制获得性免疫缺陷综合征（艾滋病）的国家战略中避免歧视妇女的第15号一般性建议、关于暴力侵害妇女行为的第19号一般性建议和关于妇女获得保健的第24号一般性建议，以及委员会在审查缔约国报告时提出的结论意见。

〔3〕 除条约和公约外还可适用以下方案和行动计划。1993年世界人权会议批准的《维也纳宣言和行动纲领》（第二部分，第33至35段）、《开罗国际人口与发展会议行动纲领》（第十章）、《社会发展问题世界首脑会议行动纲领》（第3章）、《第四次妇女问题世界会议北京宣言和行动纲要》、2001年9月反对种族主义、种族歧视、仇外心理和有关不容忍行为世界会议、2004年国际劳工组织移徙工人问题行动计划。

济贡献。

4. 委员会认识到，移徙妇女可以按移徙动因、移徙目的和相关逗留期、易遭受风险和虐待情况、在移徙目的地国的身份以及公民资格而成若干类别。委员会还认识到，这些类别并非固定而且相互重叠，因此有时难以明确区分。因此，本一般性建议的范围仅限于处理以下类别的移徙妇女的状况，这些人都从事低收入工作，遭受虐待和歧视的可能性很大，而且与专业移徙工人不同，在所就业的国家可能根本不具有永久居留资格或公民资格。因此，在许多情况下，她们享受不到相关国家法律上和事实上的保护。移徙妇女的这些类别是：[1]

（a）独立移徙的移徙女工；
（b）与同样是工人的配偶或其他家庭成员团聚的移徙女工；
（c）属于上述任何类别的无证[2]移徙女工。

但是委员会强调，所有类别的移徙妇女都在《公约》缔约国责任范围之内，须受《公约》保护，使其免受各种形式的歧视。

5. 虽然移徙者中有男有女，但是移徙现象并非与性别无关。女性移徙者与男性移徙者相比，在合法移徙渠道、移徙进入的部门、受到的虐待形式及后果等方面并不相同。为了解妇女所遭受的具体影响，应从两性不平等、女性传统角色、存在性别差异的劳动力市场、普遍存在的基于性别的暴力以及全世界陷于贫穷和进行劳工移徙的女性人数日增的角度，来研究妇女移徙问题。因此，采取两性平等观点对于分析女性移徙者的地位，对于制定政策消除歧视、剥削和虐待都至关重要。

适用人权和两性平等的原则

6. 所有移徙女工的人权都应得到保护，其人权包括生命权利、自由及个人安全权利、不受虐待的权利、不受有辱人格和非人道待遇的权利、不因性别、种族、族裔、文化特性、国籍、语言、宗教或其他状况受歧视的权利、免于贫穷的权利、享有适当生活水准的权利、法律面前人人平等的权利和享有适当法律程序

---

[1] 本一般性建议仅涉及与工作有关的移徙妇女情况。虽然实际上，移徙女工有时可能因面临各种程度的脆弱性而被贩卖，但是本一般性建议不涉及贩卖人口情况。贩卖人口现象错综复杂，需要更加重视。委员会认为，这个现象可以通过《公约》第6条予以更全面的处理，该条规定缔约各国有义务"采取一切适当措施，包括制定法律，以禁止一切形式贩卖妇女及意图营利使妇女卖淫的行为"。不过，委员会强调，本一般性建议中有许多内容也涉及到移徙妇女被贩卖的情况。

[2] 无证工人指没有有效居住或工作许可的移徙工人。出现这种情况有多种原因。例如，某些不择手段的代理人可能给她们提供了虚假证件，或者她们可能本来持有效工作许可证入境，但后来因雇主任意终止其服务，导致其丧失有效工作许可，或因雇主没收其护照而没有证件。有时，工人可能在工作许可到期后逗留，或未持有效证件入境。

的权利。《世界人权宣言》和联合国会员国批准或加入的许多人权条约都对这些权利作了规定。

7. 移徙女工还有获得《公约》保护不受歧视的权利。《公约》要求缔约国立即采取一切适当措施，消除对妇女一切形式的歧视，并确保妇女能够在所有领域行使并享有法律上和事实上与男人平等的权利。

影响妇女移徙的因素

8. 目前妇女约占世界移徙人口的一半。全球化、寻找新机会的愿望、贫穷、原籍国有性别差异的文化习俗和基于性别的暴力、自然灾害或战争以及国内军事冲突等各种因素都造成了妇女移徙。这些因素还包括：目的地国的正式和非正式制造业和服务行业按性别分工的现象愈演愈烈，以及以男性为中心的娱乐文化造成对女性演艺人员的需求。在这个趋势中，人们广泛注意到作为工资劳动者单独移徙的妇女人数大幅增多。

与移徙妇女有关的涉及性和基于性别的人权问题

9. 因为原籍国、过境国和目的地国都存在侵犯移徙女工人权的现象，本一般性建议涉及这三种情况，目的是在生活中的各个领域推动采用《公约》，增进移徙女工的权利，并推进男女之间的切实平等。委员会还回顾指出，移徙是一个固有的全球现象，需要各国在多边、双边和区域各级开展合作。

出国前在原籍国[1]

10. 移徙女工即使在出国前也可能面临各种各样的人权问题，包括因性别、或性别加年龄、婚姻状况、妊娠或孕产状况等原因完全禁止或限制出国移徙；针对具体职业的限制或要求，规定妇女必须得到男性亲属的书面许可才可获得护照进行旅行或移徙。妇女有时会被职业介绍所扣留，以参加出国前的准备培训，期间可能受到经济剥削以及人身、性和心理虐待。妇女还要承受教育限制、培训限制和可靠移徙信息限制的后果，从而在与雇主的关系上更易受伤害。职业介绍所可能索取剥削性的费用，而在一般情况下，妇女的财产少于男人，因此她们有时会陷入更大的财务困境，举例而言，如果她们不得不向家庭、朋友或高利贷者贷款，就会更加依赖他人。

---

[1] 第10和第11段述及妇女出国前和返国后在原籍国遭受的某些涉及性和基于性别的人权问题。第12至22段阐述有关过境和海外生活的问题。这些章节仅示例说明问题，无意作то详尽无遗。应指出，依据有关国际法，这里阐述的某些人权问题可能造成妇女非自愿决定移徙；对于这种情况，应引用相关准则。

回国后在原籍国

11. 移徙女工可能面临性歧视和基于性别的歧视，包括对归国妇女的强制性艾滋病毒和艾滋病检测，对年轻归国妇女的道德"康复"，以及比男人支付更多的个人和社会费用，而没有得到男女有别的适当服务。例如，男人可以重享稳定的家庭环境，妇女返家后却可能家庭破裂，而她们离家外被视为是家庭破裂的原因。她们还可能受到剥削性职业介绍所的报复而得不到保护。

在过境国

12. 移徙女工在外国过境时可能面临各种人权问题。当移徙妇女与代理人或陪同一起旅行时，如代理人在过境时或抵达目的地国时遇到问题，她们可能被抛弃。妇女在过境国境内旅行时，还会受到代理人或陪同的性虐待和肉体虐待。

在目的地国

13. 移徙女工抵达目的地后马上就会遇到各种形式法律上和事实上的歧视。一些国家的政府有时会限制或禁止妇女在特定部门就业。无论情况如何，移徙女工与男人相比都面临更多的危险，因为对性别问题不敏感的环境不允许妇女流动，使她们很少有机会获得与自身权利和待遇有关的信息。按性别划分的适当工作概念影响了妇女的工作机会，认为妇女只能从事家庭和服务性工作或仅在非正规部门就业。在这种情况下，家务劳动或某种娱乐形式尤其成为以妇女为主的职业。

14. 另外，这些职业还可能受到目的地国的排斥，不属于法律定义的工作，从而剥夺了对妇女的各种法律保护。从事此类职业的移徙女工难以获得具有约束力的、规定其工作条款和条件的合同，致使她们有时长时间工作而得不到加班费。另外，移徙女工还经常受到交叉歧视，不仅遭受性歧视和基于性别的歧视，而且还受到仇外心理和种族主义的伤害。基于种族、族裔、文化特征、民族、语言、宗教或其他情况的歧视也会具体表现为性歧视和性别歧视。

15. 由于性歧视和性别歧视，移徙女工可能遇到的情况有：工资比男子低、不付工资、拖延付款直到离职、或工资被划入她们无法进入的账户。例如，家庭佣工的雇主经常将佣工的工资存入雇主名下的账户。如果妇女及其配偶有工作身份，她的工资会付给配偶名下的账户。在以女性为主的部门中，工人的每周休息日或国家节假日可能没有薪酬。移徙女工如果因支付招聘费用而负债累累，也可能无法摆脱虐待环境，因为没有其他方式偿还这些债务。当然，非移徙地方妇女从事类似以女性为主的工作也会受到这样的侵害。不过，非移徙地方妇女的就业流动性会好一些。她们有机会离开压迫性工作环境而另谋他就，而无论这种机会多么有限，但在某些国家，移徙女工一旦离职就可能沦为无证人员。非移徙地方

《消除对妇女一切形式歧视公约》导读

女工如果失业还会得到家庭支助等方式的经济保护，但移徙女工不会得到这种保护。因此，移徙女工由于性和性别的原因以及她们的移民身份而面临种种危险。

16. 移徙女工可能因身处孤立环境（就家庭佣工而言）、繁琐手续、语言障碍或高额交易费而无法存款，也无法安全地通过正常渠道汇转存款。这是一个十分严重的问题，因为她们的收入一般来说低于男子。妇女还要承担家庭义务，必须以某种方式将其所有收入汇寄给家属，而对男子则没有这种期待。例如，可能指望单身妇女向国内大家庭成员提供财务支持。

17. 移徙女工经常遇到危及其健康的不平等现象，她们可能无法获得包括生殖健康服务在内的保健服务，因为她们得不到保险，也无法加入国民健康计划，还可能必须支付负担不起的费用。由于妇女的保健需求与男子不同，这方面需要予以特别注意。对她们的工作安全可能没有作出任何安排，其工作地点和住所之间的往来安全也没有任何保障。在提供住宿的地方，尤其是在工厂、农场或家务工作等以女性为主的职业场所，生活条件可能十分恶劣、拥挤不堪而没有自来水或适当卫生设施，又缺乏隐私和个人卫生。移徙女工有时必须接受带有性别歧视的强制性艾滋病毒/艾滋病检测或其他感染检测而未征得其同意，然后又将检测结果交给政府人员和雇主，而非女工本人。如检测结果为阳性，女工可能因此丧失工作或被驱逐出境。

18. 对怀孕的歧视可能尤为严重。移徙女工可能面临以下情况：强制性怀孕检测，如果检测结果为阳性就被驱逐出境；强制堕胎或在孕妇健康受到威胁乃至遭受性攻击后无法享有安全生殖健康服务和堕胎服务；没有产假或产假不足，也没有任何福利以及负担得起的产科护理，造成严重的健康隐患。移徙女工如被发现怀孕还可能被开除，有时会导致非正常移民身份和被驱逐出境。

19. 移徙女工在一国国内居留可能受到特别苛刻规定的约束。他们有时是无法受益于家庭团聚计划，这些计划可能不适用于家庭佣工或娱乐业人员等以女性为主部门的从业人员。就业国的居留许可会受到严重限制，对从事家务工作的移徙女工来说尤为如此，因为她们的定期合同可被雇主随意终止或暂停执行。她们如果失去移民身份，就更有可能遭受雇主或其他滥用现况者的暴力行为。她们如果被拘留，也会受到拘留中心官员实施的暴力行为。

20. 移徙女工更容易受到性虐待、性骚扰和殴打，特别是以女性为主的部门。家庭佣工特别容易受到雇主的人身攻击和性攻击、不许进食和睡眠以及虐待，农场工作或工业部门等其他工作环境中对移徙女工的性骚扰是一个全球规模的问题。（见 E/CN.4/1998/74/Add.1）以移徙男工配偶身份移徙或与家属同行的移徙女工，如其文化背景崇尚妇女在家庭中的温顺角色，还可能遭受来自其配偶或亲属的家庭暴力。

21. 移徙女工获得法律援助的机会十分有限。一些国家对移徙女工针对歧视性劳动标准、就业歧视、性暴力和基于性别的暴力利用法律制度获得补救，规定了种种限制。此外，移徙女工也可能没有资格获得政府的免费法律援助，可能还有其他一些障碍，例如，官员的漠视和敌对态度及其有时与实施人相勾结。有时，外交官实施了性虐待、暴力和其他形式歧视移徙女性家庭佣工的行为，却享有外交豁免权。有些国家中保护移徙女工的法律存在漏洞。例如，她们一旦举报虐待和歧视行为就会失去工作许可，即使进行审判，她们也没有能力在审判期间留在国内。除了这些形式上的障碍外，种种实际障碍也会阻碍她们获得补救。许多人不懂该国语言，也不了解自己的权利。移徙女工可能缺乏流动能力，因为她们可能被雇主禁锢在工作场所或居住地点，禁止使用电话，或禁止参加团体或文化社团。由于依赖雇主或配偶获得有关信息，她们往往不知道本国大使馆和可以利用的各种服务。例如，移徙女性家庭佣工很少离开雇主的视线，因此很难到本国使馆进行登记或投诉。由于这些妇女可能没有任何外界接触，也没有办法提出申诉，她们可能在遭受暴力和虐待很长一段时间后才被发现。此外，护照被雇主扣留、或移徙女工如从事与犯罪网有关的行业而害怕报复，也会使她们无法挺身举报。

22. 无证移徙女工因其非正常移民身份而特别容易受到剥削和虐待，从而更加受到排斥，也更有可能受到剥削。她们可能被当作强迫劳动力而受到剥削，她们享有最低劳动权利的机会也会因担心被告发而受到限制。她们还可能受到警察的骚扰。她们如果被逮捕，通常会受到违反移民法起诉，并被关在拘留中心，在那里很容易受到性虐待并被驱逐出境。

对缔约国的建议[1]

原籍国和目的地国的共同责任

23. 原籍国和目的地国的共同责任包括：

（a）制定一项对性别问题具有敏感认识和基于权利的全面政策：缔约国应利用《公约》及一般性建议，在平等和不歧视基础上制定一项对性别问题具有敏感认识和基于权利的政策，以便规范和管理移徙的各个方面和各个阶段，协助移徙女工获得国外工作机会，促进安全移徙，并确保移徙女工权利受到保护［第2（a）和3条］。

（b）移徙女工和相关非政府组织的积极参与。缔约国应设法让移徙女工和

---

[1] 每条建议开列的条款系指《消除对妇女一切形式歧视公约》条款。

相关非政府组织积极参与此类政策的制定、执行、监督和评价［第7（b）条］。

（c）研究、数据收集和分析。缔约国应开展和支持定量和定性研究、数据收集和分析，以查明移徙女工在移徙过程各阶段面临的问题和需要，以便促进移徙女工的权利，并制定相关政策（第3条）。

原籍国的具体责任

24. 原籍国必须尊重和保护为工作而移徙的本国女性国民的人权。可能需要采取的措施包括但不限于如下：

（a）取消对移徙的歧视性禁令或限制：缔约国应当废除以年龄、婚姻状况、妊娠或孕产状况为由对女性移民实行的以性别划线的禁令和歧视性限制。缔约国应当取消有关妇女须征得配偶或男性监护人许可才能取得护照或旅行的限制［第2（f）条］；

（b）以标准内容开展教育、提高认识和培训活动：缔约国应与有关非政府组织、性别和移徙问题专家、有移徙经历的女工和可靠的职业介绍机构密切协商，制订适宜的教育和提高认识方案。在这方面，缔约国应当（第3、5、10和14条）：

（一）提供或协助提供免费或负担得起的、以性别和权利为基础的离国前情况介绍和培训课程，提高未来移徙女工对潜在剥削的认识，其中包括：推荐的劳务合同内容、在就业国的合法权利和应享权益、正式和非正式补救机制援用程序、了解雇主、目的地国文化情况、心理压力调控、急救和应急措施的办法，包括本国大使馆的应急电话号码以及各种服务；过境安全信息，包括机场和航空公司概况；以及一般保健和生殖健康信息，包括预防艾滋病毒/艾滋病。这些培训课程应通过有效的宣传方案，对未来移徙女工开展定向培训，并在分散的培训地点举办此类课程，使妇女能够参加；

（二）提供真实、可靠的职业介绍所名录，并创建一个统一的国外当前就业信息系统；

（三）如女工希望独立移徙而不靠职业介绍所，则介绍前往工作地的移徙方法和程序；

（四）要求职业介绍所参加提高认识和培训课程，使它们认识到移徙女工的权利以及各种形式的性歧视和基于性别的歧视、妇女可能受到的剥削以及职业介绍所对妇女的责任；

（五）提高社区认识以了解妇女一切形式移徙的成本与效益，并针对公众开展跨文化提高认识活动，这些活动应强调移徙的风险、危险和机遇、妇女为确保财务安全而应享有的收入权益、以及在妇女既承担家庭责任又对自己负责方面统筹兼顾的需要。这种提高认识课程可以通过正规和非正规教育方案来实施；

（六）鼓励媒体、信息和传播部门推动提高人们对移徙问题的认识，包括移徙女工对经济的贡献、妇女容易遭受剥削和歧视问题以及发生这种剥削的各种场所；

(c) 条例和监测制度如下：

（一）缔约国应当订立条例并制定监测制度，以确保职业介绍所和就业机构尊重所有移徙女工的权利。缔约国应当在其立法中纳入非正规雇用的全面定义，同时规定对职业介绍所的违法行为进行法律制裁［第2 (e) 条］；

（二）缔约国还应当实施资格认证方案，以确保职业介绍所诚信从业［第2 (e) 条］；

(d) 保健服务：如果目的地国提出要求，缔约国应确保提供标准化和有效的健康证明，并要求未来雇主为移徙女工购买医疗保险。所有必要的离国前艾滋病毒/艾滋病检测和离国前体检都必须尊重移徙妇女的人权；应当特别注意自愿性、提供免费或负担得起的服务以及污名问题［第2 (f) 条和第12条］；

(e) 旅行证件：缔约国应当确保妇女可平等和独立地取得旅行证件［第2 (d) 条］；

(f) 法律与行政援助：缔约国应当确保能够获得工作移徙方面的法律援助。例如，应当在男女平等基础上提供法律复核，以确保工作合同当属有效且保护妇女的权利（第3和11条）；

(g) 收入汇款保障：缔约国应当订立措施，保障移徙女工的汇款，并提供有关信息，协助妇女利用正规金融机构汇钱回家，并鼓励她们参加储蓄计划（第3和11条）；

(h) 促进回返权利：缔约国应当确保愿意回返原籍国的妇女能够在不受胁迫和虐待的情况下回返（第3条）；

(i) 向回返妇女提供服务：缔约国应当制定或监督社会经济、心理和法律方面的全面服务，以协助回返妇女重返社会。缔约国应当监测服务业者，确保它们不会利用离开国外工作地返回的妇女所处的弱势地位，并应设立投诉机制，保护妇女不受职业介绍者、雇主或前配偶的报复［第2 (c) 和3条］；

(j) 外交和领事保护：缔约国必须适当训练和监督其外交和领事人员，确保他们尽职保护国外移徙女工的权利。这种保护应包括向移徙妇女提供优质支助服务，包括在其需要时及时提供口译、医疗服务和咨询、法律援助和住处。如缔约国根据习惯国际法或《维也纳领事关系公约》等条约承担具体义务，则必须对移徙女工充分履行这些义务（第3条）。

过境国的具体责任

25. 移徙妇女途经的缔约国应当采取一切适当步骤,确保本国领土不被用于侵害移徙女工的权利。可能需要采取的措施包括但不限于如下:

(a) 训练、监测和监督政府人员:缔约国应当确保边防警察和移民官员得到适当培训、监督和监测,对性别问题有敏感认识,并在与移徙妇女打交道时采取不歧视的做法 [第 2 (d) 条];

(b) 防止在本国管辖范围内发生侵害移徙女工权利的情况:缔约国应当采取积极措施,防止、起诉和惩处在其管辖范围内发生的一切侵犯移民人权的行为,而不论这些行为是由政府当局实施还是由私人行为体实施。与经纪人或陪同一同旅行的妇女如被遗弃,缔约国应当提供或协助提供服务和援助,尽力追查实施人并对其采取法律行动 [第 2 (c) 和 (e) 条]。

目的地国的具体责任

26. 有移徙妇女在本国工作的缔约国应采取一切适当措施,确保移徙女工包括在她们自己的社区内不受歧视和享有平等权利。应采取的措施包括但不限于以下:

(a) 取消对移徙的歧视性禁令或限制:缔约国应立即废除对妇女移徙的禁令和歧视性限制。缔约国应确保本国签证制度不间接歧视妇女,允许移徙女工不受限制地受雇于某些以男性为主的工作类别,也不把某些以女性为主的职业排除在签证制度之外。缔约国还应解除有关禁止移徙女工与国民或永久居民结婚、怀孕或获得独立住所的禁令 [第 2 条 (f) 款];

(b) 对移徙女工权利的法律保护:缔约国应确保宪法和民法以及劳工法典为移徙女工提供与给予本国所有工人一样的权利和保护,包括组织权和自由结社权。缔约国应确保移徙女工的合同具有法律效力。特别是,它们应确保以移徙女工为主的职业,如家务工作和某些形式的娱乐工作,都受到劳工法的保护,包括工资和工时法规、健康和安全守则以及假日和休假条例。这些法律应包括监测移徙女工工作场所条件的机制,尤其是在以她们为主的工作类别中 [第 2 (a)、(f) 和 11 条];

(c) 获得补救:缔约国应确保移徙女工在她们的权利受到侵犯时,有能力获得补救。具体措施包括但不限于以下 [第 2 (c)、(f) 和 3 条]:

(一) 颁布和执行有关法律和条例,包括适当的法律补救措施和投诉机制,并建立使用方便的争端解决机制,保护持证和无证移徙女工免遭歧视或基于性别的剥削和虐待;

(二) 废除或修改有碍移徙女工使用法院和其他矫正系统的法律.其中包括

有关因工人就剥削或虐待提出投诉及在等候调查期间丧失工作许可导致收入损失并可能遭到移民当局递解出境的法律。缔约国应在更换雇主或担保人的程序中引入灵活性，不在工人投诉虐待的案件中实施递解；

（三）确保移徙女工有机会获得法律援助，也有机会诉诸法院并向负责执行劳工就业法的监管系统提出申诉，包括获得免费法律援助；

（四）为那些想要离开虐待她们的雇主、丈夫或其他亲属的移徙女工提供临时住所，并在审判期间提供安全的住宿设施；

（d）对行动自由的法律保护：缔约国应确保雇主和招聘者不没收或销毁属于移徙妇女的旅行或身份证件。缔约国还应采取步骤，制止将移徙女工强行隔离或锁在家中，尤其是那些从事家庭服务的女工。警官应接受培训，以保护移徙女工不受这些虐待的权利［第2（e）条］；

（e）非歧视性家庭团聚计划：缔约国应确保移徙工人家庭团聚计划不构成直接或间接的性别歧视［第2（f）条］；

（f）非歧视性居留条例：如移徙女工获得居留证的前提是雇主或配偶的担保，缔约国应颁布有关独立居留身份的规定。应制定条例，允许从虐待她的雇主或配偶处逃离或因投诉受到虐待而被解雇的妇女合法逗留［第2（f）条］；

（g）培训和提高认识：缔约国应为有关公营和私营职业介绍所和雇主以及刑事司法官员、边境警察、移民当局、边防警察和社会服务及保健人员等相关国家工作人员举办强制性提高认识课程，讲授移徙女工的权利，并开展敏感认识性别问题的训练（第3条）；

（h）监测系统：缔约国应通过法规并设立监测系统，以确保招聘人员和雇主尊重所有移徙女工的权利。缔约国应密切监测职业介绍所，并对它们的暴力、胁迫、欺骗或剥削行为予以起诉［第2（e）条］；

（i）获得服务：缔约国应确保为移徙女工提供在语言和文化上适当的对性别问题敏感的服务，包括语言和技能培训方案、紧急收容中心、保健服务、警察服务、文娱节目，以及专为家庭佣工和被隔绝在家中的其他女工等孤立移徙女工以及家庭暴力的受害人设计的方案。无论受虐者的移民身份如何，都必须向她们提供相关的紧急和社会服务（第3、5和12条）；

（j）持证或无证移徙女工被拘留时的权利：缔约国应确保移徙女工在被拘留时免遭歧视或基于性别的暴力，并确保孕妇和哺乳母亲以及健康状况不佳的妇女获得适当的服务。缔约国应审查、取消或修改导致过多移徙女工因移徙原因而被拘留的法律、法规或政策［第2（d）和5条］；

（k）移徙女工融入社会：缔约国应通过政策和方案，使移徙女工能够融入

新的社会。在从事此类工作时应依照《公约》尊重移徙女工的文化特征,保护她们的人权(第5条);

(l) 保护无证移徙女工:无证妇女的境况需要特别注意。尽管无证移徙女工没有移民身份,缔约国仍有义务保护她们的基本人权。无证移徙女工在有生命危险或可能遭受残酷和有辱人格的待遇时,或在她们被迫从事强制性劳动,满足基本需要的权利可能被剥夺的情况下,包括在健康出现紧急问题或怀孕及分娩时,或如果她们遭到雇主或其他人的身体虐待和性虐待,必须有机会诉诸法律补救方法和司法手段。如果她们被逮捕或拘留,缔约国必须确保无证移徙女工受到人道待遇并可诉诸适当法律程序,包括免费法律援助。在这方面,缔约国应废除或修订有碍无证移徙女工诉诸法院和其他矫正系统的法律及惯例。如果递解出境无法避免,缔约国需要分别处理每一件个案,适当考虑与性别有关的情况以及原籍国侵犯人权的危险[第2(c)、(e)和(f)条]。

双边和区域合作

27. 应采取措施包括但不限于以下:

(a) 双边和区域协定:凡属输出国、接收国和过境国的缔约国,应按本一般性建议所述,签订保护移徙女工权利的双边或区域协定或谅解备忘录(第3条);

(b) 最佳做法和信息共享如下:

(一) 还应鼓励缔约国交流最佳做法经验和相关信息,以促进充分保护移徙女工的权利(第3条);

(二) 缔约国应展开合作,提供有关侵犯移徙女工权利行为人的资料。缔约国应在收到本国境内行为人的资料时采取措施,对他们进行调查、起诉和惩罚[第2(c)条]。

关于监测和报告的建议

28. 缔约国应在其报告中列入有关资料,说明本国为保护移徙女工权利而实施的法律框架、政策和方案,同时考虑到本一般性建议第10至22段载列的基于性和性别的人权问题,并以本一般性建议第23至27段提出的建议为指导。应收集关于执行工作以及法律、政策和方案的功效和移徙女工实际处境的适当数据,从而使报告中的信息能够说明问题。应在《公约》最适当条款下,以针对全部建议而提出的意见为指导,提供这种资料。

批准或加入有关人权条约

29. 鼓励缔约国批准所有与保护移徙女工人权有关的国际文书,特别是《保护所有移徙工人及其家庭成员权利国际公约》。

第27号一般性建议：关于老年妇女问题和保护其人权
消除对妇女歧视委员会第四十七届会议通过（2010年）

导言

1. 消除对妇女歧视委员会（以下简称"委员会"）对老年妇女所经历的多种形式的歧视以及在缔约国报告中对老年妇女的权利未作系统的阐述表示关切，并在2008年10月20日至11月7日举行的第四十二届会议上根据《消除对妇女一切形式歧视公约》（简称"公约"）第二十一条，决定通过一项关于老年妇女问题和保护其人权的一般性建议。

2. 在2002年7月5日第26/Ⅲ号决定中，委员会确认公约"是处理老年妇女人权的特殊问题的一个重要工具"。[1] 关于公约第四条第1款的第25号一般性建议（临时特别措施）也承认年龄是妇女可能遭受多种形式歧视的原因之一。委员会特别确认，为更好地评估老年妇女的处境有必要收集按年龄和性别分列的统计数据。

3. 委员会重申载于维也纳老龄问题国际行动计划，[2] 北京宣言和行动纲要，[3] 联合国老年人问题原则（大会第46/91决议附件），国际人口与发展会议行动纲领，[4] 2002年马德里老龄问题国际行动计划，[5] 经济、社会和文化权利委员会关于老年人的经济、社会和文化权利的第6号一般性意见（1995年）和关于社会保障权的第19号一般性意见（2008年）等文书中的以往的承诺。

背景情况

4. 根据目前的联合国数字估算，在36年之内，全世界60岁以上的人数将超过15岁以下的儿童人数。估计到2050年，老年人的人数将超过20亿，占全球人口的22%，是目前60岁以上的人占人口11%的前所未有的翻番。

5. 老龄的性别属性表明妇女往往比男人活得长久，独居的老年妇女要多于

---

[1] 见大会正式纪录，第五十七届会议，补编第38号（A/57/38，第一部分，第一章，第26/Ⅲ号决定，和第Ⅶ章，第430~436段）。

[2] 老龄问题世界大会报告，维也纳，1982年7月26日~8月6日（联合国出版物，销售号No. E. I. 16），第六章，A节。

[3] 第四次妇女问题世界会议报告，北京，1995年9月4~15日（联合国出版物，销售号No. E. 96. IV. 13），第一章，决议1，附件一和二。

[4] 国际人口与发展会议报告，开罗，1994年9月5~13日（联合国出版物，销售号No. E. 95. XIII. 18），第一章，决议1，附件。

[5] 第二次老龄问题世界大会报告，马德里，2002年4月8~12日，1995（联合国出版物，销售号No. E. 02. IV. 4），第一章，决议1，附件二。

男子。60 岁以上的人中，男女比例为 83 比 100，而 80 岁以上的人中，男女比例仅为 59 比 100。此外，联合国经济和社会事务部的统计数字表明，60 岁以上的男人有 80% 是婚姻双方健在的，而老年妇女此种情况只有 48%。[1]

6. 由于生活水平的提高和基本医疗保健系统的改善，以及生育率下降和寿命的延长，导致这一空前的人口老龄化，这可视作是发展努力的成就并将肯定要继续下去，使二十一世纪成为老龄化的世纪。然而，这种人口结构变化也带来深刻的人权影响，使得以更全面和更系统的方式按照公约解决老年妇女所经历的歧视问题变得更为紧迫。

7. 老龄化问题是发达国家和发展中国家所共有的问题。老年人口在欠发达国家中的比例预计将从 2010 年的 8% 上升到 2050 年的 20%，[2] 而儿童人口则将从 29% 下降到 20%。[3] 在 2010 年至 2050 年期间，欠发达国家中的老年妇女人数将增加 6 个亿。[4] 这一人口结构变化给发展中国家带来了巨大的挑战。社会的老龄化在大多数发达国家是一种既定趋势和重要特点。

8. 老年妇女并不是一个整齐划一的群体。她们在经验、知识、能力和技能方面有着很大的多样性，然而其经济和社会处境则取决于一系列人口、政治、环境、文化、社会、个人及家庭因素。老年妇女所担当的各自社区的领袖、企业家、护理人员、咨询人员、调解人员等角色，对于公共和私人生活的贡献是无法估量的。

宗旨和目标

9. 关于老年妇女和增进其权利的本一般性建议对公约的相关条款与老龄化问题之间的关系进行了探讨。指出了妇女随着变老而面临的多种形式的歧视，简要说明了缔约国对于有尊严的老龄化和老年妇女的权利所应承担的义务的内容，并包括了一些政策建议，以便将对老年妇女的关切的应对措施纳入国家战略、发展举措和积极行动的主流，从而使老年妇女得以不受歧视地、与男子平等地充分参与社会。

---

[1] 联合国经济和社会事务部：人口老龄化与发展 2009 年图，可检索：http://www.un.org/esa/population/publications/ageing/ageing2009.htm。

[2] 联合国经济和社会事务部：人口老龄化与发展 2009 年图，可检索：http://www.un.org/esa/population/publications/ageing/ageing2009.htm。

[3] 联合国经济和社会事务部，人口司，世界人口项目：人口数据库 2008 年修正版，http://esa.un.org/unpp/index.asp?panel=1。

[4] 联合国经济和社会事务部，人口司，世界人口项目：人口数据库 2008 年修正版，http://esa.un.org/unpp/index.asp?panel=1。

10. 一般性建议还指导各缔约国将老年妇女的处境问题纳入其关于公约执行情况的报告之中。只有充分尊重和保护老年妇女的尊严及其完整性和自我决定的权利，才能实现消除对老年妇女的一切形式的歧视。

特别关切领域

11. 男女随着变老都会经历受歧视的情况，但老年妇女经历的老龄化情况不同。其一生之中所经历的性别不平等在老年更加加重，并且常常是建立在根深蒂固的文化和社会准则的基础上的。老年妇女所经历的歧视往往是不公平的资源分配、虐待、忽视和获得基本服务的机会有限所造成的。

12. 在不同的社会经济条件和社会文化环境下，对老年妇女的歧视的具体形式会有相当大的不同，这取决于在教育、就业、健康、家庭和私人生活的机会平等和选择平等的情况。在许多国家，缺乏电信技能、没有适足的住房、社会服务和互联网、孤独和与他人隔绝等，给老年妇女造成问题。生活在农村和城市贫民窟的老年妇女往往严重缺乏维生的基本资源、收入保障、医疗保健的渠道、关于其应有的福利和权利的信息和对这些权益的享有。

13. 老年妇女所经历的歧视往往是多方面的，其年龄因素使其他形式的基于性别、族裔、残疾、贫困程度、性取向和性特征、移民地位、婚姻和家庭状况、文化程度及其他原因的歧视更加复杂化。属于少数群体、少数民族或土著群体、国内流离失所或无国籍的老年妇女常常受到过度的歧视。

14. 许多老年妇女被忽视，因为她们不再被认为在生产和生殖方面可发挥有益的作用，而被视为家庭的负担。守寡和离异又进一步加重了被歧视，而缺乏疾病和病患的医疗保健服务或获得机会有限又阻碍了老年妇女充分享有其人权，这些疾病包括：糖尿病、癌症、高血压、心脏病、白内障、骨质疏松、阿尔茨海默症等。

15. 只有通过采用整个生命周期的做法，承认和处理妇女生命的不同阶段——从童年到青少年、到成年和老年——及每个阶段对老年妇女享有人权的影响，才能实现妇女的充分发展和进步。公约中规定的权利适用于妇女生命的所有阶段。但是，在许多国家，在个人、制度和政策层面上，年龄歧视仍被容忍被接受，几乎没有什么国家有禁止基于年龄的歧视的立法。

16. 关于性别的陈腐观念、传统惯例和风俗习惯对于老年妇女、特别是残疾老年妇女生活的所有方面都会产生有害的影响，包括在家庭关系、社区角色、媒体形象、雇主的态度、医保和其他服务的提供者等方面，并可造成肉体暴力以及心理、言语和经济方面的虐待。

17. 对老年妇女的歧视往往表现为各种阻碍其参与政治和决策进程的清规戒

律。例如，缺乏身份文件或交通手段可阻止老年妇女参加投票。在一些国家，不允许老年妇女组织或参加社团或其他非政府团体为自己的权利进行宣传。此外，强制性退休年龄女性可能要比男性低，包括在国际上代表其政府的妇女，这对妇女可能构成歧视。

18. 具有难民身份、或无国籍、或寻求庇护的老年妇女，以及属于移徙工人或国内流离失所的老年妇女，经常面临歧视、虐待和忽视。受到强迫流离失所或无国籍状态影响的老年妇女可能受创伤后压力综合症之苦，而这又不被医疗保健提供者所承认或治疗。老年难民和国内流离失所的妇女有时被剥夺获得医疗保健的机会，因为她们没有法律地位或法律文件和（或）被安置的地点远离医疗保健设施。在获得服务方面她们还可能面临文化和语言障碍。

19. 雇主常常将对老年妇女的教育和职业培训看作是无利可图的投资。老年妇女没有平等的机会学习也没有资源获得现代信息技术。许多贫困的老年妇女，特别是残疾的和生活在农村的老年妇女，被剥夺了受教育的权利，因此受过的正规或非正规教育很少或根本没有。老年妇女如果是文盲或不会数数会严重限制其充分参与公共生活和政治生活、经济、和获得一系列的服务、权利和参与娱乐活动。

20. 妇女在正规就业部门的人数较少。同样的工作或相同价值的工作，妇女得到的报酬往往比男子少。此外，其一生在就业方面的基于性别的歧视到了老年有一种累积性影响，迫使老年妇女面对与男人相比过度低的收入和养老金，或甚至没有养老金。经济、社会和文化权利委员会在第 19 号一般性意见中确认，大多数国家将需要非缴费养老金，因为缴费养老金计划不可能覆盖每一个人［第 4 (b) 段］，而残疾人权利公约第 28 条第 2（b）段规定对老年妇女的社会保护，特别是残疾老年妇女。由于可支付的养老金通常与工作寿命期间的收入密切相连，老年妇女最终的养老金往往比男子要低。此外，老年妇女特别受到基于年龄和性别的歧视的影响，造成与男性不同的强制性退休年龄。妇女应享有有选择的退休年龄，以便保护老年妇女继续工作的权利——如果她们希望那样做的话，并在适用的地方与男性平等地积累退休金福利待遇。众所周知，许多老年妇女照料受抚养的幼小儿童、配偶/性伴侣或老年父母或亲属，并且有时是唯一的照料者。这种无薪酬照料的财务和感情成本很少得到承认。

21. 老年妇女在卫生保健方面的自我决定和同意权并非总是得到尊重。为老年妇女的社会服务，包括长期照料，在公共开支削减时可能被过度减少。绝经后、生殖后和其他与年龄有关的针对性别的身心健康状况和疾病往往被研究、学术、公共政策机构和服务提供者所忽视。关于性健康和艾滋病毒/艾滋病的信息很少以老年妇女可接受、可获得和适当的方式提供。许多老年妇女没有个人健康保险，或被排除在国家资助的保险计划之外，因为她们在非正规部门工作寿命期间或在提供无薪酬照料期间没有向保险计划缴费。

22. 老年妇女如果不是其照料的孩子的家长或法定监护人可能就没有资格申请家庭福利。

23. 小额贷款和融资计划通常有年龄限制或其他条件，使老年妇女无法得到。许多老年妇女，特别是活动天地限于家里的老年妇女无法参加文化、娱乐和社区的活动，这使她们与世隔绝，对其健康产生负面影响。对于独立生活的需要往往注意不够，例如，个人协助、适足的住房—包括无障碍家居住房安排，和行动辅助等。

24. 在许多国家，多数老年妇女生活在农村地区，由于其年龄和贫困程度，要想获得各种服务更是难上加难。许多老年妇女从其移民工人子女得到的汇款在时间上不定，数额上不够，或根本没有汇款。对于许多贫困农村老年妇女而言，被剥夺用水、粮食和住房权是司空见惯的事。由于一些因素的综合，如，粮食价格高和因就业方面的歧视而收入不够，老年妇女可能吃不起正常的食物，买不起社会保险和得不到资源。缺乏交通手段会阻碍老年妇女获得社会服务或参加社区和文化活动。而这种缺乏可能是由于老年妇女收入低和没有充分的公共政策保证提供廉价方便的公共交通来满足老年妇女的需要。

25. 气候变化对妇女，特别是老年妇女造成不同的影响，由于其生理差别、身体能力、年龄和性别，以及社会准则和作用、与社会等级相关的援助和资源的不平等分配，她们在面对自然灾害方面处于特别不利的地位。她们获得资源和参与决策进程的机会有限更加重了面对气候变化的脆弱性。

26. 根据一些成文法和习惯法，妇女在其配偶死亡时无权继承和处置婚姻财产。一些法律制度为遗孀提供其他经济保证手段，如，从死者个人的全部资产中提供赡养费，来为此提供理由。但是，在现实中，这种规定很少得到执行，遗孀们常常沦为一无所有。一些法律对老年妇女特别歧视，有些遗孀成了"财产抢夺"的受害者。

27. 老年妇女在未经其同意下将其法律能力委托给律师或家庭成员时，特别容易受到剥削和虐待，包括经济虐待。

28. 委员会的第 21 号一般性建议（1994 年）指出，"一夫多妻制婚姻违反妇女的与男子平等的权利，对妇女及其抚养人有严重的情感和经济后果，这种婚姻应予以劝阻和禁止"（第 14 段）。然而，一夫多妻制仍在许多缔约国实行，许多妇女生活在一夫多妻的家庭中。在一夫多妻的婚姻中，老年的妻子一旦被认为不再具有生殖能力和不能从事经济活动就往往受到忽视。

建议

一般性

29. 缔约国必须承认老年妇女是社会的重要资源，有义务采取包括立法在内的一切适当措施消除对老年妇女的歧视。缔约国应根据公约第四条第 1 款和委员会第 23 号（1997 年）和第 25 号（2004 年）一般性建议，采取性别敏感的有年龄针对性的政策和措施，包括临时特别措施，以确保老年妇女充分有效地参与政治、社会、经济、文化和公民生活，及其社会的任何其他领域。

30. 缔约国有义务确保无论在和平还是在冲突时期，以及在任何人为的或自然的灾害情况下，妇女在其整个生命周期内的充分发展和进步。因此，缔约国应确保所有旨在妇女的充分发展和进步的法律条款、政策和干预措施都不得歧视老年妇女。

31. 缔约国的义务应考虑到对妇女歧视的多元性，并确保两性平等原则在立法上及其实际执行上都适用于妇女的整个生命周期。就此，促请各缔约国废除或修改歧视老年妇女的现行法律、法规和风俗习惯，并确保立法禁止基于年龄和性别的歧视。

32. 为支持法律改革和政策制定，促请各缔约国收集、分析和传播按年龄和性别分列的数据，以便了解老年妇女的状况，包括生活在农村地区、冲突地区、属于少数群体、和残疾老年妇女的状况。这种数据应把重点特别放在贫困、文盲、暴力、无薪酬工作（包括照料艾滋病毒/艾滋病患者的工作）、移徙、获得医保、住房、社会和经济福利和就业等问题上。

33. 缔约国应向老年妇女提供关于其权利以及如何获得法律服务的信息。应对警察、司法人员以及法律援助和准法律服务人员提供关于老年妇女的权利方面的培训，向公共当局和机构宣传影响到老年妇女的与年龄和性别相关的问题，并提供培训。必须使老年残疾妇女能平等地了解和获得信息、法律服务、有效的补救措施和补偿。

34. 缔约国应使老年妇女对其权利、包括处置财产的权利受到侵犯能寻求补救和解决，并确保老年妇女不会被任意或以歧视性的理由剥夺法律能力。

35. 缔约国应确保气候变化和减灾措施具有性别针对性并照顾到老年妇女的需要和脆弱性。缔约国还应便利老年妇女参与关于气候变化的缓解和适应问题的决策。

陈腐观念

36. 缔约国有义务消除消极的陈腐观念，和改造对老年妇女存有偏见和有害的社会和文化行为模式，以减少老年妇女、包括老年残疾妇女由于消极的陈腐观念和文化惯例而遭受的肉体、性、心理、言语和经济的虐待。

暴力

37. 缔约国有义务起草立法，承认并禁止对老年妇女、包括老年残疾妇女的暴力，包括家庭暴力、性暴力和体制环境下的暴力。缔约国有义务调查、起诉和惩罚所有对老年妇女的暴力行为，包括由于传统做法和信仰所做出的行为。

38. 缔约国应特别注意在武装冲突期间老年妇女所遭受的暴力，武装冲突对老年妇女生命的冲击，和老年妇女对和平解决冲突和重建进程可做出的贡献。缔约国在处理性暴力、强迫流离失所和武装冲突期间难民的状况问题时，应充分考虑老年妇女的处境。缔约国在处理这类问题时，应考虑到关于妇女与和平和安全问题的相关联合国决议，包括，尤其是安理会第 1325 号（2000 年），1820 号（2008 年）和 1889 号（2009 年）决议。

参与公共生活

缔约国有义务确保老年妇女有机会参与公共和政治生活和担任各级公职，以及老年妇女有必要的文件登记进行投票和作为候选人竞选。

教育

40. 缔约国有义务确保所有年龄层次的妇女在教育领域机会平等，并确保老年妇女能获得成人教育和终生学习机会，以及获得其本人的幸福和家庭幸福所需要的教育信息。

工作和养老金福利

41. 缔约国有义务便利老年妇女参加有薪酬的工作，不因其年龄和性别而受到歧视。缔约国应确保特别注意解决老年妇女在工作生活中可能面临的问题，确保她们不被强迫提前退休或陷入类似的境况。缔约国还应监测与性别有关的工资差距对老年妇女的影响。

42. 缔约国有义务确保公、私营部门的退休年龄不对妇女有歧视。因此，缔约国有义务确保退休金政策没有任何形式的歧视—即使妇女选择提前退休也是如此，并且，所有参加工作的老年妇女都有充足的退休金。为保证这样的退休金，缔约国应采取一切适当的措施，包括在必要的地方采取临时特别措施。

43. 缔约国应确保老年妇女，包括负有照料儿童责任的老年妇女，能够获得适当的社会和经济福利，例如，照料儿童福利，以及在照料老年父母和亲属时，获得一切必要的支助。

44. 缔约国应向所有没有其他退休金或收入保障不足的妇女提供适当的、与男子平等的非缴费养老金，应向老年妇女，特别是那些生活在边远地区和农村地区的老年妇女，提供并使其获得国家资助的津贴。

卫生

45. 缔约国应采取全面的卫生保健政策，以根据委员会关于妇女和健康的第24号一般性建议（1999年），保护老年妇女的健康需要。这样的政策应确保酌情通过免除用户费、对医务人员进行老年医学疾病培训、提供药品治疗与年龄有关的慢性病和非传染病、长期的医疗和社会照料（包括能允许独立生活的照料和治标的照料），来确保所有老年妇女都能获得廉价的医疗保健。提供的长期保健应包括促进行为和生活方式改变的干预措施，以拖延健康问题的发生（例如，健康的营养做法和积极的生活方式），和提供廉价的医疗保健服务，包括筛查和治疗疾病，尤其是老年妇女最常见的疾病。卫生政策还必须确保向老年妇女、包括老年残疾妇女提供的医疗保健是建立在相关人员的自由、知情的同意的基础上的。

46. 缔约国应采取专门针对老年妇女的身心、情绪和健康需要的特别方案，要特别关注属于少数群体的妇女和残疾妇女，以及因年轻成年人出外打工而承担照看孙辈和家庭其他受抚养的幼小成员的妇女，和照料患有艾滋病或受艾滋病毒感染的家庭成员的妇女。

增强经济权力

47. 缔约国有义务消除在经济和社会生活中对老年妇女的一切形式的歧视。一切基于年龄和性别的对于获得农业信贷和贷款的障碍都应取消，并应确保老年女性农民和小土地所有者能获得适当的技术。缔约国应提供特别的支助系统和免担保小额信贷，并鼓励老年妇女从事小规模创业。应建立为老年妇女的娱乐设施，并向困在家里的老年妇女提供"走出去"服务。缔约国应提供廉价的适当的交通手段，使老年妇女、包括生活在农村的老年妇女，能参加经济和社会生活，包括社区的活动。

社会福利

48. 缔约国应采取必要措施确保老年妇女能获得能满足其特殊需要的适足的住房，并且，所有阻碍老年人行动并导致其被迫闭门不出的障碍——无论是建筑的，还是其他的——都应拆除。缔约国应提供社会服务，使老年妇女在家尽可能长久地独立生活。应废除消极地影响到老年妇女的住房权、土地权和财产权的法律和惯例。缔约国还应保护老年妇女免于被强迫赶出**家园和变得无家可归**。

农村和其他弱势老年妇女

49. 缔约国应确保老年妇女被纳入城乡发展规划进程并在其中有代表。缔约国应确保向老年妇女提供廉价的水、电和其他公用事业。旨在提高安全饮水和充足环卫覆盖面的政策应确保普及相关的技术，并且不要求过多的体力。

50. 缔约国应采用适当的性别和年龄敏感的法律和政策，以确保对具有难民身份或无国籍的老年妇女，以及属于国内流离失所或移徙工人的老年妇女的保护。

婚姻和家庭生活

51. 缔约国有义务废除所有在婚姻领域和一旦婚姻关系解除在财产和继承方面对老年妇女歧视的立法。

52. 缔约国必须废除在财产和继承方面对老年寡妇歧视的立法，并保护她们免受土地争夺之害。它们必须采用与其根据公约所承担的义务一致的无遗嘱继承法。此外，它们应采取措施终止强迫老年妇女违背其意愿再婚的做法，并确保继承不以强迫与已故丈夫的兄弟或任何其他人结婚为条件。

53. 缔约国应根据第 21 号一般性建议劝阻和禁止一夫多妻婚姻，并确保在一夫多妻的丈夫死亡时，其遗产在其各个妻子及其相关的子女之间平等分配。

第 28 号一般性建议：关于缔约国在《消除对妇女一切形式歧视公约》第二条之下的核心义务
消除对妇女歧视委员会第四十七届会议通过（2010 年）

一、导言

1. 消除对妇女歧视委员会（"委员会"）旨在通过本一般性建议，阐明《消除对妇女一切形式歧视公约》（"《公约》"）第二条的范围和含义，以便向缔约国提供在国内执行《公约》实质性条款的方法。委员会鼓励缔约国将本一般性建议翻译成本国语文和地方语文，并普遍散发给政府机关的所有分支、民间社会，包括媒体、学术界、人权及妇女组织和机构。

2. 《公约》是一项活的法律文书，适应国际法的发展。自消除对妇女歧视委员会于 1982 年举行第一届会议以来，委员会与国家与国际层面的另一些行为者积极致力于阐明和理解《公约》条款的实质性内容，歧视妇女的具体性质，以及为制止这类歧视所需的各项文书。

3. 《公约》是一个全面的国际人权法律框架的一部分，旨在确保所有人享有所有人权，以及消除一切形式以性和性别为由对妇女的歧视。《联合国宪章》、《世界人权宣言》、《经济、社会、文化权利国际公约》、《公民权利和政治权利国际公约》、《儿童权利公约》、《保护所有移徙工人及其家庭成员权利国际公约》和《残疾人权利公约》均载有明确条款，确保妇女与男子平等享有公约所载权利，而《消除一切形式种族歧视国际公约》等另一些国际人权条约的依据则暗

《消除对妇女一切形式歧视公约》导读

含了不得以性别为由加以歧视的概念。国际劳工组织（劳工组织）第 100 号公约（1951）——《对男女工人同等价值的工作赋予同等报酬公约》、第 111 号公约（1958）——《就业和职业歧视公约》和第 156 号公约（1981）——《关于有家庭责任的男女工人享受平等机会和平等待遇公约》、《取缔教育歧视公约》、《消除对妇女歧视宣言》、《维也纳宣言和行动纲领》、《开罗行动纲领》和《北京宣言和行动纲领》也是有关男女平等和不歧视国际法律制度的组成部分。同样，各国对区域人权系统承担的义务是对普遍人权框架的补充。

4. 《公约》的目的是消除一切形式以性别为由对妇女的歧视，确保妇女不论已婚未婚，均可在男女平等的基础上认识、享有和行使所有在政治、经济、社会、文化、公民、家庭或任何其他方面的人权和基本自由。

5. 虽然《公约》仅仅提到性歧视，但结合对第一条和第二条（f）项和第五条（a）项的解释表明，《公约》也涵盖了对妇女的性别歧视。这里的"性"一词指的是男子与妇女的生理差异。而"性别"一词指的是社会意义上的身份、归属和妇女与男子的作用，以及社会对这类生理差异赋予的社会和文化含义，正是这类生理差异导致男子与妇女之间的等级关系，还导致男子在权力分配和行使权利方面处于有利地位，妇女处于不利地位。妇女和男子的这种社会定位受到政治、经济、文化、社会、宗教、意识形态和环境因素的影响，也可通过文化、社会和社区的力量加以改变。第一条所载关于歧视的定义明确表明，《公约》适用于基于性别的歧视。该定义指出，任何区别、排斥或限制行为，如果其影响或目的足以妨碍或否认妇女认识、享有或行使其人权和基本自由，这类行为都是歧视，即使这类歧视并非有意。这可能意味着，即使对妇女和男子给予相同或中性的待遇，如果不承认妇女在性别方面本来已处于弱势地位且面临不平等，上述待遇的后果或影响导致妇女被拒绝行使其权利，则仍可能构成对妇女的歧视。委员会对报告的审议、其一般性建议、决定、意见或声明、对个人来文的审议，以及根据《任择议定书》开展的调查，均体现了委员会对这一事项的意见。

6. 第二条对充分执行《公约》至关重要，因为该条明确了缔约国一般法律义务的性质。第二条所载义务与《公约》其他所有实质性条款有着不可分割的关系，缔约国有义务确保在国家层面充分遵守《公约》所载所有权利。

7. 《公约》第二条应结合第三、四、五条和第二十四条，并参照第一条所载歧视的定义解读。此外，对第二条所载一般义务的范围进行解释，还应参照委员会发布的一般性建议、结论性意见、意见和其他声明，包括有关调查程序的报告和关于单独案件的决定。《公约》的精神涵盖了未在《公约》中明确提及、但对实现男女平等有一定影响的另外一些权利，这些权利的影响导致某种形式对妇女的歧视。

二、缔约国义务的性质与范围

8. 第二条请各缔约国谴责对妇女"一切形式"的歧视，而第三条规定，缔约国应承诺在"所有领域"采取适当措施，保证妇女得到充分发展和进步。这些条款说明，《公约》预计将出现在拟订《公约》时尚未确定的新的歧视形式。

9. 第二条规定，缔约国必须履行其在《公约》之下法律义务的所有方面，尊重、保护和实现妇女不受歧视和享有平等的权利。尊重的义务要求缔约国避免通过制订法律、政策、规章、方案、行政程序和体制结构等方式，直接或间接导致剥夺妇女享有在公民、政治、经济、社会和文化方面的平等权利。保护的义务要求缔约国保护妇女免受私人行为者的歧视，并采取步骤，其直接目标就是要消除主张某一性别低于或高于另一性别的偏见、习俗和所有其他惯例，以及对男子和妇女社会功能的陈旧的刻板观念。实现的义务要求缔约国采取各种步骤，保证男女在法律上和在实际中享有平等权利，包括根据《公约》第四条第1款和关于《消除对妇女一切形式歧视公约》第四条第1款（暂行特别措施）的第25号一般性建议，酌情采取暂行特别措施。这一点牵涉到手段或行为义务及结果义务。缔约国应考虑，它们必须履行对所有妇女的法律义务，以满足妇女的具体需要为目标制订公共政策、方案和体制框架，使妇女能够在与男子平等的基础上充分发挥潜力。

10. 缔约国有义务避免通过行为或不行为导致对妇女的歧视；还有义务对歧视妇女的行为作出正当反应，不论这种行为或不行为是否是由国家或私人行为者造成的。在以下情况下都有可能发生歧视：缔约国未采取必要的立法措施，确保妇女充分实现其权利；未制订旨在实现男女平等的国家政策；未实施相关法律等。此外，缔约国还承担以下国际责任：创建并持续改善统计数据库；对一般歧视妇女和歧视某些特定弱势群体妇女的所有形式进行分类。

11. 在政治事件或自然灾害导致的武装冲突或紧急状态时期，缔约国的义务不应停止。这类情况对妇女平等享有和行使其根本权利产生严重影响和广泛的后果。缔约国应针对武装冲突和紧急状态时期妇女的特殊需求制订战略并采取措施。

12. 虽然受国际法约束，但各国主要行使领土管辖权。然而，缔约国的义务应毫无歧视地适用于在该国领土内或不在该国领土内但受该国有效控制的公民或非公民，包括难民，寻求庇护者，移徙工人和无国籍者。缔约国对其影响人权的所有行动负责，不论受影响的个人是否在该国领土内。

13. 第二条并不限于制止缔约国直接或间接引起对妇女的歧视。该条还要求缔约国履行恪尽职责的义务，防止私人行为对妇女的歧视。在有些情况下，国际法可能将私人行为者的行为或不行为归咎于国家，因此，缔约国有义务确保防止私人行为者参与实施《公约》定义的对妇女的歧视。缔约国有义务采取适当措施，对私人行为者的行动进行监管，包括教育、就业、医疗政策和做法、工作条件和工作标准等领域，以及银行和住房等由私人行为者提供服务或设施的其他领域。

三、第二条所载的一般义务

A. 第二条引言

14. 第二条引言如下："缔约各国谴责对妇女一切形式的歧视，协议立即用一切适当办法，推行消除对妇女歧视的政策"。

15. 第二条开头部分提出，缔约国的第一项义务是"谴责对妇女一切形式的歧视"。缔约国有立即和持续谴责歧视的义务。它们有义务向其人民和国际社会宣称，其各级政府和各类政府机关完全反对各种形式对妇女的歧视，以及它们有决心消除对妇女的歧视。"一切形式的歧视"一语明确要求缔约国本着谨慎的态度，谴责一切形式的歧视，包括《公约》未明确提及或可能新出现的歧视形式。

16. 缔约国有义务尊重、保护和实现妇女不受歧视的权利，确保妇女的发展和进步，以改善她们的处境，实现法律上和事实上或实质性的男女平等。缔约国应确保不对妇女实施直接或间接歧视。对妇女的直接歧视包括明显以性或性别差异为由实施区别待遇。对妇女的间接歧视指的是，一项法律、政策、方案或做法看似对男性和女性无任何倾向，但在实际中有歧视妇女的效果。因为明显中性的措施没有考虑原本存在的不平等状况。此外，因为不承认歧视的结构和历史模式以及男女之间不平等的权力关系，可能使现有的不平等状况因间接歧视更为恶化。

17. 缔约国还有义务确保妇女在公共和私人领域都不受公共当局、司法机构、组织、企业或私人的歧视。应酌情通过主管法庭和其他公共机构，以制裁和补救办法的方式提供这一保护。缔约国应确保所有的政府部门和机构充分认识平等原则和禁止基于性和性别的歧视，并制订和实施这方面的适当培训和宣传方案。

18. 交叉性是理解第二条所载缔约国一般义务范围的根本概念。以性和性别为由对妇女的歧视与影响妇女的一些其他因素息息相关，如种族、族裔、宗教或信仰、健康状况、年龄、阶级、种姓、性取向和性别认同等。以性或性别为由的歧视对这类群体妇女的影响程度或方式不同于对男子的影响。缔约国必须从法律上承认这些交叉形式的歧视以及对相关妇女的综合负面影响，并禁止这类歧视。

缔约国还需制订和实施消除这类歧视的政策和方案，包括根据《公约》第四条第1款和25号一般性建议，酌情采取暂行特别措施。

19. 关于对妇女的暴力行为的第19号一般性建议指出，以性和性别为由对妇女的歧视包括基于性别的暴力及因为妇女的性别而对之施加的暴力或不成比例地影响妇女的暴力。这种歧视形式严重阻碍妇女在与男子平等的基础上享有和行使其人权和基本自由。这种歧视形式包括施加身体的、心理的或性的伤害或痛苦、威胁施加这类行动、压制和其他剥夺自由行动、在家庭内部、家庭单位或任何其他人际关系中出现的暴力行为，或由国家或国家公务人员所做或纵容发生的暴力行为，不论这类行为发生在何处。基于性别的暴力可能违反《公约》的具体条款，不论这些条款是否明文提到暴力。在防止、调查、起诉和惩处这类基于性别的暴力行为方面，缔约国有恪尽职责的义务。

20. 实现的义务包括缔约国为充分实现妇女的权利提供途径和条件的义务。可通过一切适当方式促进实际或实质性平等，以实现妇女的人权，这些方式包括为改善妇女地位和实现这一平等制订具体和有效的政策和方案，包括根据第四条第1款和第25号一般性建议，酌情采取暂时特别措施。

21. 具体而言，缔约国有义务促进女童的平等权利，因为女童是妇女这一广泛群体的一部分，在获得基础教育、贩运人口、虐待、剥削和暴力等方面，女童更易遭受歧视。如果受害者是青少年，所有这些歧视的情况都更为严重。因此，各国应关注（青少年）女孩的特殊需要，向她们提供有关性健康和生殖健康的教育，并实施旨在预防艾滋病毒/艾滋病、性剥削和少女早孕的方案。

22. 男子与妇女之间的平等，或两性平等原则的内在含义指的是，所有人类，不论其性别，都有发展个人能力、从事其专业和作出选择的自由，不受任何陈旧观念、僵化的性别角色和偏见的限制。缔约国应仅仅使用男女平等或两性平等的概念，避免在履行《公约》义务时使用两性公平的概念。在一些司法管辖区，后一概念指的是根据妇女和男子各自的需要给予其公平待遇。这一概念可能包括平等待遇，或包括在权利、福利、义务和机会等方面有区别但被视为同等的待遇。

23. 缔约国还协议"用一切适当办法"，推行消除对妇女歧视的政策。采用各种办法或某种行为方式的义务使缔约国有了极大的灵活度，可针对缔约国在消除对妇女歧视方面存在的独特障碍和阻力，制订适合该国独特的法律、政治、经济、行政和体制框架的政策。每个缔约国都必须对该国选择的独特方式的适当性作出合理解释，并证明该方式能够实现预期的效力和结果。缔约国是否为充分实现《公约》承认的权利确实在国家层面采取了一切必要措施，最终由委员会认定。

24. 第二条引言部分的主要内容是缔约国有义务推行消除对妇女歧视的政策。这一要求是缔约国执行《公约》的一般法律义务的关键和重要组成部分。它要求缔约国立即评估妇女在法律方面和在实际中的状况，并采取切实步骤制订和实施政策，这一政策的目标应尽可能明确，即完全消除对妇女一切形式的歧视，以及实现妇女与男子的实质性平等。其重点在于进一步行动：从对情况的评估，制订和初步采取一套全面的措施，到根据这些措施的有效性和新出现的问题不断改进这类措施，以实现《公约》的目标。这一政策必须包括宪法和立法保障，包括与国内的法律条款相统一，以及对相互冲突的法律条款进行修订。还必须纳入其他适当措施，如为政策的监测和实施制订全面的行动计划和机制，为切实履行妇女和男子的正式和实质性平等原则提供框架。

25. 上述政策必须是全面的，应适用于生活的各个方面，包括《公约》文本中未明确提及的方面。该政策必须适用于公共和私人经济领域以及家庭领域，并确保所有政府部门（行政、立法和司法部门）及各级政府承担起各自的执行责任。还应纳入对缔约国的具体国情而言适当和必要的全部措施。

26. 上述政策必须承认，在缔约国管辖范围内的妇女（包括非公民、移徙者、难民、寻求庇护者和无国籍妇女）都是权利拥有者，应尤为重视被边缘化最为严重的妇女以及遭受各种形式交叉歧视的妇女群体。

27. 该政策必须确保妇女作为个人和群体，有了解其在《公约》之下的权利的途径，且能够有效地增进和主张这些权利。缔约国还应确保妇女积极参与该政策的制订、执行和监测。必须为此目的划拨专项资源，确保人权和妇女非政府组织获得充分信息，与它们开展适当磋商，使它们在初步和后续制订政策的过程中普遍发挥积极作用。

28. 该政策必须以行动和结果为导向，即必须制订指标、基准和时间表，确保向所有相关行为者提供适当资源，或允许这些行为者在实现商定的基准和目标方面发挥各自的作用。为此，该政策必须与主要的政府预算进程挂钩，以确保政策的所有方面得到充分资金。应创造条件，设立收集按性别分类相关数据的机制，支持有效监测，为持续评估提供便利，考虑对现有措施进行修改或补充，并确定可能适当的新的措施。此外，该政策必须确保在政府的行政机构内部设立实力雄厚的专门机构（全国妇女机构），由这些机构提出倡议，对法律、政策和方案的筹备和执行情况进行必要的协调和监督，以履行缔约国在《公约》之下的义务。这类机构应获得授权，可直接向最高级别政府提供建议和分析。该政策还应确保设立独立的监测机构，如国家人权机构或独立的妇女委员会，或赋予现有的国家机构增进和保护《公约》保障权利的任务。该政策必须吸纳企业、媒体、组织、社区团体和个人等私营部门的参与，争取在它们的参与下制订措施，以促进私营经济领域实现《公约》目标。

29. "立即"一词表明，缔约国采用一切适当办法推行政策的义务具有紧迫性。这一要求是无条件的，不允许推迟或故意选择逐步执行缔约国在批准或加入《公约》时承担的义务。还表示不得以任何理由，包括政治、社会、文化、宗教、经济、资源，或缔约国的其它考虑因素或面临的限制等理由，推迟《公约》的执行。如果缔约国受资源限制，或需要技术或其它专门知识帮助其执行《公约》义务，则该国应寻求国际合作，以克服上述困难。

B. （a）项至（g）项

30. 第二条笼统地概括了缔约国执行《公约》的义务。其实质性要求为第二条（a）至（g）项和《公约》所有其它实质性条款中规定的具体义务提供了执行框架。

31. （a）、（f）和（g）项规定，缔约国有提供法律保护和废除或修订歧视性法律和规章的义务，作为消除对妇女的歧视政策的一部分。缔约国必须确保通过宪法修订或其它适当的立法手段，将男女平等和不歧视的原则载入国内法，并使之享有优先和强制执行的地位。缔约国还必须颁布法律，禁止在《公约》规定的妇女生活的所有领域及妇女的整个生命期内对其加以歧视。缔约国有义务采取步骤，修改或废除构成对妇女歧视的现行法律、规章、习俗和惯例。一些特定群体的妇女，包括被剥夺自由的妇女、难民、寻求庇护者和移徙妇女、无国籍妇女、同性恋妇女、残疾妇女、人口贩运的女性受害者、丧偶和老年妇女等，尤其易受到民法和刑法、规章和习惯法和惯例的歧视。缔约国批准或加入《公约》，即承诺将《公约》纳入其国内法律制度，或允许公约在其国内法律秩序中发挥适当的法律效力，以确保在国家层面执行《公约》条款。在国家层面直接适用《公约》条款的问题涉及宪法法律的规定，取决于各条约在国内法律秩序中的地位。然而，委员会认为，在《公约》自动地或通过特定融合程序成为国内法律秩序的组成部分的国家，《公约》所载妇女在其生命周期内在生活的所有领域不受歧视和享有平等的权利可能受到更强有力的保护。委员会敦促尚未将《公约》纳入国内法律秩序的缔约国考虑将《公约》纳入其国内法，例如，可制订有关平等的一般法，以便为充分实现第二条要求的《公约》权利提供便利。

32. （b）项规定缔约国有义务确保禁止歧视和促进男女平等的法律向受到违反《公约》行为歧视的妇女提供适当的补救办法。这一义务要求缔约国向其《公约》权利受到侵犯的妇女提供赔偿。不提供赔偿意味着没有履行提供适当补救办法的义务。这类补救办法应包括不同形式的赔偿,如金钱赔偿、恢复原状、康复和复职;公开道歉、树立公共纪念碑和保证不重犯等满足措施;修改相关法律和惯例;以及将侵犯妇女人权的肇事者绳之以法等。

33. 根据(c)项,缔约国必须确保法院适用《公约》所载的平等原则,尽最大可能依照缔约国在《公约》之下的义务对法律进行解释。然而,如果做不到这一点,法院应提请主管国家机关注意国内法,包括国家的宗教和习惯法与缔约国的《公约》义务不符之处,因为缔约国绝不应以国内法为由作为不履行国际义务的托词。

34. 缔约国必须确保妇女能够援引平等原则,作为对公务人员或私人行为者违反《公约》的歧视行为提出起诉的依据。缔约国还必须确保妇女能够及时利用可负担和可获得的补救办法,在必要时为其提供法律援助和帮助,由独立的主管法院或法庭进行公正审讯,妥善处理其投诉。如果对妇女的歧视还构成对生命权和人身完整等其它人权的侵犯,如发生家庭暴力案件和其它形式的暴力,则缔约国有义务启动刑事诉讼程序,对肇事者进行审讯并对其实施适当的刑事制裁。有一些独立的协会和中心向妇女提供法律资源,向妇女宣传其平等权,帮助她们为所遭受的歧视寻求补偿,缔约国应向这类组织提供资金支持。

35. (d)项规定缔约国有义务避免参与任何直接或间接歧视妇女的行为或做法。缔约国必须确保国家机构、部门、法律和政策不直接或明确歧视妇女。还必须确保废除任何导致歧视效力或结果的法律、政策或行动。

36. (e)项规定缔约国有义务消除任何公共或私人行为者对妇女的歧视。在这方面可能被视为适当的措施种类不限于宪法或立法措施。缔约国应采取措施,确保在实际中真正消除对妇女的歧视,实现男女平等。这些措施应:确保妇女能够对侵犯其《公约》权利的行为提出起诉,并获得有效的补救办法;积极吸纳妇女参与措施的制订和实施;确保政府在国内的问责制;通过教育系统和社区的力量促进教育,支持《公约》目标的实现;鼓励人权和妇女非政府组织开展工作;设立必要的国家人权机构或其它机制;提供适当的行政和资金支持,以确保采取的措施使妇女的实际生活发生真正改观。缔约国承诺的这些义务要求其在与男子平等的基础上提供对妇女权利的法律保护,确保通过主管国家法庭和其它公共机构有效保护妇女免受任何歧视行为,及采取一切适当措施,消除任何个人、组织或企业对妇女的歧视,这些义务也适用于在海外从事业务的国家公司的行为。

四、对缔约国提出的建议
A. 执行

37. 为了满足"适当性"的要求,缔约国采取的办法必须覆盖其在《公约》之下的一般义务的所有方面,包括尊重、保护、促进和实现妇女不受歧视的权利以及与男子享有平等权。因此,《公约》第二条和其它条款中使用的"适当办法"和"适当措施"的说法包含的措施应确保缔约国:

(a) 避免从事、资助或纵容任何违反《公约》的做法、政策或措施(尊重);

(b) 采取步骤,预防、禁止和惩治第三方违反《公约》的行为,包括在家庭和在社区中实施的行为,并向这类侵权行为的受害者提供赔偿(保护);

(c) 广泛加强认识和支持其在《公约》之下的义务(促进);

(d) 为了在实际中实现性方面的不歧视和两性平等采取暂行特别措施(实现)。

38. 缔约国还应采取另外一些适当的执行措施,例如:

(a) 根据《北京宣言和行动纲领》制订和实施国家行动计划及其它相关政策和方案,以促进妇女的平等权,并划拨充足的人力和资金资源;

(b) 为公务人员制订行为守则,以确保尊重平等和不歧视的原则;

(c) 确保广泛散发载有适用《公约》平等和不歧视原则条款的法院决定的报告;

(d) 提供有关《公约》原则和条款的教育和培训方案,培训对象为所有政府机构、公务人员,尤其是法律从业人员和司法机关;

(e) 吸收所有媒体参与有关男女平等的公共教育方案,尤其确保帮助妇女认识到她们不受歧视的平等权利,缔约国为执行《公约》采取的措施,以及委员会对缔约国的报告提出的结论性意见;

(f) 开发和制订有效指标,说明实现妇女人权的状况和进展,创建和维护按性别分类以及与《公约》具体条款相关的数据库。

B. 问责制

39. 缔约国在执行第二条规定的义务方面,按政府所有各部门的行为或不行为进行问责。不论是在中央集权还是联邦制国家,权利下放和政府分权等分权制绝不否认或削减缔约国的国家或联邦政府对其管辖下的所有妇女履行义务的直接责任。在所有情况下,都是由批准或加入《公约》的缔约国负责确保在其管辖的领土内充分执行《公约》。不管权利下放的进程如何,缔约国必须确保下放权利的政府有必要的资金、人力和其它资源,以便有效和充分地履行缔约国在《公约》之下的义务。缔约国政府必须保留要求充分执行《公约》的权力，必须设立永久的协调和监测机制，确保尊重《公约》，并毫不歧视的将其适用于该国管辖范围内的所有妇女。此外，必须制订保障措施，确保权利下放或分权不至于导致不同地区妇女在享有权利方面遭受歧视。

40. 要有效执行《公约》，要求缔约国在国家和国际层面对该国公民和该国社区的其它成员负责。为了使这一问责职能发挥有效作用，必须建立适当的机制和机构。

C. 保留

41. 委员会将第二条视为缔约国《公约》义务的核心内容。因此，委员会认为，对第二条或第二条之下各项规定的保留原则上不符合《公约》的目的和宗旨，按照第二十八条第2款的规定是不允许的。对第二条或第二条之下各项规定提出保留的缔约国应对这些保留对执行《公约》的实际影响作出解释，并说明采取了哪些步骤，为尽快撤销保留而对其进行持续审查。

42. 缔约国对第二条或第二条之下各项规定提出保留，并不能消除缔约国遵守其在国际法之下的其他义务的需要，包括缔约国对已经批准或加入的其他人权条约的义务，以及对与消除对妇女的歧视相关的习惯国际人权法的义务。如果对《公约》条款的保留与缔约国批准或加入的其他国际人权条约规定的类似义务存在分歧，则缔约国应审查对《公约》的保留，以便最终撤销这些保留。

第29号一般性建议：关于《消除对妇女一切形式歧视公约》第十六条（婚姻、家庭关系及其解除的经济后果）
消除对妇女歧视委员会第五十四届会议通过（2013年）

一、背景

1. 如《世界人权宣言》所言，家庭是社会的基本单位。[1] 它是一个社会和法律概念，而且在许多国家，是一个宗教概念。家庭还是一个经济概念。家庭市场研究表明，家庭结构、家庭内的性别分工和家庭法对妇女经济福利的影响不下于劳动市场结构和劳动法的影响。的确，妇女往往不能平等享有其家庭的经济财富和收益，而且一旦家庭解体，她们付出的代价通常比男子更高，守寡后则可能陷于赤贫。如果她们有子女，特别是国家提供的经济安全网很小或根本不存在时，则尤其如此。

---

[1] 第217A（Ⅲ）号决议，第十六条第（3）款。

2. 家庭中的不平等是所有其他歧视妇女现象的根本，而且经常以意识形态、传统和文化的名义合理化。对缔约国报告的审查揭示，在许多国家，规范已婚伴侣权利和责任的民法或普通法原则、宗教或习惯法和习俗或这种法律和习俗的某种组合歧视妇女，不符合《公约》所载的各项原则。

3. 维持此种法律安排的许多缔约国对第二条和第十六条的全部或部分内容提出保留。消除对妇女歧视委员会一再关切地注意到这些保留的范围，并认为这些保留无效，因其不符合《公约》的目标和宗旨。委员会始终呼吁这些缔约国撤销其保留，并确保其法律制度，无论是民事、宗教、习惯、族裔或其某种组合符合《公约》，特别是符合第十六条。

4. 结婚、离婚、分居和死亡给妇女带来的经济后果越来越引起委员会的关切。在某些国家进行的研究发现，离婚和（或）分居后，男子受到的收入损失即便不是微乎其微，通常也比较小，但许多妇女却经历了家庭收入的大幅下降，进一步依赖能获得的社会福利。在全世界，女户主家庭最可能是贫困家庭。它们的状况不可避免地受到以下全球性发展态势的影响：市场经济及其危机；妇女愈来愈多地从事有偿工作，主要集中于低收入工作；国家内和各国间始终存在收入不平等；离婚率上升和事实结合增加；社会保障制度改革或新制度的推出；最为重要的是，妇女贫穷的持续。尽管妇女为家庭经济福祉做出贡献，但她们低下的经济地位渗透家庭关系的所有阶段，原因往往在于她们要对受扶养人尽责。

5. 尽管存在形形色色的家庭经济安排，但在家庭关系中以及这种关系解除后，发展中国家和发达国家妇女的经济状况通常都比男子差。名义上为改善经济状况所设计的社会保障制度也可能歧视妇女。

二、一般性建议的宗旨和范围

6. 《消除对妇女一切形式歧视公约》第十六条规定，应消除在结婚时、婚姻存续期间以及婚姻关系因离婚或死亡而解除时存在的对妇女的歧视。1994 年，委员会通过第 21 号一般性建议，其中阐述了第十六条的许多内容及其与第九条和第十五条的关系。第 21 号一般性建议指出，第十六条第（1）款（h）项具体指涉婚姻及其解除的经济方面。本建议的基础是第 21 号一般性建议、第 27 号等其他相关的一般性建议以及委员会的判例所阐明的原则。本建议援引《公约》第一条所载的歧视定义，并呼吁缔约国采取《公约》第二条和第 28 号一般性建议要求的法律和政策措施。它还包含了第 21 号一般性建议通过以来发生的社会和法律进展，例如一些缔约国通过了关于登记伴侣和（或）事实结合的法律，并且以这种关系生活在一起的伴侣数量增加。

7. 妇女在家庭内应当享有的平等权得到普遍承认，其他人权条约机构的相

《消除对妇女一切形式歧视公约》导读

关一般性意见可以为证：人权事务委员会关于男女权利平等的第 28 号一般性意见（特别是第 23 至 27 段）以及关于保护家庭、结婚权利和配偶平等的第 19 号一般性意见；经济、社会及文化权利委员会关于男女平等享有所有经济、社会及文化权利的第 16 号一般性意见（特别是第 27 段）以及关于在经济、社会和文化权利方面不受歧视的第 20 号一般性意见。《北京行动纲要》[1] 和千年发展目标[2] 等重要的全球政治文件也提到家庭内部平等是根本性原则。

8. 委员会始终认为，若要消除对妇女的歧视，缔约国就必须规定实质上以及形式上的平等。形式上的平等可以通过不带性别色彩、表面上平等对待妇女与男子的法律和政策实现，但只有缔约国审查法律和政策的实施及效果，并确保其规定事实上的平等并照顾到妇女的不利地位或被排斥状态，才能实现实质上的平等。就家庭关系的经济层面而言，实质上的平等做法必须处理以下问题：教育和就业方面的歧视，兼顾工作和家庭的需要，性别定型观念和性别角色对妇女经济能力的影响。

9. 本一般性建议将指导缔约国实现法律上和事实上的平等制度，在这种制度下，家庭关系的经济利益和成本以及关系解除的经济后果都由男女平等承受。本建议将确立评估缔约国在家庭经济平等方面执行《公约》情况的准则。

三、宪法和法律框架

10. 一些缔约国的宪法或法律框架仍然规定，与婚姻、离婚、婚姻财产的分配、继承、监护、收养和其他此类事项有关的人身法不受禁止歧视的宪法条款的限制，或将人身法事项留给缔约国内的族裔和宗教社区决定。在这种情况下，宪法的平等保护条款和反歧视条款无法保护妇女免受根据习俗和宗教法成婚的歧视性影响。有些缔约国通过了包含平等保护和不歧视条款的宪法，但却没有修订或通过法律来消除其家庭法制度内的歧视内容，无论是规范家庭制度的民法、宗教法、族裔习俗，还是法律与惯例的组合。这样的宪法和法律框架全都具有歧视性，违反了《公约》第二条及第五、十五和十六条。

11. 缔约国应在其宪法中保障男女平等，并应消除任何有助于保护或保留家庭关系方面的歧视性法律和做法的宪法例外。

---

[1]《第四次妇女问题世界会议的报告，1995 年 9 月 4 日至 15 日，北京》（联合国出版物，出售品编号：C.96.IV.13），第一章，决议 1，附件二，第 61 段。

[2] 见第 55/2 号决议；另见千年项目，目标 3，http://www.unmillenniumproject.org/goals/index.htm。

多重家庭法制度

12. 有些缔约国有多重法律制度，可根据族裔或宗教等身份因素对个人适用不同的人身法。其中有些国家（但不是所有国家）还可以在规定的情形下适用民法，或由当事方选择适用。但在某些国家，个人在适用身份决定的人身法方面没有选择权。

13. 个人自由选择其宗教或习俗信仰和做法的程度不同。他们自由质疑国家或社区法律和习俗中歧视妇女内容的程度也不同。

14. 委员会一贯表示的关切是，身份决定的人身法和习俗将使对妇女的歧视永久持续下去，并且维持多重法律制度本身即是对妇女的歧视。个人无法选择适用或遵循特定的法律和习俗更加重了这种歧视。

15. 缔约国应按照《公约》和委员会的一般性建议，通过成文的家庭法或人身法，规定配偶或伴侣之间彼此平等，无论宗教或族裔身份或社区如何。如果没有统一的家庭法，则人身法制度应规定，在关系的任何阶段，个人均可以选择适用宗教法、族裔习俗或民法。属人法应体现男女平等这一基本原则，并应与《公约》的规定完全一致，以在与婚姻和家庭关系有关的一切事项中，消除对妇女的一切歧视。

四、家庭的各种形式

16. 委员会在第 21 号一般性建议第 13 段中确认家庭的形式多种多样，并强调在所有制度下都有"在法律上和在私人生活之中"实现家庭内平等的义务。

17. 联合国系统其他实体的声明确认了这一理解，即"必须广义地理解'家庭'这一概念。"〔1〕 人权事务委员会在其第 28 号一般性意见第 27 段中承认"家庭的不同形式"。秘书长在其关于纪念国际家庭年的报告中确认，"家庭在各国之间和国家内部具有各种不同的形式和职能"。〔2〕

18. 缔约国有义务解决各种形式的家庭和家庭关系中的性和性别歧视。在消除歧视妇女方面，缔约国必须处理重男轻女的传统和态度，并对家庭法和政策给予如同个人和社区生活的"公共"方面一样的监督。

19. 人们可通过国家认可的各种风俗、仪式和礼仪缔结婚姻。民事婚姻只能由国家批准并予以登记。宗教婚姻通过履行宗教法规定的仪式而神圣化。习俗婚姻通过履行双方社区习俗规定的仪式来缔结。

---

〔1〕 见经济、社会及文化权利委员会关于适足住房权的第 4 号一般性意见［《经济、社会及文化权利国际公约》第十一条第（1）款］，第 6 段。

〔2〕 A/50/370，第 14 段。

20. 有些缔约国不把登记作为宗教婚姻和习俗婚姻生效的条件。未登记的婚姻可通过出示婚约、证人对仪式的叙述或合乎情理的其他形式加以证明。

21. 有些缔约国依照宗教法或习惯法承认一夫多妻婚姻，同时也规定民事婚姻，后者按定义是一夫一妻制。在没有规定民事婚姻的地方，实行一夫多妻制社区中的妇女，无论是否愿意，都别无选择地只能缔结已经或至少可能是一夫多妻的婚姻关系。委员会第21号一般性建议认为，一夫多妻违反《公约》的规定，必须"抑制和禁止"。

22. 在有些缔约国，法律还规定登记伴侣关系，确立双方之间的权利和义务。国家可向登记的伴侣提供不同程度的社会和纳税福利。

23. 事实结合不经登记，通常不产生任何权利。但某些国家承认事实结合，并为其规定平等的权利和义务，但范围和程度可能有所不同。

24. 相当一部分缔约国的法律、社会和文化不接受某种形式的关系，即同性关系。但如果缔约国承认这种关系，不论是作为事实结合、登记伴侣还是婚姻，就应确保这种关系中的妇女经济权利受到保护。

未登记的习俗/宗教婚姻

25. 婚姻登记保护配偶在婚姻关系因对方死亡或离婚而解除时在财产问题上的权利。《公约》规定缔约国有义务建立并充分执行婚姻登记制度。但许多缔约国或者在法律上不要求婚姻登记，或者没有执行现行的登记要求，在这种情况下，包括因缺乏教育和基础设施导致登记困难的情况下，个人不应为没有登记而受到惩罚。

26. 缔约国应确立婚姻登记的法律要求，并为此开展有效的提高认识活动。缔约国必须通过登记要求方面的教育来促进执行，并提供基础设施，使其管辖范围内的所有人都能登记。缔约国应规定，在情况允许时，提供登记之外的其他婚姻证明方式。国家必须保护处于这种婚姻的妇女的权利，无论她们有否登记。

一夫多妻的婚姻

27. 委员会重申其第21号一般性建议第14段。其中指出，"一夫多妻婚姻与男女平等的权利相抵触，会给妇女和其受抚养人带来严重的情感和经济方面的后果，因此这种婚姻应予抑制和禁止。"自该一般性建议通过以来，委员会一直关切地注意到，一夫多妻的婚姻在许多缔约国持续存在。委员会在结论意见中指出，一夫多妻对妇女及其子女的人权和经济福祉造成严重影响，并呼吁废除这种婚姻。

28. 缔约国应采取一切必要的立法和政策措施以废除一夫多妻婚姻。然而，正如委员会第27号一般性建议所指出，"许多缔约国仍在实行一夫多妻制，许多妇女生活在一夫多妻的家庭中"。因此，对已经处于一夫多妻婚姻之中的妇女，缔约国应采取必要措施，确保妇女的经济权利受到保护。

登记伴侣关系

29. 规定登记伴侣关系的缔约国必须确保伴侣在规范此种关系的法律所规定的经济事务上享有平等权利、责任和待遇。下文载列的建议比照适用于在法律秩序中承认登记伴侣关系的缔约国。

事实结合

30. 妇女因各种原因缔结事实结合关系。一些国家的法律框架在某点上，例如在伴侣死亡时或关系解除时，承认事实婚姻。如果没有这种法律框架，则妇女在同居关系结束时可能面临经济风险，即便她们曾为维持家庭和积累其他资产做出了贡献。

31. 委员会在第21号一般性建议中确定，《公约》第十六条第1款规定的缔约国义务中包含消除歧视处于事实结合的妇女。委员会建议，在存在此种结合的缔约国内，如果伴侣双方均没有与其他人结婚或结成登记伴侣，则缔约国应考虑处于此种结合中的妇女及其所生子女的状况，并采取必要措施确保她们的经济权利受到保护。在事实婚姻受法律承认的国家里，则比照适用下文载列的建议。

五、家庭组成的经济方面

32. 缔约国应向缔结婚姻的个人提供信息，说明婚姻关系及其可能因离婚或死亡而解除的经济后果。规定登记伴侣关系的缔约国也应向登记伴侣提供同样的信息。

以钱财或地位提升作为婚姻要件

33. 委员会在第21号一般性建议第16段中指出，一些缔约国允许"为钱财或地位提升而安排的婚姻"。这侵犯妇女自由选择配偶的权利。"钱财或地位提升"系指新郎或新郎家向新娘或新娘家支付现金、货物或牲畜的交易，或是由新娘或新娘家向新郎或新郎家提供类似支付。不得以任何形式将这种做法列为婚姻生效的要件，并且缔约国不应确认这种协议可强制执行。

契约：婚前和婚后协议

34. 在某些制度中，只能通过书面契约缔结婚姻或得到承认的其他结合形式。某些制度允许当事人选择在婚前或婚姻期间签订有关财产的契约协定。由于在谈判能力方面存在严重的不平等，各国必须确保签订契约的妇女享有的保护不低于标准或默认的婚姻条款规定的保护。

35. 如果缔约国规定可以对婚姻解体后的婚姻财产和其他财产的分配私下做出契约安排，则应采取措施保证不存在歧视，尊重公共秩序，防止滥用不平等的谈判能力，并保护每一配偶在订立这种契约时不受滥用权力的伤害。这些保护性措施可包括要求这些安排以书面方式做出或遵守其他正式要求，并规定如发现契约不当，则可事后宣布无效，或规定经济补偿或其他救济。

六、关系存续期间的经济问题

36. 一些缔约国保留了婚姻期间财产管理方面的歧视性制度。有些保留了指定男子为户主的法律，因而同时赋予他家庭唯一经济代理人的角色。

37. 在实行夫妻共有财产制规范的地方，名义上规定妇女拥有一半的婚姻财产，但妇女仍然可能没有财产管理权。在许多法律制度下，妇女可保留个人拥有财产的管理权，并可在婚姻存续期间积累和管理更多单独拥有的财产。然而，妇女经济活动所积累的财产可能被认为属于婚后的家庭，妇女可能没有得到认可的管理权。甚至妇女自己的工资也可能是这种情况。

38. 缔约国应向配偶双方提供享有婚姻财产的平等机会和管理财产的平等行为能力。缔约国应确保在拥有、获取、管理、经营和享有单独或非婚姻财产方面，妇女享有与男子同等的权利。

七、关系解除的经济和财务后果

离婚理由与经济后果

39. 一些法律制度将离婚缘由与离婚的经济后果直接联系起来。过错离婚制度可能会以没有过错为取得经济权利的条件。丈夫可能会滥用这种制度来解除自己对妻子的任何经济义务。在许多法律制度中，对宣布因过错而离婚的妻子不给予任何经济支助。过错离婚制度可能会对妻子和丈夫采取不同的过错标准，例如，相对于妻子而言，离婚理由要求证明的丈夫不忠行为性质更严重。基于过错的经济框架往往对妻子不利，因为她们通常是无经济自立能力的一方。

40. 缔约国应：

- 修改把离婚理由与经济后果相关联的规定，使丈夫没有机会滥用这些规定来逃避对其妻子的经济义务。
- 修改过错离婚规定，以便对妻子在婚姻期间对家庭经济福祉所做的贡献进行补偿。
- 消除对妻子和丈夫设定的过错标准差异，例如，相对于妻子而言，离婚理由要求证明的丈夫不忠行为性质更为严重。

41. 一些法律制度要求妻子或其家庭向丈夫或其家庭返还以钱财或地位提升形式获得的经济利益，或作为缔结婚姻一部分的其他此类支付，但对离婚的丈夫却不施加同等的经济要求。缔约国应取消任何不能同等适用于丈夫和妻子的离婚程序支付要求。

42. 缔约国应规定，解除婚姻关系应遵循的原则和程序与解除关系的经济问题涉及的原则和程序各行其是。应向没有能力支付法院费用和律师费的妇女提供免费法律援助，以确保没有妇女被迫为离婚而牺牲其经济权利。

分居和离婚导致的婚姻解体

43. 与解除婚姻的经济后果有关的多数法律、习俗和惯例可分为两大类，即财产的分割和离婚或分居后的赡养。无论法律是否表面中立，财产分割和离婚或分居后的赡养制度通常对丈夫有利，其原因如下：在划分可分割婚姻财产方面存在先入为主的性别观念，对非金钱贡献未给予充分认可，未赋予妇女管理财产的法律行为能力，按性别划分的家庭角色。此外，与解体后使用家庭房屋和动产有关的法律、习俗和惯例显然对妇女在婚姻解体后的经济状况产生影响。

44. 以下原因可能会阻碍妇女主张财产权：缺乏得到承认的拥有或管理财产的行为能力，或财产制度不承认婚姻存续期间积累的财产可供双方分割。学业和就业生涯的中断以及育儿责任往往妨碍妇女走上一条足以在婚姻解体后养家糊口的有偿就业之路（机会成本）。这些社会和经济因素也妨碍生活在单独财产制度下的妇女在婚姻存续期间增加其个人财产。

45. 指导原则应是由双方平等分担与关系及其解除有关的经济利害。配偶共同生活期间角色和职能的分工不应对任何一方造成有害的经济后果。

46. 缔约国有义务规定，离婚和（或）分居时，双方平等分割婚姻期间积累的所有财产。缔约国应承认任何一方对婚姻存续期间所取得的财产做出的非直接、包括非金钱贡献的价值。

47. 缔约国应规定，夫妻双方享有在形式和事实上平等的拥有和管理财产的法律行为能力。为实现婚姻解体时形式和实质上的财产权平等，大力鼓励缔约国规定：

- 承认对生计相关财产的使用权，或者提供补偿，以替代与财产有关的生计。
- 提供适当居所，以替代对家庭房屋的使用。
- 在夫妇可以利用的财产制度（共同财产制、单独财产制、混合制度）内部实现平等，拥有选择财产制度的权利并理解每种制度的后果。
- 计算延付报酬、养老金或人寿保险单等其他因婚姻存续期间所做贡献而在解体后得到的支付的现值，作为可分割的婚姻财产的一部分。
- 对可分割婚姻财产所做的非资金贡献进行估值，包括家务和照顾家庭、失去的经济机会以及对配偶的职业发展、其他经济活动和人力资本发展的有形或无形贡献。

- 考虑将婚姻解体后的配偶付款作为提供平等经济结果的方法。

48. 缔约国应就妇女在家庭内的经济地位及家庭关系解除后的经济地位进行调查和政策研究，并以易于获取的形式公布结果。

死后财产权

49. 许多缔约国在法律或习俗上否认丧偶妇女具有与丧偶男子平等的继承权，使妇女在配偶死亡后在经济境地脆弱。一些法律制度在形式上为丧偶妇女提供其他经济保障手段，例如由男性亲属支付抚养费或用死者遗产支付抚养费。然而，在实践中这些义务可能无法强制执行。

50. 按照土地保有的习惯方式，个人对土地的购买或转让可能受到限制，土地保有可能只限于使用权，一旦丈夫死亡，妻子可能会被要求离开或者需要与死者的兄弟结婚才能留下。有子女或者没有子女可能是这种结婚要求的主要因素。在一些缔约国，丧偶妇女被"剥夺财产"或"攫取财产"，即死亡丈夫的亲属根据习俗主张权利，剥夺丧偶妇女及其子女对婚姻存续期间积累的财产的占有权，其中包括并非根据习俗保有的财产。他们把丧偶妇女从家庭住房中赶走，宣称拥有所有动产，然后不履行根据习俗同时产生的对丧偶妇女及其子女的扶养责任。在一些缔约国，丧偶妇女被边缘化或被赶到另一个社区。

51. 在一些缔约国，夫妻在其关系存续期间向社会保障金（养老金和伤残金）缴纳大量资金。在这些国家中，未亡人取得这类付款的权利以及在缴费型养老金制度中的权利发挥很大作用。缔约国有义务规定男女平等地享受社会保障和养老金制度提供的配偶福利和未亡人福利。

52. 一些缔约国的法律或惯例限制利用遗嘱推翻歧视性法律和习俗并增加妇女的继承份额。缔约国有义务通过有关订立遗嘱的法律，赋予妇女与男子平等的遗嘱人、继承人和受益人权利。

53. 缔约国有义务通过符合《公约》原则的无遗嘱继承法。这种法律应确保：

- 平等对待丧偶女性和男性。
- 对土地使用权或所有权的继承习俗不能以被迫嫁给亡夫的兄弟（转房婚）或任何其他人为条件，或以有无婚生未成年子女为条件。
- 禁止剥夺未亡配偶的继承权。
- 各国应将"剥夺财产/攫取财产"定为犯罪，并确保犯罪人受到适当起诉。

八、保留

54. 委员会在1998年关于对《公约》的保留的声明[1]中，对保留的数量和性质表示关切。委员会在第6段中具体指出：

> 第二条和第十六条被委员会视为《公约》的核心条款。虽然一些国家已撤消对这些条文的保留，但委员会仍对就这些条文提出的保留的数目和范围感到特别关切。

关于第十六条，委员会在第7段中具体指出：

> 无论是传统、宗教或文化上的习俗，还是不一致的国内法和政策，都不能成为违反《公约》的理由。委员会还坚信，无论出于民族、传统、宗教还是文化上的原因提出对第十六条的保留都不符合《公约》，因此都不应允许，而应予以审查、修改或撤回。

55. 关于与宗教法和惯例有关的保留，委员会确认，自1998年以来，一些缔约国修改了它们的法律，至少在家庭关系的某些方面规定了平等。委员会继续建议缔约国，"借鉴有着类似宗教背景和法律制度且使其国内立法成功适应依据具有法律约束力的国际文书作业各项的承诺的那些国家的经验，以期"撤回保留。[2]

第30号一般性建议：关于妇女在预防冲突、冲突及冲突后局势中的作用
消除对妇女歧视委员会第五十六届会议通过（2013年）

一、导言

1. 消除对妇女歧视委员会在2010年第四十七届会议上根据《消除对妇女一切形式歧视公约》第二十一条做出决定，就妇女在预防冲突、冲突及冲突后局势中的作用通过一项一般性建议。本一般性建议的主要宗旨和目的是，向缔约国提供关于立法、政策和其他适当措施的权威指导，以期确保全面遵守《公约》规定的保护、尊重和实现妇女人权的义务。本一般性建议还借鉴了以前通过的一般性建议所述的原则。

2. 在任何时候都要保护妇女的人权，在冲突前、冲突期间和冲突后都要促进实质性性别平等及确保将妇女的多种经历充分纳入所有建设和平、建立和平和重建进程，这些都是《公约》的重要目标。委员会重申，缔约国有义

---

[1] A/53/38/Rev.1，第二部分。
[2] CEDAW/C/ARE/CO/1（2010年），第46段，结论意见，阿拉伯联合酋长国。

务在冲突或紧急状态期间在其领土或有效控制地区，甚至不在该缔约国领土范围内的有效控制地区，对公民和非公民不加区别地继续适用《公约》。委员会一再表示关切冲突对男女两性造成的不同影响及妇女被排斥在预防冲突的努力、冲突后过渡和重建进程之外；委员会还关切，缔约国的报告未就《公约》在此类局势中的适用提供足够信息。

3. 本一般性建议具体指导缔约国如何就个人或实体损害《公约》所规定的权利的行为履行其尽职义务，并就非国家行为体如何对待受冲突影响地区的妇女权利提出建议。

二、一般性建议的适用范围

4. 本一般性建议涵盖《公约》对预防冲突、国际及非国际武装冲突、外国占领局势，以及其他形式占领和冲突后阶段的适用。此外，本建议还涵盖其他令人关切的情况，如根据国际人道主义法不一定归类为武装冲突但导致严重侵犯妇女权利，同时令委员会特别关切的国内动乱、长期和低烈度内乱、政治纷争、族裔和种族暴力、紧急状态和镇压大规模起义、反恐战争和有组织犯罪。为本建议的目的，有时会划分冲突阶段和冲突后阶段，因为在处理妇女和女孩的人权问题时，这两个阶段可能会有不同的挑战和机遇。但是，委员会注意到从冲突过渡到冲突后往往不是线性过程，而可能会出现停止冲突而后又重新陷入冲突的情况，这种循环可能会持续很长时间。

5. 这种局势与如下危机密切相关：境内流离失所、无国籍状态及难民抵抗遣返进程的斗争。在这方面，委员会重申其在第 28 号一般性建议里提出的意见，即缔约国继续对其影响在其领土内或在其有效控制下、甚至不在其领土内但在其有效控制下的公民和非公民、境内流离失所者、难民、寻求庇护者和无国籍人员人权的一切行为负责。

6. 妇女不是一个同质群体，她们的冲突经历和在冲突后情况下的具体需求也各不相同。妇女不是消极的旁观者，也不仅是受害者或被攻击目标。妇女一直发挥并将继续发挥她们作为战士、有组织民间社会的成员、人权维护者、抵抗运动成员及作为正式和非正式建设和平和恢复进程中的积极分子的作用。缔约国必须履行其根据《公约》承担的义务的各个方面，以消除对妇女的歧视。

7. 正如第 28 号一般性建议指出的，对妇女的歧视还因相互交叉的各种形式歧视而加剧。鉴于《公约》采用生命周期法，因此缔约国还必须满足受冲突影响女孩因基于性别的歧视造成的权利和独特需求。

三、《公约》对预防冲突、冲突及冲突后局势的适用
A. 《公约》的域内和域外适用

8. 委员会重申第 28 号一般性建议，即缔约国的义务还适用于域外在其有效控制下，即使不在其境内的人员，缔约国对其影响人权的一切行为负有责任，不管受影响者是否在其境内。

9. 在冲突及冲突后局势中，缔约国在行使域内或域外管辖权时，不管是单独行使，例如，采取单边军事行动，或是作为国际或政府间组织或联盟的成员行使，例如，作为国际维持和平部队的组成部分，都必须适用《公约》及其他国际人权和人道主义法。《公约》适用于范围广泛的情况，包括一国行使管辖权的情况，如作为外国领土的占领当局和其他形式的管理当局，例如联合国的领土管理当局；作为国际维持和平或执行和平行动组成部分的国家特遣队；被一国代理人，如军方或雇佣军，在该国境外拘留的人员；在另一国内的合法或非法军事行动；为预防冲突和人道主义援助、减轻冲突或冲突后重建而进行的双边或多边捐助援助；作为第三方参与和平或谈判进程；以及与受冲突影响国家订立贸易协议。

10. 《公约》还要求缔约国监管在其有效控制下在域外运营的本国非国家行为体的活动。委员会在其第 28 号一般性建议中重申，《公约》第二条（e）款关于消除任何公共或私营行为体的歧视的规定，"适用于在域外运营的国家公司的行为"。这将包括国家公司在受冲突影响地区的活动导致妇女权利受到侵犯的情况和要求为在冲突地区运营的私营安保公司及其他承包商建立问责制和监督机制的情况。

11. 还有一些情况是，国际法规定缔约国也需承担域外国际合作的义务，如关于残疾妇女（《残疾人权利公约》第三十二条）、武装冲突中的女孩（《儿童权利公约》第二十四条第四款及其头两个任择议定书）和不加区别地享受经济、社会及文化权利（《经济、社会、文化权利国际公约》第二条第一款、第十一条第一款、第二十二条和第二十三条）的条约法。在此类情况下，《公约》的域外适用要求各国在履行这些义务时遵守《公约》。

12. 委员会建议缔约国：

（a）在行使域内或域外管辖权时，不管是单独行动还是作为国际或政府间组织或联盟的成员行动，都全面适用《公约》及其他国际人权文书和人道主义法；

（b）监管在其有效控制下在域外运营的所有国内非国家行为体的活动，并确保这类行为体充分尊重《公约》；

（c）在外国占领情况下，《公约》的域外适用要求占领国尊重、保护和履行《公约》所保障的各项权利。

B. 《公约》对国家和非国家行为体的适用

13. 妇女在预防冲突、冲突及冲突后进程中的权利受到各个行为体的影响，包括单独行动的国家（例如其境内发生冲突的国家、卷入冲突区域层面的邻国或参与单边跨境军事行动的国家）；以及作为国际或政府间组织和联盟成员采取行动的国家（例如向国际维持和平部队提供部队或作为捐助方通过国际金融机构提供资金以支持和平进程）及非国家行为体，如武装团体、准军事部队、公司、私营军事承包商、有组织犯罪团体和治安维持者。在冲突及冲突后情况下，国家机构常常被削弱或由别国政府、政府间组织、甚至由非国家团体行使某些政府职能。委员会强调，在此类情况下，《公约》就所涉各类行为体规定了同时适用且相互补充的整套义务。

14. 如果一个非国家行为体的行为或不行为按国际法可归咎于国家，此时就引起了国家在《公约》下的责任。当缔约国在预防冲突、冲突或冲突后进程中作为国际组织成员行事时，该缔约国仍要对其根据《公约》承担的域内和域外义务负责，同时还有责任采取措施，确保这些组织的政策和决定符合其根据《公约》承担的义务。

15. 委员会还一再强调，《公约》要求缔约国监管承担保护责任的非国家行为体，各国必须尽职尽责，防止、调查、惩治和确保纠正个人或实体有损《公约》所规定的权利的行为。委员会在其第 19 号和第 28 号一般性建议中阐述了在保护妇女免遭暴力和歧视侵害方面的尽职义务，并强调，除了宪法和立法措施外，缔约国还必须为执行《公约》提供足够的行政和财政支助。

16. 除了要求缔约国监管非国家行为体外，国际法还载有约束非国家行为体的相关义务，如武装冲突中的各方（例如叛乱分子和叛乱团体）的相关义务，例如《1949 年日内瓦四公约》共同条款第三条和 1949 年 8 月 12 日《日内瓦四公约关于保护非国际性武装冲突受害者的附加议定书》所规定的相应义务。根据国际人权法，虽然非国家行为体不能成为《公约》缔约方，但委员会注意到，在某些情况下，特别是当一个具有可识别政治架构的武装团体对领土和人口行使明显控制时，非国家行为体有义务尊重国际人权。委员会强调，严重侵犯人权和严重违反人道主义法行为可导致产生个人包括非国家武装团体成员和领导人及私营军事承包商的刑事责任。

17. 委员会建议缔约国：

（a）作为其尽职义务的一部分，确保纠正个人或实体的行为；

（b）绝不为安抚恐怖分子、个人或武装团体等非国家行为体而接受任何形式减少对妇女权利保护的做法；

（c）与非国家行为体接触，以防止其在受冲突影响地区的活动构成践踏人权行为，特别是所有形式的性别暴力；充分协助国家公司评估和解决侵犯妇女权利的高度风险，以及建立有效的问责机制；

（d）在冲突期间和之后对违法行为进行调查时采用对性别问题有敏感认识的做法（例如，雇用女警官），以确保查明并解决国家和非国家行为体的违法行为。

18. 委员会还敦促非国家行为体，如武装团体：

（a）根据《公约》的规定，尊重处于冲突及冲突后局势中的妇女的权利；

（b）承诺遵守关于人权及禁止所有形式性别暴力的行为守则。

C. 《公约》与国际人道主义法、难民法和刑法的互补性

19. 在所有危机局势中，不管是非国际性或是国际性武装冲突、公共紧急事件或外国占领或其他令人关切的情况，例如政治动乱，妇女的权利都要得到国际法制度的保证，这种制度由《公约》及国际人道主义法、难民法和刑法规定的相互补充的保护所构成。

20. 在符合非国际性或国际武装冲突的门槛定义的局势中，《公约》和国际人道主义法同时适用，它们提供的不同保护相互补充而不是相互排斥。根据国际人道主义法，受武装冲突影响的妇女有权获得同时适用于男女的一般性保护和具有一定限制的具体保护，主要防范强奸、强迫卖淫及任何其他形式的猥亵；向处于国际武装冲突中的孕妇、产妇和哺乳期妇女优先分配救济物资；被拘留时与男子分开关押并由妇女直接监管；以及保护孕妇或有受扶养子女或年幼子女的妇女免受死刑。

21. 国际人道主义法还对占领国规定了同时适用《公约》和其他国际人权法的义务。国际人道主义法还禁止一国将其部分平民迁移进其所占领的领土。根据国际人道主义法，处于占领局势中的妇女有权受到一般性保护和以下具体保护：防范强奸、强迫卖淫或任何其他形式的猥亵；向孕妇和产妇提供的必备衣服等货物自由通行；建立安全或中立区以保护平民，尤其包括孕妇和带着7岁以下儿童的妇女；以及被拘留时与男子分开关押并由妇女直接监管。被拘留女性平民必须要有卫生便利设施并由妇女负责搜身。

22. 关于禁止歧视妇女的《公约》条款增强和补充了对处于许多情况下的难民、流离失所和无国籍妇女和女孩的国际法律保护制度，尤其是在相关国际

协议缺乏明确的性别平等条款时更是如此,例如1951年《关于无国籍人地位的公约》及其1967年《议定书》。

23. 《公约》规定,缔约国在防止、调查和惩治贩运及性暴力和性别暴力方面的义务因国际刑事法而得到加强,包括国际法庭和混合刑事法庭的判例及《国际刑事法院罗马规约》。根据相关判例和《罗马规约》,在贩运妇女和女孩过程中的奴役行为、强奸、性奴役、强迫卖淫、强迫怀孕、强制绝育或任何其他形式同样严重的性暴力都可能构成战争罪、危害人类罪或酷刑行为,或构成种族灭绝行为。在解释国际刑事法时,包括性别暴力的定义,特别是性暴力,还必须与《公约》和其他国际公认的人权文书保持一致,不得对性别做出不利区分。

24. 委员会建议缔约国:在履行《公约》规定的义务时,适当考虑国际人道主义法、难民法和刑法给予妇女和女孩的补充保护。

D. 《公约》与安全理事会关于妇女、和平与安全的议程

25. 委员会认识到,安全理事会的各项专题决议,特别是第1325(2000)号、第1820(2008)号、第1888(2009)号、第1889(2009)号、第1960(2010)号、第2106(2013)号和第2122(2013)号决议,以及就艾滋病毒和艾滋病对在冲突及冲突后情况下的妇女的影响提供具体指导的第1983(2011)号决议,是推动宣传妇女、和平与安全议题的关键政治框架。

26. 鉴于这些决议所涉及的所有关切领域在《公约》的实质性条款中都可以找到相应的表述,其执行必须以实质性平等模式为前提并涵盖《公约》规定的所有权利。委员会重申需要采取协调和综合方法,把落实安全理事会关于妇女、和平与安全的议程置于实施《公约》及其《任择议定书》的更宽泛框架内。

27. 《公约》第十八条还载有一个报告程序,要求缔约国报告其为在预防冲突、冲突及冲突后局势中落实《公约》各项条款而采取的措施情况。在该报告程序中纳入关于安全理事会承诺履行情况的资料,可能有利于巩固《公约》和安理会的议程,进而能扩大、加强和落实性别平等。

28. 委员会建议缔约国:

(a) 确保用于执行安全理事会第1325(2000)号决议和随后各项决议的国家行动计划和战略符合《公约》规定;并且为其执行分配了充足预算;

(b) 确保在履行安全理事会承诺时反映一种实质性平等的模式并考虑到冲突及冲突后情况对《公约》规定的所有权利的影响,以及对与冲突有关的性别暴力,包括性暴力违法行为的影响;

（c）与涉及预防包括冲突预防、冲突、冲突解决及冲突后重建在内的所有冲突进程的所有联合国网络、部门、机构、基金和方案合作，以落实《公约》的各项规定；

（d）加强与参与安全理事会妇女、和平与安全议程执行工作的民间社会和非政府组织的协作。

四、《公约》与预防冲突、冲突及冲突后局势

A. 妇女与预防冲突

29. 《公约》缔约国必须侧重于预防冲突和一切形式暴力行为。此类预防冲突工作包括建立有效的预警系统，以收集和分析开源信息、预防性外交和调解，以及旨在解决冲突根源的预防性努力。另外还包括对武器贸易进行有力而有效的监管，对现有且往往是非法的常规武器包括小武器流通进行适当管制，预防将其用于实施或便利实施严重的性别暴力行为。性别暴力和歧视日益普遍与爆发冲突具有相关性。例如，性暴力事件迅速增加可作为冲突预警。因此，从长远来看，为消除性别暴力所做的努力还有助于预防冲突、其升级和冲突后阶段暴力事件的复发。

30. 尽管预防冲突对保护妇女权利非常重要，但在为预防冲突做出努力时往往认为妇女的经验不能用于预测冲突而将其排除在外，因此妇女参与预防冲突的程度很低。委员会曾经指出，妇女在涉及预防性外交和全球性问题，如军费开支和核裁军的机构里的参与度很低。除了不符合《公约》规定外，这种无视性别平等的预防冲突措施不可适当预测和预防冲突。缔约国只有把女性利益攸关方包括在内并对冲突进行性别因素的分析，才能制定出适当的应对措施。

31. 《公约》要求，预防政策必须无歧视，为预防或减少冲突所做的努力既不应自动或不经意地伤及妇女，也不应造成或加剧性别不平等。中央政府或第三国在地方和平进程中采取的干预措施应尊重而不是削弱妇女在地方一级的领导力和维持和平作用。

32. 委员会曾经指出，无论是在冲突局势还是在冲突后局势中，常规武器的扩散，尤其是小武器，包括从合法贸易中流出的武器，对作为与冲突有关的性别暴力受害者、家庭暴力受害者以及作为抵抗运动中的抗议者和行为者的妇女来说，它们都有直接或者间接的影响。

33. 委员会建议缔约国：

（a）加强并支持妇女的正式和非正式预防冲突努力；

（b）确保妇女平等参与国家、区域和国际组织，平等参与为开展预防性

外交而进行的非正式、地方或社区进程；

（c）建立预警系统和采取针对不同性别的安保措施，以预防性别暴力及其他侵犯妇女权利的行为加剧；

（d）在这类预警系统的成果管理框架中列入与性别相关的指标和基准；

（e）解决武器特别是小武器和非法武器国际转让对男女两性造成的不同影响，包括通过批准和实施《武器贸易条约》。

B. 处于冲突及冲突后情况中的妇女

1. 性别暴力（第一条至第三条和第五条（a）款）

34. 暴力侵害妇女和女孩行为是《公约》所禁止的一种歧视形式，是侵犯人权的行为。冲突加剧了现有的性别不平等，把妇女置于更易遭受由国家和非国家行为体实施的各种形式性别暴力侵害的境地。与冲突相关的暴力随处都会发生，例如，在家里、拘留设施里和安置境内流离失所妇女和难民的营地里；随时都会发生，例如，在进行类似取水、打柴、上学或上班这类日常活动时。有各种各样与冲突相关的性别暴力行为的施暴者，他们中可能有政府武装部队、准军事团体、非国家武装团体成员、维和人员和平民。无论武装冲突具有何种性质、持续时间多长或参与的行为体是谁，妇女和女孩越来越成为蓄意针对的目标，遭受各种形式的暴力和虐待，从任意杀戮、酷刑和残害、性暴力、强迫婚姻、强迫卖淫和强迫怀孕到被迫中断怀孕和被迫绝育。

35. 毋庸置疑，武装冲突对所有平民都产生不利影响，但妇女和女孩越来越成为性暴力的主要攻击对象，"包括将此作为一种战争策略，羞辱、统治、恐吓、驱散和（或）强行迁移某个社区或族裔群体的平民成员"，而且这种形式的性暴力甚至在敌对行动停止后依然持续（见安全理事会第1820（2008）号决议）。对于处在冲突后环境中的大多数妇女来说，暴力并不因正式停火或签署和平协议而停止，反而常常在冲突后环境中加剧。委员会看到许多报告证实，虽然暴力形式和发生地点有变化，这意味着也许不再有国家支持的暴力，但是所有形式的性别暴力特别是性暴力却在冲突后情况下增多了。不预防、不调查和不惩治所有形式的性别暴力行为，再加上其他因素，如在解除武装、复员和重返社会方面缺乏实效，同样可能导致在冲突后时期发生新的侵害妇女的暴力事件。

36. 在冲突期间和之后，某些特定妇女和女孩群体特别易受暴力尤其是性暴力侵害，如境内流离失所和难民妇女；妇女人权维护者；具有不同种姓、族裔、民族、宗教身份或其他少数民族的妇女，因为她们往往作为其社区的标志性代表而受到攻击；寡妇以及残疾妇女。女性战斗员和军队里的妇女同样易受来自国家和非国家武装团体和抵抗运动成员的性攻击和性骚扰。

37. 性别暴力还导致多种其他侵犯人权的行为，如国家或非国家行为体对妇女权利维护者的袭击，损害了妇女在政治和公共生活中的平等和有意义参与。与冲突相关的性别暴力对妇女造成的各种生理和心理后果，如性暴力导致的伤害、残疾、感染艾滋病毒风险增高和意外怀孕风险。性别暴力与艾滋病毒之间具有很强的关联关系，包括作为战争武器通过强奸蓄意传播艾滋病毒。

38. 委员会建议缔约国：

（a）禁止国家和非国家行为体实施一切形式性别暴力，包括通过立法、政策和议定书；

（b）预防、调查和惩治国家和非国家行为体实施的一切形式性别暴力，尤其是性暴力，并执行零容忍政策；

（c）确保妇女和女孩获得诉诸法律的机会；采取对性别问题有敏感认识的调查程序来解决性别暴力特别是性暴力问题；对警察和军人（包括维和人员）开展对性别问题有敏感认识的培训并通过相关行为守则和协议；建设司法部门的能力，包括在过渡司法机制的情况下，以确保其独立、公正和廉洁；

（d）收集关于在不同情况下和针对不同类型妇女的性别暴力特别是性暴力的发生率和普及性的数据并规范数据收集方法；

（e）分配充足的资源并采取有效措施，确保性别暴力特别是性暴力受害者有机会得到全面的医疗、心理保健和心理支持服务；

（f）制定并传播标准作业程序和转诊途径，以便把安保行为体与在性别暴力方面的服务提供者联系起来，包括向性暴力幸存者提供一站式住院治疗、法律和心理服务，把即刻援助与经济和社会赋权和融合联系在一起的多用途社区中心，以及流动诊所；

（g）对技术专门知识进行投资，分配资源来应对易受暴力侵害的妇女和女孩的独特需求，其中包括性暴力对其生殖健康的影响；

（h）确保在国家预防和应对措施中包含针对性别暴力和艾滋病毒的具体干预措施。

2. 贩运（第六条）

39. 在冲突期间和之后，由于政治、经济和社会结构崩溃，暴力行为增多且好战态度加强，贩运妇女和女孩问题加剧，而这种贩运行为构成基于性别的歧视。冲突和冲突后局势可能会造成与战争相关的对妇女性剥削、经济剥削和军事剥削的特殊需求结构。受冲突影响地区可能是贩运妇女和女孩行为的起源地、过境地和目的地，贩运形式因区域、具体经济和政治背景及所涉国家和非国家行为体的不同而不同。生活在或从境内流离失所者或难民营返回或寻求生计的妇女和女孩特别容易被贩运。

40. 当第三国通过采取拦截、驱逐或拘留等措施试图限制来自受冲突影响地区的移民潮时也可能发生贩运。限制妇女和女孩逃离冲突地区机会的限制性、针对性别或歧视性移徙政策可能使她们更易被剥削和贩运。

41. 委员会建议缔约国：

（a）预防、起诉和惩治发生在其管辖范围内的贩运及相关侵犯人权行为，不管实施者是公共权力机关还是私营行为体，并对妇女和女孩包括境内流离失所或难民妇女和女孩采取具体的保护措施；

（b）通过基于关于贩运及性剥削和性虐待问题的国际人权标准的零容忍政策；该政策应针对国家军队、维和部队、边防警察、移民官员和人道主义行为体等群体，并就如何确认和保护弱势妇女和女孩问题向这类群体提供对性别问题有敏感认识的培训；

（c）提供全面的对性别问题有敏感认识和基于权利的移民政策，确保来自受冲突影响地区的妇女和女孩不被贩运；

（d）通过双边或区域协议和其他形式合作，以保护被贩运妇女和女孩的权利，并为起诉犯罪者提供便利。

3. **参与（第七条和第八条）**

42. 虽然妇女在冲突期间往往作为户主、和平缔造者、政治领袖和战斗人员发挥领导作用，但在冲突后和过渡时期以及恢复进程中她们的话语权则受到压制和边缘化，委员会对此一再表示关切。委员会重申，让一定数量的妇女参与国际谈判、维和活动、各级预防性外交；国家、区域和国际各级的调解、人道主义援助、社会和解、和平谈判和刑事司法系统，可能会产生明显效果。在国家一级，妇女平等、有意义和有效地进入不同政府部门、妇女被任命担任政府部门领导职务和妇女作为民间社会积极成员参与的能力，是创造一个持久民主、和平及性别平等社会的先决条件。

43. 冲突的直接结果可能为缔约国提供了一次战略机会，借此可通过立法和政策措施消除在本国政治和公共生活领域对妇女的歧视，并确保妇女有参与冲突后新的治理结构的平等机会。但在许多情形下，在敌对行动正式停止后，促进性别平等和妇女参与决策进程不会被视为优先事项，甚至被视为与稳定目标不相容而被搁置起来。由于根深蒂固的陈规定型观念，妇女常常无法充分参与和介入正式的建立和平进程和冲突后重建及社会经济发展；这反映在，国家和非国家团体通常由男性担任领导人，而妇女除了遭受性别暴力侵害及其他形式歧视外还被排除在决策的所有方面之外。

44. 缔约国要履行确保妇女平等参与政治和公共生活（第七条）及国际一级参与（第八条）的义务，就必须采取措施，包括第四条第一款规定的暂行特别措施，解决受冲突影响地区的范围广泛的性别歧视和不平等现象，以及消除阻碍实现妇女平等参与的具体和多重障碍，这些障碍与在流动性、安全、筹款、宣传运动和技能方面与冲突相关的限制有关系。

45. 履行这些义务尤其适用于境内发生敌对行动的缔约国和参与建立和平进程的其他缔约国，此类和平进程必须确保妇女在自己的机构里有代表，并支持当地妇女参与和平进程。履行这些义务并配合着安全理事会关于妇女、和平与安全的第1325（2000）号决议，保障了妇女有意义地参与预防、管理和解决冲突的相关进程。

46. 委员会建议缔约国：

（a）确保立法、行政、管理及其他监管工具不限制妇女参与预防、管理和解决冲突；

（b）确保妇女在国家机构和机制所有决策层级的代表性，包括武装部队、警察、司法机构和负责处理冲突期间所犯罪行的过渡司法机制（司法和非司法）；

（c）确保妇女和关注妇女问题的民间社会组织及民间社会代表平等参与所有和平谈判和冲突后重建努力；

（d）向妇女提供领导力培训，以期确保其有效参与冲突后政治进程。

47. 委员会建议单独或作为国际或政府间组织和联盟成员参与解决冲突进程的第三国：

（a）要有妇女代表，包括高级别代表参与谈判和调解活动；

（b）向解决冲突进程和向结束冲突的国家提供技术援助，以促进妇女有效参与。

4. 获得接受教育、就业和保健服务的机会以及农村妇女（第十条至第十二条、第十四条）

48. 国家公共基础设施和服务提供基础设施彻底崩溃，是武装冲突的一个主要直接后果，导致无法向民众提供必要服务。在这种局势中，妇女和女孩最先受苦，首当其冲地承受冲突的社会经济层面恶果。在受冲突影响地区，学校因不安全而关闭，被国家和非国家武装团体占领或摧毁，所有这些阻碍了女孩上学。其他阻碍女孩接受教育的因素包括非国家行为体针对她们及其教师发动的定向袭击和威胁，以及她们必须承担的照看责任和家庭责任加重。

49. 同样，由于家庭生存的重担落在妇女的肩上，她们被迫寻求其他生计来源。尽管在冲突期间妇女扮演过去男子在正规就业部门担任的角色，但在冲突后环境中妇女失去正规部门的工作并返回家庭或进入非正规部门的情况也并不罕见。在冲突后环境中，产生就业机会是构建可持续冲突后经济的重中之重；但是正规部门创造就业机会的倡议往往忽略妇女，因为它们倾向于注重将经济机会给予复员男子。冲突后重建方案必须重视并支持妇女在非正规经济领域和生产领域（多数经济活动发生的领域）做出贡献。

50. 在受冲突影响地区，由于基础设施不足和缺乏专业医疗服务人员、基本药品及保健用品，获得必要服务如包括性健康和生殖健康服务在内的保健服务的机会中断了。因此，妇女和女孩因与冲突相关的性暴力而意外怀孕、遭受严重性伤害和生殖伤害及感染包括艾滋病毒和艾滋病在内的性传染疾病的风险增大了。保健服务系统崩溃或遭到破坏，再加上妇女的行动和行动自由受到限制，进一步损害了第十二条第一款为妇女规定的平等保健机会。权力失衡和有害的性别规范使女孩和妇女更易受艾滋病毒感染，在冲突和冲突后环境下，这类因素就更为明显了。与艾滋病毒相关的羞辱和歧视同样很普遍，对艾滋病毒的预防、治疗、看护和支助工作造成深远影响，特别是同与性别暴力相关的耻辱联系在一起时更是如此。

51. 农村妇女受得不到充足的保健和社会服务以及获取土地和自然资源不公平的影响往往过于严重。同样，她们在冲突环境中的处境给她们就业和重返社会带来了特别挑战，原因常常是服务系统崩溃导致粮食安全无保障、住房不足、财产被剥夺和缺水而处境恶化。寡妇、残疾妇女、老年妇女、无家庭支助的单身女子和女户主家庭尤其容易受到经济困难加剧的影响，这是因为她们处境不利且常常缺乏就业及经济生存所需的手段和机会。

52. 委员会建议缔约国：

（a）为受冲突影响过早辍学的女孩制定方案，以便她们能尽快重返校园/大学；参与对学校基础设施的及时抢修和重建工作；采取措施阻止针对女孩及其老师的袭击和威胁事件发生；以及确保立即调查、起诉和惩治此类暴力行为的犯罪者；

（b）确保经济复苏战略促进将性别平等作为实现可持续冲突后经济的必要前提条件，并且确保这些战略针对在正规和非正规就业部门工作的妇女；制定具体的干预措施，利用对妇女进行经济赋权的机会，特别是针对农村妇女和其他弱势妇女群体；同时确保妇女参与制定这些战略和方案及参与监测其实施情况；以及有效消除阻碍妇女公平参与这些方案的一切障碍；

(c) 确保性健康和生殖健康服务包括获得性健康和生殖健康及权利信息；社会心理支持；计划生育服务，包括紧急避孕；孕产妇保健服务，包括产前护理、专业接生服务、预防母婴垂直传播和产科急诊；安全流产服务；流产后护理；预防和治疗艾滋病毒/艾滋病及其他性传播感染，包括暴露后防护措施；以及治疗因性暴力造成的伤害（如瘘管病）、分娩并发症或其他生殖健康并发症等；

(d) 确保妇女和女孩包括特别容易感染艾滋病毒的妇女和女孩有机会获得基本保健服务和信息，包括对艾滋病毒的预防、治理、看护和支助；

(e) 协调与人道主义领域和发展领域利益攸关方的所有活动，以确保采取综合方法，在教育、就业和保健领域不做重复努力，并惠及弱势群体，包括在偏远和农村地区的弱势群体。

5. **流离失所、难民和寻求庇护者（第一条至第三条和第十五条）**

53. 委员会曾经指出，《公约》适用于流离失所周期的每个阶段，被迫流离失所和无国籍状态对妇女的影响往往不同于对男子的影响，其中包括性别歧视和暴力。境内和境外流离失所带来了特定的性别层面问题，在流离失所周期的所有阶段、在逃亡、安置和回返受冲突影响地区期间都会发生此类问题。在受冲突影响地区，妇女和女孩特别容易遭遇被迫境内流离失所。此外，她们在逃亡和流离失所阶段以及在难民营环境内外常常遭受严重侵犯人权行为的侵害，其中包括与性暴力、贩运及将女孩招进武装部队和叛乱团体有关的风险。

54. 在冲突和冲突后环境中的流离失所妇女和女孩由于无法平等获得教育、从事创收和技能培训活动、生殖保健质量低劣、被排斥在决策进程之外且这种现象因男性主导的领导结构而更趋恶化、难民营布局不合理及难民营和非难民营环境下的基础设施不良，她们往往处于岌岌可危的生活条件下。这种极端贫困和不平等状况可导致她们用性好处来换取金钱、住所、粮食或其他物品，从而使她们处于易受剥削和暴力侵害及易受艾滋病毒和其他性传染疾病感染的境地。

55. 难民妇女因其作为难民的经历而与男性有不同和更多的需求。难民妇女面临同境内流离失所妇女相同的援助和保护关注，因此可依靠相同的对性别问题有敏感认识的干预措施来解决她们的需求。委员会承认这些群体中的多样性，她们可能面临的特殊挑战和她们的境内或境外流离失所处境造成的法律、社会及其他影响、向她们提供的国际援助中的差距和对她们的需求作出定向对策的必要性。

56. 在为与冲突相关的流离失所问题寻找持久解决办法时经常排斥流离失所妇女的看法，这或者是因为她们依赖由不重视妇女话语权的家人或社区做出决定，或者是因为持久解决办法作为将妇女排斥在外的冲突后进程的组成部分。此外，来自受冲突影响地区的寻求庇护妇女在申请庇护时可能遇到带性别因素的障碍，原因是她们的叙述可能不符合传统的迫害模式，而传统的迫害模式大都是从男性角度阐释的。

57. 委员会建议缔约国：

（a）采取必要的预防措施，确保流离失所妇女和女孩在逃离、流离失所和持久解决情况下受到防止被迫流离失所的保护以及人权保护，包括获得基本服务；

（b）解决易受多重和交叉歧视形式影响的不同的境内流离失所和难民妇女群体的具体风险和特殊需求，包括残疾妇女、老年妇女、女孩、寡妇、女户主、孕妇、感染艾滋病毒/艾滋病的妇女、农村妇女、土著妇女；在族裔、民族、性或宗教上属于少数群体的妇女及妇女人权维护者；

（c）促进境内流离失所和难民妇女有意义地融入和参与所有决策进程，包括纳入援助方案规划和实施以及难民营管理的所有方面；与选择持久解决办法相关的决定；以及与冲突后进程相关的进程；

（d）向境内流离失所和难民妇女和女孩提供保护和援助，包括保护她们免遭性别暴力包括强迫婚姻和童婚侵害；确保她们平等获得服务和保健及充分参与物资分配以及制定和实施顾及到其具体需求的援助方案；保护对土地具有特殊依赖性的土著、农村和少数民族妇女免遭流离失所之苦；以及确保提供教育及开展创收和技能培训活动；

（e）采取实际措施，保护和预防在所有流离失所环境中的性别暴力以及问责机制（无论是在难民营、安置点还是在难民营外环境）；

（f）调查并起诉所有发生在与冲突相关的流离失所周期各个阶段的性别歧视和暴力事件；

（g）向遭受性别暴力（包括性暴力）侵害的境内流离失所和难民妇女和女孩提供免费和即时的医疗服务、法律援助和安全环境；使其有机会向女性保健工作者求诊并获得服务，如生殖保健和适当的咨询；以及确保在流离失所背景下的军事和民政当局获得关于保护挑战、人权和流离失所妇女需求的适当培训；

（h）确保以长期战略补充即时的人道主义援助需求和保护要求，从而支助境内流离失所和难民妇女的社会经济权利和生计机会，增强领导力和参与程度，从而增强妇女的权能，使她们能选择适合其需求的持久解决方案；

（i）确保充分解决包括妇女和女孩在内的难民和流离失所人口大量涌入的各种情况，并确保不能因为国际机构的任务不明确或资源约束而妨碍满足她们的保护和援助需求。

6. 国籍和无国籍状态（第一条至第三条和第九条）

58. 冲突除了使境内流离失所者、难民和寻求庇护者面临的风险加剧外，还可能是无国籍状态的原因和后果，使妇女和女孩在私人领域和公共领域都处于特别易受各种形式虐待的境地。当妇女的冲突经历与国籍权方面的歧视（如法律要求妇女在结婚或解除婚姻时改变国籍或拒绝给予妇女可将国籍传给子女的能力）交叉在一起时，无国籍状态就发生了。

59. 妇女在下列情况下可能丧失国籍：因为没有发放身份证和出生登记证等必要文件或此类证件在冲突中遗失或毁坏而在重新发放时又没有使用她们的名字，因而无法证明自己的国籍。无国籍状态还可能造成这种情况：因具有性别歧视的国籍法，妇女被剥夺将国籍传给子女的能力。

60. 无国籍妇女和女孩在冲突发生时面临的受虐待风险增高，因为她们不享受公民身份赋予的保护，包括领事协助，还因为她们当中很多人无证件和/或属于种族、宗教或语言上的少数群体。无国籍状态还导致冲突后时期出现基本人权和自由被普遍剥夺现象。例如，妇女可能被剥夺获得保健、就业和其他社会经济及文化权利的机会，因为政府在面临资源压力日益增大时会将服务仅限于提供给国民。被剥夺国籍的妇女往往被排除在政治进程之外，无法参与本国的新政府和治理工作，这与《公约》第七和第八条的规定是相违背的。

61. 委员会建议缔约国：

（a）确保为预防无国籍状态而采取的措施适用于所有妇女和女孩并惠及特别容易因冲突而成为无国籍者的群体，如境内流离失所妇女、难民、寻求庇护者和被贩运者；

（b）确保在冲突前、冲突期间和冲突后继续实施保护无国籍妇女和女孩的措施；

（c）保证受冲突影响妇女和女孩有获取为行使其合法权利而必须具备的证件的平等权利，有权拥有以其本人名字发放的证件；并确保在不附加任何无理条件（如要求流离失所妇女和女孩返回其原居住地以获取文件）的情况下及时发放或更换证件；

（d）确保向境内流离失所妇女、难民妇女、寻求庇护妇女及与家人失散和无人陪伴女孩发放个人证件，包括在冲突后移徙期间发放；以及确保及时、平等地对所有出生、结婚和离婚进行登记。

7. 婚姻和家庭关系（第十五条至第十六条）

62. 婚姻和家庭关系中的不平等影响妇女在冲突和冲突后局势中的经历。在这种情况下，妇女和女孩可能被逼结婚以安抚武装团体或因为妇女在冲突后致贫迫使她们为获得经济安全而结婚，影响了她们择偶和自由缔结婚姻的权利，而此项权利是第十六条第一款（a）项和第十六条第一款（b）项所保障的。在冲突期间，女孩特别易受强迫婚姻之害，而武装团体却越来越多地采用这种有害做法。由于贫穷和结婚可使女孩免遭强奸这一错误观念的影响，家庭还强迫女孩结婚。

63. 在冲突后局势中，第十六条第一款（h）项所保障的平等获得财产权尤其重要，因为住房和土地对经济复苏努力至关重要，对于女户主家庭里的妇女而言更是如此，而此类家庭数量在危机时期往往会因为家人分离和丈夫去世而增多。妇女获得财产的机会有限而且不平等，这种现象在冲突后局势中特别有害，因为已失去丈夫或男性近亲的流离失所妇女返回自己的家园后会发现，她们对自己的土地没有法定所有权，结果也就失去了谋生手段。

64. 对受冲突影响地区的妇女施行强迫怀孕、流产或绝育的行为侵犯了无数妇女的权利，包括第十六条第一款（e）项下的关于自由负责地决定子女人数和生育间隔的权利。

65. 委员会重申其第 21 和第 29 号一般性建议，并再建议缔约国：

（a）预防、调查和惩治性别暴力行为，如对受冲突影响地区的妇女和女孩施行强迫婚姻、强迫怀孕、流产或绝育；

（b）通过对性别问题有敏感认识并认识到妇女在冲突后情况下在要回自己的继承权和土地权时面临的尤为不利因素的立法和政策，包括因为冲突而造成地契和其他文件遗失或毁坏。

8. 安全部门改革以及解除武装、复员和重返社会

66. 作为冲突后和过渡时期最先到位的安全举措之一，解除武装、复员和重返社会是更广泛的安全部门改革框架的组成部分。尽管如此，在拟订或实施解除武装、复员和重返社会方案时却很少与安全部门改革举措进行协调。缺乏这方面的协调往往会损害妇女的权利，例如为了让曾犯过基于性别的违法行为的前战斗人员到安全部门任职而同意赦免。由于安全部门改革和解除武装、复员和重返社会举措缺乏规划和协调，妇女还不能担任新建安全部门机构的职务。这种审查流程不足进一步阻碍了开展对性别问题有敏感认识的安全部门改革，而这种改革是建立无歧视、对性别问题有敏感认识、能满足包括弱

势群体在内的妇女和女孩安全需求的安全部门机构的关键。

67. 冲突结束后，身为女性前战斗人员的妇女以及作为信使、厨师、医务人员、护理人员和被强制劳动者及妻子而与武装团体有牵连的妇女和女孩会面临特殊挑战。鉴于武装团体传统上是男性结构，解除武装、复员和重返社会方案常常不会应对妇女和女孩的具体需求，也不会征求她们的意见，并且还排斥她们。将女性前战斗人员排除在解除武装、复员和重返社会名单之外并不罕见。这类方案还不认可与武装团体有牵连的女孩的地位，把她们认定为受扶养人而不是被绑架者或把不担任明显战斗角色的女孩排除在外。许多女性战斗人员遭受了性别暴力特别是性暴力的侵害，造成的结果有：因被强奸而成为母亲、性传播疾病感染率高、被家庭排斥或被羞辱及其他创伤。解除武装、复员和重返社会方案常常不顾此类经历和她们经历的心理创伤。因此，她们无法成功地重新融入家庭和社区生活。

68. 即使妇女和女孩被纳入解除武装、复员和重返社会进程，对她们的支持也不够及带有性别陈规定型观念，并且由于提供的技术发展仅限于传统女性领域而限制了其经济赋权。解除武装、复员和重返社会方案还未能处理妇女和女孩在冲突和冲突后局势中经历的心理创伤。因此，这会导致更多的侵权行为发生，原因是妇女的社会耻辱、孤立和经济失能迫使一些妇女继续遭受剥削（如受到其捕获者的剥削），或者如果她们迫不得已从事非法活动为其自身及其受养人提供生计，则会迫使她们受到新的剥削。

69. 委员会建议缔约国：

（a）与安全部门改革协调并在其框架内制定和实施解除武装、复员和重返社会方案；

（b）开展对性别问题有敏感认识并促进性别平等的安全部门改革，以建立具有代表性的安全部门机构，处理不同妇女经历的安全问题和优先事项，与妇女及妇女组织保持联系；

（c）确保安全部门改革受到包容性监督和带惩罚的问责机制的约束，包括对前战斗人员进行审查；设立调查基于性别的违法行为的专门协议和单位；以及加强在监督安全部门方面的性别平等问题专门知识和妇女作用；

（d）确保妇女平等参与解除武装、复员和重返社会的所有阶段，从谈判和平协议和建立国家机构到设计和实施方案；

（e）确保解除武装、复员和重返社会方案专门针对女性战斗人员和与武装团体有牵连的妇女和女孩，将其作为受益者并消除阻碍她们公平参与的障碍；以及确保向她们提供社会心理援助和其他支助服务；

（f）确保解除武装、复员和重返社会进程专门满足妇女的特别需求，以提供针对不同年龄和不同性别的解除武装、复员和重返社会支助，包括解决年轻母亲及其子女具体关切的问题，但又不专门针对他们和不使他们进一步遭受羞辱。

9. **宪法和选举改革（第一条至第五条（a）款、第七条和第十五条）**

70. 冲突后选举改革和宪法建设进程为在过渡时期及之后实现性别平等奠定基础提供了关键机会。这些改革的进程和实质可以为妇女在冲突后时期参与社会、经济和政治生活创造先例，并提供法律基础，使妇女权利倡导者能要求在过渡时期中开展对性别问题有敏感认识的其他类型的改革。安全理事会第1325（2000）号决议还强调在冲突后选举和宪法改革中必须采取性别平等视角。

71. 在宪法起草进程中，妇女平等且有意义地参与，是将妇女权利纳入宪法保障的根本。缔约国必须确保，按照《公约》，新宪法规定男女平等和不歧视原则。为使妇女在与男子平等的基础上享受其人权和基本自由，她们必须获得一个平等的开端，具体方法是采取暂行特别措施加速实现事实上的平等。

72. 在冲突后背景下展开的选举改革和宪法起草进程还对确保妇女的参与和促进性别平等构成了一系列独特挑战，原因是选举制度的设计不总是性别中性的。为确定哪些利益团体可派代表参加冲突后时期的宪法建设机构和其他选举机构而制定的选举规则和程序在保障妇女在公共及政治生活中的作用方面至关重要。就选择何种选举制度所做的决定对于克服损害妇女参与的传统性别偏见十分重要。如果不采取若干适当措施，包括建立对性别问题有敏感认识的选举制度、采取暂行特别措施来促进妇女作为候选人参与、确保适当的选民登记制度和确保女选民和女性政治候选人不遭受国家或私人行为体的暴力行为侵害，要在实现妇女作为候选人和选民平等参与以及举行自由而公正的选举方面取得实质性进展是不可能的。

73. 委员会建议缔约国：

（a）确保妇女平等参与宪法起草进程，并为保障公众参与和为这类进程献计献策而采用对性别问题有敏感认识的机制；

（b）确保宪法改革和其他立法改革包含《公约》规定的妇女人权并按照《公约》第一条禁止对妇女的歧视，包括在公共及私人领域的直接和间接歧视，以及载入禁止对妇女的一切形式歧视的条款；

（c）确保新宪法对暂行特别措施做出规定，适用于公民和非公民，并保障妇女的人权在紧急状态下不受减损；

（d）确保选举改革进程纳入性别平等原则，并通过采取配额等暂行特别措施，包括针对弱势妇女群体，保障妇女的平等参与；采取比例代表制选举制；对政党进行监管；以及授权选举管理机构通过制裁手段确保合规；

（e）确保女选民的登记率和投票率，例如适当时允许邮寄投票，并清除一切障碍，包括确保投票站数量足够和容易到达；

（f）对损害妇女参与的一切形式暴力行为采取零容忍政策，包括国家和非国家团体针对竞选公职的妇女或行使投票权的妇女实施定向暴力行为。

10. **诉诸法律的机会（第一条至第三条、第五条（a）款和第十五条）**

74. 当冲突即将结束时，社会就会面临"处理以往的问题"这一复杂任务；这涉及必须让侵犯人权者为其行为承担责任、结束有罪不罚现象、恢复法治、通过伸张正义和相应的赔偿来解决幸存者的所有需求问题。在冲突及冲突后局势中，与获得诉诸法律的机会相关的挑战尤为严重和急迫，因为正式司法系统可能已荡然无存或虽在运作但已无任何效率或实效可言。现有的司法系统往往更可能会侵犯妇女的权利而不是保护她们，这可能会阻止受害者寻求正义。妇女在冲突之前在争取获得向国家法院诉诸法律的机会时所面临的所有障碍，例如法律、程序、体制、社会和实际障碍，及根深蒂固的性别歧视在冲突期间会更趋恶化，并在冲突后时期长期存在，再加上警察和司法结构的崩溃，从而剥夺或妨碍了妇女获得诉诸法律的机会。

75. 在结束冲突后，过渡司法机制建立起来了，以解决在侵犯人权方面的遗留问题、应对冲突的根源原因、促进从冲突向民主治理过渡、使旨在保护和推进基本人权和自由的国家机制制度化、伸张正义并确保对所有违反人权和人道主义法的行为进行追责和确保这些行为不会再次发生。为实现以上多重目标，往往会建立临时司法和/或非司法机制，包括真相调查委员会和混合法院，以取代运作不良的国家司法系统或作为对这类系统的补充。

76. 发生在冲突期间的最过分和普遍的违法行为往往不被过渡司法机制惩罚，并在冲突后环境中变为"常态"。尽管作出了加强和/或补充国内司法系统的努力，但过渡司法机制却忽视并继续忽视妇女，未充分伸张正义，也未对遭受的所有伤害做出赔偿，从而使侵犯妇女人权者所享有的有罪不罚现象更趋牢固。过渡司法机制未成功地充分解决冲突对男女两性造成的不同影响和考虑到在冲突期间发生的所有侵犯人权行为的相互依存性和相互关联性。对大多数妇女而言，冲突后司法的优先事项不应局限于结束侵犯公民权利和政治权利的行为，还应包括结束侵犯包括经济、社会及文化权利在内的所有权利的行为。

77. 缔约国根据《公约》承担的义务要求它们解决所有侵犯妇女权利的问题及作为这类违法行为根源的在底层结构方面的性歧视和性别歧视。除了向在冲突期间遭受基于性别的违法行为侵害的妇女提供补救外，过渡司法机制还具有确保使妇女的生活发生变革的潜力。鉴于这类机制担负着为新社会奠定基础的重要作用，这就给缔约国提供了一个独特的机会，可利用这类机制打下基础，消除妨碍妇女享受《公约》所规定的各项权利的先前就存在和根深蒂固的性歧视和性别歧视，从而实现实质性性别平等。

78. 虽然国际法庭在认定和起诉基于性别的犯罪方面做出了贡献，但在确保妇女获得诉诸法律的机会方面仍存在一些挑战，许多程序、体制和社会障碍继续阻碍她们参与国际司法进程。消极默认以往暴力行为的做法加强了沉默和羞辱文化。和解进程，例如真相与和解委员会，通常向女性幸存者提供一个在安全环境中处理其以往经历的机会，并形成正式历史记录，但绝不应用这种方式来取代调查和起诉对妇女和女孩犯下侵犯人权罪的犯罪者。

79. 委员会重申缔约国的义务还要求它们确保妇女的补救权，包括为其根据《公约》规定的权利受到侵犯而获得足够和有效赔偿的权利。必须对所受伤害的性别层面进行分析，以确保就冲突期间所遭受的违法行为向妇女提供足够、有效和迅速赔偿，不管这种赔偿是由国家或国际法院还是由行政赔偿方案命令提供。赔偿措施不是要重建侵犯妇女权利之前存在的状况，而是要力求改变导致发生侵犯妇女权利行为的结构性不平等、对妇女的具体需求作出回应并预防再发生这类侵权行为。

80. 在许多刚刚摆脱冲突的国家里，现有非正式司法机制是妇女可加以利用的唯一代表正义的形式，在冲突结束后，这类机制可以成为有价值的工具。但是，鉴于这类机制的程序和决定可能歧视妇女，因此必须仔细考虑其在促进向妇女提供诉诸法律的机会方面的作用，例如界定这类机制将处理的违法行为的类型和在正式司法系统里对其决定进行质疑的可能性。

81. 委员会建议缔约国：

　　（a）确保对过渡时期司法机制采用包含司法和非司法机制的综合方法，包括对性别问题有敏感认识并促进妇女权利的真相委员会和赔偿做法；

　　（b）确保过渡时期司法机制在实质性方面保证妇女诉诸法律的机会，具体方法是授权各机构处理一切基于性别的违法行为，拒绝赦免基于性别的违法行为，以及确保遵守过渡时期司法机制发布的建议和/或决定；

　　（c）确保对和解进程的支持不会导致全盘赦免任何侵犯人权行为，尤其是对妇女和女孩的性暴力行为，并确保这类进程加强作出努力，打击对这类犯罪的有罪不罚现象；

（d）确保在重建法治和进行法律改革时禁止对妇女的一切形式歧视，酌情设立刑事、民事和纪律制裁制度，并列入旨在保护妇女免遭任何歧视行为之害的具体措施；

（e）确保使妇女参与各级过渡司法机制的设计、运作和监测工作，从而保证借鉴她们的冲突经历，满足她们的特殊需求和优先事项，处理她们所遭受的所有违法事件，并确保使她们参与设计所有赔偿方案；

（f）通过适当的机制促进和鼓励妇女同过渡时期司法机制充分协作并参与其工作，包括确保在举行公开听证会期间保护她们的身份和确保由女性专业人员记录她们的证词；

（g）针对妇女所经历的不同类型的违法行为提供有效和及时的补救，并确保提供足够和全面赔偿；处理所有基于性别的违法事件，包括侵犯性权利和生殖权利事件、家庭奴役和性奴役、强迫婚姻和强迫流离失所，以及性暴力和侵犯经济、社会及文化权利的事件；

（h）通过对性别问题有敏感认识的程序，以避免发生再次伤害和羞辱；在所有警察局建立专门保护单位和性别平等问题科室；以保密和具有敏感认识的方式开展调查；以及确保在调查和审判期间给予妇女和女孩的证词与男子的证词以同等权重；

（i）打击对侵犯妇女权利行为的有罪不罚现象，并确保适当调查、起诉和惩治一切侵犯人权的行为，将犯罪者绳之以法；

（j）增强刑事问责制，具体方法是：确保司法系统的独立、公正和廉洁；加强安全、医疗及司法人员在收集和保存与冲突及冲突后情况下的性暴力相关的法证证据的能力；以及增强与包括国际刑事法院在内的其他司法系统的协作；

（k）增强妇女获得诉诸法律的机会，具体方法是：提供法律援助；设立专门法院，例如家庭暴力和家庭法院，就难民营和安置点情况及偏远地区提供流动法院；以及确保对受害者和证人采取足够保护措施，包括不披露身份和提供住处；

（l）直接接触非正式司法机制并在必要时鼓励进行适当改革，以使这类进程符合人权和性别平等标准，并确保妇女不受歧视。

五、结论

82. 除了上文所提建议之外，委员会还向缔约国提出如下建议。

《消除对妇女一切形式歧视公约》导读

A. 监测和报告

83. 缔约国应报告它们为确保在预防冲突、冲突期间及冲突后局势中的妇女的人权而实施的法律框架、政策和方案。缔约国应收集、分析和提供按性别分列的关于妇女、和平与安全问题的统计数据和长期趋势。缔约国的报告应述及在其国内和在其领土外但在其管辖地区内的行动，以及其单独和作为国际或政府间组织和联盟成员就妇女问题和预防冲突、冲突期间及冲突后局势所采取的行动。

84. 缔约国将就安全理事会关于妇女、和平与安全的议程的执行情况，特别是第1325（2000）号、第1820（2008）号、第1888（2009）号、第1889（2009）号、第1960（2010）号、第2106（2013）号和第2122（2013）号决议的执行情况提供资料，包括就所有商定的联合国基准或作为该议程组成部分而拟订的指标的遵守情况提出具体报告。

85. 委员会还欢迎参与管理外国领土的联合国相关特派团就所管理领土内与预防冲突、冲突期间及冲突后情况相关的妇女权利状况提交报告。

86. 按照《公约》第二十二条的规定，委员会请各专门机构就在预防冲突、冲突期间及冲突后情况下执行《公约》的情况提交报告。

B. 批准或加入条约情况

87. 鼓励缔约国批准与在预防冲突、冲突期间及冲突后保护妇女权利相关的所有国际文书，包括：

(a)《消除对妇女一切形式歧视公约任择议定书》（1999年）；

(b)《关于儿童卷入武装冲突的儿童权利公约任择议定书》（2000年）；

(c)《1949年8月12日日内瓦四公约关于保护国际性武装冲突受害者的附加议定书》（1977年）；《1949年8月12日日内瓦四公约关于保护非国际性武装冲突受害者的附加议定书》（1977年）；

(d)《关于难民地位的公约》（1951年）及其《议定书》（1967年）；

(e)《关于无国籍人地位的公约》（1954年）和《减少无国籍状态公约》（1961年）；

(f)《联合国打击跨国有组织犯罪公约关于预防、禁止和惩治贩运人口特别是妇女和儿童行为的补充议定书》（2000年）；

(g)《国际刑事法院罗马规约》（1998年）；

(h)《武器贸易条约》（2013年）。

消除对妇女歧视委员会第 31 号以及儿童权利委员会有关有害做法的
第 18 号联合一般性建议/意见
消除对妇女歧视委员会第五十九届会议通过（2014 年）

一、导言

《消除对妇女一切形式歧视公约》（《消除对妇女歧视公约》）和《儿童权利公约》包含具有法律约束力的与消除有害做法一般相关以及具体相关的义务。在执行各自监测任务的过程中，消除对妇女歧视委员会和儿童权利委员会一再提请注意这些危及妇女儿童，主要是女童的做法。鉴于工作任务的重叠以及对防止、响应和消除有害做法的共同承诺，无论其在何地以何种形式出现，消除对妇女歧视委员会和儿童权利公约委员会决定编制本联合一般性建议/意见。

二、一般性建议/意见的目的和适用范围

1. 本一般性建议/意见的目的是通过在立法、政策以及为确保对全面遵守两大公约下消除有害做法的义务所必须采取的适当措施方面提供权威指导，明确《消除对妇女歧视公约》和《儿童权利公约》缔约国的义务。

2. 委员会确认，有害做法直接成年妇女，或因其作为女童时承受了这些做法所受到的长期影响而给成年妇女带来危害。因此，本一般性建议/意见就关于消除危害妇女权利的有害做法的规定进一步阐述了《消除对妇女歧视公约》缔约国的义务。

3. 另外，委员会认识到男童也是暴力、有害做法和偏见的受害者，他们的权利必须得到处理从而保护他们，防止在他们今后的生活中发生基于性别的暴力、持续的偏见和性别不平等。因此，本一般性建议/意见提及了《儿童权利公约》缔约国在由于歧视导致男童享受权利受到影响的有害做法方面对的义务。

4. 阅读本一般性建议/意见时，应当结合两个委员会分别发布的相关一般性建议/意见，特别是消除对妇女歧视委员会关于暴力侵害妇女行为的第 19 (1992) 号一般性建议和儿童权利委员会关于保护儿童不受体罚以及其他残酷或有辱人格的惩罚形式的第 8 (2006) 号以及关于儿童免受一切形式暴力的权利的第 13 (2011) 号一般性意见。消除对妇女歧视委员会关于女性割礼的第 14 (1990) 号一般性建议通过本一般性建议/意见更新。

三、联合一般性建议/意见的理论基础

5. 消除对妇女歧视委员会和儿童权利委员会一再指出，有害做法植根于在定型角色的基础上使人们认为妇女和女童次于男性和男童的社会态度。委员会还强调了暴力问题的性别范畴，指出各种基于性和性别的态度与陈规定型观念、权

《消除对妇女一切形式歧视公约》导读

力不均、不平等和歧视使广泛存在的各种往往涉及暴力或强迫的做法持续不断。同时有必要忆及，委员会对这些做法也常常被用作在家庭、社区、学校、其他教育场所和机构，以及更广泛的社会上对妇女和儿童的"保护"或控制形式[1]从而为基于性别的暴力开脱的情况表示关切。此外，委员会还提请各缔约国注意，基于性和性别的歧视与其他危害妇女[2]和女童的因素之间存在交叉，特别是属于或被认为属于弱势群体并因而面临更大风险成为有害做法受害者的妇女和女童。

6. 因此，有害做法的根基是基于性、性别、年龄和其他理由的歧视，常常借助各种社会文化及宗教习俗和价值观，以及涉及某些弱势妇女和儿童群体的错误观念实现合理化。总体而言，有害做法通常和各种严重的暴力形式相关或其本身就是暴力侵害妇女和儿童的形式。这些做法的性质和普遍程度因区域和文化的不同而不同，但是，其中最为普遍、记载最多的是切割女性生殖器官、童婚及强迫婚姻、多配偶制、所谓名誉犯罪，以及因嫁妆引起的暴力。鉴于这些做法多次在两大委员会上提出，且在一些情况下通过立法和方案途径明显有所减少，因此，本一般性建议/意见将以其为例进行阐述。

7. 有害做法在世界大多数国家的社区中普遍存在；在此前未记述有此类做法的区域和国家，也发现了一些此类做法，主要是由于移徙；而因为冲突局势等因素，这类做法在一些国家消失后再度出现。

8. 许多其他做法也被认定为有害做法，它们与社会构建的性别角色和父权关系制度联系密切而又使其得到强化，有时反映了对于某些弱势妇女和儿童群体，包括残疾人和白化病人的不利观念或歧视性信念。这些做法包括但不限于：忽视女童（涉及对男童的优先照顾和待遇）、极端饮食限制（强迫进食、饮食禁忌，包括妊娠期间）、贞操测试及相关做法、缠足、疤痕、烙印/部落标记、体罚、扔石块、暴力入会仪式、寡居做法、巫术、弑婴和乱伦。[3] 有害做法还包括以女童和妇女美貌和宜婚性为目的（如增肥、隔离、使用唇盘以及使用项圈拉长脖颈[4]）或试图防止女童早孕或使其免受性骚扰和暴力（如熨胸/"repass-

---

〔1〕 消除对妇女歧视委员会第19（1992）号一般性建议，第11段；儿童权利委员会第9（2006）号一般性意见，第8、10和79段；儿童权利委员会第15号一般性意见，第8、9段。

〔2〕 消除对妇女歧视委员会关于缔约国根据《消除对妇女歧视公约》第2条所承担的核心义务的第28（2011）号一般性建议，第18段。

〔3〕 见消除对妇女歧视委员会第19（1992）号一般性建议，第11段以及儿童权利委员会第13（2011）号一般性意见，第29段。

〔4〕 见SG Study 关于对儿童暴力的第 A/61/299（2006）号，第46段。

age") 而进行的身体改造。此外，世界各地越来越多的妇女和儿童为了符合关于身体的社会规范，而非出于医疗或健康的目的接受医疗或整形手术，很多人迫于压力为时尚而瘦身，因而导致饮食和健康问题泛滥。

四、《消除对妇女歧视公约》和《儿童权利公约》的规范性内容

9. 尽管有害做法的问题在起草《消除对妇女歧视公约》和《儿童权利公约》时尚不为人们所了解，但两大公约均包含条款，将有害做法纳入侵犯人权行为，并规定缔约国有义务采取步骤以确保防止和消除这些做法。此外，委员会在审查缔约国报告时、在随后与缔约国的对话中，以及在各自的结论性意见中，都越来越多地涉及这一问题。两个委员会在各自的一般性建议和一般性意见中都对这一问题做了进一步的阐述。[1]

10. 《消除对妇女歧视公约》和《儿童权利公约》缔约国有责任遵守其尊重、保护和实现妇女儿童权利的义务。两个《公约》的缔约国还负有尽职义务，[2] 应防止损害妇女儿童认识、享受和行使其权利的行为，并确保私营行动者不对妇女和女童进行歧视，包括与《消除对妇女歧视公约》相关的基于性别的暴力，或与《儿童权利公约》相关的对儿童的任何形式的暴力）。

11. 两大《公约》概述了缔约国在建立明确的法律框架、确保保护和促进人权方面的义务。此举的一个重要步骤就是将《消除对妇女歧视公约》和《儿童权利公约》纳入本国法律框架。消除对妇女歧视委员会和儿童权利委员会都强调，旨在消除有害做法的立法必须包含适当的预算、执行、监测和有效的执法

---

[1] 到目前为止，消除对妇女歧视委员会的一般性建议中有九个涉及有害做法，包括关于执行《公约》第 5 条的第 3（1987）号一般性建议、关于切割妇女生殖器官的第 14（1990）号一般性建议、关于对妇女暴力的第 19（1992）号一般性建议、关于婚姻和家庭关系平等的第 21（1994）号一般性建议、关于妇女和健康的第 24（1999）号一般性建议、关于暂行特别措施的第 25（2004）号一般性建议、关于《公约》第 2 条规定的缔约国核心义务的第 28（2010）号一般性建议、关于婚姻、家庭关系及其解体经济后果的第 29（2013）号一般性建议以及关于妇女在预防冲突、冲突及冲突后局势中的作用的第 30（2013）号一般性建议。在关于儿童免于体罚及其他残酷或有辱人格的惩罚形式的权利的第 8（2006）号一般性意见以及关于儿童免受一切形式暴力的权利的第 13（2011）号一般性意见中，儿童权利委员会提出了关于有害做法的非详尽清单。

[2] 应当把尽职理解为《公约》缔约国防止暴力和侵犯人权、保护受害者和证人的人权免受侵犯的一项义务，对责任人进行调查和惩罚的义务，包括私人个体，以及提供获取人权侵犯赔偿便利的义务。消除对妇女歧视委员会第 19（1992）号一般性建议，第 9 段；儿童权利委员会第 13（2011）号一般性意见，第 5 段；消除对妇女歧视委员会第 28（2011）号一般性建议，第 13 段；消除对妇女歧视委员会第 30 号一般性建议，第 15 段；消除对妇女歧视委员关于个人通信和查询的意见和决定。

《消除对妇女一切形式歧视公约》导读

措施。[1]

12. 另外，保护义务要求缔约国建立法律结构，以确保有害做法受到迅速、公正和独立的调查，确保有效执法，并确保向受到此类做法伤害的人员提供有效的补救办法。委员会号召缔约国通过法律明确禁止并充分制裁有害做法或对其定罪，根据罪行和所造成伤害的严重性，规定预防方式、受害者的保护、康复、重返社会和赔偿，并打击有害做法不受惩罚的情况。

13. 由于有效处理有害做法的要求是两大《公约》缔约国的核心义务之一，对这些条款及其他相关条款[2]的保留具有广泛限制或限定缔约国尊重、保护和实现妇女和儿童免受有害做法影响的权利的效果，这与两大《公约》的目标和宗旨背道而驰，根据《消除对妇女歧视公约》第28条第2款和《儿童权利公约》第51条第2款，是不允许的。

五、有害做法的认定标准

14. 有害做法指的是植根于以性、性别、年龄和其他原因为基础的歧视以及多种和/或相互交叉形式的歧视的持续性做法和行为，通常涉及暴力并引起身体和/或心理上的伤害或痛苦。这些做法给受害者带来的伤害超过当时产生的身体和精神上的后果，且常常具有损害对人权以及妇女儿童基本自由的认识、享受和行使的目的或后果。对其尊严、身体、社会心理及道德的完整性和发展、参与、健康、教育、经济和社会地位也有不利影响。因此，这些做法在消除对妇女歧视委员会和儿童权利委员会的工作中都得到了反映。

15. 在本一般性建议/意见中，符合下列标准的做法应视为有害：

a. 构成对个人尊严及完整性的否定以及对人权及两大《公约》所载基本自由的侵犯；

b. 构成对妇女或儿童的歧视并导致其作为个人或群体受到不利影响因而有害，包括身体、心理、经济和社会伤害和/或暴力以及对其充分参与社会或发展并实现全部潜能的限制；

c. 基于性、性别、年龄和其他交叉因素延续男性主导和妇女儿童不平等的各种社会规范所规定或固守的传统的、重新出现或新出现的做法；

d. 由家庭、社区成员或整个社会强加给妇女和儿童的做法，无论受害者是否或是否有能力提供充分、自由和知情同意。

---

[1] 消除对妇女歧视委员会第28（2011）号一般性建议，第38（a）条和消除对妇女歧视委员会结论性评语以及儿童权利委员会第13（2011）号一般性意见，第40段。

[2] 《消除对妇女歧视公约》第2、5和16条，《儿童权利公约》第19条和第24条第3款。

六、有害做法的原因、形式和表现

16. 有害做法的原因是多层面的,包括基于性和性别的角色定型观念、对性别的优劣假定、控制妇女和女童身体和性欲的企图、社会不平等以及男性主导权力结构的普遍流行。改变这些做法的努力必须解决传统的、重新出现或新出现的有害做法背后的系统性和结构性原因,增强女童和妇女,以及男童和男子的能力,以促进纵容有害做法的传统文化态度的转变,充当这种转变的推动力,并建设社区支持这些进程的能力。

17. 虽然在打击有害做法方面做出了努力,但受其影响的妇女和女童的总体数量仍然很大,而且可能还在增加,原因包括冲突局势以及社交媒体广泛使用等技术进步。通过审查缔约国报告,委员会注意到,一些来自采取有害措施的社区的成员通过移徙或寻求庇护迁移至目的地国后往往继续固守有害做法。支持这些有害做法的社会规范和文化信念会保留下来,有时社区为了在新环境中保持文化认同还会对其加以强调,特别是在性别角色为妇女和女童提供更大个人自由的目的地国家。

6.1. 切割女性生殖器官

18. 切割女性生殖器官,或称女性割礼、残割女性生殖器官,是指部分或全部切除女性外生殖器或因非医学或非健康原因采用其他方式损害女性生殖器官,本一般性建议/意见称之为切割女性生殖器官。世界各区域和一些文化中都存在切割女性生殖器官的做法,这是婚姻的必要条件并被认为是控制妇女和女童性欲的有效方法。这种做法可能导致各种即时和长期的健康后果,包括剧烈疼痛、休克、感染以及在分娩期间危及母婴的各种并发症、产科瘘等长期的妇科问题以及心理后果和死亡。世界卫生组织和儿童基金会估计,全世界有1亿至1.4亿女童和妇女受过某一种形式的女性生殖器官切割。

6.2. 童婚及强迫婚姻

19. 童婚,也称早婚,是指至少一方未满18岁的婚姻。虽然有时其配偶也不满18岁,但绝大多数童婚,包括正式和非正式婚姻,都涉及女童。如果婚姻一方或双方均未表示充分、自由和知情同意,则可将童婚视为强迫婚姻的一种形式。为尊重儿童在做出影响其生活的决定方面不断发展的能力和自主权,在特殊情况下可以允许未满18岁的成熟的、有能力的儿童结婚,条件是其必须年满16岁而且由法官依据法律规定的合法例外理由以及成熟和未受文化和传统影像的证据做出决定。

20. 在有些情况下,儿童很小即订婚或成婚,而年幼的女童在许多情况下会被迫嫁给年长几十岁的男性。2012年,儿童基金会报告称,全世界有近4亿20~

49岁的女性未满18岁时就已结婚或与人结合。[1] 因此，消除对妇女歧视委员会和儿童权利委员会特别重视女童并未表示充分、自由和知情同意而结婚的情况，比如结婚时年龄太小，对成年生活尚未做好身体和心理上的准备，或无法做出有意识的、知情的决定因而不足以对婚姻表示同意。其他例证还包括，监护人根据习惯法或成文法享有法定的准许女童结婚的权利，因而违背女童婚姻自由权使其成婚的情况，等等。

21. 童婚往往伴随早孕、频繁妊娠和生产，导致孕产妇发病率和死亡率高于平均水平。在世界范围内，与妊娠相关的死亡是15~19岁女童（已婚或未婚）死亡的主要原因。年幼母亲所生的婴儿死亡率也高于年长母亲所生的婴儿（有时候高出两倍）。在童婚或强迫婚姻中，特别是在男方年龄明显大于女方以及女童教育程度有限时，女童在有关自己生活的事务中往往决策权有限。童婚还造成辍学率的上升，尤其是女童，被迫离开学校，受到家庭暴力以及享受行动自由权受限的风险增加。强迫婚姻通常导致女童缺乏人身和经济自主权、企图逃匿或自焚、自杀以逃避或逃离婚姻。

22. 强迫婚姻是指婚姻一方或双方未亲自充分、自由地表示同意结合。除前文所述童婚以外，强迫婚姻还可能体现为其他多种形式，包括交换婚姻或交易婚姻（即抵偿交换和抵偿婚姻）、奴役婚姻以及胁迫寡妇嫁给亡夫亲属（"至亲救赎婚姻"）。有些情况下，通常经过女方家属同意，允许强奸者通过与受害者结婚来逃避刑事制裁，从而构成强迫婚姻。在移徙情境中，为确保女童在家庭宗族内成婚或者为远房家庭成员或他人提供移徙至或生活在特定目的地国的证件，也可能发生强迫婚姻。强迫婚姻还越来越多地在冲突期间为武装团体所利用，或作为女童逃避冲突后贫穷的一种手段。[2] 强迫婚姻还包括不准婚姻一方终止或摆脱婚姻的情况。

23. 支付嫁妆和彩礼的情况在不同社区有所不同，可能会增加妇女和女童遭受暴力或其他有害做法的可能性。如果嫁妆的支付或规模未达到预期，丈夫或其家庭成员可能采取身体或心理暴力，包括谋杀、纵火和酸腐蚀等。有时候，家庭会同意用女儿的临时"婚姻"换取资金收益，也称契约婚姻，是人口贩运的一种形式。《儿童权利公约关于买卖儿童、儿童卖淫和儿童色情制品问题的任择议定书》缔约国对包含嫁妆或彩礼的童婚及强迫婚姻负有明确的义务，因为根据

---

[1] 联合国儿基会，《重申承诺》，2012年，http://www.apromiserenewed.org/。
[2] 消除对妇女歧视委员会第30（2013）号一般性建议，第62段。

《议定书》第2条（a）款，这可能构成"买卖儿童"。[1] 消除对妇女歧视委员会一再强调，允许这种付费或首选方式安排婚姻侵犯了择偶自由，并在委员会第29（2013）号一般性建议中提出，不得将这类做法定为婚姻有效的必要条件，缔约国不得认定这类协议可执行。

6.3. 多配偶制

24. 多配偶制违反了妇女和女童的尊严，侵犯了她们的人权和自由，包括在家庭中的平等和保护。不同的法律和社会环境下，多配偶制各不相同。其主要影响有：对妻妾健康的伤害，包括身体、精神和社会福利方面；妻妾可能蒙受物质损害和剥夺；对子女的情感和物质损害，通常对其福利带来严重后果。

25. 尽管很多缔约国都选择了禁止多配偶制，仍有一些国家合法或非法地实行多配偶制。纵观历史，多配偶的家庭制度曾经作为一种确保单个家庭有更多劳动力的途径而在特定农业社会中发挥了作用，但研究表明，多配偶制往往使家庭更加贫穷，特别是在农村地区。

26. 妇女和女童都有参与多配偶结合的情况，有证据表明女童更有可能嫁给或被许配给年长许多的男性，加大暴力和侵权的风险。成文法与宗教和个人地位以及传统的习惯法和做法并存，往往有助于这一做法的持续存在。然而，在一些缔约国，多配偶制是民法所允许的。宪法和保护文化和宗教权利的其他条款有时也用于维护允许多配偶婚姻的法律和做法。

27. 多配偶制违反《消除对妇女歧视公约》，因此缔约国有明确的义务应不鼓励并禁止这种做法。[2] 消除对妇女歧视委员会还指出，多配偶制对妇女及其子女的经济福利有严重影响。[3]

6.4. 所谓名誉犯罪

28. 所谓名誉犯罪行为虽不仅仅是对女童和妇女犯罪，但她们更多地成为实施这种暴力的行为的对象，因为家庭成员认为某个可疑的、主观认定的或实际的行为会使家庭或社区蒙受耻辱。这些行为包括婚前发生性关系、拒绝同意包办婚姻、未经父母同意结婚、通奸、寻求离异、衣着方式不为社区所接受、外出就业或不符合陈规定型观念中的性别角色等。女童和妇女成为性暴力受害者后也可能遭受所谓名誉犯罪。

---

[1] OP-CRC-SC，第2条（a）款和第3条第1款a项第（一）段。

[2] 消除对妇女歧视委员会第21（1994）号一般性建议；第28（2010）号一般性建议和第29（2013）号一般性建议。

[3] 消除对妇女歧视委员会第29（2013）号一般性建议，第27段。

29. 此类犯罪包括谋杀，通常由配偶、女性或男性亲属或者受害者的所在社区成员实施。所谓名誉犯罪并未被视为针对妇女的犯罪行为，而常常被社区裁定为据称为犯罪行为之后的一种保护及恢复其文化、传统、习惯或宗教规范完整性的手段。有些情况下，国家的立法或其实际应用，或立法的缺失允许将维护名誉作为犯罪者无罪或减轻罪行的情形提出，导致减轻制裁或无罪。此外，对案件知情的个人不愿提供确凿证据也可能阻碍案件的起诉。

七、解决有害做法问题的整体框架

30.《消除对妇女歧视公约》和《儿童权利公约》均具体提及了消除各种有害做法。《消除对妇女歧视公约》缔约国有义务规划并通过适当的立法、政策和措施，并确保其实施能够有效响应消除可能引发有害做法和暴力侵害妇女行为的歧视的障碍、阻碍和阻力（第2、3条）。然而，缔约国必须能够论证其所采取的措施具有直接相关性和适当性，首先保证妇女人权不受侵犯，并且论证这些措施能否达到预期的效果和结果。而且，缔约国寻求此类针对性政策的义务是即时的，缔约国不得以任何理由为任何延迟开脱，包括文化和宗教理由。《消除对妇女歧视公约》缔约国还有义务采取一切适当措施，包括暂行特别措施（第4条第1款），[1] 以"改变男女的社会和文化行为模式，以消除基于性别而分尊卑观念或基于男女定型任务的偏见、习俗和其他一切方法"（第5条a款）确保"童年订婚和童婚应不具法律效力"（第16条2款）。

31. 另一方面，《儿童权利公约》责成缔约国"采取一切有效和适当的措施，以期废除对儿童健康有害的传统习俗"（第24条第3款）。此外，《儿童权利公约》还规定儿童免受任何形式暴力的权利，包括身心摧残或性侵犯（第19条），并要求缔约国确保任何儿童不受酷刑或其他形式的残忍、不人道或有辱人格的待遇或处罚（第37条a款）。《儿童权利公约》将《公约》的四项基本原则应用到有害做法问题，即免受歧视（第2条）、确保儿童最大利益（第3条第1款）、[2] 支持生命、生存与发展权（第6条）和儿童受倾听权（第12条）。

32. 两个公约中，有效防止和消除有害做法都需要建立定义明确、基于权利且因地制宜的整体战略，其中应包含支助性的法律和政策措施，包括与程度相当的各级政治承诺及问责相结合的社会措施。《消除对妇女歧视公约》和《儿童权利公约》所列各项义务为消除本一般性建议/意见中已列出主要内容的有害做法提供了编制整体战略的基础。

---

[1] 消除对妇女歧视委员会第25（2004）号一般性建议，第38段。
[2] 儿童权利委员会关于儿童使其最大利益纳入首要考虑的权利的第14（2013）号意见。

33. 必须对这样的整体战略进行主流化以及横向和纵向的协调并纳入国家防止和解决一切形式有害做法的工作中。横向协调需要部门间组织，包括基于、卫生、司法、社会福利、执法、移民和庇护、通信和媒体等。相似地，纵向协调要求地方、区域和国家各级行动者之间以及与传统和宗教事务主管部门之间的组织。要促成这一过程，应考虑与所有相关的利益攸关方合作，将这一责任委托给某个现有的或专门成立的高级别实体。

34. 执行任何整体战略都必然需要提供充分的组织、人力、技术和财务资源，以及适当的措施和工具，如法规、政策、计划和预算。此外，缔约国还有义务确保配备独立的监测机制，以跟踪保护妇女儿童免受有害做法和实现其权利方面的进展。

35. 各类其他利益攸关方也必须参与旨在消除有害做法的战略，包括独立的国家人权机构、卫生、教育和执法专业人员、民间社会，以及从事这些做法的人员。

7.1. **数据采集和监测**

36. 定期全面地采集、分析、传播和使用定量和定性数据，对确保政策有效、制定适当的战略和规划行动以及评价影响、监测实现消除有害做法目标的进展情况，以及识别重新出现和新出现的有害做法具有重要意义。有了数据，就可以审查趋势，在国家和非国家行动者政策和有效的方案执行之间，以及在态度、行为、做法以及普及率方面的相应变化之间建立相关联系。按性别、年龄、地理位置、社会经济地位、教育程度和其他关键因素分列数据，对识别妇女儿童中的高风险和弱势群体十分重要，将为政策制定和解决有害做法的提供指导。

37. 尽管认识到这一点，但关于有害做法的分列数据仍然有限，且在国家间和时间上很少具有可比性，因此人们对这一问题的范围和演变情况了解有限，在确认具有充分针对性的措施方面认识也有限。

38. **委员会建议《公约》缔约国：**

（a）优先处理定期采集、分析、传播和使用按性别、年龄、地理位置、社会经济地位、教育程度和其他关键因素分列的关于有害做法的定量和定性数据，确保这些活动获得充足的资源。应在医疗保健和社会服务、教育、司法和执法部门确立和/或维护关于保护相关的问题定期数据采集系统。

（b）通过利用国家人口和指标调查和普查采集数据，可以来自全国性代表住户调查的数据作为补充。应通过专题小组讨论、与各利益攸关方深入的关键信息员访谈、结构性观察、社会地图和其他适当途径收集定性研究。

7.2. 立法与执法

39. 对于任何整体战略，制定、颁布、实施和监测相关立法都是一个关键要素。每一个缔约国均有义务[1]发出明确信息表示谴责有害做法，为受害者提供法律保护，让国家和非国家行动者保护面临风险的妇女儿童，提供适当的回应和照顾，并确保提供补偿和终止有罪不罚现象。

40. 但是，单凭颁布立法不足以有效打击有害做法。因此，根据尽职要求，立法必须辅以一套全面措施，以便利其实施、执行、跟进、监测和已达成成果评价。

41. 与缔约国在两大公约下所有的义务相违背，很多国家仍然保留了一些立法条款使有害做法合理化，允许或导致有害做法，如允许童婚的立法、把捍卫所谓的"名誉"作为将对女童和妇女实施犯罪判为无罪或减罪的因素，或者使强奸或其他性犯罪实施者得以通过与受害者结婚而免于制裁的立法。

42. 在实行多元法律体系的缔约国，即使法律明确禁止有害做法，也未必能有效实施禁止，因为习惯法、传统法或宗教法的存在可能事实上支持有害做法。

43. 习惯法和宗教法法庭的法官以及传统的判决机制内的法官在处理妇女儿童权利问题时存在的偏见，能力差，而且认为习惯体系职权范围内的事项不应受到国家或其他司法机构的审查和监督，拒绝或者限制了有害做法受害者获得公正待遇。

44. 相关利益攸关方充分、广泛地参与起草反对有害做法的立法，可以确保与有害做法相关的主要关切得到准确的认定和解决。与实行这些做法的社区、其他相关的利益攸关方，以及民间社会成员接触并征求他们的意见，对这一过程意义重大。但是，应该注意确保颁布和执行立法的工作不因支持有害做法的主流态度和社会规范而削弱。

45. 很多缔约国已经采取步骤通过移交和授权的方式下放政府权力，但这不应削弱或消除其颁布立法禁止有害做法的义务，这一义务适用于其整个管辖范围。必须出台保障措施，以确保权力的下放或移交不会导致不同的区域和文化区在保护妇女儿童免受有害做法危害方面出有所差别。接受权力移交的主管机构需配备必要的人力、资金、技术和其他资源，以有效执行旨在消除有害做法的立法。

46. 从事有害做法的文化群体可能推动跨国传播这类做法，此类情况发生

---

[1] 见《消除对妇女一切形式歧视公约》，第2条第a、b、c、f款和第5条以及儿童权利委员会第13（2011）号一般性意见。

时，有必要采取适当措施遏制这些做法的传播。

47. 国家人权机构在促进和保护人权，包括个人免受有害做法的权利，以及增强公众对这些权力的认识方面应发挥关键作用。

48. 为妇女儿童提供服务的个人，特别是医务人员和教师，在识别实际或潜在的有害做法受害者方面有着特殊的地位。然而，他们往往受到保密规则的限制，这可能与他们报告实际发生或可能发生有害做法情况的义务相悖。必须通过明确的法规强制他们报告这类事件，从而克服这种情况。

49. 如果医务专业人员或政府职员/公务员参与或共谋有害做法，则在确定刑事制裁或发出警告之后吊销执业执照和终止合同等行政处罚时，应将其地位和责任，包括报告责任，视为加重处罚的情形。在这一方面，对相关专业人员进行系统培训被认为是一种有效的预防措施。

50. 虽然必须以有利于预防和消除有害做法的方式持续执行刑法的制裁，但缔约国也必须考虑对受害者的潜在威胁和不利影响，包括打击报复行为。

51. 在发生率高的地区，资金赔偿未必可行，但在所有情况下，受到有害做法影响的妇女儿童都必须得到法律救济、受害者支助和康复服务，以及社会和经济方面的机会。

52. 应始终考虑儿童的最大利益并保护女童和妇女权利，必须具备必要条件让他们能够表达自己的观点并确保他们的意见得到应有的重视。我们还必须认真考虑童婚和/或强迫婚姻解体、退还嫁妆和彩礼等对儿童或妇女潜在的短期和长期影响。

53. 缔约国，尤其是移民和庇护事务官员，必须认识到，妇女和女童可能会为了逃避承受有害做法而逃离其本国。这些官员应就保护她们所需采取的步骤接受适当的文化、法律和性别敏感培训。

54. 委员会建议《公约》缔约国通过或修正立法，以有效解决和消除有害做法。在此过程中，缔约国应确保：

（a）立法的起草过程具有全面的包容性和参与性。为此，缔约国应开展针对性的倡导和提高认识活动，采取社会动员措施为立法的起草、批准、传播和实施形成广泛的公众认识和支持；

（b）立法完全符合《消除对妇女歧视公约》和《儿童权利公约》所列相关义务以及其他禁止有害做法的国际人权标准，并优先于允许、纵容或规定任何有害做法的习惯法、传统法或宗教法，尤其是在实行多元法律体系的国家；

（c）一切纵容、允许或导致有害做法的立法应毫不拖延地废除，包括传统法、习惯法或宗教法以及将"捍卫荣誉"认可为所谓荣誉犯罪的辩护或减罪因

《消除对妇女一切形式歧视公约》导读

素的任何立法；

（d）立法具有一致性和全面性，就防范、保护、支助和跟进服务，以及受害者援助提供详细的指导，包括身心康复和重返社会，并以充分的民事和/或行政立法规定作为补充；

（e）立法充分地，包括通过为通过暂行特别措施提供基础，解决有害做法的根本原因，包括基于性、性别、年龄和其他交叉因素的歧视和对受害者人权和需求的关注并充分考虑儿童和妇女的最大利益；

（f）把男女的法定最低结婚年龄确定为18周岁，无论父母是否同意。如果在特殊情况下允许在未满18周岁时结婚，那么绝对最低年龄不小于16周岁，获得许可的理由应通过法律严格规定，且必须在一方或双方儿童亲自出庭表示充分、自由和知情同意，得到法院许可方可允许结婚；

（g）确立婚姻登记的法律要求，通过提高认识、教育和提供充分的基础设施使所有人都能在辖区内进行登记，来实现有效的执行；

（h）为所有儿童建立全国性强制、可得和免费的出生登记制度，以有效防止包括童婚在内的有害做法；

（i）国家人权机构负责审议个人投诉和请愿并展开调查，包括以保密、性别敏感和儿童友好的方式由他人代表或由妇女和儿童直接提交的个人投诉和请愿；

（j）法律强制规定，为儿童和妇女工作、与儿童和妇女一起工作的专业人员和机构如果有合理理由认为已经发生或有可能发生有害做法，应对实际事件或此类事件的风险予以报告。强制报告责任必须确保隐私保护和报告人的保密；

（k）所有起草和修正刑法的举措都必须结合对有害做法受害者和面临承受有害做法风险的人员的保护措施和服务；

（l）立法确立对实施有害做法的管辖范围适用于缔约国国民和长期居民，即使行为的实施地点在其不承担刑事责任的其他国家；

（m）涉及移徙和庇护的立法和政策将承受有害做法或因为有害做法而遭受迫害的风险认定为给予庇护的理由。应根据案件具体情况考虑为可能陪伴女童或妇女的一位亲属提供保护；

（n）立法包括对法律进行定期评价和监测的规定，包括实施、执行和跟进；

（o）承受有害做法的妇女和儿童能够获得平等的司法救助，包括通过克服提起诉讼的法律和实际障碍，如提起诉讼的时效等，以及对实施者和援助、纵容这类做法的人员问责；

（p）立法包括强制限制或保护命令，以保护面临有害做法风险的人员并为其提供安全以及保护受害者免受报复的措施；

（q）在实践中，违反两个公约或其中之一的行为的受害者可以平等地获得法律救济和适当的赔偿。

7.3. 防止有害做法

55. 打击有害做法首要的一个步骤就是防范。两大委员会均已强调，通过一种基于人权的办法改变社会和文化规范、增强妇女和儿童能力、对经常接触各级有害做法受害者、潜在受害者和实施者的所有相关专业人员开展能力建设，以及提高对有害做法根源和后果的认识，可以最有效地实现防范，包括通过与相关的利益攸关方对话。

7.3.1. 确立基于权利的社会文化规范

56. 社会规范是一个社区中可能有利并强化其认同和凝聚力的或不利并潜在导致危害的某些做法的推动因素和社会决定性因素，同时也是期望社区成员遵守的社会行为准则。这就形成并维持了一种集体的社会义务感和预期，调节着社区成员的行为，即使他们本人并不认同这一做法。例如，在以切割女性生殖官为社会规范的地方，父母倾向于同意对自己的女儿实施生殖官切割，因为他们看到其他父母同意对女儿实施生殖官切割，于是认为他人会期待自己采取同样做法。这一规范或做法通常由社区网络中已经经历过这一程序的其他妇女实施，她们会施加更大的压力让年轻妇女顺从这一做法，否则会面临排斥、回避和侮辱。这种边缘化可能包括失去重要的经济和社会支持以及社会流动。相反，如果个人顺应了这种社会规范，他们就有望得到包容和赞扬等回报。改变支持有害做法并使其合理化的社会规范，要求对这种预期提出质疑并予以修正。

57. 社会规范是相互联系的，因此，有害做法不能孤立地加以解决，而应该以全面认识这些做法与其他文化和社会规范以及其他做法之间的联系为基础，在更广泛的背景中寻求解决。这说明了采用建立在承认权利不可分割和相互依赖基础上的、基于权利的办法的必要性。

58. 必须面对的一个根本挑战是有害做法可能会被认为对受害者及其家人和社区有好处这一事实。因此，任何仅以改变单个行为为目的的办法都是十分局限的。相反，需要一种基础广泛的、全面的集体或社区性的方法。加强人权、使实施有害做法的社区集体探索并同意采用替代办法实现自身价值和维护传统而不造成伤害和侵犯妇女儿童的人权的文化敏感性干预，可以可持续、大规模地消除有害做法和集体采纳新的社会准则。公开展现对采取替代做法的集体承诺有助于增强其长期可持续性。在这一方面，社区领袖的积极参与至关重要。

59. 委员会建议《公约》缔约国：

确保为解决有害做法以及质疑并改变其背后的社会规范而采取的任何努力都

是全面的、以社区为基础的，而且以包括所有相关利益攸关方，尤其是妇女和女童在内的基于人权的办法为基础。

7.3.2. 妇女和女童赋权

60. 缔约国有义务质疑和改变限制妇女和女童充分行使其人权和自由的父权意识形态和结构。许多女童和妇女都经历过社会排斥和贫穷，这使她们更有可能遭受剥削、有害做法和其他形式的基于性别的暴力。要战胜这样的社会排斥和贫穷，她们需要具备必要的技能和能力，以主张自己的权利，包括对自己的生活做出自主、知情的决定和选择。在这一背景下，教育是增强妇女和女童、主张自身权利的能力的重要手段。

61. 女童和妇女受教育程度低和有害做法的普遍程度之间存在明显的相关性。《公约》缔约国有义务确保享受高质量教育的普遍权利，创造有利环境使女童和妇女成为变革的动因（《儿童权利公约》第28~29条，《消除对妇女歧视公约》第10条）。这就要求普及免费义务小学入学和按时就读，劝阻辍学，消除现有的性别不均等，以及支持最边缘女童获得教育，包括生活在偏远农村社区的女童。在履行这些义务时，应考虑使学校及其周边安全、对女童友好而且有利于女童的最优表现。

62. 完成初等和中等教育，有利于防止童婚和少女怀孕，降低母婴死亡率和发病率，使妇女和女童为更好地主张自己免于暴力的权利做好准备，并增加她们有效参与生活各个领域的机会，从而为女童带来短期和长期的好处。委员会一贯鼓励缔约国采取措施提高中等教育的入学率和续读率，包括通过确保学生完成小学学业、取消初等和中等教育学费、促进公平享受中等教育（包括技术职业教育）机会和考虑中等教育义务化。少女在妊娠期间或妊娠结束后有权继续其学业，可通过不歧视的返校政策保障这一权利。

63. 对失学女童来说，非正规教育通常是她们唯一的求学道路，应提供基础教育和生活技能指导。对未完成初等和中等教育的人来说，这是正规教育的一种替代方式，可通过广播节目和数字媒体等其他媒体提供。

64. 通过生计和创业技能培训，妇女和女童得以建立自己的经济资产，奖学金、小额信贷方案和储蓄计划等方案（《消除对妇女歧视公约》第11条和第13条，《儿童权利公约》第28条）可从经济上激励她们推迟到18岁以后结婚，从而受益。对于宣传妇女享有外出工作的权利、质疑有关妇女和就业的禁忌而言，补充性的提高认识方案必不可少。

65. 鼓励为妇女和女童赋权的另一种方法是建立其社交资产，有利于此的方式包括创造安全空间使女童和妇女得以与同伴、导师、教师和社会领袖联系并表达自己的思想、畅所欲言、说出自己的愿望和关切，并参与影响自己人生的决策。这样有助于培养她们的自尊和自我效能感，沟通、谈判和解决问题的技能，以及对自身权利的认识，对移徙女童来说尤为重要。传统上男性占据着各级有权力和影响力的位置，他们的参与对于确保儿童和妇女得到家人、社区、民间社会和决策者的支持和参与承诺有着十分关键的作用。

66. 童年时期，最迟在青春期早期，是帮助女童和男童、支持他们改变基于性别的态度、在家庭、在学校和更广泛的社会中采用更积极的角色和行为的起点。这意味着要促进与他们讨论与传统的女性和男性以及性和性别相关的定型角色相联系的社会规范、态度和预期；在消除特别影响青春期前和青春期少女的有害做法的努力中，与他们以伙伴关系合作，支持以消除性别不平等、促进重视教育尤其是女童教育的重要性为目标的个人和社会变革。

67. 已经承受有害做法或存在承受有害做法风险的妇女和少女面临着极大的性健康和生殖健康风险，尤其是当她们已经因为缺乏足够的信息和服务，包括青少年友好服务，而遇到决策障碍的情况下。因此，需要特别注意确保妇女和青少年获得有关性健康和生殖健康与权利，以及有害做法的影响的准确信息，获得充分而且保密的服务。开展适龄教育，包括有关性健康和生殖健康的科学信息，有助于增强女童和妇女做出知情决定、主张自身权利的能力。为此，具有充分知识、理解和技能的保健服务提供者和教师对传递信息、防范有害做法以及认定已经或可能成为有害做法受害者的妇女和女童并为她们提供援助至关重要。

68. 委员会建议《公约》缔约国：

（a）以女童友好的方式普及免费义务初等教育，包括在偏远地区和农村地区。在为怀孕女童和少女母亲提供完成中等教育的经济激励，以及制定不歧视的返校政策的同时，考虑使中等教育成为强制教育；

（b）在能够培养其自尊、使其了解自身权利并发展沟通、谈判和解决问题能力的安全、有利的环境中为女童和妇女提供教育和经济机会；

（c）将人权信息纳入教育课程，包括妇女和儿童的权利、性别平等和自我意识，并致力于消除性别陈规定型观念和培育不歧视的环境；

（d）确保学校提供适龄的性健康和生殖健康和权利信息，包括性别关系和负责任的性行为、预防艾滋病毒、营养、免受暴力和有害做法的保护等；

（e）确保从正规学校辍学或从未入学、不识字的女童可获得非正规教育方案；监测这些方案的质量；

（f）动员成年男性和男童创造有利环境，支持对妇女和女童赋权。

7.3.3. 各级能力建设

69. 消除有害做法的一大难题和相关专业人员，包括一线专业人员在认识、识别和回应有害做法事件或风险方面缺乏认识或能力不足有关。全面、整体而有效的能力建设应以动员具有影响力的领袖（如传统领袖和宗教领袖），以及尽可能多的相关专业群体（包括卫生、教育和社会工作者、庇护和移徙事务管理人员、警察、检察官、法官和各级政治人物）参与为目标。需为他们提供关于做法和适用人权规范和标准的准确信息，以促进群体和更广泛社会的态度和行为转变。

70. 在存在替代性争议解决机制或传统司法制度的情况下，应为负责这方面管理的人员提供有关人权和有害做法的培训。而且，警察、检察官、法官和其他执法官员需要进行有关实施认定有害做法非法的新立法或现有立法的培训，以确保他们了解妇女和儿童的权利而且对受害者的脆弱地位保持敏感。

71. 在有害做法主要限于在移徙社区通行的缔约国，必须使保健服务提供者、教师和儿童保育专业人员、社会工作者、警察、移民官员和司法部门在识别已经或可能承受有害做法的女童和妇女以及保持敏感，并得到培训，了解可以且应当采取哪些步骤对其进行保护。

72. **委员会建议《公约》缔约国：**

（a）为所有相关的一线专业人员提供关于有害做法和应用人权规范和标准的信息，确保他们在防止、识别和回应有害做法事件方面得到足够的培训，包括减轻对受害者的不利影响以及帮助他们获得救济和适当的服务；

（b）为涉及替代性争议解决和传统司法制度的人员提供培训，以正确适用关键的人权原则，特别是儿童的最大利益和儿童参与行政和司法程序的情况；

（c）为包括法官在内的所有执法工作人员提供禁止有害做法的新立法和现有立法培训，确保他们了解妇女和儿童的权利以及他们对起诉有害做法实施者、保护受害者所负有的职责；

（d）对移民社区的保健服务提供者开展专门的认识和培训方案，解决接受过切割女性生殖器官或其他有害做法的儿童和妇女的特殊保健需求问题。同时为儿童福利服务机构以及侧重于妇女权利的机构、教育、警察和司法部门、政治人物以及从事移民女童和妇女工作的媒体工作人员提供专门培训。

7.3.4. 提高意识、公共对话和承诺表示

73. 为了挑战有害做法背后的社会文化规范和态度，包括男性主导的权力结构、基于性和性别的歧视和年龄等级，两委员会定期建议缔约国开展全面的公共宣传和提高认识活动，作为消除有害做法长期战略的一部分。

74. 提高认识的措施应包括由可信来源提供的有关各种做法导致危害的准确信息，以及为何应对其予以消除的令人信服的理由。在这一方面，大众媒体可以发挥重要作用，根据帮助他们免于各种有害做法的两大《公约》规定的各项义务，通过妇女和儿童获得旨在促进其社会和道德福利以及身心健康的信息和材料，特别形成新思维。

75. 启动提高认识活动，可以提供发起公众关于有害做法的讨论的机会，以集体探索不会造成伤害或侵犯妇女和儿童人权的替代方案，并就潜在、维持有害做法的社会规范能够且应当改变达成一致。一个社区在落实和采纳新办法、实现核心价值方面的集体自豪感，可以确保新的社会规范承诺和可持续性，而不至于产生蒙受伤害或侵犯人权的后果。

76. 最有效的努力是具有包容性而且动员了各级相关利益攸关方的努力，特别是动员了来自受影响社区的女童和妇女以及男童和成年男性的。此外，这些努力需要地方领袖的积极参与和支持，包括足够的资源分配。与相关的利益攸关方、机构、组织和社区网络（宗教和传统领袖、从业人员及民间社会）建立或加强现有的合作伙伴关系，有助于架设起不同支持者群体之间的桥梁。

77. 必须考虑在消除有害做法后在地方或移徙社区或其他来自具有相似背景的同一地理区域、实行有害做法的社区传播有关积极经验的信息，以及包括来自其他地区的良好做法，可以采取地方、国家或区域会议或活动、社会领袖访问或使用音像工具等形式。此外，需精心设计提高认识活动，以便准确反映当地环境、不至造成强烈抵制或引发对受害者及践行社区的羞辱或歧视。

78. 在提高认识和消除有害做法外展工作中，社区和主流媒体可以成为重要的合作伙伴，包括通过与政府联合举办辩论或谈话节目、制作和放映纪录片以及制作教育类广播和电视节目。互联网和社交媒体也可以成为有用的工具，为讨论活动提供信息、创造机会，移动电话越来越广泛地被用于传递信息、使各种年龄段的人们都能参与。基于社区的媒体是宣传和对话的有用平台，包括广播、街道剧场、音乐、艺术、诗歌和木偶戏等。

79. 在打击有害做法立法有效、实施得力的缔约国，存在践行社区藏匿或潜往国外实施做法的风险。在防止针对这些社区的歧视和耻辱的同时，接收践行社区的东道主缔约国应支持就对受害者或面临风险的人员的有害影响以及侵犯行为的法律后果开展提高认识的活动。为此，必须采取步骤促进这些社区的社会融合。

80. 委员会建议《公约》缔约国：

（a）编制并通过全面的提高认识方案，挑战和改变实施有害做法的行为背后的文化与社会态度、传统及习俗；

（b）确保提高认识方案提供准确信息以及来自可信来源的有关有害做法对妇女、儿童，尤其是女童，及其家庭和广大社会带来的不利影响的明确、一致的信息。这类方案应包括社交媒体、互联网以及社区宣传和传播手段；

（c）采取一切适当措施确保受害者及践行做法的移民或少数族群社区不受羞辱和歧视；

（d）确保针对国家机构的提高认识方案动员决策者和所有相关的方案工作人员，以及在地方和国家政府、政府机构内工作的主要专业人员参与；

（e）确保国家人权机构的工作人员充分认识有害做法在缔约国内部的影响，并对此保持敏感，确保在推动消除这些做法的过程中对其予以支持；

（f）通过在制定和实施这些措施的过程中发动所有相关的利益攸关方，包括地方领袖、从业人员、基层组织和宗教社区，发起公共讨论，以防止有害做法并促进其消除。这些活动应强调符合人员的社区这种积极的文化原则，并包括具备相似背景的先前践行社区成功的消除经验有关的信息；

（g）建立或加强与主流媒体的有效合作伙伴关系，支持实施提高认识的方案，促进公共讨论，鼓励创建和遵守尊重个人隐私的自我监管机制。

7.4. 保护性措施和响应服务

81. 作为有害做法受害者的妇女和儿童需要即时的支助服务，包括医疗、心理和法律服务，紧急医疗服务可能是其中最为迫切和明显的需要，因为本一般性建议/意见所涵盖的有害做法有一些涉及承受极度的身体暴力，为了处理严重伤害或防止死亡，有必要实施医疗介入。对切割女性生殖器官或其他有害做法的受害者还可能需要实施医学治疗或外科手术，以解决身体上短期和长期的不利影响。必须将对妇女或女童妊娠和分娩的管理纳入助产士、医师和其他熟练接生人员的岗前和在职培训。

82. 国家保护体系，或在其缺失时的传统结构应负责做到儿童友好、对性别问题敏感和资源充足，为面临高暴力风险的妇女和女童提供一切必要的保护性服务，包括为避免承受切割女性生殖器官、强迫婚姻或所谓名誉犯罪而逃匿的女童。必须考虑设置方便记忆、免费拨打的24小时全国通用求助热线。必须具备适当的受害者安全和保障措施，包括专门的临时收容所，以及暴力受害者收容所内的专门服务。由于有害做法实施者通常是受害者的配偶、亲属或受害者所在社区成员，如果有理由相信受害者不安全，保护性服务应尝试把受害者迁移安置在其直接所属的社区以外。必须避免无人监督的来访，特别是在问题可能属于所谓名誉的情况下。还必须提供社会心理支助，以治疗受害者受到的直接和长期的心理创伤，其中可能包括创伤后压力综合症、焦虑或抑郁。

83. 如果已受到或拒绝接受某一做法的妇女或女童离开家庭或社区寻求庇护，她决定返回必须得到国家保护机制充分的支持。在协助其做出这一自由而知情的选择时，这些机制要以她的最大利益为原则，确保其安全返回和重新融入，包括避免重新成为受害者。对这类情形必须进行密切跟进和监测，以确保受害者得到保护并在短期和长期内享有其权利。

84. 受害者因有害做法造成其权利受到侵犯而寻求正义，往往面临羞辱、重新沦为受害者的风险、骚扰以及可能的报复，因此，必须采取步骤，根据《消除对妇女歧视公约》第2条（c）款、第15条（b）和（c）款通过法律程序确保女童和妇女的权利得到保护，根据《儿童权利公约》第12条的规定作为儿童受倾听权的一部分使其能够有效参与法庭诉讼。

85. 很多移民面临不稳定的经济和法律地位，增加了其在各种形式暴力，包括有害做法面前的脆弱性。移徙妇女和儿童往往无法得到与公民同等的充分服务。

86. 委员会建议《公约》缔约国：

（a）确保保护服务有人负责并获得充足的资源，为成为或可能成为有害做法受害者的儿童和妇女提供一切必要的防范和保护服务；

（b）设置24小时免费热线电话，由经过培训的咨询人员值守，使受害者在可能发生或已经发生有害做法时能够报告情况、提供所需服务转介，以及关于有害做法的准确信息；

（c）就司法官员，包括法官、律师、检察官及所有相关的利益攸关方的保护职责，就立法禁止歧视，以及按照两大《公约》以性别和年龄敏感的方式适用法律等问题制定和实施能力建设方案；

（d）确保参与法律程序的儿童可以获得适当的儿童敏感服务，以保障他们的权利和安全，限制诉讼可能产生的不利影响。保护性行动包括限制受害者被要求陈述的次数、不要求个人面对行为实施者等。其他步骤包括指定诉讼期间的监护人（特别是在实施者为父、母亲或法定监护人的情况下），以及确保受害儿童获得有关这一过程的充分的儿童敏感信息并充分了解可能发生的情况；

（e）确保移徙妇女和儿童不论其法律地位如何，都能平等地获得服务。

八、一般性意见/建议的传播及报告

87. 缔约国应当在国家和地方面向议会、政府和司法机关广泛传播本联合一般性建议/意见，还应使儿童和妇女以及所有相关的专业人员和利益攸关方，包括为儿童及和儿童工作的人员（如法官、律师、警察和其他执法机构、教师、监护人、社会工作者、公私福利机构和收容所工作人员、保健服务提供者）以及一般民间社会，都知晓本一般性意见/建议。联合一般性建议/意见应翻译成相关语文；应提供儿童友好/残障人士可用的适当版本和格式。应举行会议、研讨会、讲习班以及其他活动分享有关如何最好地实行联合一般性建议/意见的良好做法。还应将其纳入所有相关专业人员和技术人员的正式岗前培训和在职培训，并应将其提供给所有国家人权机构、妇女组织和其他非政府人权组织。

88. 缔约国应在其根据《消除对妇女歧视公约》和《儿童权利公约》提交的报告中包含有关使有害做法得以保留的态度、习俗和社会规范的性质和范围，以及其在本一般性建议/意见指导下已经实施的措施及其效果。

九、条约的批准、加入和保留

89. 鼓励缔约国批准：

（a）《消除对妇女一切形式歧视公约任择议定书》（1999 年）；

（b）《儿童权利公约关于买卖儿童、儿童卖淫和儿童色情制品的任择议定书》（2000 年）；

（c）《儿童权利公约关于儿童卷入武装冲突问题的任择议定书》（2000 年）；

（d）《儿童权利公约关于设定来文程序的任择议定书》（2011 年）。

90. 缔约国必须审查并修改或撤回对《消除对妇女歧视公约》第 2、5 和 16 条及《儿童权利公约》第 19 条和第 24 条第 3 款或其子段落的保留意见。消除对妇女歧视委员会认为对这些条款的保留意见原则上与《公约》的宗旨和目的对立，因而根据《消除对妇女歧视公约》第 28 条第 2 款是不能允许的。

第 32 号一般性建议：
关于妇女的难民地位、庇护、国籍和无国籍状态与性别相关方面
消除对妇女歧视委员会第五十九届会议通过（2014 年）

一、导言

1. 消除对妇女歧视委员会旨在通过本一般性建议向缔约国提供关于立法、政策和其他适当措施的权威指导，以确保缔约国履行《消除对妇女一切形式歧视公约》及其《任择议定书》规定的有关与妇女的难民地位、庇护、国籍和无国籍状态相关的不歧视和性别平等的义务。

2. 《公约》是富有活力的文书，促进并顺应国际法的发展。本一般性建议借鉴了委员会以前的一般性建议，包括关于暴力侵害妇女问题的第 19 号一般性建议、关于移徙女工的第 26 号一般性建议、关于《公约》第 2 条规定的缔约国

核心义务的第 28 号一般性建议和关于妇女在预防冲突、冲突及冲突后局势中的作用的第 30 号一般性建议，以及缔约国根据《公约》提交的报告和委员会对这些报告的结论性意见。它还借鉴了委员会根据《任择议定书》对个人来文的审议及其开展的调查。

3. 在第三节，委员会力求确保《公约》缔约国在寻求庇护的妇女和难民妇女流离失所的整个期间履行与其相关的性别平等和不歧视的义务，其中以庇护过程为重点。在第四节，委员会力求确保缔约国维护与妇女的国籍权相关的性别平等和不歧视原则，包括取得、改变或保留其国籍的权利以及将其国籍传给其子女和配偶的权利。

二、一般性建议的范围

4. 必须根据《公约》总的范围和宗旨确定本一般性建议的范围和宗旨。《公约》总的范围和宗旨是在认识、享有或行使政治、经济、社会、文化、公民或任何其他领域的所有人权和基本自由方面消除对妇女一切形式的歧视，不论其婚姻状况如何。在这一总体范围内，本一般性建议的目的是指导缔约国如何履行其《公约》义务的所有方面，并在和平时期、国际和非国际武装冲突局势以及占领局势中承担尊重、保护和实现难民妇女、寻求庇护的妇女和无国籍妇女不受歧视和享有实质平等的权利的各项义务。

5. 作为针对具体性别的人权文书，《公约》涵盖其中并未明文提及、但对实现男女平等产生影响的另一些权利。[1] 因此，《公约》对人权法作了对性别问题有敏感认识的解释，并在《世界人权宣言》和其他人权文书所载的所有人权方面保护妇女免受性别歧视和基于性别的歧视。[2] 委员会在其第 19 号一般性建议中论述将暴力侵害妇女行为作为对妇女的一种歧视形式加以禁止的问题时，详细阐述了《公约》的这种适用。委员会在该一般性建议中，列举了一些受保护的这种权利，包括生命权和免受酷刑或残忍、不人道或有辱人格的待遇或处罚的权利。本一般性建议具体说明《公约》对《世界人权宣言》第十四条所载的庇护权、对按照国际难民和人权文书规定的现有义务不驱回难民和寻求庇护者的原则、对《公约》第 9 条所载的国籍权以及对防止无国籍状态的适用问题。

6. 委员会在其以前的一般性建议中曾说明，如果一并阅读《公约》第 1 条、第 2 条（f）款和第 5 条（a）款，就会看到，《公约》涵盖对妇女的性别歧视和

---

[1] 关于《公约》第 2 条规定的缔约国核心义务的第 28 号一般性建议，第 7 段。

[2] 第 28 号一般性建议，第 3 段，以及关于《公约》涉及暂行特别措施的第 4 条第 1 款的第 25 号一般性建议，第 13 段。

《消除对妇女一切形式歧视公约》导读

基于性别的歧视。委员会解释说,《公约》适用于基于性别的歧视,这符合第1条所载歧视定义的范畴。该定义指出,任何区别、排斥或限制,其影响或其目的如妨碍或阻止妇女认识、享有或行使人权和基本自由,均为歧视。基于生理性别和/或社会性别对妇女的歧视往往与影响妇女的其他因素如种族、族裔、宗教或信仰、健康状况、年龄、阶级、种姓以及女同性恋、双性恋或跨性别者及其他身份等密不可分,并因这些因素而变得更加严重。[1]基于生理性别或社会性别的歧视对属于这些群体的妇女造成的影响程度或方式可能不同于男子。缔约国必须在法律上认定这些交叉重叠的歧视形式及其对相关妇女变本加厉的不利影响,并禁止此种歧视。

7. 委员会指出,不同行为体的作为或不作为决定妇女在从庇护到就地安置、回返或前往第三国定居的整个流离失所期间的体验以及无国籍妇女的体验。缔约国有首要责任确保在其境内或即使不在其境内但在它有效控制或管辖范围内的寻求庇护妇女、难民妇女、申请国籍妇女和无国籍妇女不遭受侵犯其《公约》权利的行为之害,包括私人和非国家行为体的此种侵权行为在内。[2]

8. 关于庇护、难民地位、国籍和无国籍状态,尊重的义务要求缔约国不从事直接或间接剥夺妇女享有与男子平等的权利的任何歧视妇女行为,并确保国家当局、官员、人员、机构和代表国家行事的其他行为体遵守这一义务。[3] 缔约国还负有尽职尽责的义务,采取必要的立法和其他措施,防止并调查非国家行为体的歧视妇女行为,起诉和适当惩罚这种行为的犯罪人,并向歧视行为的受害妇女提供赔偿。保护的义务要求缔约国除其他外,采取一切适当措施,确保国家和私人行为体不非法侵犯妇女的权利。实现的义务包括缔约国为充分实现妇女的权利提供途径和条件的义务。它还要求缔约国通过一切适当方式促进事实上或实质性的平等,包括为此采取旨在提高妇女地位和实现此种平等的具体和有效的政策和方案,诸如根据《公约》第4条第1款和第25号一般性建议酌情采取暂行特别措施。

三、《公约》、国际人权法和国际难民法之间的关系

9. 《公约》是与国际难民法以及关于无国籍人地位和减少无国籍状态的法律同时运作的全面的国际人权法律框架的组成部分。在包括《公约》在内的国际人权法、1951年《难民地位公约》及其1967年《议定书》以及1954年《关

---

[1] 第28号一般性建议,第5段和第18段。

[2] 第28号一般性建议,以及关于妇女在预防冲突、冲突及冲突后局势中的作用的第30号一般性建议。

[3] 第28号一般性建议,第9段。

于无国籍人地位的公约》和1961年《减少无国籍状态公约》之间有着重要的相互重叠关系。这两种保护制度的共同目标应该确保向难民、寻求庇护者和无国籍人提供互为补充和彼此增强的保护。

10.《公约》的条款强化并补充对难民和无国籍妇女及女童的国际法律保护制度，特别是因为相关的国际协定、尤其是1951年《难民地位公约》及其1967年《议定书》、1954年《关于无国籍人地位的公约》和1961年《减少无国籍状态公约》没有明确的性别平等条款。[1]

11. 鉴于《公约》适用于流离失所周期的每个阶段，因此便可在确定难民地位程序的每一个阶段直至回返或重新安置进程以及已获准庇护妇女的重返社会进程中禁止性别歧视或基于性别的歧视。它还适用于确定无国籍状态的进程，以及妇女取得、保留或改变其国籍或将其国籍传给其子女和配偶的相关进程。

四、在国际难民法中适用不歧视和性别平等

A. 一般性评论

12. 委员会虽然注意到1951年《关于难民地位的公约》中的难民定义为确定《公约》明确所涉人员的难民地位提供了标准，但同时指出，本一般性建议涵盖所有需要得到《公约》规定的国际保护的妇女，并力求使《公约》规定的保护适用于所有具有难民地位和寻求庇护的妇女。然而，1951年《公约》对"难民"一词的定义所提供的标准对鉴别需要国际保护的妇女很重要。与此同时，委员会指出，区域难民文书和国家法律已经接受并扩充了1951年《公约》对"难民"的定义，使之涵盖一系列因各种原因需要得到国际保护的人，如国际武装冲突或国内/非国际武装冲突以及占领、严重扰乱社会秩序的事件、严重侵犯人权的行为或普遍的暴力现象。[2]

---

[1] 见难民署，"第4号无国籍问题准则：通过1961年《减少无国籍状态公约》第一至四条确保每个儿童取得国籍的权利"（HCR/GS/12/04），第13至15段，www.refworld.org/docid/50d460c72.html。

[2] 见1969年非洲统一组织《关于非洲难民问题某些特定方面的公约》第一条第2款，其中指出："'难民'一词还应适用于由于其原居地国或国籍国部分地区或全国所发生的外国入侵、占领、外来统治或严重扰乱公共秩序的事件，被迫离开其惯常居所地，到其原居地国或国籍国境外的另一个地方寻求避难的每一个人。"1984年11月19至22日在哥伦比亚卡塔赫纳德印第亚斯举行的中美洲、墨西哥和巴拿马国际保护难民问题座谈会通过的《卡塔赫纳难民宣言》第三（3）节指出，"建议用于本区域的难民定义或概念除了包含1951年《关于难民地位的公约》和1967年《议定书》的内容外，还将因其生活、安全或自由受到普遍的暴力现象、外国侵略、内部冲突、大规模侵犯人权行为或严重扰乱社会秩序的其他情况的威胁而逃离其国家的人包括在难民之中。"另外，2011年12月13日欧洲议会和欧洲联盟理事会的第2011/95/EU号指令涉及以下标准：第三国国民或无国籍人成为国际保护受益人；可获得统一难民地位或具有获得辅助保护的人的资格；给予保护的内容。

13. 委员会指出，寻求庇护者寻求国际保护的理由是他们无法返回原籍国，因为他们有充分的理由担心会遭到迫害或受到虐待或其他严重的伤害。委员会还指出，1951年《难民地位公约》第一条第㈠款（乙）项规定，迫害的理由必须与其中所列的五个理由之一相关：即种族、宗教、国籍、属于某一社会团体或具有某种政治见解。该条文没有列出与性别相关的迫害。本一般性建议力求确保缔约国在解释所有五个理由时采用性别视角，在为了根据1951年《公约》给予难民地位而确认某一特定社会群体成员时，将性别作为一个因素，并在国家法律和与难民及寻求庇护者相关的政策之中进一步提出迫害的其他理由，即社会性别和/或生理性别。应该指出，在国际、国家和区域的其他情况下，也向不能返回其原籍国的人提供庇护，其理由主要是他们面临生命或酷刑或不人道或有辱人格的待遇等威胁。本一般性建议也涵盖这些互为补充的保护形式。

14. 迫使妇女离开家园并在其他国家寻求庇护的原因很多。除了等同于迫害的严重或累积的歧视妇女行为外，妇女还在整个流离失所期间遭受侵权行为。委员会认识到，由于武装冲突、与性别相关的迫害和影响妇女的其他严重侵犯人权的行为造成的流离失所现象加剧了消除对妇女歧视方面的现有挑战。委员会还认识到伴随着流离失所的其他剥削形式继续存在，例如以性剥削或剥削劳动为目的的贩运活动、奴隶和奴役。因此，委员会重申，在流离失所[1]周期的每个阶段以及在享有持久解决、包括在接受国就地安置和/或重新安置以及/或自愿返其回原籍国的过程中，缔约国有义务有尊严地对待妇女，并尊重、保护和实现她们的《公约》权利。

15. 与性别相关的迫害形式是因某人是妇女而对她施加的那种迫害，或妇女受害比例特别大的那种迫害。[2] 委员会认为，了解妇女权利遭受侵犯的方式对查明这些迫害形式至关重要。委员会指出，构成违禁歧视妇女形式的暴力侵害妇女行为是难民妇女和寻求庇护的妇女遭受迫害的主要形式之一。这种暴力同其他与性别相关的迫害形式一样，可能违反了《公约》的具体条款。这些形式被视为在法律上和实践中提供国际保护的正当理由。[3] 这些形式可能包括残割女性

---

〔1〕 本一般性建议中的"流离失所"一词是指逃离并越过本国边界的人。

〔2〕 见关于暴力侵害妇女的第19号一般性建议第6段关于基于性别的暴力的定义。另见难民署，"国际保护准则：1951年《公约》第一条第㈠款（乙）项和/或其1967年《关于难民地位的议定书》所涉的与性别相关的迫害"，第1号准则（HCR/GIP/02/01），第3、9、16和17段。

〔3〕《消除对妇女一切形式歧视公约》，第2条，以及第28号一般性建议，第9段。

生殖器的威胁、强迫婚姻/早婚、暴力威胁和/或所谓的"名誉犯罪"、贩运妇女、[1] 浇淋酸液、强奸和其他形式的性攻击、严重的家庭暴力、存在于歧视性司法制度中的判处死刑或施行其他的体罚、强迫绝育、[2] 以持有女权主义观点或其他观点为由施加的政治或宗教迫害、以及因不遵守以性别划分的社会规范和道德观念而造成的遭受迫害的后果，或因要求实现其《公约》权利而造成的遭受迫害的后果。

16. 与性别相关的庇护申请可能与其他被禁止的歧视理由相关，其中包括年龄、种族、族裔/国籍、宗教、健康状况、阶级、种姓、是女同性恋、双性恋或跨性别者或其他身份。[3] 委员会关切地注意到，许多庇护制度依然用男子的眼光看待妇女的申请，可能导致她们的难民地位申请得不到正确评估或遭到拒绝。尽管1951年《难民地位公约》所载的难民定义没有具体提及性别，但性别仍然可以影响或决定妇女遭受的迫害或伤害的类型以及受到此种对待的原因。1951年《公约》中的定义若适当解释，便涵盖了与性别相关的难民地位申请。[4] 必须强调指出，不顾及妇女特殊情况和需求的庇护程序会妨碍对她们的申请作出全面的裁定。举例而言，庇护当局可能只同男"户主"面谈，可能不提供同性别的面试人员和口译员使妇女能在安全和对性别敏感的环境中提出申请，或者或许在实际上可能就是投诉对象的丈夫或男性家庭成员在场的情况下同寻求庇护的妇女面谈。

B. 不驱回原则

17. 不驱回难民的原则是难民保护的基石，也是习惯国际法的一项准则。自正式编入1951年《难民地位公约》以来一直在发展，并已被纳入国际人权文书，即《禁止酷刑和其他残忍、不人道或有辱人格的待遇或处罚公约》（第3条）和《公民权利和政治权利国际公约》（第7条）。此外，禁止将难民驱回而使之面临遭受残忍、不人道或有辱人格的待遇或处罚的危险的条文已被编入一些区域人权

---

[1] 关于作为难民身份一项依据的贩运问题，见难民署，"国际保护准则：1951年《公约》第一条第㈠款（乙）项和/或1967年《关于难民地位的议定书》对人口贩运活动受害者和面临被贩运危险的人的适用问题，第7号准则（HCR/GIP/06/07）。

[2] 第19号一般性建议，第22段；关于婚姻和家庭关系中的平等的第21号一般性建议，第22段；以及第4/2004号来文，A.S.诉匈牙利案，2006年8月14日委员会通过的意见。

[3] 见上文脚注3；第19/2008号来文，Cecilia Kell诉加拿大案，2012年2月28日委员会通过的意见，第10.2段。

[4] 难民署，"国际保护准则：与性别相关的迫害"，第6段（见上文脚注9）。

18. 考虑到绝大多数国家已成为禁止驱回寻求庇护者和难民的国际文书的缔约国，并考虑到国家实践以及1951年《难民地位公约》非签署国往往在难民大规模涌入的局势中收容大量难民的做法等等，《公约》第33条所载的禁止驱回难民的规定经国际人权法规定的不驱回义务的补充，[2] 已构成习惯国际法的一项规则。[3]

19. 《禁止酷刑公约》第3条禁止将某人移送到有充分理由认为其有遭受酷刑危险的国家。禁止酷刑委员会第2号一般性评论明确地将基于性别的暴力和虐待行为置于《禁止酷刑公约》的范围内。[4]《公民权利和政治权利国际公约》第6条和第7条也规定，如果有充分理由认为某人在将移送的国家或随后可能移送的国家内确实有可能受到不可挽回的伤害，缔约国有义务不引渡、递解、驱逐或以其他方式将其移送出境。人权事务委员会进一步指出，绝对禁止酷刑是习惯国际法的组成部分，其主要的必然内容包括禁止驱回某人而使其有遭受酷刑的危险，即禁止将某人遣返到会使其遭受酷刑、虐待或任意剥夺生命的危险的地方。

20. 根据这些人权条款的规定，任何寻求庇护者或难民都不得以任何方式加以驱逐或遣返（驱回），使其前往生命或自由或免遭酷刑或其他残忍、不人道或有辱人格的待遇或处罚的权利将受到威胁的领土境内。

21. 委员会指出，《公约》作为防止歧视妇女的文书，未载有明确的不驱回条款。委员会在按照《任择议定书》处理个人来文的工作框架内，不得不应对缔约国的反对意见，即认为委员会无权处理代表下述寻求庇护者提交的案件：这些寻求庇护者的申请已在国家一级被拒，但声称如果被强行遣返到原籍国，将面

---

[1] 例如见2000年《欧洲基本权利宪章》第19（2）条；亚非法律协商委员会通过的1966年《难民待遇原则》[第三条（3）]；联合国大会第2132（XXII）号决议通过的《领土庇护宣言》（第三条）；1969年非洲统一组织《关于非洲难民问题某些特定方面的公约》[第二条（3）]；1969年《美洲人权公约》[第22条（8）]；以及1984年《卡塔赫纳难民宣言》（第5段）。此外，以1951年《关于难民地位的公约》第三十三条第㈠款为模式的不驱回条款也已被纳入了一些引渡条约和若干全球和区域两级的反恐公约。

[2] 难民署，2001年12月13日通过的《〈1951年公约〉和或其〈1967年关于难民地位的议定书〉缔约国的声明》（HCR/MMSP/2001/09）。

[3] 难民署，"关于1951年《难民地位公约》及其1967年《议定书》规定的不驱回义务域外适用问题的咨询意见"（2007年），第15段。

[4] 另见第35/2011号来文，M. E. N.诉丹麦案，2013年7月26日委员会通过的不可受理的决定，第8.8段。

临遭受性和/或基于性别的暴力和迫害的危险。委员会在答复中特别指出,[1] 根据国际人权法,不驱回原则规定国家有义务不将某人遣返到该人可能面临严重侵犯人权行为、尤其是任意剥夺生命或遭受酷刑或其他残忍、不人道或有辱人格的待遇或处罚的管辖区。此外,委员会还忆及,《公约》暗示了公民权利和政治权利以及自由、包括生命权和免遭酷刑或虐待的权利。因此,如果有充分理由认为存在不可挽回伤害的真正危险,缔约国有义务不将某人引渡、递解、驱逐或以其他方式将其从该国领土上移送到另一国领土。

22. 委员会还认为,《公约》第 2 条(d)款规定,缔约国承诺不采取任何歧视妇女的行为或做法,并确保公共当局和公共机构按这项义务行事。这项责任包括缔约国有义务保护妇女免于遭受真正的、人身的和可预见的严重歧视妇女的行为,包括基于性别的暴力行为,不论这种后果是否将发生在实行遣送的缔约国领土之外;如果缔约国对其管辖范围内的人作出决定,而其必然和可预见的后果是该人的基本《公约》权利将在另一个管辖区受到严重威胁,则缔约国本身就可能违反了《公约》。后果的可预见性意味着即使后果以后才会出现,缔约国目前就已经违反了《公约》。

23. 因此委员会认为,缔约国有义务确保不将任何妇女驱逐或遣返到其生命、身体健全、自由、人身安全将受到威胁或将遭受严重歧视、包括基于性别的严重迫害或基于性别的暴力行为的另一个国家。怎样才算歧视妇女的严重行为、包括基于性别的暴力行为将视个案情况而定。[2]

C. 对《公约》具体条款的评论

24. 第 1 至第 3 条、第 5 条(a)款和第十五条规定缔约国有义务确保妇女在从抵达边境时开始的整个庇护过程中不受歧视。寻求庇护妇女的《公约》权利有权得到尊重。她们有权在庇护程序的所有时候以及在其后、包括在接受国承认其庇护地位后谋求持久解决办法的整个进程中获得不歧视和受尊重以及有尊严的待遇。接受国有责任帮助获得庇护地位的妇女找到合适的住处、培训和/或工作机会等,向遭受精神创伤者提供法律、医疗和社会心理支助,开设语文班,并采取其他措施,帮助她们融入社会。此外,还应该向申请被拒的寻求庇护妇女提供有尊严和不歧视的回返服务。

---

[1] 例如见第 33/2011 号来文,M.N.N. 诉丹麦案,2013 年 7 月 15 日通过的不可受理的决定,第 8.5 段及其后各段。

[2] 例如见第 33/2011 号来文,M.N.N. 诉丹麦案,2013 年 7 月 15 日通过的不可受理的决定,第 8.9 段。

25.《公约》第2条（c）款要求国家庇护程序准许妇女提出庇护申请，并以公平、公正和及时的方式平等地予以评估。应该在庇护进程的每个阶段都采用对性别问题有敏感认识的方法。这意味着裁定妇女庇护申请的庇护系统应该在其政策和行动的所有方面都彻底了解妇女因其社会性别或生理性别而遭受的歧视或迫害和侵犯人权行为的具体形式。由于羞愧、耻辱感或精神创伤，有些妇女可能不愿透露或指明她们遭受迫害的真实程度或恐惧。需考虑她们可能继续害怕主管人员，或害怕遭到其家人和/或社区的嫌弃和或报复。在任何情况下，她们都应该有权对一审庇护决定提出上诉。

26. 此外，第2条、第15条第（1）款和第16条要求缔约国承认妇女可独自提出庇护申请。在这方面，她们的庇护申请也可以以担心其子女为由。例如，申请难民地位的理由可以是担心其女儿会被残割女性生殖器、被迫结婚、或者因为是女童而受到严重的社会摒弃和排斥。[1] 应该也要出于儿童的最佳利益以对儿童问题敏感的方式根据案情本身情况考虑保护儿童的申请。[2] 一旦主要申请人被承认为难民，其家庭的其他成员通常也应该被承认为难民（"衍生地位"）。

27. 对妇女和女童施加伤害的往往是非国家行为体，包括家庭成员、邻居或更广泛的社会。在这种情况下，《公约》第2条（e）款要求缔约国承担尽职尽责的义务，并确保妇女得到有效保护，免受可能由非国家行为体施加的伤害。[3] 争取在公共当局中实现妇女个人"纵向"的性别平等是不够的。国家还必须努力实现"横向"甚至是家庭内的不歧视。非国家行为体施加的伤害在国家因歧视性的政府政策或做法而不能或不愿防止此种伤害或保护申请人的情况下就是迫害。[4]

28. 委员会认识到，在非国家行为体施加迫害的情况下，接受国提出了可选用国内逃亡的办法。按照此种办法，如果某人迁往原籍国内安全的地方，该人就不会有遭受非国家行为体迫害的危险。委员会指出，《公约》第2条（d）款和（e）款要求缔约国确保妇女免受非国家行为体作出的歧视。对难民妇女而言，委

---

〔1〕 难民署，"关于与残割女性生殖器相关的难民申请指导说明"，（日内瓦，2009年），第12段。

〔2〕 有关儿童庇护申请的更多资料，见难民署，"国际保护准则：1951年《公约》第一条第（一）款（乙）项和第一条第（六）款和/或1967年《关于难民地位的议定书》所涉的儿童庇护申请"，第8(2009)号准则（HCR/GIP/09/08）；儿童权利委员会，关于在原籍国之外的孤身和失散儿童的待遇的第6号一般性评论；以及关于儿童将其最大利益列为一种首要考虑的权利的第14号一般性评论（第三条，第1款）。

〔3〕 第19号一般性建议，第9和第10段。

〔4〕 难民署，"国际保护准则：与性别相关的迫害"，第19段（见第15段注〔2〕）。

员会指出，难民地位的实质是向难民妇女提供有效的保护。委员会还指出，如果接受国考虑采用国内逃亡的办法，则必须使这种选择符合严格的要求，例如妇女必须有能力前往有关地区，并获准进入和在那里定居。[1] 国家还应该在评估是否准许内部迁移时考虑与性别相关的各个方面和风险。[2] 妇女在迁往其原籍国其他地区时面临的困难可包括法律、文化和/或社会对独自旅行或居住的妇女的限制或禁止，现实世界中在没有家庭或社区支助的情况下获得住宿、儿童保育服务和经济生存等实际问题以及遭受骚扰和剥削、包括性剥削和暴力行为之害的危险。

29. 委员会承认，作为国际法事项，原籍国当局负有向公民提供保护的首要责任，包括确保妇女享有其《公约》规定的权利，而且只有在无法提供此种保护时，才可求助国际保护来保护面临严重威胁的基本人权。不过委员会指出，寻求庇护的妇女在离开原籍国前没有寻求国家保护或向当局投诉这一事实不应该影响其庇护申请，尤其是在容忍暴力侵害妇女的行为或一贯不理会对妇女侵权投诉的情况下。要求她在逃离之前寻求保护是不现实的。她还可能对司法系统缺乏信任，并缺乏诉诸司法的途径，或担心作此投诉会遭到虐待、骚扰或报复。[3]

30. 按照《公约》，缔约国必须采取防范措施，确保对法律认定的迫害理由、包括 1951 年《难民地位公约》列举的理由（种族、宗教、国籍、属于某一社会团体和政治见解）作出对性别问题有敏感认识的解释。此外，性别还可用作确认某一社会群体成员的因素，甚至可以在根据 1951 年《公约》给予难民地位时用作鉴别此种群体的特征。此外还鼓励缔约国在国内法律中将生理性别或社会性别增列为给予难民地位的另一个理由。

31. 委员会指出，妇女的庇护申请通常被归入难民定义中的"社会团体"理由一类，这可能会强化将妇女视为从属受害者的刻板观念。《公约》第 5 条要求缔约国在评估妇女的庇护申请时不带偏见，也不带基于男女尊卑的刻板观念。性别定型观念影响妇女诉诸公平和公正的庇护进程的权利，庇护当局必须采取预防

---

[1] Salah Sheekh 诉荷兰案，申请号 1948/04，欧洲人权法院 2007 年 1 月 11 日判决书，予以引用的是 Sufi 和 Elmi 诉联合王国案，申请号 8319/07 和 11449/07，欧洲人权法院 2011 年 6 月 28 日裁决书，第 266 段。

[2] 难民署，"国际保护准则：1951 年《公约》第一条第（一）款（乙）项和/或 1967 年《关于难民地位的议定书》所涉的'国内逃亡替代办法或搬迁替代办法'"，第 4 号准则（HCR/GIP/03/04）；难民署，"关于与残割女性生殖器相关的难民申请指导说明"，第 28～32 段（见第 26 段注 [1]）。

[3] 第 5/2005 号来文，Şahide Goekce（已故）诉奥地利案，2007 年 8 月 6 日委员会通过的意见；第 6/2005 号来文，Fatma Yildirim（已故）诉奥地利案，2007 年 8 月 6 日委员会通过的意见。

《消除对妇女一切形式歧视公约》导读

措施,不制定以先入为主的基于性别的暴力和迫害观念为依据的标准。[1] 此外,妇女是积极的推动因素,她们以政治领袖、政府或反对派团体成员、记者、人权维护者和活动家、律师以及法官等地位发挥重要的作用。她们由于其政治观点和/或活动、包括表达妇女权利而成为歧视对象。因此,《公约》第 7 条要求缔约国采取行动,实现妇女在政治和公共生活中的平等。所以难怪妇女以与性别相关的迫害理由,或以政治、宗教、种族和族裔理由,包括她们因外来侵略、占领、外国统治或严重的内乱而被迫逃离原籍国的情况提出庇护申请。[2]

32. 根据《公约》第 2 条（c）款和第 15 条第 1 款,缔约国必须采取措施,消除公共和私人领域中对妇女的歧视,并应该确认妇女在法律面前与男子平等。为此,国家应采取积极措施,确保妇女不受歧视,并确保在整个庇护过程中向她们提供有效的法律保护,包括提供必要的法律援助、法律代表和协助。[3]

33. 《公约》第 3 条和第 10 至 13 条规定,应该一视同仁地给予寻求庇护的妇女和难民妇女获得住宿、教育、保健和其他支助的权利,包括适合妇女特殊需求的食物、衣物以及必要的社会服务。此外,应该向难民妇女提供生计来源和就业机会。[4] 此种义务包括以她们能理解的语文提供有关其权利的信息和有关如何获得这些服务的实用信息。鉴于一些社会中妇女的文盲率很高,可能需要提供特别协助。

34. 接纳安排应该反映对性别问题的敏感认识,同时考虑性虐待和性剥削、精神创伤和酷刑或虐待行为受害者以及其他特别弱势的妇女和女童群体的具体需求。[5] 接纳安排还应该顾及境内家庭的团聚,尤其是在接待中心这样做。[6] 通常而言,不应该拘留孕妇和哺乳期妇女,因为她们有特殊需求。[7] 在无法避免

---

[1] 第 18/2008 号来文,Karen Tayag Verti do 诉菲律宾案,2010 年 7 月 16 日委员会通过的意见,第 8.4 和 8.9（四）段;第 20/2008 号来文,V. K. 诉保加利亚案,2011 年 7 月 25 日委员会通过的意见。

[2] 第 28 号一般性建议,第 10 和 11 段。

[3] 第 28 号一般性建议,第 34 段。另见 1951 年《难民地位公约》,第十六条和第二十五条。

[4] 《世界人权宣言》,第二十五条;另见 1951 年《难民地位公约》,第十三条和第十七至二十三条。

[5] 联合国难民事务高级专员方案执行委员会,关于各个庇护系统接纳寻求庇护者的第 93（LIII）号结论,(b)（三）段。

[6] 联合国难民事务高级专员方案执行委员会,关于各个庇护系统接纳寻求庇护者的第 93（LIII）号结论,(b)（四）段;《消除对妇女一切形式歧视公约》,第 16 条。

[7] 《联合国女性囚犯待遇和女性罪犯非拘禁措施规则》（《曼谷规则》）,（大会第 65/229 号决议,附件）,规则 42;难民署,《关于拘留寻求庇护者及拘留的替代手段所适用条件和标准的准则》（日内瓦,2012 年）。

拘留寻求庇护妇女的情况下，必须提供单独的设施和用品以满足妇女的特殊卫生需求。应该推动使用女警卫和女看守。所有分配从事被拘留妇女工作的人员都应该接受与妇女的具体性别需求和人权相关的培训。[1] 根据《公约》第1条、第2条、第5条（a）款和第12条，不满足移民羁押妇女的特殊需求和不确保以尊重的方式对待被拘留的寻求庇护妇女的情况可能构成《公约》所指的歧视。[2] 除家庭单元外，必须为男女被拘留者提供单独的设施，并提供替代拘留的方式，部分是为了避免暴力侵害妇女。[3]

D. **委员会的具体建议**[4]

35. 缔约国应审查并撤销对《公约》的任何保留，并考虑批准《公约任择议定书》，并考虑加入1951年《难民地位公约》及其1967年《议定书》以及其他相关的国际和区域文书。缔约国应撤销对这些文书的任何保留，通过符合这些文书的庇护法，并以相辅相成的方式适用这些文书。

36. 难民或庇护区域文书的缔约国应确保其尊重需要国际保护的妇女的权利，并以对性别问题有敏感认识的方式适用这些文书。缔约国还应确保妇女不受歧视地和在实质上平等地享有这些文书的惠益。[5]

37. 缔约国应采取立法和其他措施，按照国际法规定的现有义务遵守不驱回原则，并采取一切必要措施，确保在任何情况下都不将需要得到保护的遭受严重歧视行为、包括与性别相关的迫害行为的受害者遣返到其生命将受到威胁或可能会受到严重歧视、包括基于性别的暴力行为或遭受酷刑或不人道或有辱人格的待

---

[1] 《曼谷规则》，规则5、19和33（1）；难民署，《关于拘留寻求庇护者及拘留的替代手段所适用条件和标准的准则》，第9.3段。

[2] 第23/2009号来文，Inga Abramova诉白俄罗斯案，2011年7月25日委员会通过的意见，第7.5和7.7段。另见《曼谷规则》和关于妇女与健康的第24号一般性建议，第6段。

[3] 《公民权利和政治权利国际公约》，第9条。人权事务委员会已申明有义务采用较不严厉的手段来实现同一目标（见第900/1999号来文，C.诉澳大利亚案，2002年10月28日委员会通过的意见，第8.2段）。另见难民署，《关于拘留寻求庇护者及拘留的替代手段所适用条件和标准的准则》，第9.3段。

[4] 委员会承认，绝大多数难民是由发展中国家收容的，这些国家不堪重负，无法应对因大量难民涌入所带来的挑战。委员会还忆及，难民保护是一项集体责任。因此，在不损害或妨碍缔约国义务的情况下，它呼吁国际社会、尤其是非接受国同心同德，协助接受国履行其国际义务，以此分担它们的负担。它们尤其应该采取积极主动的措施，例如向接受国提供充分的技术和财政援助，减缓大规模涌入的难民面临的挑战，并向联合国以及受委托提供难民保护和服务的其他国际或区域机构提供财政支助。

[5] 1969年非洲统一组织《关于非洲难民问题某些特定方面的公约》；《卡塔赫纳难民宣言》，1984年；2011年12月13日欧洲议会和欧洲联盟理事会关于第三国国民或无国籍人成为国际保护受益人、可获得统一难民地位或具有获得辅助保护的人的资格以及给予保护的内容的第2011/95/EU号指令。

遇或处罚的任何国家，无论其地位如何或居住何处。[1]

38. 缔约国应根据不歧视和平等的义务解释1951年《难民地位公约》中的"难民"定义，[2] 在解释法律确认的所有理由时充分采纳对性别问题有敏感认识的办法，必要时将与性别相关的申请归入以某一社会群体成员为由的类别，并考虑在国家庇护法的难民地位理由清单中增列社会性别和或生理性别以及是女同性恋、双性恋或跨性别者及其他身份等理由。

39. 缔约国应向委员会报告其与寻求庇护者和难民相关的国家政策和立法，并收集、分析和提供按性别分列的统计数据以及一段时间以来在庇护申请、原籍国、寻求庇护的理由以及获准庇护的比率这方面的趋势。

40. 缔约国应确保提供充分的人力和财力资源，以执行《公约》中与寻求庇护者和难民相关的规定，包括执行与性别相关的规定，并酌情寻求技术咨询和援助。

41. 缔约国应该就庇护制度和程序同联合国所有机构、特别是联合国难民事务高级专员公署（难民署）开展合作，落实《公约》以及其他难民文书的条款，从而增进寻求庇护的妇女和难民妇女的权利。[3] 缔约国应该同支持寻求庇护的妇女和难民妇女的民间社会和基层非政府组织合作。

42. 缔约国的庇护程序应确保妇女能独自提出庇护申请并单独面谈，即使她们是寻求庇护家庭的成员。缔约国应该同意，在承认主要申请人为难民后，通常也应该承认家庭其他成员为难民（"衍生地位"）。正如子女可因其父母之一被承认为难民而获得难民地位一样，父母也应该根据子女的难民地位获得衍生地位。[4] 至关重要的是，必须向无论是因其本身权利还是作为衍生地位持有者而被承认为难民的妇女签发个人文件，以证明其地位、使其免遭驱逐并获得相关

---

[1] 见《欧洲委员会预防和打击暴力侵害妇女行为及家庭暴力公约》，第61条，以及1951《难民地位公约》，第三十三条。

[2] 见难民署国际保护准则，包括"国际保护准则：1951年《公约》第一条第（一）款（乙）项和/或其1967年《关于难民地位的议定书》所涉的与性别相关的迫害"，第1号准则（HCR/GIP/02/01）；"国际保护准则：1951年《公约》第一条第㈠款（乙）项和/或其1967年《关于难民地位的议定书》所涉的'属于某一社会团体的成员'"，第2号准则（HRC/GIP/02/02）；以及"第9号国际保护准则：1951年《公约》第一条第（一）款（乙）项和/或其1967年《关于难民地位的议定书》所涉的"以性取向和/或性别认同为由的难民地位申请"（HRI/GIP/12/09）。

[3] 1951年《关于难民地位的公约》，第三十五条；1967年《关于难民地位的议定书》，第二条；《联合国难民事务高级专员公署章程》[大会第428（V）号决议，附件]，第8段。

[4] 联合国难民事务高级专员方案执行委员会，关于保护难民家庭的第88（L）号结论，(b)（三）段；难民署，"国际保护准则：儿童庇护申请"，第9段（见第26段注[2]）。

权利。

43. 缔约国不应该仅仅因为寻求庇护的妇女没有充分的庇护申请佐证文件就认为她缺乏可信度，而是应该考虑到在许多国家妇女在其原籍国没有文件的事实，并努力通过其他途径确定其可信度。

44. 缔约国应确保充分培训、监督和监测其边境警察和移民官员，使他们在对待寻求庇护的妇女和难民妇女时，能掌握对性别问题有敏感认识和非歧视性的做法。缔约国应确保对寻求庇护的妇女和难民妇女、包括贩运和/或性剥削行为受害者采用并实施适当的鉴别系统，不以偏见和对妇女的刻板观念为依据，而且对性别问题有敏感认识。[1]

45. 缔约国应认识到，贩运活动是与性别相关的迫害的组成部分，从而使贩运活动的受害妇女和女童或担心成为受害者的妇女和女童了解并切实享有不受歧视或没有任何先决条件地诉诸庇护程序的权利。鼓励缔约国根据难民署"国际保护准则：1951年《公约》第一条第㈠款（乙）项和/或1967年《关于难民地位的议定书》对贩运活动受害者和面临遭受贩运危险的人的适用"，将贩运活动受害者归入难民定义中"社会群体"理由一类，并建议缔约国采取措施，不将妇女和女童遣返到她们会面临再次被贩运危险的地方。

46. 缔约国应建立适当的甄别机制，以及早认定有特殊保护和援助需求的寻求庇护的妇女，包括残疾妇女、无人陪伴的女童、[2] 精神创伤受害者、贩运和/或强迫卖淫行为受害者、性暴力行为受害者以及酷刑和/或虐待行为受害者。[3]

47. 缔约国应确保各级面试人员和决策者掌握裁定与性别相关的庇护申请的必要培训、工具和指导。缔约国在承认《公约》相关条款的同时，应制定与本一般性建议以及难民署"国际保护准则：1951年《公约》第一条第㈠款（乙）项和/或其1967年《关于难民地位的议定书》所涉的与性别相关的迫害行为"相符的政策。

48. 缔约国应该在整个庇护程序以及在获得难民地位妇女的就地安置过程中确保她们达到适足的生活水准，包括安全的住宿环境、卫生和保健设施、食物、衣物和必要的社会服务，并确保寻求庇护的妇女和难民妇女获得生计来源和就业

---

[1] 第15/2007号来文，Zhen Zhen Zheng诉荷兰案，2008年10月27日委员会通过的意见，第9.1(a)段。另见《消除对妇女一切形式歧视公约》第5条，以及第25号一般性建议，第7段。

[2] 儿童权利委员会，关于远离原籍国无人陪伴和无父母陪伴的儿童待遇问题的第6号一般性评论，第31(i)段。

[3] 联合国难民事务高级专员方案执行委员会，关于各个庇护系统接纳寻求庇护者的第93（LIII）号结论，(b)(ⅲ)段。

机会，并在接待设施提供适当的监测和投诉机制。[1]

49. 缔约国应该在其法律中承认寻求庇护不是非法行为，不应该因寻求庇护的妇女非法入境或逗留对她们进行处罚（包括拘留），只要她们毫不延误地向当局投案并提出其非法入境和逗留的正当理由。[2] 通常而言，应该避免拘留孕妇和哺乳期妇女，两者都有特殊需求，同时不应该将子女与其母亲一起拘留，除非这是维持家庭团聚的唯一手段，而且确定这样做符合儿童的最佳利益。应该对每一个案考虑采用代替拘留的办法，包括有条件或无条件释放，特别是在无法为妇女和/或家庭提供单独设施的情况下。

50. 缔约国应在庇护程序中采用对性别问题有敏感认识的程序性保障措施，确保寻求庇护的妇女能平等和不受歧视地陈述其案情。缔约国应确保：

（a）寻求庇护的妇女有权单独申请庇护，并在这方面能在没有男性家庭成员在场的情况下单独面谈，使她们有机会陈述其案情；

（b）以寻求庇护的妇女能够理解的方式和语文向她们提供关于地位确定进程和如何进入这一进程的信息，并提供法律咨询意见。应该告诉她们使用女性面试人员和口译员的权利，并应要求向她们提供此种人员；

（c）寻求庇护的妇女能在初次庇护面谈前获得合格的法律代理人。必要时应该向她们提供免费法律援助。应该在所有的案件中向孤身和失散的女童分配合格的法律代表和监护人协助她们通过庇护程序，并确保尊重她们的最佳利益；[3]

（d）面试人员采用对性别、年龄以及其他歧视和使妇女处境不利的交叉理由有敏感考虑的技术和程序，因为这些理由加剧了难民妇女和寻求庇护的妇女遭受的侵犯人权行为；

（e）营造有利的面谈环境，使申请人能提出她的陈述，包括透露敏感和涉及隐私的信息，特别是为精神创伤、酷刑和/或虐待及性暴力行为幸存者营造此种环境，并为面谈分配足够的时间；

（f）在面谈期间提供儿童照料服务，使申请人不必在其子女面前提出她涉及敏感信息的申请；

（g）申请庇护的妇女通常负有证明其庇护案件的举证责任，但确定和评价相关事实的责任由申请人和审查人员分担；不应该根据申请人是否有可能在返回后

---

〔1〕《消除对妇女一切形式歧视公约》，第2条（c）款和（f）款以及第3条。

〔2〕 1951年《关于难民地位的公约》第三十一条。

〔3〕 见儿童权利委员会，关于远离原籍国无人陪伴和无父母陪伴的儿童待遇问题的第6号一般性评论，第21、33、36和39段；联合国难民事务高级专员方案执行委员会，关于处境危险儿童的第107（LVⅢ）号结论，（g）（viii）段。

受到迫害或有遭到迫害的风险来衡量接受庇护申请的最低要求,而是应该根据申请人有充分的理由担心受迫害的合理可能性来衡量;

(h) 在有些案例中,可能要由检查人员使用其掌握的一切手段提出支持申请的必要证据,包括从可靠的政府和非政府来源寻求和收集与性别相关的有关原籍国人权的信息;

(i) 申请人在庇护程序中逾期披露性暴力和其他精神创伤事件的情况不自动导致对她的可信度作出不利的判断。不愿指明遭受的或担心会遭受的迫害的真实程度的原因可能是出于羞愧感、耻辱感和精神创伤。不经她同意,不让其家庭成员获悉保密的面谈内容,包括该妇女提供的信息,应该是一种标准惯例;

(j) 在庇护面谈之前和之后提供必要的转介社会心理辅导及其他支助服务的机制;

(k) 如果申请被拒,必须说明决定的理由,而且申请人应能够向主管机构提出上诉;

(l) 在持久解决方面,使难民有尊严地从流亡地自愿返回家园和安全地重返社会,并确保难民的社会和经济安全。[1] 承认妇女申请人难民地位的国家应确保以平等和不歧视的方式使她们融入当地社会,并确保有尊严地对待妇女。

五、在确定国籍的过程和无国籍状态方面实施不歧视和性别平等

A. 一般性评论

51. 《公约》是国际社会努力防止和减少无国籍状态的重要工具,因为《公约》对妇女和女童的国籍权产生特别的影响。[2]《公约》要求充分保护妇女在国籍事项中的平等。国籍是个人与国家间的法律关系,对确保充分参与社会生活至关重要。国籍还对保障行使和享有其他权利不可或缺,包括进入某一国家并在其境内长期居住以及从国外返回该国的权利。因此,《公约》第9条对妇女享有所有人权极为重要。虽然无论国籍地位如何,每个人都应享有人权,但在实践中,国籍往往是享有基本人权的先决条件。如果没有国籍,女童和妇女更会遭受作为妇女和作为非公民或无国籍人所遭受的歧视。

52. 《公约》第9条第2款规定,无论妇女已婚或离婚,她们都享有与男子同等的取得、保留和改变其国籍的权利,也享有与其丈夫同等的处理其自身国籍

---

〔1〕 联合国难民事务高级专员方案执行委员会,关于旷日持久难民局势的第109(LXI)号结论。

〔2〕 习惯国际法和1954年《关于无国籍人地位的公约》第一条第(一)款对无国籍人的定义是"任何国家根据其法律不认为是其国民的人"。国际法委员会认为1954年《公约》第一条第(一)款是习惯国际法的组成部分(A/61/10,第四章,第49段)。另见难民署,《无国籍人保护手册:按照〈1954年关于无国籍人地位的公约〉提供保护》,(日内瓦,2014年)。

的权利。按照《公约》，妇女还可以在与其丈夫同等的条件下将其国籍传给子女，无论她们是在自己的国家还是在国外。

53. 由于没有国民或公民身份，[1] 无国籍妇女和女童往往被边缘化、被剥夺投票权或担任公职的权利，或许还无法获得公共福利，无法选择住所和自由流动，而且无法获得因国民身份而产生的各种权利和福利，包括受教育的权利、享受医疗保健的权利、财产权和就业权。

54. 国籍法可能会直接或间接地歧视妇女。表面看来不区分性别的法律条款可能会在实践中对妇女享有国籍的权利产生过分和不利的影响。妇女依然比男子更有可能在与外籍人结婚后试图将自己的国籍改为其外籍配偶的国籍，因此，如果国籍法存在缺失，允许或要求她们在没有取得或得到将取得配偶国籍的保证的情况下就放弃其国籍，则她们就会面临无国籍的更大危险。许多国籍法禁止双重国籍，这增加了无国籍的可能性。在许多情况下，妇女不准将其国籍传给其外籍丈夫。国籍法中的性别歧视继续对妇女及其子女享有人权产生重大和不利的影响。性别不平等继续在相当多国家的国籍法和惯例中存在，并可能导致妇女成为无国籍人。在不允许母亲与父亲平等地将其国籍传给子女时，性别不平等也可使儿童成为无国籍人。于是，对妇女的歧视会导致无国籍状态一代一代地长久延续下去。[2]

55. 入籍要求也可能间接地歧视妇女，因为妇女可能比男子更难达到它们所要求达到的条件或标准，例如熟练掌握东道国语文。这对包括无国籍妇女在内的妇女可能更为困难，因为她们接受正规教育的权利在以前或目前遭到妨碍。其他要求，如经济上自给自足或财产所有权，也可能是妇女作为个人更难达到的要求。上文第 54 段提及在与外籍人结婚后的无国籍状态以及入籍要求可导致妇女在经济、社会、文化和语言方面依赖男子，进而使妇女更面临遭受剥削的风险。

56. 出生登记也与妇女及其子女享有国籍权密切相关。出生登记提供了一个人的身份证明并可根据血缘（"血统制"）或出生地（"出生地法"）获得国籍。在实践中，间接歧视、文化习俗和贫穷往往使母亲、尤其是未婚母亲，无法与父亲平等地为子女进行出生登记。不能为子女进行出生登记可能妨碍子女或使其无法切实享有一系列的权利，包括国籍权和拥有姓名及身份的权利、在法律面前平等的权利以及承认其法律能力的权利。

---

〔1〕"国籍"和"公民身份"二词可互换使用。

〔2〕难民署，"第 4 号无国籍问题准则：确保每个儿童取得国籍的权利"，第 13-15 段（见第 10 段注〔1〕）。

57. 歧视性法律或惯例可能会导致妇女及其子女无法获得证明其身份和国籍的文件。在没有身份和国籍证明的情况下，妇女及其子女可能会面临行动自由方面的限制，在获得外交保护方面遇到问题，在尚待认定身份和国籍证明期间遭到长期拘留，最后陷入没有任何国家认为他们是其国民的处境，从而使他们成为无国籍人。

58. 鉴于国籍对妇女充分参与社会生活至关重要，[1] 若干缔约国对《公约》第9条所作的数量甚多的保留及其性质损害《公约》的目标和宗旨。其他许多国际人权文书中[2]的国籍权和不受歧视的权利强化了妇女的平等国籍权，同时也对这种保留的有效性和法律效力提出了质疑。委员会感兴趣地注意到撤销或至少是缩小对第9条的保留的趋势，并注意到缔约国在国籍法中正式规定男女平等的相关倾向，从而减少了歧视妇女的危险，尤其是减少了妇女及其子女无国籍的危险。

B. 对《公约》具体条款的评论

59. 《公约》第9条规定，妇女与男子平等享有取得、改变或保留其国籍并将其国籍传给子女的权利。委员会解释说这种权利也适用于配偶。[3]

60. 第9条第1款要求缔约国确保与外籍人结婚或在婚姻存续期间丈夫改变国籍均不自动改变妻子的国籍，使她成为无国籍人，或将丈夫的国籍强加于她。妇女可能因歧视性法律和惯例成为无国籍人，例如，妇女在与外籍人结婚但却无法以婚姻为由取得丈夫的国籍时自动丧失国籍；如果丈夫改变国籍、成为无国籍人或死亡，或是她的婚姻以离婚告终，她也会自动丧失国籍。

61. 《公约》第9条第2款要求缔约国确保妇女和男子有平等权利将其国籍传给子女。如果缔约国不履行第9条第2款规定的义务，儿童就有可能处于无国籍状态。仅仅根据父系血统给予国籍的国籍法违反第9条第2款的规定，并可能使儿童在下述情况下成为无国籍人：

（a）父亲是无国籍人；

（b）父亲本国的法律不准他在子女出生于国外等某些情况下将国籍传给子女；

（c）子女出生时生父身份不明或父亲未与母亲结婚；

---

[1] 见第21号一般性建议，第6段。

[2] 《世界人权宣言》，第十五条；《公民权利和政治权利国际公约》，第2、3、24条和第26条；《儿童权利公约》，第7条；《消除一切形式种族歧视公约》，第5条；《残疾人权利公约》，第18条；《保护所有移徙工人及其家庭成员权利国际公约》，第29条。

[3] CEDAW/C/KWT/CO/3-4，第37段。

（d）父亲未能完成将其国籍传给子女的行政步骤或为子女取得国籍证明，例如因为他已死亡，被迫与家人分离，或无法满足繁琐的文件要求或其他要求；

（e）父亲不愿意履行各种行政步骤将其国籍传给子女或为子女取得国籍证明，例如因为他已经抛弃家庭。

62. 《公约》第1至第3条还支持妇女同男子平等地使本人及其配偶因入籍而获益的权利。在这方面歧视妇女有碍于减少无国籍状态。在妇女无法将国籍传给其无国籍配偶时也会出现同样的情况，还可能对此种结合所生的子女进一步造成无国籍风险。

C. 具体建议

63. 鉴于上述情况，委员会建议尚未采取下述行动的缔约国：

（a）审查并撤销对《公约》第9条的保留，因为它们不符合《公约》的目标和宗旨，因此根据第28条第2款的规定是不允许的；[1]

（b）审查并改革其国籍法，确保在取得、改变和保留国籍方面男女享有平等待遇，并使妇女能将其国籍传给子女及其外籍配偶，并确保充分按照《公约》第1至3条和第9条消除对切实实施此种法律的任何障碍；

（c）废除规定在婚后自动取得国籍或因婚姻状况改变或其丈夫国籍的改变而使妇女国籍自动丧失的法律；

（d）考虑准许与外籍男子结婚的妇女以及此种结合所生的子女拥有双重国籍，尤其是在规定双重国籍的法律制度可能导致无国籍状态的情况下；

（e）通过法律条款防止无国籍状态，规定丧失或放弃国籍须以拥有或取得另一国国籍为条件，并准许因没有此种保障而成为无国籍人的妇女重新取得国籍；

（f）宣传最近制定的法律和政策，这些法律和政策赋予妇女与男子平等取得、改变或保留国籍的权利或使妇女能将国籍传给子女及其外籍配偶；

（g）解决国籍法中因入籍要求等所产生的间接歧视问题。在实践中，妇女可能比男子更难满足这种要求；

（h）批准或加入1954年《关于无国籍人地位的公约》和1961年《减少无国籍状态公约》；

（i）不采取和实施剥夺妇女国籍并使她们成为无国籍人的任何措施；

（j）就其关于查明、减少和防止无国籍状态以及保护无国籍人、特别是无国籍妇女的工作同难民署开展合作；

（k）收集、分析并提供各自境内按性别分列的无国籍人统计数据；

---

[1] 第4、20和28号一般性建议。

（l）采取有效措施，确保妇女和女童平等获得身份文件，包括国籍证明；

（m）采取措施及时登记出生的所有婴儿，并在这方面采取措施，尤其是在各自境内的农村和边远地区采取措施，以提高对出生登记重要性的认识，从而确保所有儿童都得到登记，并确保女童与男童享有相同的权利。

第33号一般性建议：关于妇女获得司法救助
消除对妇女歧视委员会第六十一届会议通过（2015年）

一、导言和范围

1. 妇女的司法救助权对实现《消除对妇女一切形式歧视公约》所保护的一切权利至关重要。司法救助权及下列各项元素是法治和善治的基本要素：司法机关的独立性、公正性、完整性和公信力；打击有罪不罚和贪腐的行动；以及妇女平等参与司法和其他法律执行机制。司法救助权有多个维度。其中包括可诉性、可得性、可及性、优良素质、向受害人提供补救措施和司法系统的问责制。为本一般性建议的目的，除非另有具体说明，"妇女"一词应理解为包括妇女和女童。

2. 委员会在本一般性建议中审查缔约国确保妇女获得司法救助的义务。这些义务包括保护妇女不受任何形式歧视的权利，目的是增强妇女作为个人和作为权利持有人的权能。有效的司法救助可充分发挥法律的潜力，解放思想，推动变革。

3. 在实践中，委员会注意到一些妨碍妇女在平等基础上实现其司法救助权的障碍和限制，包括缔约国未能在司法救助的各个方面提供有效的管辖权保护。这些障碍是在歧视和不平等的结构性背景下出现的，成因包括性别陈规定型观念、歧视性法律、交叉或复合歧视、程序和举证的规定和实践，以及无法在物质、经济、社会和文化方面有系统地确保所有妇女能够利用各种司法机制。所有这些障碍构成对妇女人权的持续侵犯。

4. 本一般性建议的范围涵盖各级司法系统（包括专门和准司法机制）内妇女司法的程序和质量。准司法机制包括公共行政机构或机关采取的一切类似司法机关所采取的行动；这些行动具有法律效力，并可能影响法律权利、责任和特权。

5. 司法救助权的范围也涵盖多元司法系统。"多元司法系统"一词系指在一缔约国内，国家法律、法规、程序和决定与宗教、习惯、土著或社群法律和实践并存。因此，多元司法系统有多个法律渊源，不论其为正式或非正式法源，还是国家、非国家或混合法源，妇女在寻求行使其司法救助权时都可能遇到。宗教、习惯、土著和社群司法系统在本一般性建议中称为传统司法系统，可能得到国家的正式认可，在国家默许下以明确地位或以不具任何明确地位的方式运作，或在国家监管框架之外运作。

6. 国际和区域人权条约与宣言和多数国家宪法均载有关于保证法律面前性和/或性别平等的规定及确保人人都享有法律平等保护的义务。[1]《公约》第十五条规定，男女在法律面前应享有平等地位，同样享有法律的平等保护。第二条规定，缔约国必须采取一切适当措施，以保证男女在生活的各个领域享有实质平等，包括通过建立国家主管法庭及其他公共机构，以确保切实保护妇女不受任何歧视。委员会关于缔约国在《公约》第二条之下的核心义务的第28号一般性建议进一步阐明了该项规定的内容和范围。第三条提到应当采取适当措施，确保妇女能够在与男子平等的基础上，行使和享有自己的人权和基本自由。

7. 妇女可能因其性别而受到歧视。性别一词是指社会构建的男女身份、属性和角色及社会对男女生理差异赋予的文化含义，常见于司法系统及其机构。《公约》第五条（a）项规定，缔约国有义务查明并扫除使妇女无法行使和主张自己的权利及妨碍她们获得有效补救措施的基本社会和文化障碍，其中包括性别陈规定型观念。

8. 基于性别陈规定型观念、污蔑、有害和重男轻女的文化规范而对妇女实行的歧视，以及妇女受害尤深的性别暴力，都对妇女在与男子平等的基础上获得司法救助的能力产生不利的影响。此外，针对妇女的歧视因若干交叉因素而更为严重；这些因素对某些妇女产生的影响在程度或形式上不同于男子和其他妇女所受的影响。交叉或复合歧视的理据可能包括族裔/种族、土著或少数人身份、肤色、社会经济地位和/或种姓、语言、宗教或信仰、政治见解、民族本源、婚姻和/或生育状况、年龄、城乡位置、健康状况、残疾、财产业权，以及女同性恋者、女双性恋者、变性妇女或两性人的身份。这些交叉因素使这些群体的妇女更难以获得司法救助。[2]

9. 使妇女特别难以获得司法救助的其他因素还包括：文盲、人口贩运、武

---

〔1〕 例见《世界人权宣言》第7条和第8条、《公民权利和政治权利国际公约》第2条和第14条和《经济、社会及文化权利国际公约》第2（2）条和第3条。在区域一级，《保护人权与基本自由公约》(《欧洲人权公约》)、《美洲人权公约》和《非洲人权和人民权利宪章》均载有相关规定。

〔2〕 见第28号一般性建议第18段。

装冲突、寻求庇护者身份、境内流离失所、无国籍、移徙、女户主、丧偶、艾滋病毒感染、自由被剥夺、卖淫刑罪化、地理位置偏远,争取自身权利的妇女被污蔑。必须强调的是,人权维护者和组织经常因其维权工作而受到打击,他们自己获得司法救助的权利应当受到保护。

10. 委员会掌握大量实例,说明交叉歧视对某些妇女群体获得司法救助造成的负面影响,包括无法获得有效补救。由于恐怕被羞辱、污蔑、逮捕、驱逐出境,遭受酷刑或其他形式的暴力行为,包括执法人员的所作所为,属于这些群体的妇女往往不会向当局举报侵犯其权利的行为。委员会还注意到,在这些群体的妇女提出申诉时,当局经常不尽职尽责采取行动,调查、起诉和惩处行为人和/或提供补救措施。〔1〕

11. 除了《公约》第二条(c)项、第三条、第五条(a)项和第十五条,缔约国还负有条约规定的其他义务,必须确保所有妇女都有机会获得教育和信息,了解其权利和可用的补救措施及如何利用这些措施,有机会利用对性别敏感的主管争端解决机制,以及有平等机会获得有效和及时的补救。〔2〕

12. 关于为克服妇女在获得司法救助方面遇到的障碍而需采取的步骤,委员会根据其审议缔约国报告时所汲取的经验、对个人来文的分析及按照《公约任择议定书》规定进行的调查提出了意见和建议。此外,委员会还参考了其他联合国人权机制、国家人权机构、包括社群妇女协会在内的民间社会组织和学术研究人员有关司法救助的工作。

二、关于妇女司法救助的一般性问题和建议

A. 可诉性、可得性、可及性、优良素质、提供补救措施和司法系统的问责制

13. 委员会注意到,妨碍妇女获得司法救助的因素众多,其中包括:法院和准司法机构集中在主要城市而农村和偏远地区则付之阙如、提起诉讼所需的时间和金钱、程序复杂、残疾妇女面对的物质障碍、无法获得了解性别问题的优质法律咨询服务和法律援助,以及常见的司法系统质量欠佳问题(如缺乏培训导致对性别问题不敏感的判决或裁判、诉讼旷日持久、贪腐问题)。

14. 因此,要确保可以获得司法救助,就必须具备六个相互关联的重要元素——可诉性、可得性、可及性、优良素质、向受害人提供补救措施和司法

---

〔1〕 例见关于下列各国的结论意见:巴哈马(CEDAW/C/BHS/CO/1-5,第25(d)段)、哥斯达黎加(CEDAW/C/CRI/CO/5-6,第40~41段)、斐济(CEDAW/C/FJI/CO/4,第24~25段)、吉尔吉斯斯坦(A/54/38/Rev.1,第一部分,第127~128段)、大韩民国[CEDAW/C/KOR/CO/6,第19~20段及CEDAW/C/KOR/CO/7,第23(d)段]和乌干达(CEDAW/C/UGA/CO/7,第43~44段)。

〔2〕 特别见第19、21、23、24、26、27、29和30号一般性建议。

系统的问责制。尽管各国当前法律、社会、文化、政治和经济情况各异,每一个缔约国必须以不同方式在本国内落实上述元素,但这种做法的各项基本要素都具有普遍意义,可以直接适用。故此:

(a) 可诉性的要求是,妇女可无阻地获得司法救助,有能力并获得赋权,能够根据《公约》主张其权利为应享法定权利;

(b) 可得性的要求是,缔约国在全国各地的城市、农村和偏远地区建立和维持法院、准司法机构或其他机构,并提供所需资金;

(c) 可及性的要求是,所有司法系统,包括正式和准司法系统,应具备下列条件:安全;负担得起;妇女可无障碍进出;适应和适合妇女的需要,包括面临交叉或复合形式歧视的妇女的需要;

(d) 优质司法系统的要求是,系统所有组成部分遵行关于能力、效率、独立性和公正性的国际标准,[1] 并及时提供和执行适当、有效补救措施,为所有妇女提供可持续的性别敏感争端解决办法。此外,司法系统还必须考虑到具体情况、充满活力、采用参与性办法、愿意采取切实可行的创新措施、对性别问题敏感,并考虑到越来越多妇女诉诸司法的情况;

(e) 提供补救措施的要求是,司法系统向妇女提供切实的保护并对妇女可能遭受的任何伤害提供有意义的补救(见第二条);

(f) 司法系统的问责制要求进行监测,保证司法系统的运作符合可诉性、可得性、可及性、优良素质和提供补救措施原则。司法系统的问责制度也指监测司法系统专业人员的行动及其应对本人违法行为承担的法律责任。

15. 关于可诉性,委员会建议缔约国:

(a) 确保法律承认并纳入权利和相关法律保护,提高司法系统对性别平等问题的敏感度;

(b) 改善妇女无阻地获得司法救助的机会,从而使妇女能够实现法律上和事实上的平等;

(c) 确保司法系统专业人员以性别敏感的方式办案;

(d) 确保司法机关的独立性、公正性、完整性和公信力及打击有罪不罚现象;

(e) 解决司法系统的贪腐问题,以之作为消除妇女在获得司法救助方面所受歧视的一个要素;

(f) 正视和扫除障碍,使妇女能以专业人员身份参与司法和准司法系统

---

[1] 见大会第40/32号决议赞同的《关于司法机关独立的基本原则》。

所有机构各级工作和提供各种相关法律服务；并采取步骤，包括暂行特别措施，以确保在司法机关和其他法律执行机制中，担任裁判官、法官、检察官、公设辩护人、律师、行政人员、调解员、执法人员、司法和惩教人员、执业专家，以及其他专业职务的男女人数相当；

（g）为确保当事方之间的平等，在妇女因权力关系而致使其所涉案件无法获得司法机关公平审理的所有领域，修改举证责任规则；

（h）与民间社会和社群组织合作，以设立可持续的机制支持妇女获得司法救助；并鼓励非政府组织和民间社会实体参与有关妇女权利的诉讼；

（i）确保妇女人权维护者能够获得司法救助，并得到保护以免遭受骚扰、威胁、报复和暴力。

16. 关于司法系统的可得性，委员会建议缔约国：

（a）确保在缔约国全国各地，包括在偏远、农村和偏僻地区根据需要设立、维持和发展法院、法庭和其他实体，保证妇女不受歧视地获得司法救助的权利；考虑特别为居住在偏远、农村和偏僻地区的妇女建立流动法院，及在可行情况下灵巧地运用现代信息技术解决办法；

（b）在暴力侵害妇女的案件中，确保妇女能够获得经济援助，使用危机中心、收容所、热线，以及获得医疗、心理社会和辅导服务；

（c）确保资格规则允许特定案件的利益相关团体和民间社会组织提出诉状和参加诉讼；

（d）建立由独立检查员组成的监督机制，以确保司法系统正常运作，以及处理司法系统专业人员歧视妇女的行为。

17. 关于司法系统的可及性，委员会建议缔约国：

（a）移除诉诸司法的经济障碍，向妇女提供法律援助，并确保减少低收入妇女和免除贫困妇女的文书申领和递交费用以及法院诉讼费用；

（b）消除语言障碍，酌情提供独立的专业笔译和口译服务，并向文盲妇女提供个性化协助，以保证她们充分了解司法和准司法程序；

（c）筹划定向外联活动，并通过专设妇女单位或事务处等渠道以各种形式及社群语文分发有关可利用的司法机制、程序和补救措施的信息。这些活动和信息应适合国内人口所有族裔和少数群体，并应与这些群体，特别是与妇女组织和其他相关组织的妇女密切合作设计；

（d）确保能够上网和利用其他信息通信技术以提高妇女利用各级司法系统的机会，并考虑开发因特网基础设施，包括视频会议，以便利法院进行审讯及促进各利益攸关方共享、收集和支持数据和信息；

(e) 确保司法和准司法机构和其他服务的物质环境和地点对所有妇女友善、安全和方便；考虑在司法机构内设立性别事务单位，并特别注意为财力不足的妇女支付前往司法和准司法机构的交通费和其他服务费；

(f) 建立司法救助中心，如包括各种法律和社会服务的"一站式服务中心"，以减少妇女为获得司法救助而必须采取的步骤。这类中心可以在暴力侵害妇女行为、家庭问题、医疗卫生、社会保障、就业、财产和移民等领域为妇女提供法律咨询和援助、提起法律程序和协调支助服务。所有妇女，包括贫困妇女和/或农村和偏远地区妇女必须能够利用这些中心；

(g) 特别注意残疾妇女无障碍利用司法系统的问题。

18. 关于司法系统的优良素质，委员会建议缔约国：

(a) 确保司法系统素质优良，遵循关于能力、效率、独立性和公正性的国际标准以及国际判例；

(b) 制定衡量妇女司法救助的指标；[1]

(c) 确保实施创新和变革性的司法工作方针和框架，包括酌情投资于更广泛的机构改革；

(d) 及时提供及执行适当和有效的补救措施，使所有妇女能够以可持续的性别敏感方式解决争端；

(e) 实施机制以确保证据规则、调查和其他法律和准司法程序公正，不受性别陈规定型观念或偏见的影响；

(f) 为保护妇女的隐私、安全和其他人权起见，确保必要时能以符合正当程序和公正审讯原则的方式，不公开地进行全部或部分法律程序，或远程提供证言或利用通信设备作证，保证只有有关当事方才能够得知其中的内容。应当允许在司法程序各个阶段采用假名或其他措施以保护涉案妇女的身份。缔约国应保证，在女童和妇女的尊严、情绪状态和安全可能受到侵犯的情况下，可以采取措施，禁止拍摄和广播肖像，以保护受害人的隐私和形象；

(g) 保护妇女原告人、证人、被告人和囚犯，确保她们在法律程序之前、期间和之后不受威胁、骚扰和其他形式的伤害，并提供必要的预算、资源、导则、监测与立法框架，以确保切实执行保护措施。[2]

---

[1] 例见关于暴力侵害妇女行为的联合国衡量指标（见 E/CN.3/2009/13），及 2013 年 5 月 21 日通过的《美洲防止、惩罚和根除暴力侵害妇女行为公约》（《贝伦杜帕拉公约》）执行进度衡量指标。

[2] 应采用保护受害人及其家人使其免遭恐吓、报复和再次受害的国际导则和最佳做法。例见《欧洲委员会预防和打击暴力侵害妇女行为及家庭暴力公约》第56条。

19. 关于提供补救措施,委员会建议缔约国:

(a) 针对歧视妇女行为制定和执行适当和及时的补救措施,并确保妇女有机会利用一切现有的司法和非司法补救措施;

(b) 确保补救措施适足、有效、从速归责、全面、与所受伤害严重程度相称。补救措施应酌情包括恢复原状(恢复原职)、补偿(以金钱、货物或服务的形式提供)及康复(医疗与心理治疗和其他社会服务)。[1] 民事赔偿补救措施和刑事制裁不应为互斥措施;

(c) 在所有民事、刑事、行政或其他诉讼程序中,为了确定适当的损害补偿,评估损害赔偿额时应充分考虑妇女的无偿家务和照料活动;

(d) 为妇女设立专项基金,以确保在侵犯妇女人权的责任人或实体不能或不愿作出赔偿的情况下,妇女获得适足的赔偿;

(e) 针对在冲突中和冲突后情况发生性暴力的问题,按照国际人权标准规定进行机构改革、废除歧视性立法和制定立法规定适当的制裁,并与妇女组织和民间社会密切合作,确定赔偿措施,以帮助消弭冲突前存在的歧视;[2]

(f) 确保有关在冲突中或冲突后背景下发生的侵犯人权行为的非司法补救措施,如公开道歉、建立公共纪念碑和真相、正义与和解委员会核可的保证杜绝重复措施,不能用以取代对行为人进行调查和起诉;不赦免基于性别的侵犯人权行为,如性暴力侵害妇女行为,并且不对侵犯人权行为的起诉适用法定时效规定(见关于妇女在预防冲突、冲突及冲突后局势中的作用的第30号一般性建议);

(g) 提供有效和及时的补救措施以及适当的赔偿,确保补救措施考虑到妇女受到的各类不同侵害,并按照第30号一般性建议的指示,确保妇女参与拟订所有赔偿方案。[3]

20. 关于司法系统的问责制,委员会建议缔约国:

(a) 建立有效和独立的机制,观察和监测妇女获得司法救助的情况,以确保司法系统符合可诉性、可得性、可及性、优良素质和有效补救措施的原则,包括对所作裁判影响妇女权利的司法、准司法和行政机构的自主性、效

---

[1] 见第28号一般性建议第32段:"这类补救办法应包括不同形式的赔偿,如金钱赔偿、恢复原状、康复和复职;公开道歉、树立公共纪念碑和保证不重犯等满足措施;修改相关法律和惯例;以及将侵犯妇女人权的肇事者绳之以法等。"

[2] 见《关于妇女和女童获得补救与赔偿权利的内罗毕宣言》。

[3] 另见 A/HRC/14/22。

（b）确保采取纪律和其他措施，有效处理经查明的司法专业人员歧视性做法和行为；

（c）专设一个实体接受对司法系统所有支助事务人员，包括社会、福利和医务人员以及技术专家的申诉、投诉和建议；

（d）数据起码应包括：

㈠司法和准司法机构的数量和地域分布情况；

㈡各级执法机构及司法和准司法机构的男女工作人员人数；

㈢男女律师，包括法律援助律师的人数和地域分布情况；

㈣司法、准司法和行政机构收到的案件和申诉的性质和数量，并按申诉人性别分列；

㈤正式和非正式司法系统处理的案件的性质和数量，并按申诉人性别分列；

㈥需要、接受并提供了法律援助和/或公设辩护的案件的性质和数量，并按申诉人性别分列；

㈦程序长短及其结果，并按申诉人性别分列；

（e）与民间社会组织和学术机构协作，对所有司法系统进行定性研究和性别批判分析及促进这些研究与分析，以查明促进或限制妇女充分获得司法救助的做法、程序和判例；

（f）系统地应用上述分析结果制定优先事项、政策、立法和程序，以确保司法系统各个组成部分对性别敏感、方便用户和实行问责。

B. 歧视性法律、程序和做法

21. 缔约国的一些宪法规定、法律、法规、程序、习俗和做法往往源于传统性别陈规定型观念和规范，故此具有歧视性质，剥夺了妇女根据《公约》充分享有的权利。因此，委员会一贯在其结论意见中呼吁缔约国审查其立法框架，修正和/或废除歧视妇女的规定。此举符合《公约》第二条的规定，即缔约国有义务采取适当法律和其他措施，消除公共当局和属于非国家行为体的个人、组织或企业对妇女实施的一切形式歧视。

22. 但是，由于第 28 号一般性建议第 16 段所界定的直接和间接歧视，妇女在获得司法救助方面面对重重困难。这种不平等不仅见诸法律、法规、程序，习俗和做法的歧视性内容和/或影响，而且反映于司法和准司法机构的能力和认识不足，无法充分解决侵犯妇女人权行为。因此，委员会在第 28 号一般性建议中指出，司法机构必须适用体现于《公约》的实质或事实平等原则，并按照该项义务解释法律,包括国家、宗教和习惯法律。第十五条规定缔约国有义务确保妇女在法律各个领域享有与男子相同的实质平等。

23. 然而,委员会根据《任择议定书》提出的许多结论意见和看法显示,由于歧视性程序和证据规则以及未能尽职预防、调查、起诉、惩罚侵犯妇女权利行为和提供补救措施,结果使确保妇女可平等获得司法救助的义务没有得到履行。

24. 应特别考虑女童(酌情包括幼女和少女)的情况,因为她们在获得司法救助方面面对具体障碍。她们往往缺乏社会或法律行为能力,无法在教育、健康、性与生殖权利方面作出生活上的重大决定。她们可能被强迫结婚,或遭受其他有害做法和各种形式的暴力之害。

25. **委员会建议缔约国:**

(a) 确保实施法律面前地位平等的原则,包括采取措施,废除直接或间接歧视妇女,尤其是在司法救助方面歧视妇女的任何现行法律、程序、法规、判例、习俗和做法,并移除妨碍获得司法救助的歧视性障碍,包括:

㈠妇女在开始采取法律行动前有义务和/或必要征求家庭或社群成员的许可;

㈡司法系统中的积极参与者污蔑争取自身权利的妇女;

㈢歧视妇女证人、原告人和被告人的佐证规则,要求她们在指证犯罪行为或寻求补救时承担高于男子的举证责任;

㈣排除或置后妇女证言的程序;

㈤缺少确保在案件的准备、进行过程中和在结案后男子和妇女享有同等条件的措施;

㈥未能对妇女举报案件进行适当的案件管理和证据收集工作,导致案件调查工作出现系统性失误;

㈦对于在网上新出现或通过使用信息通信技术和新的社交媒体实施的侵犯妇女权利行为,证据收集工作面对重重障碍;

(b) 确保女童可利用独立、安全、有效、方便和对儿童问题敏感的申诉和举报机制。此类机制应按照国际规范,特别是《儿童权利公约》的规定建立,任用受过适当培训的人员,按照儿童权利委员会第 14 号一般性意见的规定以有效和性别敏感的方式开展工作,确保相关女童的最佳利益为首要考虑;

(c) 采取措施,避免女童因冲突和在家中无权而被边缘化,以及其权利因此而得不到支持的情况;在获得教育、健康(包括性和生殖健康)等服务以及在获得法律服务和利用司法系统等方面,废止必须征得父母或配偶许可的规则和做法；

（d）保护妇女和女童不致因对宗教经文的解释和传统规范妨碍她们寻求司法救助而受到歧视。

C. 司法系统内的陈规定型观念和性别偏见与能力建设的重要性

26. 司法系统中的陈规定型观念和性别偏见对妇女充分享有其人权造成影响深远的后果。它们妨碍妇女在法律的各个领域获得司法救助，并可能对受暴力之害的妇女和幸存者产生特别消极的影响。陈规定型观念扭曲对妇女的看法，导致以先入为主的观念和错误看法而不是根据相关事实作出裁判。法官往往采用刻板标准来判断妇女行为举止是否适当，并惩罚行为不符合这些陈规定型观念的人。陈规定型观念也影响妇女作为当事人和证人所提供的陈述、论据和证言的可信度。使用陈规定型观念可致使法官错误解释或不当适用法律。这种情况造成影响深远的后果，例如，在刑法方面导致不追究行为人侵犯妇女权利的法律责任，从而助长了有罪不罚的风气。在法律的各个领域，陈规定型观念损害了司法系统的公正性和完整性，而且可能导致审判不公，包括使申诉人再次受到伤害。

27. 在司法系统中，法官、裁判官和评审员并不是唯一使用、助长和延续陈规定型观念的行为者。检察官、执法人员和其他行为者往往让陈规定型观念影响调查和审判，尤其是在性别暴力案件中，陈规定型观念削弱了受害人/幸存者的指控，同时加强了被指控行为人的辩护力度。因此，陈规定型观念可能普遍存在于调查和审判阶段，影响最终判决。

28. 妇女应能信赖一个不受错误看法和陈规定型观念影响的司法系统，信赖公正性不受这些偏颇之见左右的司法机关。消除司法系统中的陈规定型观念是确保受害人和幸存者获得平等对待和正义的关键一步。

29. 委员会建议缔约国：

（a）采取措施，包括为司法系统所有人员和法学系学生开展提高认识和能力建设方案，以消除性别定型观念和在司法系统的各个方面纳入性别视角；

（b）提高认识和能力建设方案应纳入其他专业人员，特别是医疗保健提供者和社会工作者，因为他们在暴力侵害妇女案件和在家庭问题中能够发挥重要作用；

（c）确保能力建设方案强调下列问题：

㈠妇女作为当事人和证人所提供的陈述、论据和证言的可信度和分量问题；

㈡法官和检察官经常对妇女得当行为所持的僵化标准；

(d) 考虑促进对话，讨论陈规定型观念和性别偏见对司法系统的负面影响，以及改善妇女暴力受害人和幸存者所得司法结果的必要性；

(e) 提高对陈规定型观念和性别偏见的负面影响的认识，并鼓励采取倡导行动，消除司法系统中，特别是性别暴力案件中的陈规定型观念和性别偏见；

(f) 向法官、检察官、律师和执法人员提供能力建设方案，促进适用有关人权的国际法律文书，包括《公约》和委员会的判例，及促进适用禁止歧视妇女的立法。

D. 针对陈规定型观念的影响开展教育和提高认识活动

30. 为了消除影响司法救助的多重形式歧视和陈规定型观念，确保所有妇女可以有效和高效地诉诸司法，必须提供反映性别视角的教育并通过民间社会、媒体和利用信息通信技术提高公众的认识。

31. 《公约》第五条（a）项规定，缔约国必须采取一切适当措施，改变社会和文化行为模式，以消除基于性别而分尊卑观念的偏见、习俗和一切其他做法。委员会在其第 28 号一般性建议强调，《公约》各项规定必须一并解读，以确保谴责和消除一切形式的性别歧视。[1]

1. 反映性别视角的教育

32. 不知晓自身人权的妇女无法就实现这些权利提出主张。委员会注意到，特别是在审议缔约国提交的定期报告时注意到，缔约国往往没有保证妇女利用教育、信息和法律扫盲方案的平等机会。此外，男子对妇女人权的认识也是保证不歧视和平等，特别是保证妇女可获得司法救助，所必不可少的。

33. 委员会建议缔约国：

（a）在民间社会组织、学术机构和媒体的参与下发展性别问题专门知识，包括增加性别问题顾问人数；

（b）以多种形式散发材料，使妇女了解其人权和可利用的司法救助机制，并使妇女了解她们是否有资格获得支助、法律援助及与司法系统接口的社会服务；

（c）将有关妇女权利和性别平等的教育方案，包括法律扫盲方案，列入各级教育课程，强调妇女获得司法救助的重要性和男子与男童作为倡导者和利益攸关方应发挥的作用。

---

[1] 第 7 段指出，《公约》第二条应结合第三、四、五条和第二十四条，并参照第一条所载歧视定义解读。

2. 通过民间社会、媒体和信息通信技术提高认识

34. 民间社会、媒体和信息通信技术在助长和散播性别陈规定型观念以及消除这些观念方面发挥着重要的作用。

35. 委员会建议缔约国：

（a）强调在妇女的司法救助权问题上，媒体和信息通信技术可以发挥作用，消除有关妇女的文化陈规定型观念；特别注意驳斥有关性别歧视和性别暴力，包括家庭暴力、强奸和其他形式性暴力的文化陈规定型观念；

（b）与社群和民间社会组织密切合作，拟订和落实措施，提高媒体和公众对妇女司法救助权的认识。这些措施应当是多维度的，针对女童和妇女以及男童和男子，并应考虑到信息通信技术改变文化和社会陈规定型观念的作用和潜力；

（c）支持和促进媒体机构和信息通信技术从业人员参与有关妇女人权，特别是司法救助权的持续公开对话；

（d）采取步骤营造一种文化和社会环境，在这种氛围中，妇女寻求正义被认为是合情合理的、可以接受的，不会因此遭受更多的歧视和/或污蔑。

E. 法律援助和公设辩护

36. 关于保证妇女不会因经济能力而无法利用司法系统的问题，一个关键因素是在所有法律领域的司法和准司法程序方面，提供免费或低收费的法律援助、咨询和代理服务。

37. 委员会建议缔约国：

（a）建立可及的、可持续的和迎合妇女需要的法律援助和公设辩护制度，确保在司法或准司法程序，包括替代性争端解决机制和恢复性司法程序的各个阶段以及时、持续、有效的方式提供这些服务，并确保法律援助人和公设辩护人可无阻地获得所有相关文件和其他信息，包括证人陈述；

（b）确保法律援助人和公设辩护人称职和性别敏感、尊重保密规定，并且有足够时间为委托人辩护；

（c）开展信息和提高认识方案，使妇女知道法律援助和公设辩护服务的存在和获得这些服务的条件，并有效利用信息通信技术促进这些方案；

（d）与适格的非政府法律援助人发展伙伴关系和/或培训律师助理，向妇女提供信息和协助她们应付司法和准司法程序及传统司法系统的要求；

（e）在家庭发生矛盾或妇女无法平等使用家庭收入的情况下，应根据妇女的实际收入和可动用资产计算经济能力以审查获得法律援助和公设辩护服

务的资格。[1]

F. 资源

38. 高素质人力资源与充分的技术和财政资源，是确保可诉性、可得性、可及性、优良质素、向受害人提供补救措施和司法系统的问责制所必不可少的。

39. 委员会建议缔约国：

（a）为司法系统各个部分，包括专设司法机构、准司法和行政机构、替代性争端解决机制、国家人权机构和监察员办公室，提供充分的预算和技术援助，分配高素质人力资源；

（b）在国家资源有限的情况下，向联合国系统专门机构、国际社会和民间社会等外部来源寻求支助，但同时应确保国家向司法系统提供充分的中、长期资源，以确保系统的可持续性。

三、关于具体法律领域的建议

40. 由于世界各地的机构和司法安排多种多样，在一国内被归类为某个法律领域的一些元素在另一国内可能归入另一个领域。例如，歧视的定义未必一定列入宪法内；保护令可能见诸家事法和/或刑法；庇护和难民问题也许交由行政法庭或准司法机构处理。缔约国应据此审议以下各段。

A. 宪法

41. 委员会注意到，在实践中，本国宪法保障男女实质平等和国内法律制度纳入国际人权法（包括《公约》）的缔约国较有能力在司法救助领域实现性别平等。《公约》第二条（a）项和第十五条规定，缔约国应当在本国宪法或其他适当法律列入男女平等原则，包括为此建立国家主管法庭和其他公共机构，并采取措施确保在公共和私人生活的各个领域以及在法律的各个领域实现此项原则。

42. 委员会建议缔约国：

（a）提供宪法保护，明确规定在公共和私人领域，包括关于人身法、家事法、婚姻法和继承法的所有事项，以及在各个法律领域实行形式平等、实质平等和不歧视；

（b）在国际法规定不直接适用的情况下，为有效保障妇女的司法救助权，将国际人权法全面纳入本国宪法和立法框架；

---

[1]《联合国关于在刑事司法系统中获得法律援助机会的原则和准则》，准则1（f）："如果经济能力审查法所作计算是根据一个家庭的家庭收入，但家庭各个成员互有冲突或无法平等使用家庭收入，则就经济能力审查法的目的而言，仅使用法律援助申请人的收入。"

（c）建立确保司法复核和监测机制可得性和可及性所需的结构，以监督各项基本权利，包括性别实质平等权利的落实情况。

B. 民法

43. 在一些社群，妇女如无男亲属协助就无法求助于司法系统，社会规范也影响妇女在家庭以外行使自主权的能力。《公约》第十五条规定男女在法律面前地位平等，缔约国必须在民事事项方面给予妇女与男子相同的法律行为能力，以及行使这种能力的同样机会。妇女应可利用民法程序和补救措施的领域包括：合同、私营部门就业、人身伤害、消费者保护、继承、土地和财产权。

44. 委员会建议缔约国：

（a）消除利用民法程序的所有性别障碍，如规定妇女在采取法律行动前必须先行取得司法或行政当局或家人许可，或规定妇女必须出具身份证件或产权契据；

（b）执行《公约》第十五条第3款的规定，即旨在限制妇女法律行为能力的所有合同和其他任何具有法律效力的私人文书，应一律视为无效；

（c）采取积极措施，确保执行妇女签订合同和其他私人法律协议的自由。

C. 家事法

45. 家庭内的不平等是歧视妇女问题所有其他方面的根本原因，而且往往是借意识形态、传统和文化之名而行。委员会一再强调，家事法及其实施机制必须符合《公约》第二条、第十五条和第十六条所载的平等原则。[1]

46. 委员会建议缔约国：

（a）按照《公约》和委员会一般性建议制定成文家事法或人身法，规定配偶或伴侣可平等获得司法救助，不论其宗教或族裔身份或社群为何；[13]

（b）考虑在同一体制框架内建立性别敏感的家事司法或准司法机制，处理财产分割协议、土地权、继承权、解散婚姻和子女监护权等问题；

（c）在没有统一的家事法和存在多个家事法系统（如民法、土著法、宗教法和习惯法系统）的情况下，确保人身法规定个人可选择在关系任何阶段适用的家事法。国家法院应复核所有其他机构在这方面作出的决定。

D. 刑法

47. 在确保妇女能够行使其人权，包括在平等基础上获得司法救助的权利方面，刑法尤为重要。根据《公约》第二条和第十五条，缔约国有义务确保妇女获得刑法提供的保护和补救，并确保妇女无论是作为犯罪受害人还是行为

---

[1] 尤其见关于《公约》第十六条的第29号一般性建议（婚姻、家庭关系及其解除的经济后果）。

人在这些机制的范围内都不受到歧视。一些刑法典或刑法和/或刑事诉讼法以下列方式歧视妇女：

（a）对于某种行为，妇女行为人按刑事罪论处，男性行为人则不按刑事罪论处或从轻发落；

（b）对于只能由妇女实施的某种行为，如人工流产，按刑事罪论处；

（c）对于特别影响或仅仅影响妇女的犯罪行为，不按刑事罪论处或不尽职尽责防止这些行为和提供补救措施；

（d）关押犯轻罪和/或无力缴交轻罪保释金的妇女。

48. 委员会还着重指出，由于下列原因，妇女在刑事案件中受到歧视：缺乏替代拘留的性别敏感非羁押措施；未能满足在押妇女的具体需求；及缺乏性别敏感的监测和独立审查机制。[1] 刑事司法系统二次伤害妇女影响到妇女的司法救助权，因为在逮捕、问讯和拘留过程中，妇女特别有可能受到精神和肢体虐待和威胁。

49. 妇女因处境或身份犯罪的情况也特别多，如从事卖淫，移徙者的身份，被指控通奸，女同性恋者、女双性恋者、变性妇女和两性人的身份，曾接受人工流产或属于其他受歧视群体的成员。

50. 委员会注意到，许多国家严重缺乏训练有素、能够按规定进行刑事调查的警察、法务和法医人员。

51. 委员会建议缔约国：

（a）作出应尽努力，防止、调查和惩处所有侵犯妇女的犯罪行为和提供赔偿，不论行为人是国家行为体还是非国家行为体；

（b）确保法定时效规定符合受害人的利益；

（c）采取有效措施保护妇女，使其在与执法和司法当局互动过程中免受二次伤害，并考虑在执法、惩教和检察系统中专设性别单位；

（d）采取适当措施，创造扶持环境以鼓励妇女主张自身权利，举报其所遭受的犯罪行为和积极参与刑事司法程序，并采取措施防止求助于司法系统的妇女遭受打击报复。应设法征询妇女团体和民间社会组织的意见，拟订这方面的立法、政策和方案；

（e）采取措施，包括制定立法，以保护妇女不受各种网络犯罪之害；

（f）在案件涉及贩运人口和有组织犯罪时，如果涉案妇女与司法当局合

---

[1] 第 23/2009 号来文，Abramova 诉白俄罗斯，2011 年 9 月 27 日通过的意见；另见大会第 65/229 号决议通过的《联合国女性囚犯待遇和女性罪犯非拘禁措施规则》（《曼谷规则》）。

作，向她们提供的支助和援助，包括居留证的签发，不附带任何条件；[1]

（g）采用保密和性别敏感的方式，以避免在任何法律程序中，包括在问讯、取证和其他相关调查程序中使妇女蒙羞，包括二次伤害暴力受害人；

（h）审查证据规则及其实施，特别是在暴力侵害妇女案件中实施规则的情况，并采取措施，适当考虑到在刑事诉讼中受害人和被告人的公平审判权，确保举证要求不致造成诸多限制、缺乏灵活性或受到性别陈规定型观念影响；

（i）改进本国刑事司法机关应对家庭暴力的能力，包括对紧急求援电话进行录音，拍摄破坏财物和暴力迹象的图片证据及考虑医生和社会工作者的报告；即使没有目击证人，这些报告也可以显示出暴力对受害人身心健康和社会福祉造成的严重影响；

（j）采取措施保证妇女在申请保护令时不受不当延误，并保证及时公正地审讯所有触犯刑法的性别歧视案件，包括涉及暴力的案件；

（k）为警察和医务人员制定收集和保全暴力侵害妇女案件的法医证据的程序，并培训足够的警察和法务、法医人员进行周密的刑事调查；

（l）废除歧视性的刑事罪论处规定，并审查和监测所有刑事程序，以确保不直接或间接歧视妇女；将男性行为人不按刑事罪论处或从轻发落的某种行为非刑罪化；将只能由妇女实施的某种行为非刑罪化，如人工流产；及作出应尽努力，防止特别影响或仅仅影响妇女的犯罪并提供补救，不论行为人是国家行为体还是非国家行为体；

（m）密切监测量刑程序，在某些犯罪和轻罪的刑罚规定及确定有关假释或提前解除羁押的资格方面，消除对妇女的任何歧视；

（n）确保设立机制监测羁押场所，特别注意女囚犯的情况，并适用关于在押妇女处遇的国际导则和标准；[2]

（o）准确编制下列数据和统计：每个拘留所关押的妇女人数；关押理由和时间；是否怀孕或带有婴儿或儿童；是否使用了法律、医疗卫生和社会服务；及利用现有的案件复核程序、非羁押替代措施和培训机会的资格和情况；

（p）预防性拘留应作为最后手段使用，拘留时间应尽可能短，并应避免对犯轻罪和无力缴交轻罪保释金的人采取预防性或审后拘留措施。

---

[1] 见《人权与贩运人口问题的建议原则和准则》（联合国出版物，出售品编号：E.10.XIV.1）。
[2] 见《曼谷规则》以及经济及社会理事会第2005/20号决议通过的《儿童被害人和证人刑事司法事项导则》。

E. 行政法、社会法和劳动法

52. 《公约》第二条和第十五条规定，应保证妇女可以在平等基础上获得和使用行政、社会和劳动法规定的司法和准司法机制及补救措施。下列事项多属于行政、社会和劳动法范围内的问题，对妇女尤为重要：医疗卫生服务；社会保障福利；劳工关系，包括同工同酬；雇用和晋升机会平等；公务员同工同酬；住房和土地使用规划；补助金、补贴和奖学金；补偿基金；因特网资源的治理和政策；及移徙和庇护。[1]

53. 委员会建议缔约国：

(a) 确保可以要求按照国际标准对行政机关所有决定进行独立复核；

(b) 确保驳回申请的决定说明理由，申诉人能够就该决定向一主管机构提出上诉，在作出进一步司法复核之前中止执行任何先前行政决定。在庇护和移徙法方面这一点尤为重要，因为上诉人可能在其案件获审理之前被驱逐出境；

(c) 只在根据案情确有必要和合理的特殊情况下，作为最后手段，按照国家法律和国际标准的规定，为合法目的相称地短暂使用行政拘留；确保向妇女提供所有适当措施，包括有效的法律援助和程序，使其能够对拘留的合法性提出异议；确保在被拘留者在场的情况下定期复核行政拘留；并确保行政拘留的条件符合保护被剥夺自由妇女权利的相关国际标准。

四、关于具体机制的建议

A. 专门司法/准司法系统与国际/区域司法系统

54. 其他专门司法和准司法机制，[2] 包括劳动法庭、[3] 土地所有权法庭、选举和军事法庭、检查机构和行政机构，[4] 也有义务遵守关于独立性、公正性和效率的国际标准及国际人权法的规定，包括《公约》第二条、第五条（a）项和第十五条的规定。

55. 过渡和冲突后局势可能使寻求行使司法救助权的妇女面对更多的挑战。委员会第30号一般性建议强调缔约国在这种局势中向妇女提供司法救助的具体义务。

---

[1] 见关于妇女的难民地位、庇护、国籍和无国籍状态与性别相关方面的第32号一般性建议。

[2] 各国做法不一，这些领域可以在一般或专门司法系统之下。

[3] 关于妇女获得司法救助的问题，相关的劳工组织公约包括：《1947年劳动监察公约》（第81号）；《1949年移徙就业公约》（第97号）；《1969年（农业）劳动监察公约》（第129号）；《1989年土著和部落人民公约》（第169号）；以及《2011年家庭工人公约》（第189号）。

[4] 见军事法庭司法工作指导原则草案（见E/CN.4/2006/58）。

56. 委员会建议缔约国：

（a）采取一切适当步骤，确保妇女可以和有机会使用所有专门司法和准司法机制，并确保这些机制按照与普通法院相同的规定履行任务；

（b）规定对专门司法和准司法机制的裁判进行独立监测和复核；

（c）实施方案、政策和战略以促使和保证妇女得以在各级平等参与这些专门司法和准司法机制；

（d）落实第 30 号一般性建议第 81 段所载，关于妇女在过渡和冲突后局势中获得司法救助的建议，并对过渡司法机制采取综合、包容和参与性办法；

（e）确保本国执行有关妇女权利的际文书及国际和区域司法系统决定，并建立监测国际法实施情况的机制。

B. 替代性争端解决程序

57. 许多司法辖区采用下列强制或任择制度：调解、和解、仲裁、合作解决争端、调停和利益本位谈判。家事法、家庭暴力、少年司法和劳动法等领域尤其多采用这类办法。替代性争端解决程序有时被称为非正式司法，与法院正式诉讼程序相关联，但在其范围外运作。非正式替代性争端解决程序还包括非正规土著法庭和基于酋长制度的替代性争端解决办法，由酋长和其他社群领袖解决离婚、子女抚养权和土地争端等人际纠纷。对于寻求正义的妇女来说，这种程序虽然可以提供更大的灵活性、减少费用和延缓，但其运作往以重男轻女的价值观为指导思想，可能因此导致进一步侵犯妇女的权利和行为人不受惩罚，从而不利地影响妇女寻求司法复核和补救措施的机会。

58. 委员会建议缔约国：

（a）告知妇女其使用调解、和解、仲裁和合作解决争端办法的权利；

（b）保证替代性争端解决程序不限制妇女在任何法律领域寻求司法或其他补救措施，并且不会导致进一步侵犯其权利；

（c）确保在任何情况下不得将暴力侵害妇女案件，包括家庭暴力案件，移送任何替代性争端解决程序处理。

C. 国家人权机构和监察员办公室

59. 建立国家人权机构和监察员办公室可能增加妇女获得司法救助的机会。

60. 委员会建议缔约国：

（a）采取步骤：

㈠提供充分资源，按照促进和保护人权国家机构地位原则（《巴黎原则》）设立可持续运作的独立国家人权机构；

(二)确保这些机构的组成和活动对性别问题敏感;

(b) 给予国家人权机构广泛的任务规定并授权处理关于妇女人权的申诉;

(c) 便利妇女平等地利用监察员办公室和国家人权机构的个人申诉程序,并提供办法使妇女能够就多重和交叉形式歧视提出主张;

(d) 向国家人权机构和监察员办公室提供充分资源和支持以开展研究活动。

D. 多元司法系统

61. 委员会指出,在某一缔约国内,国家法律、法规、程序和决定与宗教、习惯、土著或社群法律和实践并存。多元司法系统由此而生。因此,国内有多个法律渊源,有的可能被正式承认为国家法律秩序的一部分,有的可能在没有明确法律依据的情况下运作。缔约国有义务依照《公约》第二条、第五条(a)项和第十五条和其他国际人权文书的规定,确保多元司法系统所有组成部分同样尊重妇女权利和保护妇女使其人权不受侵犯。[1]

62. 多元司法系统的存在本身可能对妇女获得司法救助造成限制,因为它延续和助长了歧视性社会规范。在许多情况下,尽管多元司法系统提供多个寻求司法救助的渠道,但妇女还是无法有效地择地行诉。委员会注意到,在一些基于习俗、宗教或社群规范的家事法和/或人身法系统与民法系统并存的缔约国中,个别妇女对两个系统的认识可能不一,也可能无权自行决定适用的制度。

63. 委员会注意到,有许多模式可用以使多元司法系统内的做法与《公约》相协调,以期尽可能减少法律冲突和保障妇女司法救助权。这些模式包括立法明确界定现有多元司法系统之间的关系,设立国家复核机制,正式承认和编纂宗教、习惯、土著、社群和其他系统的法律。缔约国和非国家行为体必须共同努力,研究多元司法系统如何能够齐心协力加强对妇女权利的保护。[2]

64. 委员会建议缔约国与非国家行为体合作:

(a) 立即采取措施,包括为司法系统人员制定关于《公约》和妇女权利的能力建设和培训方案,确保宗教、习惯、土著和社群司法系统的规范、程序和实践与《公约》和其他国际人权文书所载的人权标准相协调;

---

[1] 尤其见第29号一般性建议。

[2] International Development Law Organization, *Accessing Justice: Models, Strategies and Best Practices on Women's Empowerment* (Rome, 2013)。

(b) 立法调整多元司法制度内各机制之间的关系以减少潜在冲突；

(c) 为防止侵犯妇女人权制定保障措施，规定国家法院或行政机构有权审查多元司法系统各个组成部分的活动，特别是农村法庭和传统法庭的活动；

(d) 确保妇女可以作出真正和明智的选择，决定适用的法律和自行选定审理其主张的法庭；

(e) 确保妇女可利用法律援助服务，使她们能够通过聘请合格的本地支助人员提供法律援助，在各多元司法系统内主张自己的权利；

(f) 确保妇女在各级平等参与为监测、评价和报告多元司法系统运作情况而设的机构；

(g) 促进多元司法系统之间的建设性对话和正式联系，包括制定信息共享程序。

五、撤回对《公约》的保留

65. 许多国家对下列条款作出保留：

(a) 第二条（c）项：缔约国承担为妇女与男子平等的权利确立法律保护，通过各国的主管法庭及其他公共机构，保证切实保护妇女不受任何歧视；

(b) 第五条（a）项：缔约国应采取一切适当措施改变男女的社会和文化行为模式，以消除基于性别而分尊卑观念或基于男女定型任务的偏见、习俗和一切其他做法；

(c) 第十五条第 2 款：缔约国应在公民事务上，给予妇女与男子同等的法律行为能力，以及行使这种行为能力的相同机会；并应给予妇女签订合同和管理财产的平等权利，及在法院和法庭诉讼的各个阶段给予平等待遇；

(d) 第十六条：缔约各国应采取一切适当措施，消除在有关婚姻和家庭关系的一切事项上对妇女的歧视。

66. 鉴于妇女获得司法救助的根本重要性，委员会建议缔约国撤回其对《公约》的保留，特别是对第二条（c）项、第五条（a）项、第十五条和第十六条的保留。

六、《公约任择议定书》的批准

67. 《公约任择议定书》增设了一个国际法律机制，使妇女能够就指称的侵犯《公约》规定权利行为提出申诉，并使委员会能够对指称的严重或系统侵犯《公约》规定权利行为进行调查，从而加强妇女的司法救助权。通过根据《任择议定书》对个人来文作出的决定，委员会树立了一些关于妇女获得司法救助，包括有关暴力侵害妇女、[1] 在押妇女、[2] 健康[3] 和就业[4] 的显著判例。

68. 委员会建议缔约国：

（a）批准《任择议定书》；

（b）采取行动并鼓励以各种语文和形式制作和传播外联和教育方案、资源和活动，向妇女、民间社会组织和机构宣传可通过《任择议定书》促进妇女司法救助的程序。

第34号一般性建议：关于农村妇女权利
消除对妇女歧视委员会第六十三届会议通过（2016年）

一、导言

1. 消除对妇女歧视委员会确认农村妇女做出了重要贡献，且确认迫切需要更好地承认和保护其人权。委员会通过先前的结论性意见和一般性建议确定农村妇女仍在以各种方式面临歧视。在本一般性建议中，委员会澄清，缔约国有义务确保农村妇女的权利，重点是《消除对妇女一切形式歧视公约》第十四条，该条认识到农村妇女的特殊情况，并重点强调了缔约国在承认、促进和保护其权利方面的具体义务。

2. 第十四条是国际人权条约中唯一专门涉及农村妇女的条款。但《公约》中的各项权利都适用于农村妇女，且第十四条必须放在《公约》全文中来解释。缔约国在提交报告时，应述及关乎农村妇女和女童享受权利的所有条款。因此，本一般性建议探讨了第十四条与《公约》其他条款之间的联系。鉴于多项可持续发展目标均涉及农村妇女的境况，并且为推动进程和成果指标提供了重要机会，本一般性建议的具体意图是，就如何履行对农村妇女的义务向缔约国提供指导。第34号一般性建议虽侧重于发展中国家的农村妇

---

[1] 见第19/2008号来文，Kell诉加拿大，2012年2月28日通过的意见；第20/2008号来文，V.K.诉保加利亚，2011年7月25日通过的意见；第18/2008号来文，Verti do诉菲律宾，2010年7月16日通过的意见；第6/2005号来文，Yildirim诉奥地利，2007年8月6日通过的意见；第5/2005号来文，Goekce诉奥地利，2007年8月6日通过的意见；及第2/2003号来文，A.T.诉匈牙利，2005年1月26日通过的意见。

[2] 见第23/2009号来文，Abramova诉白俄罗斯，2011年7月25日通过的意见。

[3] 见第17/2008号来文，Teixeira诉巴西，2011年7月25日通过的意见。

[4] 见第28/2010号来文，R.K.B.诉土耳其，2012年2月24日通过的意见。

女，但其中某些内容也涉及发达国家农村妇女的境况。此项建议承认，农村妇女在增强经济权能、参与政治和公共生活、获得服务和农村移徙女工遭受劳动剥削等领域均遭受歧视和遇到挑战，即使在发达国家也是如此。

二、背景

3. 目前，农村妇女占世界总人口的四分之一，她们在维护和改善农村生计及加强农村社区方面起着至关重要的作用。近年来，委员会确定了关于农村妇女权利及其所面临的挑战的大量判例，特别是通过结论性意见来确定。若干联合国会议也承认农村妇女在农业、农村发展、粮食与营养及减贫方面的作用。[1] 因此，正如可持续发展目标所认识到的，必须进一步特别关注农村妇女。

4. 委员会承认，农村妇女在充分享受人权方面继续面临着系统性和持续性障碍，而且在许多情况下，情势已然恶化。在许多国家，农村妇女的权利和需求要么依然得不到充分满足，要么在各级法律、国家和地方政策、预算和投资战略中遭到忽视。虑及农村妇女境况并就如何解决这个问题规定特别措施的政策和法律，即便存在，也往往得不到落实。

5. 在全球一级，就现已掌握数据的每一个性别平等与发展指标而言，农村妇女的情况都远远不如农村男子与城市妇女和男子，鲜有例外，[2] 而且，农村妇女遭受贫穷和排斥异常严重。她们在获得土地和自然资源方面面临系统性歧视。由于性别角色陈规定型、在家庭中不平等以及缺乏基础设施和服务，包括在粮食生产和护理工作方面，她们承担着大部分无报酬工作。即便有正式工作，她们所从事的工作也往往缺乏保障、带有危险性、报酬低廉且享受不到社会保护。她们接受教育的机会更少，被贩运和从事强迫劳动以及成为童婚和（或）强迫婚姻及其他有害做法受害者的风险更高（见 CE-DAW/C/GC/31-CRC/C/GC/18）。她们更容易生病、易患营养不良或死于可预防病因，在获得医疗保健方面处境尤为不利。

6. 农村妇女被排除在各级领导和决策职位之外的可能性也更高。她们受性别暴力影响异常严重，却缺乏诉诸法律的机会，得不到有效的法律补救。很显然，增强农村妇女权能、自决和担任决策与管理职务的重要性不容忽视。

---

[1] 已将10月15日定为"国际农村妇女日"。妇女地位委员会第五十六届会议的优先主题也是"增强农村妇女权能以及农村妇女在消除贫穷和饥饿、谋求发展和应对当前挑战方面的作用"。

[2] 见《2010年世界妇女：趋势与统计》（联合国出版物，出售品编号：E.10.XVII.11）。可查阅：unstats.un.org/unsd。

否则,各国便是在妨碍自身进步。

三、缔约国尊重、保护和实现农村妇女权利的总体义务

A. 第一条和第二条的适用

7. 《公约》第一条所载的歧视定义适用于所有妇女,且涵盖一切形式歧视,因此,该条对农村妇女的适用性不言自明。第二条规定,缔约国应谴责对妇女的一切形式歧视,该条与包括第十四条在内的《公约》所有其他实质性条款有着千丝万缕的联系。为了遵守关于农村妇女的第二条,缔约国必须避免歧视妇女的作为和不作为。

8. 歧视性或其他不适当的法律框架、复杂的法律制度、冲突和冲突后局势、缺乏信息和社会文化制约加在一起,可能会阻断农村妇女获得司法救助的机会。导致歧视性陈规定型观念和做法的因素包括:并行存在着常常相互重叠且相互冲突的成文法、习惯法和宗教法以及权力机构,特别是在农村地区。许多农村妇女和女童所生活的社区采用非正规司法机制来解决争端。非正规司法于它们而言可能更加便捷,但必须对那些不符合《公约》规定的规则和机制进行调整,使其与《公约》和关于妇女获得司法救助的第33(2015)号一般性建议接轨。

9. 缔约国应按照第33号一般性建议,确保本国法律框架不带有歧视性,并保障农村妇女获得司法救助,包括通过:

(a) 对现行法律进行性别影响分析,以评估其对农村妇女的影响;

(b) 颁布立法,规范多元法律体系中不同机制之间的关系,以减少法律冲突,并确保农村妇女能够提出权利主张;

(c) 向农村妇女宣传其法律权利和现有的多元法律制度(如果相关),以此提高她们的认识并普及法律知识;

(d) 确保法律服务和法律援助免费或负担得起;

(e) 促进增强农村妇女的法律权能,包括通过促进性别平等的准司法和司法程序;

(f) 确保正规和非正规司法机制及争端解决替代方案出台到位,以此扫清农村妇女获得司法救助的障碍;

(g) 确保法院及其他司法机制切实可得,例如通过设立向农村妇女开放的流动法院;

(h) 对农村地区的司法人员、律师、执法官员、律师助理、传统领袖和其他主管当局和官员进行培训,使其了解农村妇女的权利及所受歧视对其造成的负面影响。

10. 不考虑性别不平等的宏观经济根源，就不能充分认识农村妇女遭受的歧视。各国经常不承认农村妇女和女童在无报酬工作中的作用、她们对国内生产总值的贡献和由此为可持续发展所做的贡献。双边和多边贸易协定、税收以及其他经济和财政政策可能会对农村妇女的生活造成严重的负面影响。包括气候变化和自然灾害在内的环境问题通常是因人们对自然资源的不可持续利用以及废物管理做法欠佳引起的，它们也会对农村妇女的福祉产生有害影响。而不分性别的政策、改革和法律有可能维护和巩固与上述情况有关的现有不平等。

11. 缔约国应确保包括贸易、财政和投资政策在内的宏观经济政策以及双边和多边协定顺应农村妇女的需要，并增强小规模妇女生产者的生产和投资能力。各国应该消除包括农业和一般贸易自由化、私有化和土地、水和自然资源商品化在内的经济政策给农村妇女的生活及其权利的实现造成的消极和有差别的影响。同样，发展伙伴也应确保其发展援助政策侧重于农村妇女的具体需要。

12. 缔约国应该应对气候变化、自然灾害、土地和土壤退化、水污染、干旱、洪涝、荒漠化、杀虫剂和农用化学品、采掘业、单一种植、生物剽窃和生物多样性特别是农业生物多样性的丧失对农村妇女构成的具体威胁。各国应减轻和缓解这些威胁，并确保农村妇女享有安全、清洁和健康的环境。各国在规划和执行有关环境、气候变化、减少灾害风险、备灾和灾害管理的所有政策时，应切实消除此类风险对农村妇女的影响，并确保农村妇女充分参与此类政策的拟定、规划和实施。缔约国还应在灾害及其他危机的各个阶段，即从预警到救济、复原、恢复和重建，确保农村妇女和女童受到保护，安全无虞。

13. 缔约国应监管其辖域内本国非国家行为体的一切活动，包括它们在其域外开展业务时的活动。关于缔约国在《公约》第二条下的核心义务的第28（2010）号一般性建议重申第二条（e）项关于消除任何公共或私人行为体对妇女的歧视的规定，此项规定适用于在域外运营的国家公司的行为。缔约国应履行对农村妇女的域外义务，特别是通过：不直接或间接地干预其权利的享受；采取监管措施，防止其域内的个人、公司和公共实体等任何行为体侵害或践踏其域外农村妇女的权利；以及确保双边和多边国际合作和发展援助推进其境外农村妇女的权利。缔约国如若违反其域外义务，即应向受影响的农村妇女提供适当和有效的补救。

14. 根据第28号一般性建议，缔约国应认识到农村妇女并不是一个同质群体，她们往往面临交叉歧视。许多土著和非裔妇女住在农村,并因其族裔、语言和传统生活方式受到歧视。其他少数民族或宗教少数群体的农村妇女以及女户主遭受贫穷及其他形式社会排斥的比率也可能更高。农民、牧民、移徙者、渔民和失地妇女等在农村工作的妇女同样也因交叉形式歧视而苦不堪言。正如委员会在关于残疾妇女的第18(1991)号一般性建议中所认识到的,残疾妇女在生活的各个领域均面临独特挑战,生活在农村地区的残疾妇女尤是如此。在农村地区,歧视可能会因无法适当获得水、卫生设施、电力、医疗保健、儿童和老年人护理、包容各方且文化上适宜的教育等资源和服务而加剧。正如关于老年妇女及保护其人权的第27(2010)号一般性建议所认识到的,农村地区的老年妇女和寡妇还可能遭受羞辱和隔离,因此,更容易受到虐待。此外,生活在受冲突影响地区的农村妇女(包括女户主)在享受其权利方面还面临着安全问题和其他障碍。

15. 缔约国应消除对农村妇女中弱势和边缘化群体一切形式的歧视。例如,缔约国应确保农村妇女中弱势和边缘化群体(包括那些属于土著、非洲裔、族裔和宗教少数群体的妇女、户主、农民、牧民、渔民、失地妇女、移徙者和受冲突影响的农村妇女)免受交叉形式歧视,并有机会获得教育、就业、水和卫生设施以及医疗保健等。缔约国应制定政策和方案,确保农村残疾妇女平等享受各项权利,包括通过确保无障碍地获得基础设施和各项服务。缔约国应同样确保老年农村妇女有机会获得社会服务和适当的社会保护以及经济资源,并增强其权能,以过上有尊严的生活,包括通过获得金融服务和社会保障。

B. 第十四条第1款

16. 根据第十四条第1款,缔约国必须考虑到农村妇女面临的特殊问题和她们对家庭生计包括她们在经济体系中非商品化部门的工作方面发挥的重要作用。包容性和可持续发展必须维护农村妇女的权利,凸显她们作为主要行为体的作用,并充分承认其有报酬和无报酬工作的经济价值。

17. 缔约国应促进包容性和可持续经济发展,使农村妇女能够切实享受其权利,并且:

(a) 按照关于妇女无偿家务活动的衡量与量化及其在国民生产总值中的确认的第17(1991)号一般性建议,承认她们通过无报酬护理工作和家庭农场工作等途径对地方和国家经济与粮食生产以及对其家庭和社区福祉的重要贡献;

(b) 促进增强其权能,并确保其经济和社会独立,特别是通过按照关于暂行特别措施的第 25（2004）号一般性建议为其营造有利环境，包括通过旨在改善农村妇女经济状况的方案和政策；

（c）通过让她们参与设计和制定所有相关计划和战略，如涉及医疗保健、教育、就业和社会保障的计划和战略，确保她们能够有效和直接地从经济和社会方案中受益。

C. 与第三条、第四条第 1 款、第五条（a）项、第六条、第九条、第十五条和第十六条一并解读的第十四条第 1 款

18. 第三条规定，缔约国应在所有领域采取一切适当措施，包括制定法律，保证妇女得到充分发展和进步。

19. 缔约国应通过有效的法律、政策、法规、方案、行政程序和体制结构，确保农村妇女的充分发展和进步，保障妇女在与男子平等的基础上，行使和享有人权和基本自由。

20. 第四条第 1 款规定，缔约国应采取暂行特别措施，以加速实现实质上的平等。此类措施可能包括重新分配决策角色和资源。第 25 号一般性建议强调，如有必要，应针对遭受多重歧视的妇女，包括农村妇女，采取此类措施。

21. 缔约国应制定和实施暂行特别措施，在农村妇女代表不足或处境不利的所有领域，包括政治和公共生活、教育、卫生和就业领域，加速实现其实质上的平等。

22. 第五条（a）项规定消除歧视性陈规定型观念和做法，这些观念和做法在农村地区更为普遍。农村妇女和女童往往会因童婚和（或）强迫婚姻、一夫多妻制和切割女性生殖器官等有害做法而处于不利地位（见 CEDAW/C/GC/31-CRC/C/GC/18，第 9 段），这些做法危及她们的健康和福祉，并可能驱使她们为了逃避这种做法而移徙，而这又有可能让她们遭受其他风险。继承祖先债务等做法以及男性长子继承权和抢夺寡妇财产等歧视性陈规定型观念和相关做法也会让她们陷入不利处境，前者使得贫穷的恶性循环永久化，后者使她们无法享有对土地、水和自然资源的权利。

23. 根据关于有害做法的第 31（2014）号一般性建议，缔约国应消除那些给农村妇女和女童的健康、福祉和尊严造成负面影响的有害做法，包括童婚和（或）强迫婚姻、切割女性生殖器官和继承祖先债务。各国应消除歧视性陈规定型观念，包括那些妨碍农村妇女对土地、水和其他自然资源享有平等权利的歧视性陈规定型观念。在这方面，缔约国应协同传统领袖和民间社会采取一系列措施，包括外联和支助方案、提高认识和媒体运动，以消除有害做法和陈规定型观念。

24. 关于暴力侵害妇女行为的第 19（1992）号一般性建议指出，农村妇女容易遭受暴力，因为在许多农村社区，有关妇女的从属作用的传统态度仍顽固存在。农村社区的女童离开农村到城里找工作时特别容易遭受暴力、性剥削和性骚扰。农村妇女人权捍卫者在开展工作时，如在保护受害者、移风易俗或争取自然资源权利时，往往面临遭受暴力的风险。

25. 缔约国应预防和消除对农村妇女和女童的一切形式暴力，并按照第 19 号和第 33 号一般性建议：

（a）提高农村妇女和男子、女童和男童，以及地方、宗教和社区领袖对农村妇女和女童权利的认识，目的是消除歧视性社会态度和做法，特别是那些宽恕性别暴力的态度和做法；

（b）采取有效措施，旨在预防、调查、起诉和惩治暴力侵害农村妇女和女童（包括移徙农村妇女和女童）的行为，不论施害者是国家还是非国家行为者或个人；

（c）确保生活在农村地区的受害者有效获得司法救助，包括法律援助，以及获得赔偿和其他形式矫正或赔偿，并确保农村地区各级当局（包括司法机关、司法行政人员和公务员）具备应对暴力侵害农村妇女和女童行为和保护举报暴行的农村妇女和女童免遭报复所需的资源和政治意愿；

（d）确保农村妇女和女童获得受害者综合服务，包括应急收容所和综合保健服务。此种服务应避免污名化，并保护受害者的隐私和尊严；

（e）采取措施，预防和应对农村妇女人权捍卫者受到的威胁和攻击，要特别关注那些致力于解决土地和自然资源、妇女健康（包括性权利和生殖权利）、消除歧视性习俗和做法及性别暴力相关问题的人权捍卫者。

26. 关于禁止贩运妇女及意图营利使妇女卖淫的第六条对于因生活在偏远地区而面临特定风险的农村妇女和女童（包括土著妇女和女童）尤其具有现实意义。由于农村生活贫苦，加之缺乏有关贩运和贩运者如何运作的信息，她们特别容易遭受贩运，特别是在受冲突影响的地区。

27. 缔约国应通过增强农村妇女的经济权能和提高农村居民对受贩运者引诱的风险和贩运者运作方式的认识，从根源上解决贩运妇女问题。缔约国应确保打击贩运人口的立法应对农村妇女和女童面临的社会和经济挑战，并就预防措施与受害者保护和援助向司法机关、警察、边境警卫队、其他执法人员和社会工作者开展促进性别平等的培训，特别是在农村地区和土著社区。

28. 第九条规定，缔约国应给予妇女与男子有取得、改变或保留国籍的同等权利。农村妇女及其子女的公民身份，如得不到承认，即可能被剥夺其上述权利。他们的无国籍状态往往要归咎于那些妇女不能将国籍传给子女和外籍配偶或者规定一经与外国人结婚或一经离婚即有可能丧失国籍的歧视性法律。此外，在农村地区，身份文件可能更难获得，特别是因为缺乏出生登记或者结婚、离婚或死亡证明。

29. 根据关于妇女的难民地位、庇护、国籍和无国籍状态与性别相关方面的第32（2014）号一般性建议，缔约国应确保农村妇女可在与男子相同的条件下获得、改变、保留或放弃国籍，或者将之传给子女和外国配偶，并确保她们都知晓自己这方面的权利。缔约国还应为农村妇女提供获得个人身份证明文件（如身份证、护照和社会保障号）的渠道，并确保农村地区无障碍地办理公民登记程序，包括出生、结婚、离婚和死亡登记程序。

30. 第十五条规定，男女在法律面前平等的地位，且在公民事务上有同等的法律行为能力，因此，农村妇女具有与男子同等的、不依赖丈夫或男性监护人签订合同和管理财产的同等法律行为能力。

31. 缔约国应确保农村妇女在法律面前享有平等地位，且在公民事务上有与男子相同的法律行为能力，包括不依赖丈夫或男性监护人签订合同和管理财产。

32. 第十六条规定，妇女在婚姻和家庭关系中享有平等地位，而这却是许多农村妇女有时享受不到的，究其原因，不外乎存在歧视性社会规范、做法和法律、多元司法制度存在或相关法律得不到执行。农村社区的女童尤其容易面临童婚和（或）强迫婚姻和早孕风险。农村妇女也倍受一夫多妻制之害，这严重损害了婚姻和家庭关系中的平等。

33. 缔约国应按照关于婚姻和家庭关系中的平等的第21（1994）号一般性建议和关于婚姻、家庭关系及其解除的经济后果的第29（2013）号一般性建议，修改个人状况和家庭法，使之符合第十六条，保障农村妇女在婚姻中的平等权利，包括在离婚时或配偶死亡后对婚姻财产的权利和获得生活费或赡养费的权利，以及提高农村地区对妇女婚内权利的认识。

34. 缔约国应采取措施，防止和禁止农村妇女和女童中的童婚和（或）强迫婚姻，包括通过改革和执行禁止农村地区此类做法的法律、开展媒体运动（特别旨在提高男子的认识）、制定以学校为基础的预防方案（包括与年龄相适的性健康和生殖健康综合教育），以及向农村已婚女童和有童婚和（或）强迫婚姻风险的女童提供社会和医疗保健服务。此外，缔约国应打压和禁止一夫多妻制，后者在农村地区可能更为常见。

四、缔约国在农村妇女权利具体方面的义务

A. **参与农村发展并从中受益的权利〔第十四条第 2 款（a）项〕**

35. 农村妇女必须被视为可持续发展的助推力。农村妇女在农业和农村发展中起着至关重要的作用，但相关政策和举措常常不具有促进性别平等之效，且农村妇女常常不能从有利框架中受益。冲突和冲突后环境下解除武装、复员和重返社会的努力也常常不会考虑到农村妇女的权利。

36. 缔约国应制定有利的体制、法律和政策框架，确保农村发展、农业和水务政策（包括林业、畜牧业、渔业和水产养殖政策）能够促进性别平等且预算充足。缔约国应确保：

（a）根据《关于在国家粮食安全范围内对土地、渔场及林地保有权进行负责任治理的自愿准则》和《在粮食安全和消除贫困背景下保障可持续小规模渔业自愿准则》、关于妇女参与政治和公共生活的第 23（1997）号一般性建议和可持续发展目标，将性别平等观点纳入所有农业和农村发展政策、战略、计划（包括业务计划）和方案并使其实现主流化，使农村妇女能够作为利益攸关方、决策者和受益者采取行动和受到关注。缔约国应确保这些政策、战略、计划和方案配有循证监测框架和明确的评价框架；

（b）在主管农村发展事务的部委内设立由高级别工作人员组成的性别平等单位，并辅之以充足的预算、体制程序、问责框架和有效的协调机制；

（c）按照关于妇女在冲突预防、冲突及冲突后局势中的作用的第 30（2013）号一般性建议，保护农村妇女的权利，特别是在规划与冲突和冲突后环境下解除武装、复员和重返社会努力有关的农村发展方案时。

B. **保健服务〔与第十二条一并解读的第十四条第 2 款（b）项〕**

37. 由于盛行的社会规范和重男轻女态度、农村卫生服务预算拨款不足、缺乏基础设施和训练有素的工作人员、关于现代避孕方法的信息匮乏、地处偏远和交通不便等原因，包括老年妇女和残疾妇女在内的农村妇女获得保健服务（包括性保健和生殖保健）的渠道常常极其有限。而无法获得充足的食物和营养、安全饮用水、卫生设施和废物管理设施又导致其健康风险增加。产科瘘等一些疾病在农村妇女中也更为普遍，其直接原因是无法获得有能力实施剖腹产的急诊服务，间接原因是早孕和营养不良。

38. 许多农村地区的孕产妇死亡率和发病率过高。童婚导致农村女童更易早孕，是推高孕产妇死亡的一个重要因素，特别是在发展中国家。从全球来看，农村地区的熟练助产士和医务人员要少于城市地区，导致产前、围产期和产后服务欠佳。由于贫穷、信息匮乏和服务供应及获得性有限，农村地区的计

划生育服务和避孕需求缺口更大。较之城市妇女，农村妇女更有可能求助于不安全堕胎，这危及其健康，使其有性命之忧。即便是在已将堕胎合法化的国家，等待时间不合理等限制条件往往会妨碍农村妇女获得堕胎服务。如果堕胎是非法的，其健康危害则更大。

39. 缔约国应保障农村妇女和女童获得适当保健的权利，并确保：

（a）优质保健服务和设施对农村妇女（包括老年妇女、女户主和残疾妇女）而言切实可得且负担得起（必要时免费提供）、文化上可接受并配备了训练有素的医务人员。所提供的服务应包括：初级保健，包括计划生育；获得避孕（包括紧急避孕）与安全堕胎和优质堕胎后护理，不论堕胎合法与否；产前、围产期、产后和产科服务；艾滋病毒预防和治疗服务，包括遭到强奸后紧急干预；心理健康服务；营养和婴幼儿喂养咨询；乳房 X 光检查和其他妇科检查服务；癌症等非传染性疾病的预防和治疗；获得基本药物（包括止痛药）；以及姑息治疗；

（b）农村地区医疗保健体系供资充足，特别是在性健康和生殖健康及权利方面；

（c）废除对农村妇女获得保健（包括性健康和生殖健康服务）设置障碍的法律法规，特别是将堕胎定为刑事犯罪或规定堕胎等待时间或须经第三方同意的法律；

（d）系统地定期监测孕妇和产妇，特别是未成年母亲及其婴儿的健康和营养状况。如发现存在营养不良或无法获得清洁用水情况，应在整个妊娠期和哺乳期有系统地提供额外的口粮和饮用水；

（e）农村卫生保健机构配备了适当的水和卫生服务；

（f）通过各种媒体用当地语言和方言广泛传播卫生保健信息，包括书面形式、通过插图和口头宣传，并确保包括以下等方面的信息：个人卫生；预防传染病、非传染病和性传播疾病；健康的生活方式和营养；计划生育和晚育的好处；孕期健康；母乳喂养及其对儿童和孕产妇健康的影响；以及消除暴力侵害妇女行为（包括性暴力和家庭暴力以及有害做法）的必要性；

（g）有效监管母乳代用品的销售和《国际母乳代用品销售守则》的执行和监测；

（h）对社区卫生工作者和传统助产人员进行促进性别平等且适应文化的培训，在偏远农村地区设立可提供负担得起的保健服务的流动诊所，加强农村社区的卫生教育，包括关于性健康和生殖健康以及男女权利的教育；

（i）投资社区和微健康保险计划，支助农村妇女（包括护理人员）满足其健康需要。

C. 经济和社会生活［与第十一条第 1 款（e）项及第 2 款（b）项和第十三条（a）项一并解读的第十四条第 2 款（c）项］

40. 第十四条第 2 款（c）项规定，缔约国应确保农村妇女从社会保障方案中直接受益。然而，大多数农村妇女在正规劳动力市场上机会有限，更可能从事不受与正规就业有关的劳动法和社会保障立法监管的活动。这将其置于更大的风险之下，在采取社会保护措施时需考虑到她们的情况。

41. 为了消除经济和社会生活中对农村妇女的歧视，缔约国应：

（a）按照关于城乡家庭企业中无酬女工的第 16（1991）号一般性建议，确保从事无报酬工作或在非正规部门就业的农村妇女获得不缴费的社会保护，并确保在正规部门就业的农村妇女有权获得缴费的社会保障金，不论其婚姻状况为何；

（b）按照第十四条第 2 款（b）项及（h）项和国际劳工组织 2012 年《社会保护最低标准建议书》（第 202 号），制定促进性别平等的社会保护最低标准，确保所有农村妇女都能获得基本卫生保健、托儿设施和收入保障。

D. 教育［与第十条（a）项一并解读的第十四条第 2 款（d）项］

42. 从全世界范围来看，农村妇女和女童识字水平较低，在获得教育和培训方面处于不利地位。农村女童可能会成为童婚和（或）强迫婚姻的受害者，并在教育场所内外遭受性骚扰和性暴力，这可能会迫使她们辍学。她们的出勤率也往往因为以下原因而大打折扣：做家务和护理工作等琐事，包括做饭、照顾孩子、干农活和担水打柴；上学路途遥远；以及校内缺乏足够的水、厕所设施和卫生设备，不能满足已来月经女童的需要。在一些地区，女校师生还面临来自反对女童教育者的威胁和攻击。

43. 缔约国应保护农村女童和妇女的受教育权利，并确保：

（a）通过改善农村地区的教育基础设施、增加合格教师（包括女教师）的人数和确保推行小学免费义务教育，让优质教育对农村妇女和女童（包括残疾妇女和女童）而言切实可得且负担得起，并确保教学采用当地语言且与文化相适应；

（b）对教育系统各级教学人员开展系统培训，宣传农村女童和妇女的权利，以及打击那些限制农村妇女和女童受教育机会的基于性别、基于社会性别、种族及其他歧视性陈规定型观念的必要性。应对课程设置进行审查，以消除关于家庭和社会中男女角色和责任的歧视性陈规定型观念；

（c）开展提高认识运动，改变农村地区对女童教育的负面态度，并出台激励措施，支助农村女童及其父母抵消教育的直接和间接费用，包括通过奖学金和财政支持、贷款和现金转让及交通补助；

（d）在学校系统内外出台方案，让农村女童少参与妨碍其出勤的无报酬护理工作，并保护农村女童免遭劳动剥削、童婚和（或）强迫婚姻和性别暴力，包括性暴力和虐待；

（e）女童和教师如遇到来自反对女童教育者的攻击，保护教育机构便是安全部队的优先任务；

（f）鼓励农村女童和妇女选择非传统的学科和职业领域，如数学、信息学、自然科学和农业科学与技术，包括通过职业指导和学术咨询方案，这些方案可同样适用于家庭或社区微型创业活动；

（g）农村学校的怀孕少女在怀孕期间不被开除，并允许她们在分娩后重返校园，同时向她们提供托儿设施及哺乳室，以及儿童保育和哺乳咨询；

（h）农村地区的学校配备适当的水设施和女生专用的独立、安全、有遮蔽的厕所，并提供个人卫生教育和经期卫生资源，要特别关注残疾女童；

（i）为农村妇女实施成人扫盲方案；

（j）根据农村妇女的职业需要有针对性地量身打造在职培训，并确保农村妇女平等获得可持续耕作方法、动物健康和改进畜牧业等技术和职业教育及培训。

44. 除培训和教育外，第十四条第 2 款（d）项还规定，农村妇女应该能够从社区服务和推广服务中受益，这些服务在农民教育、提高农业生产力和增强妇女经济权能方面发挥着重要作用。这些服务常常不能有效响应农村妇女的优先事项、能力和需要，且不足以扩大她们获得技术知识的机会。

45. 缔约国应完善优质农业技术推广和农村咨询服务的设计和交付，承认妇女作为农民和用户的双重身份。此种服务应确保男女推广人员和农村咨询服务工作人员掌握促进性别平等方案拟定和交付的专门知识，并定期接受关于妇女权利、性别平等、社会性别分析和促进性别平等方案规划的培训。缔约国应通过、实施并定期监测和评估促进性别平等的农业技术推广和农村咨询政策和方案。

46. 缔约国应通过雇用更多妇女担任推广和咨询人员，提高农村妇女在农业技术推广服务中的代表性，并确保组织政策有助于实现妇女的权利、需要和愿望。缔约国还应通过聘用更多的女科学家从事农业研究，提高推广服务中与农村妇女有关的教育内容的比例。

47. 缔约国应着力促进农村妇女获得关于粮食收获技术、保鲜、贮藏、加工、包装、营销和创业的技术知识。

E. 就业［与第十一条一并解读的第十四条第 2 款（e）项］

48. 农村妇女获得有酬就业的机会有限，往往要在低技能、非全日制、季节性、低薪或无报酬工作、家庭活动和自给农业上超长时间劳作。她们在非正规部门就业的人数过多，且享受不到社会保护。农村妇女不能与农村男子一样平等获得收入多元化的机会，因此常常更加贫穷。

49. 在许多地区，农村妇女在农业劳动者中所占比例过高，她们会因各种行为体不当和大量使用化肥与农药遭受更大的健康风险，从而导致生病、早逝、妊娠并发症、胎儿异常和婴幼儿身体和发育障碍。这些风险又因她们在农业合作社、农民和生产者组织、土地管理和农村工人组织中的代表性不足以及获得推广服务的机会有限而加剧。

50. 缔约国应按照关于同等价值工作同等报酬的第 13（1989）号一般性建议和第 23 号一般性建议，将享有体面工作条件的权利和同等价值工作同等报酬原则充分纳入本国法律和政策框架，并特别关注农村妇女的状况和劳动力代表情况。

51. 缔约国应加强地方农村经济，包括通过促进社会经济和团结经济，并在可持续发展的背景下为农村妇女创造当地就业机会和开拓生计门路。各国应审查那些限制农村妇女获得体面就业的相关法律、法规和政策，并消除农村劳动力市场中歧视妇女的做法，如不雇用妇女从事某些工作。

52. 缔约国应通过下列举措进一步确保农村妇女的就业权利：

（a）通过实施国际劳工组织 2015 年《关于从非正规经济向正规经济转型的建议书》（第 204 号），促进农村妇女从非正规经济向正规经济转型，包括在农业部门，以确保她们的收入保障和改善生计机会；

（b）扩大农村妇女经营工厂及其他企业的机会，包括通过小额信贷机制；

（c）改善农村工作条件，包括通过提供带薪产假；设定生活工资，其中，非正规部门亟待关注；以及采取措施，预防工作场所性骚扰、剥削和其他形式的虐待；

（d）保护农村妇女工人进行集体谈判以确保体面工作条件的权利；

（e）通过采取立法和其他措施，保护农村妇女免受有害化学品之害，保护其职业健康与安全。应该让她们了解使用和接触化学品特别是农业、采掘业及其他行业所用危险化学品、农药及其他产品对健康和环境的影响。缔约国应制定和实施关于这些影响和替代办法的公共认识方案，并确保不经农村妇女及所在社区明确同意不得使用、储存或处置危险材料或物质；

（f）向农村妇女提供社会保障，包括疾病或残废情况下的保障；

（g）促进农村妇女作为生产者、企业家、供应商、工人和消费者积极有效地加入当地和全球价值链与市场，包括通过促进质量保证和标准以及公共采购方面的能力发展；

（h）在农村地区提供托儿及其他护理服务，包括通过团结和社区护理服务，以减轻农村妇女的无报酬护理工作负担，同时，促进她们从事有报酬工作，并允许她们在工作时间内哺乳；

（i）拟定和实施定向措施，促进农村妇女在当地就业，尤其是通过开展创收活动。

F. 政治和公共生活［与第七条一并解读的第十四条第 2 款（a）项和第 2 款（f）项］

53. 农村妇女有权参与各级决策并与高层主管当局开展社区一级的讨论，但她们在农村推广和水、林、渔业服务部门、合作社和社区或长老理事会中担任民选官员、公务员的人数不够充足。她们参与之所以有限，可能是由于缺乏教育、语言和识字限制、流动性和交通有限、冲突和安全问题、歧视性性别规范和陈规定型观念，以及因育儿、取水等职责而没有时间。对相关法律、政治和体制程序认知有限，也可能限制她们有效参与决策进程。

54. 为了确保农村妇女积极、自由、有效、切实和知情参与政治和公共生活以及各级决策，缔约国应执行第 23 号和第 25 号一般性建议，特别是：

（a）确定农村妇女担任决策职位的配额和指标，特别是在各级议会和管理机构中，包括在土地、林业、渔业和水务管理机构中，以及在自然资源管理部门。在这方面，应出台明确的目标和时限，以实现男女实质上的平等；

（b）确保农村妇女和妇女组织能够影响所有关乎其权益的领域的各级政策制定、实施和监测，包括通过加入政党以及进入地方和自治机构，如社区委员会和村委会。缔约国应制定和执行相关工具，以监测农村妇女在所有公共实体的参与情况，以消除歧视；

（c）解决男女之间不平等的权力关系，包括在社区一级的决策和政治进程中，并通过建立有效的和促进性别平等的农村决策结构，扫清农村妇女参与社区生活的障碍。缔约国应制定行动计划，解决农村妇女在参与社区生活方面的实际障碍，并开展运动，大力宣传她们参与社区决策的重要性；

（d）确保农村妇女参与所有农业和农村发展战略的制定和实施，并确保她们能够有效参与关于水、卫生、交通和决策能源等农村基础设施和服务的规划和决策，以及参加农业合作社、农民生产组织、农村工人组织、自助团体和农产品加工实体。农村妇女及其代表应能够直接参与所有农业和农村发展战略的评估、分析、规划、拟定、预算编制、筹资、实施、监测和评价;

（e）确保在实施农村发展项目之前，务必先开展参与性性别和环境影响评估，让农村妇女充分参与其中，并征得她们自由、事先和知情同意。在就此类项目的实施做出任何决定时，应以参与性评估的结果为根本准绳。应采取有效措施，减轻可能造成的不良环境和性别影响;

（f）处于冲突和冲突后局势的缔约国应按照第 30 号一般性建议，确保农村妇女作为决策者参与建设和平努力和进程。

G. 土地和自然资源［与第十三条一并解读的第十四条第 2 款（g）项］

55. 农村妇女的土地和自然资源权利常常有限。在许多地区，她们在土地权利方面受到歧视，包括在很大程度上由男子控制的公共土地。

1. 土地和自然资源

56. 委员会认为，农村妇女对土地、水等自然资源、种子和森林以及渔业的权利是基本人权。阻止她们享受这些权利的障碍通常包括歧视性法律、法律不统一且在国家和地方层面执行不力以及歧视性文化态度和做法。

57. 缔约国应采取一切措施，包括必要的暂行特别措施，以实现农村妇女在土地和自然资源方面的实质性平等，并拟定和实施一项综合战略，以解决阻碍其享有土地和自然资源权利的歧视性陈规定型观念、态度和做法。

58. 缔约国应特别注意习惯制度，这种制度往往支配着土地的管理、行政和转让，特别是在农村地区，并确保它们不歧视农村妇女。各国应该提高传统、宗教和习俗领袖、立法者、司法人员、律师、执法当局、土地管理人员、媒体和其他相关行为体对农村妇女对土地、水及其他自然资源的权利的认识。

59. 缔约国应确保立法保障农村妇女在与男子平等的基础上对土地、水和其他自然资源的权利，不论其民事和婚姻状况为何以及有无男性监护人或担保人，并确保她们有充分的法律行为能力。各国应该确保农村地区的土著妇女在与土著男子平等的基础上获得对土地、水、森林、渔业、水产养殖及其传统上拥有、占有或以其他方式使用或获得的资源的所有权、占有权和控制权，包括通过保护她们免受歧视和剥夺。此外，缔约国还应当:

（a）促进农村妇女进入并切实参与仅妇女参加或男女都参加的农业合作社;

（b）增强农村妇女在渔业和水产养殖方面的作用，以及她们对渔业资源可持续利用的知识，并促进她们获得森林和可持续森林资源，包括安全获得薪材和非木质森林资源;

（c）加强保卫或保护妇女对土地、水和其他自然资源的权利的习惯和法定体制和机制，包括社区法务助理服务。

2. 农业和土地政策与有机农作

60. 产业化农业给农村女农民带来的后果多有不利，包括土壤退化和水土流失、水源枯竭和使用有害于当地粮食作物的经济作物。充满争议的转基因生物使用和基因改良作物的专利登记也与农业产业化程度的提升有关。但是，农村妇女所采用的往往是有机和可持续耕作方法。

61. 受全球粮食、能源、金融和环境危机的影响，国家或其他行为体越来越多地将拥有的土地出售和租赁给当地、本国和外国投资者。此类协议常常伴随着征用，导致农村妇女面临被强行驱逐和贫困加剧的风险，并进一步削弱了她们对土地、领地和水等自然资源、薪材和药用植物的获得和控制权。流离失所给农村妇女带来多方面的负面影响，在此背景下，她们常常会遭受性别暴力。

62. 缔约国应执行相关的农业政策，为农村女农民提供支助，承认和保护自然共有资源，促进有机农作并保护农村妇女免受有害农药和化肥之害。各国应确保农村妇女能够有效地获得农业资源，包括优质的种子、工具、知识和信息，以及进行有机农作所需的设备和资源。此外，缔约国还应当：

（a）尊重和保护农村妇女的传统和生态友好型农业知识，特别是妇女养护、使用和交换传统和本土种子的权利；

（b）保护和保存可提供食品和药品来源的当地特有植物物种和品种，并防止本国和跨国公司的专利登记威胁到农村妇女的权利。缔约国应禁止关于妨碍农村妇女保存能育种子的强制采购种子生产企业所产不育种子（"终结者种子"）的合同要求；

（c）确保土地收购（包括土地租赁合同）不会侵犯农村妇女的权利或导致强制驱逐，并保护农村妇女不受本国和跨国公司土地收购、开发项目、采掘业和大型项目带来的负面影响；

（d）在批准任何影响农村土地或领地及资源的收购或项目（包括那些与土地租赁和出售、土地征用和重新安置有关的收购或项目）之前，征得农村妇女的自由和知情同意。如确要进行此种土地收购，缔约国应按照国际标准行事，且农村妇女应获得适当赔偿；

（e）通过并有效执行相关法律和政策，限制可出售或租赁给第三国或公司的农村土地数量和质量。

3. 粮食和营养

63. 农村妇女对于实现粮食安全、减少贫困、营养不良和饥饿及促进农村发展至关重要，但她们的贡献往往是无报酬的、得不到承认且甚少得到支持。农村妇女是受粮食不安全影响最严重的群体之一，易受粮价波动、营养不良和饥饿的影响，且可能因粮价攀升而苦不堪言（见 A/HRC/22/50）。

64. 缔约国应确保在粮食主权框架内实现农村妇女的食物权和营养权，并确保她们拥有管理和控制其自然资源的权利。

65. 缔约国应特别注意农村妇女，特别是孕妇和哺乳期妇女的营养需要，出台有效的政策，确保农村妇女获得足够的食物和营养，同时考虑到《支持在国家粮食安全范围内逐步实现充足食物权的自愿准则》。

66. 缔约国应通过法律、政策和措施，促进和保护农村妇女多样化的当地农业方法和产品及它们进入市场。各国应确保农作物和药材资源的多样性，以增强农村妇女的粮食安全和健康并扩大其畜牧机会。

4. 金融服务，包括农业信贷、贷款和保险

67. 以公平条件获得金融服务是农村妇女企业发展和妇女作为生产者和企业家的创收和生计战略的关键。限制妇女获得金融服务的因素包括：法律和政策障碍，妇女本身可能因此无权申请信贷；歧视态度，即未经男性亲属同意，妇女无法开立银行账户或订立合同；以及**抵押品要求，农村妇女可能无可抵押资产**。

68. 缔约国应推动向正规金融服务转型，并确保农村妇女在与农村男子平等的基础上获得信贷、贷款、婚姻储蓄、保险和国内支付服务，并促进提升其经济、金融和商业技能。缔约国应确保农村妇女平等获得：

（a）社区管理和移动金融服务，这些服务应通过向缺乏抵押物的妇女发放贷款等手段，解决农村妇女的需要，采用简化、低成本的银行业务做法，并促进农村妇女获得正规金融服务提供商的服务；

（b）关于金融服务和机构的信息；

（c）使用考虑到文盲问题的创新方法的财务能力建设方案。

69. 缔约国应确保金融服务（包括信贷和贷款）中包含促进性别平等的机制，且不因农村妇女缺乏男性担保人而拒不提供。登记程序应根据许多农村妇女面临的时间和行动挑战进行调整。农业信贷和贷款应该考虑到许多女农民对所持小农场并无保有权，以便那些可能无正式保有权的农村妇女仍然能够获得信贷和贷款。

5. 市场和销售设施

70. 农村女农民和生产者要想成功出售其商品和产品，就必须进入市场和销售设施，并培养有效的销售技能。但是，公共和私人歧视以及行动和时间方面

的限制可能会阻止农村妇女使用销售设施和供应链。农村妇女在市场委员会中往往代表性不足，且对于当地销售设施的设计、建造、使用和升级往往无多少献益。

71. 缔约国应确保农村妇女进入市场和销售设施，并确保就她们进入和有效利用市场的问题明确征询她们作为农民和生产者的意见，以便销售设施能够更好地满足她们的需要。缔约国还应设法提高她们的销售技能及其提升自身产品附加值的技能，包括通过开展有针对性的推广活动。

72. 各国还应制定专门的扶持和农业技术推广方案和咨询服务，以提升农村妇女的经济和创业技能，并提高她们获得市场和价值链准入的能力。

6. 技术

73. 通过基础设施建设和技术创新减少农村妇女的劳动时间和精力特别重要。在这方面，她们需要农业、灌溉和集水技术以及节省劳力的农业设备。此外，农村妇女获得信息和通信技术（信通技术）和接入移动网络与提高其销售及其他技能同等重要。

74. 缔约国应确保农村妇女有节省劳力和无害环境的技术（包括农业、灌溉和集水技术）和可减轻无报酬家务和生产工作负担的技术可用且能够获得此类技术，并在农村地区创造有利环境，使她们更好地获取技术，包括信通技术。在开发此类技术时，应征询农村妇女的意见，并应扩大她们获得此类创新技术解决方案的机会。

7. 信息和通信技术

75. 信通技术（包括广播、电视、移动电话、计算机和互联网）可将妇女和女童与更广阔的世界连接起来，并方便她们获得信息和教育，这种技术在增强其权能方面发挥着重要作用。各种形式的技术能够让从加入在线社区到利用远程学习等多样化需要都得到满足。但是，农村妇女和女童受信通技术获取性别差距影响异常严重，这一差距是数字鸿沟的一个重要方面。对于农村妇女和女童而言，贫穷、地理隔绝、语言障碍、计算机知识匮乏和歧视性性别陈规定型观念都会阻碍她们获得信通技术。

76. 缔约国应采取措施，促进信通技术部门的性别平等并扩大农村妇女和女童获得信通技术，以及发展或扩大相关举措，以提高其信通技术技能，例如通过开办乡村或社区知识中心。缔约国还应通过有可能普及到农村妇女和女童的移动电话技术，探索提高公众认识和开展培训。

8. 土地改革、土地收购与重新安置

77. 土地改革经常将农村妇女排斥在外，且实施方式不能促进性别平等。土地改革政策有时会带有男性偏见，如土地只能登记在男子名下、赔偿金大多转至男子名下或仅以男子的活动作为土地使用限制（导致土地丧失、用途丧失和土地价值丧失）赔偿的依据。

78. 缔约国在开展土地改革时应优先注重农村妇女的平等权利，并视之为土地改革的一个具体和核心目标。各国应该：

（a）确保土地改革方案纳入了有性别区分的目标、具体目标和措施，且通过发放共同所有权等方式推进形式上和实质上的平等，还规定男子如欲出售或抵押共同拥有的土地或进行与土地有关的财务交易，须经妻子同意；

（b）承认农村妇女对土地的平等权利，并将其纳入土地分配、登记、所有权发放或认证计划；

（c）正式承认并审查土著妇女的法律、传统、习俗和土地所有权制度，目的是消除歧视性条款；

（d）制定和实施措施，包括暂行特别措施，使农村妇女能够从土地、水体、渔业和森林的公共分配、租赁或使用中以及从土地改革政策、农村投资和农村地区自然资源管理中受益。在分配公共土地、渔业和森林时，应优先照顾失地农村妇女。

H. 适当的生活条件［第十四条第二款（h）项］

1. 住房

79. 在农村地区，基本基础设施和服务常常无处可得或质量堪忧，适足住房权尤为引人关切。许多保护农村妇女土地权的措施（例如，承认妇女的法律行为能力、承认使用权保障以及在登记和所有权发放中消除对妇女的歧视）可适用于保护其适足住房权（见 A/HRC/19/53）。但是，也可以采取其他措施，从促进性别平等的角度改善农村住房条件。

80. 缔约国应将住房问题作为农村整体发展的一部分加以解决，并确保在制定措施时征询农村妇女的意见。缔约国应通过拟定和实施考虑到农村妇女特殊需要的有针对性的政策和方案来提高农村住房质量。在做出这类努力时，应遵守国际住房权标准，包括《关于出于发展目的的搬迁和迁离问题的基本原则和准则》（A/HRC/4/18，附件一），并应采取强有力的措施，以有效保护农村妇女免遭国家和非国家行为体强行驱逐。

2. 水、卫生和能源

81. 农村妇女和女童的水和卫生设施权利本身不仅是基本权利，也是实现健康权、食物权、受教育权和参与权等一系列其他权利的关键。

82. 农村妇女和女童是受缺水影响最严重的群体之一；这种状况又因获得自然资源不平等和缺乏基础设施及服务而恶化。农村妇女和女童经常不得不长途跋涉去取水，这有时会让她们遭受性暴力和攻击的风险大大增加。在许多地区，由于农村基础设施和服务薄弱，农村妇女经常每天要花四五个小时（甚至更久）来集水，而部分水源的水质很差，她们要背着沉重的容器，易突发急性生理问题，而且易因使用不安全的水而染病。现有各种形式的低成本且有效的技术可以减轻其负担，包括钻井技术、取水系统、废水回用技术、节省劳力的灌溉技术、雨水收集和家庭用水处理和净化系统。

83. 如果没有厕所或坑厕，农村妇女和女童还必须走很远的路寻找隐蔽之所。缺乏适当的卫生设施也加大了她们健康状况不佳的风险。要改变这种情况，就必须让农村妇女和女童以经济实惠方式切实获得安全、卫生、私密且社会和文化上可接受的卫生设施。

84. 农村妇女用电和获得其他形式能源的机会往往有限。收集和使用生物质用以生产能源的责任以及与此相关的健康和安全风险主要由妇女和女童承担。她们传统上负责满足家庭能源需求，而且作为家庭层面的主要能源消费者，她们也更易受到费用上涨或资源稀缺的直接影响。虽然第十四条第2款（h）项特别提到电，但务必要认识到，农村妇女还可能有其他能源需要，如做饭、取暖、制冷和交通。

85. 缔约国应确保农村妇女获得基本服务和公共产品，其中包括：

（a）充足、安全、可接受和切实可得且负担得起的水，以供个人和家庭使用及灌溉；

（b）适当的环境卫生和个人卫生，使妇女和女童能够应对经期卫生，并获得卫生巾；

（c）可持续和可再生能源来源、将网格服务拓展至农村地区，并开发太阳能等技术成本低的可持续能源来源。

3. **交通运输**

86. 交通运输和道路通行给农村妇女造成严峻挑战，并影响她们对各项权利的享受，包括获得教育、谋生机会和医疗保健。地理距离远、地形恶劣、缺乏基础设施和公共交通接入都会限制日常行动。即便农村地区有替代交通运输手段可用，出行相关费用之高或遭受性骚扰和暴力的风险也会让农村妇女使用它们的意愿大打折扣。因此，她们往往要长时间步行，而这又给她们带来其他问题，如时间更加紧张、贫困以及健康和安全风险。

87. 缔约国应分析农村地区不同性别对交通运输服务的需求，确保交通运输部门的政策和方案反映农村妇女的行动需要，并为她们提供安全、经济和便利的交通手段。

I. 发达国家的农村妇女

88. 发达国家和发展中国家的农村妇女在遭受贫穷和排斥方面面临类似挑战，在可获得服务、社会保护和增强经济权能方面同样可能有相似的需要。同许多发展中国家一样，发达国家的农村经济也往往对男子有利，其农村发展政策可能偶尔也会忽视妇女的需要和权利。发达国家（和发展中国家）仍然需要采取促进和保障其权利享受的定向政策和方案。上文各节所提建议多与发达国家农村妇女的状况紧密相关。尽管如此，也有一些独有的问题值得特别注意。

89. 例如，在发达国家，许多移徙女工在农业领域工作，其人权常常遭到严重侵犯，包括暴力、剥削和得不到保健等服务。此外，许多发达国家在向产业化农业迈进的过程中往往将小农户边缘化，这对农村妇女影响异常严重。因此，必须促进和扶持替代的、促进性别平等的农业发展方案，使小规模妇女生产者能够参与农业和农村发展并从中受益。此外，虽然发达国家的农村社区往往可能社会服务配套良好且交通运输基础设施、水、卫生、技术、教育和卫生保健系统等方便易得，但并非所有农村社区的情况尽是相同。在许多地方，此类服务明显缺乏，生活在这些农村社区中的妇女不仅权利惨遭剥夺，其护理负担也因此加重。外围或偏远农村社区更是如此，包括土著社区，它们地处偏远，贫困程度往往更高。

90. 缔约国应确保落实关于移徙女工问题的第26（2008）号一般性建议，其中特别注意作为季节性移徙农场工人的农村妇女。在这方面，各国应该确保依法保护农村移徙女工的权利和获得救济，同时保护持证和无证农村妇女不受歧视或基于性别的剥削和虐待。

91. 缔约国应该促进和扶持促进性别平等的替代性农业发展方案，使小规模妇女生产者能够参与农业和农村发展并从中受益。这些方案应支助妇女领导的农场和女农民，并促进妇女的传统耕作方式。

92. 缔约国应改善农村妇女的生活状况，特别是土著妇女的生活状况，她们住在外围地区，往往更加贫穷、更加孤立且可获得的社会服务更少。各国应该优先注重那些农村社区的发展，让当地妇女参与农村发展计划的制定和实施。

五、关于农村妇女状况的数据

93. 实施第十四条面临的一项根本挑战是普遍缺乏关于农村妇女状况的分类数据，这阻止了充分监测和实现《公约》规定的农村妇女权利。

94. 缔约国应收集、分析、使用和传播关于农村妇女状况的且按性别、年龄、地理位置、残疾和社会经济状况、少数民族或其他状况分类的数据。各国应根据此类数据（包括可持续发展目标的指标相关数据）来拟定措施，包括暂行特别措施，旨在在生活的各个方面实现农村妇女实质上的平等。这些数据还应该包括关于农村妇女（包括面临交叉形式歧视且在获享其权利方面遇到具体障碍的特定农村妇女群体）状况的信息。

六、保留和声明

95. 对《公约》任何条款，特别是第二条（f）项、第五条（a）项、第七条、第九条和第十四条至第十六条提具的保留可能对农村妇女产生重大影响。此种保留包括限制或以其他方式对她们享受住房权、土地权和财产权（例如，关于继任和继承的权利）的能力产生不利影响的保留，以及限制其政治参与权利的保留。

96. 业已提具保留的缔约国应按照《公约》规定，在其定期报告中向委员会说明此种保留对农村妇女享受其权利的具体影响，并指明现已采取哪些步骤来审查这些保留，以期尽快予以撤回。

七、传播和报告

97. 委员会鼓励缔约国将本一般性建议译为国家和地方语言，包括土著和少数民族语言，并向所有政府部门、民间社会、媒体、学术机构和妇女组织（包括农村妇女组织）广泛传播。委员会建议缔约国在编写定期报告时，特别是第十四条相关部分时，征询农村妇女团体（包括女农民组织）、生产者联合会和农村合作社的意见。

第 35 号一般性建议：关于基于性别的暴力侵害妇女行为
更新第 19 号一般性建议
消除对妇女歧视委员会第六十七届会议通过（2017 年）

一、导言

鸣谢

委员会感谢 100 多个民间社会和妇女组织、《公约》缔约方、学术界代表、联合国实体和其他利益攸关方在编写本一般性建议的过程中做出了宝贵贡献，提出了看法和意见。委员会还衷心感谢暴力侵害妇女及其原因和后果问题特别报告员在执行其任务授权方面的工作及其为本一般性建议做出的贡献。

1. 在其第十一届会议通过的关于暴力侵害妇女行为的第 19（1992）号一般

性建议中，[1] 委员会明确，《公约》第一条所界定的对妇女的歧视包括基于性别的暴力，即"因为妇女的性别而对之施加的暴力或不成比例地影响妇女的暴力"，且其构成对人权的侵犯。

2. 25年以来，缔约国在各自的实践中认可了委员会的解释。法律确信和国家实践表明，禁止基于性别的暴力侵害妇女行为已成为习惯国际法的一项准则。第19号一般性建议[2]是加快这一进程的关键推动力。

3. 委员会承认这些进展，并承认暴力侵害妇女及其原因和后果问题特别报告员、人权条约机构[3]和人权理事会[4]特别程序任务负责人的工作，决定

---

[1] 尽管在其关于暴力侵害妇女行为的第12（1989）号一般性建议中就首次提到，但委员会在其第19号一般性建议中才提供了关于暴力侵害妇女行为的详细和全面的概述，并提供了其后续就该问题开展工作的依据。

[2] 在通过第19号一般性建议的几十年来，大部分缔约国完善了本国涉及不同形式的基于性别的暴力侵害妇女行为的法律和政策措施。见秘书长关于审查和评价《北京宣言》和《行动纲要》以及大会第二十三届特别会议成果文件的执行情况的报告（E/CN.6/2015/3），第120至139段。此外，在非缔约国（伊朗伊斯兰共和国、帕劳、索马里、苏丹、汤加和美利坚合众国）的做法方面，包括以下证据：通过关于暴力侵害妇女的国家立法（美国，1994年；索马里，2012年），向暴力侵害妇女及其原因和后果问题特别报告员发出邀请并获其接受（于1998年和2011年访问美国；于2011年访问索马里；并于2015年访问苏丹）；接受人权理事会普遍定期审议机制框架内提出的关于加强保护妇女免遭暴力的各项建议；赞同人权理事会关于消除暴力侵害妇女行为的关键决议，包括2016年7月1日的第32/19号决议。各国解决基于性别的暴力侵害妇女行为的做法还体现在各多边论坛通过的里程碑性政治文件和区域条约中，例如1993年通过的《维也纳宣言和行动纲领》；1993年的《消除对妇女的暴力行为宣言》；以及1995年的《北京宣言》和《行动纲要》及其五年审查；以及区域公约和行动计划，例如1994年的《美洲防范、惩罚和根除对妇女暴力行为公约》；2003年的《非洲人权和人民权利宪章关于非洲妇女权利的议定书》；以及2011年的《欧洲委员会预防和打击暴力侵害妇女行为及家庭暴力公约》。其他相关的国际文书还包括《东南亚国家联盟关于消除暴力侵害妇女行为和消除暴力侵害儿童行为的宣言》；《阿拉伯打击暴力侵害妇女行为战略》（2011-2030年）；以及妇女地位委员会第五十七届会议关于消除和防范消除对妇女和女孩的一切形式暴力的商定结论（E/2013/27，第一章，A节）。《国际刑事法院罗马规约》，安理会第1325（2000）号决议和关于妇女、和平与安全的后续决议，以及人权理事会的许多决议，包括2016年7月1日的第32/19号决议，载有关于基于性别的暴力侵害妇女行为的具体条款。作为决定习惯国际法辅助手段的国际法院的司法决定也体现了这种发展（见A/71/10，第五章，C节，结论13）。例如，在欧洲人权法院2009年6月9日的奥普兹诉土耳其（第33401/02号申请）的判决中，法院通过一系列关于暴力侵害妇女的国际和比较材料受到了其称之为"国际法之规范和原则演化"（第164段）的影响；以及美洲人权法院2009年11月16日的冈萨雷斯等人（"棉花田"）诉墨西哥的判决。

[3] 例如见，人权事务委员会关于男女权利平等的第28（2000）号一般性意见；禁止酷刑委员会关于执行《禁止酷刑和其他残忍、不人道或有辱人格的待遇或处罚公约》第二条的第2（2007）号一般性意见；经济、社会及文化权利委员会关于性和生殖健康权利的第22（2016）号一般性意见；以及残疾人权利委员会关于残疾妇女和女童的第3（2016）号一般性意见。

[4] 特别是，法律和实践中的歧视妇女问题工作组以及酷刑和其他残忍、不人道或有辱人格的待遇或处罚问题特别报告员。

《消除对妇女一切形式歧视公约》导读

通过向缔约国提供旨在加快消除基于性别的暴力侵害妇女行为的进一步指导来纪念第19号一般性建议通过二十五周年。

4. 委员会承认，民间社会团体，特别是妇女非政府组织，已将消除基于性别的暴力侵害妇女行为作为优先事项；它们的活动产生了深刻的社会和政治影响，有助于促进对基于性别的暴力侵害妇女行为系侵犯人权行为的承认，并有助于通过涉及这一问题的法律和政策。

5. 在其关于缔约国根据《公约》提交的定期报告的结论性意见[1]中以及针对根据《公约任择议定书》提交的来文[2]和询问[3]提出的相关后续程序、一般性建议、陈述、意见和建议中，委员会谴责了在任何地方发生的一切形式的基于性别的暴力侵害妇女行为。通过这些机制，委员会还澄清了消除这类暴力行为的标准以及缔约国在这方面的义务。

6. 尽管取得了这些进展，各国仍普遍存在基于性别的暴力侵害妇女行为，无论其施害者是缔约国、政府间组织，还是个人和武装团体[4]等非国家行为体，且有罪不罚的现象尤为严重。它不断以多重的、互相关联的形式表现出来，反反复复，出现在从个人到公共的各种环境中，包括以技术为媒介的

---

[1] 自通过第19号一般性建议以来，委员会几乎通过了600项结论性意见，其中大部分明确提及了基于性别的暴力侵害妇女行为。

[2] 特别是，第2/2003号来文，A.T.诉匈牙利，2005年1月26日通过的意见；第4/2004号来文，A.S.诉匈牙利，2006年8月14日通过的意见；第6/2005号来文，伊尔迪里姆（已故）诉奥地利，2007年8月6日通过的意见；第5/2005号来文，格斯（已故）诉奥地利，2007年8月6日通过的意见；第18/2008号来文，韦尔蒂奥诉菲律宾，2010年7月16日通过的意见；第20/2008号来文，V.K.诉保加利亚，2011年7月25日通过的意见；第23/2009号来文，阿布拉莫娃诉白俄罗斯，2011年7月25日通过的意见；第19/2008号来文，凯尔诉加拿大，2012年2月28日通过的意见；第32/2011号来文，贾洛诉保加利亚，2012年7月23日通过的意见；第31/2011号来文，S.V.P.诉保加利亚，2012年10月12日通过的意见；第34/2011号来文，R.P.B.诉菲律宾，2014年2月21日通过的意见；第47/2012号来文，冈萨雷斯·卡雷尼奥诉西班牙，2014年7月16日通过的意见；第24/2009号来文，X和Y诉格鲁吉亚，2015年7月13日通过的意见；第45/2012号来文，别洛乌索娃诉哈萨克斯坦，2015年7月13日通过的意见；第46/2012号来文，M.W.诉丹麦，2016年2月22日通过的意见；第58/2013号来文，L.R.诉摩尔多瓦共和国，2017年2月28日通过的意见。

[3] 见委员会根据《任择议定书》第8条编写的关于墨西哥的报告以及墨西哥政府的答复。可查阅http://tbinternet.ohchr.org/_layouts/treatybodyexternal/Download.aspx?symbolno=CEDAW%2fC%2f2005%2fOP.8%2fMEXICO&Lang=en；关于加拿大的调查报告（CEDAW/C/OP.8/CAN/1）；关于菲律宾的调查摘要（CEDAW/C/OP.8/PHL/1）。

[4] 这包括所有类型的武装团体，例如叛军、帮派和准军事部队。

环境，[1] 并且在当下的全球化世界中超越了国界。

7. 在许多国家，涉及基于性别的暴力侵害妇女行为的立法几乎不存在，不充足，或执行不力。因传统、文化、宗教或原教主义意识形态的名义而合理化的对旨在消除基于性别的歧视或暴力行为的法律和政策框架的腐蚀，以及经济金融危机后作为所谓的"紧缩措施"的一种手段大力削减公共开支的行为进一步削弱了国家的应对措施。在民主空间缩小以及随之而来的法治恶化的背景下，所有上述因素将助长基于性别的暴力侵害妇女现象的蔓延，并导致形成有罪不罚的文化。

二、范围

8. 本一般性建议补充并更新了第 19 号一般性建议中规定的为缔约国提供的指导，且应与之一并参阅。

9. 第 19 号一般性建议以及其他国际文书和文件中定义的"暴力侵害妇女行为"的概念强调了此种暴力系基于性别的事实。因此，本建议使用了更精确的"基于性别的暴力侵害妇女行为"一语，以明示性别造成的原因和对暴力的影响。该术语进一步强化了对暴力系社会问题而非个人问题的理解，要求采取不局限于针对具体事件、个别施害者和受害人/幸存者的全面的应对措施。

10. 委员会认为基于性别的暴力侵害妇女行为是一种将女性在地位上从属于男性及其陈规定型角色加以固化的根本性社会、政治和经济手段。在其整个工作中，委员会表明，此种暴力对实现男女平等以及妇女享有《公约》所规定的人权和基本自由构成了严重阻碍。

11. 关于缔约国在《公约》第二条之下的核心义务的第 28（2010）号一般性建议指出，缔约国的义务是尊重、保护和落实妇女不受歧视的权利并享有法律上和事实上的平等。[2] 对于这些与在特定情况下实施的基于性别的暴力侵害妇女行为有关的义务的范围，第 28 号一般性建议及其他一般性建议均有所涉及，包括关于移民女工的第 26（2008）号一般性建议；关于老年

---

[1] 见大会第 68/181 号决定，题为"关于个人、群体和社会机构在促进和保护普遍公认的人权和基本自由方面的权利和责任宣言：保护妇女人权维护者"；联合国开发计划署-联合国促进性别平等和增强妇女权能署（妇女署）共同主持的宽带数字发展委员会宽带与性别平等工作组 2015 年 10 月的报告，题为"网络暴力侵害妇女和女童行为：为全世界敲响警钟"；以及妇女地位委员会第五十七届会议的商定结论（E/2013/27，第一章，A 节）。

[2] 第 28 号一般性建议，第 9 段。其他人权条约机构，包括经济、社会及文化权利委员会在其关于取得足够食物权利问题的第 12（1999）号一般性意见中也使用这种分类法。

《消除对妇女一切形式歧视公约》导读

妇女以及保护其人权的第 27（2010）号一般性建议；关于妇女在预防冲突、冲突及冲突后局势中的作用的第 30（2013）号一般性建议；消除对妇女歧视委员会第 31 号以及儿童权利委员会有关有害做法的第 18 号联合一般性建议/意见（2004 年）；关于妇女的难民地位、庇护、国籍和无国籍状态与性别相关方面的第 32（2014）号一般性建议；关于妇女获得司法救助的第 33（2015）号一般性建议；以及关于农村妇女权利的第 34（2016）号一般性建议。此处提到的一般性建议中的相关要素的更多细节，可在这些建议原文中找到。

12. 在第 28 号一般性建议和第 33 号一般性建议中，委员会确认，歧视妇女与影响其生活的其他因素密不可分。委员会在其判例中曾经强调，这些因素包括：妇女的族裔/种族、土著或少数民族身份、肤色、社会经济地位和/或种姓、语言、宗教或信仰、政治意见、民族血统、婚姻状况、生育、父母身份、年龄、城乡位置、健康状况、残疾、财产所有权、女同性恋、双性恋、变性人或双性人、文盲、寻求庇护、难民、境内流离失所者或无国籍者、寡妇、移民身份、户主、艾滋病毒/艾滋病患者、被剥夺自由和卖淫，以及贩运妇女、武装冲突局势、地理位置偏远和侮辱包括人权维护者在内的争取自身权利的妇女。[1] 因此，由于妇女蒙受着各种交叉出现的歧视，产生了严重的负面影响，委员会承认基于性别的暴力可能在一定程度上，或以不同的方式影响着某些妇女，这意味着需要采取适当的法律和政策对策。[2]

13. 委员会回顾《公约》第二十三条，其中指出《公约》以外的更有助于实现男女平等的任何国家立法或国际条约中的规定将优先于《公约》中的义务，相应地，也优先于本一般性建议中的建议。委员会注意到，缔约国解决基于性别的暴力侵害妇女行为的行动受其对《公约》所持保留的影响。它还指出，作为人权条约机构，委员会可评估缔约国所提保留的可允许性，[3]

---

[1] 第 33 号一般性建议，第 8 段和第 9 段。与交叉形式的歧视有关的其他一般性建议包括关于在各国防治艾滋病战略中避免对妇女的歧视的第 15（1990）号一般性建议，关于残疾妇女的第 18（1991）号一般性建议，关于婚姻和家庭关系中的平等的第 21（1994）号一般性建议，关于妇女与健康的第 24（1999）号一般性建议，关于移徙女工问题的第 26（2008）号一般性建议，关于老年妇女及保护其人权的第 27（2010）号一般性建议，第 30 号一般性建议，第 31 号以及第 18 号联合一般性建议/意见，第 32 号一般性建议和第 34 号一般性建议。委员会还在其关于贾洛诉保加利亚、S. V. P. 诉保加利亚、凯尔诉加拿大、A. S. 诉匈牙利、R. P. B. 诉菲律宾以及 M. W. 诉丹麦等意见以及询问中，特别是在那些涉及墨西哥的询问（2005 年）和涉及加拿大的询问（2015 年）中提到了交叉出现的歧视问题（见上文脚注 7）。

[2] 第 28 号一般性建议，第 18 段；涉及加拿大的调查报告（CEDAW/C/OP. 8/CAN/1），第 197 段。

[3] 国际法委员会，《对条约的保留实践指南》（A/65/10/Add. 1，第四章，F 节，第 3.2 段）。

并重申其意见，尽管遵循这些保留，特别是就第二条或第十六条[1]提出的保留对消除基于性别的暴力侵害妇女行为尤为关键，但因它们不符合《公约》的目标和宗旨，因此，根据第二十八条第 2 款的规定是不被允许的。[2]

14. 基于性别的暴力影响妇女的整个生命周期，[3] 因此本文件对妇女的提法还包括了女童。这种暴力行为有多种形式，包括蓄意或可能造成或导致死亡[4]的行为或不作为，或对妇女施加的人身、性、心理或经济损害或损失，威胁实施此类行为、骚扰、胁迫和任意剥夺自由。[5] 如证实的那样，除其他外，在流离失所、移民、全球供应链、采掘业和离岸外包业等经济活动日益国际化、军事化、外国入侵、武装冲突、极端暴力和恐怖主义的背景下，基于性别的暴力侵害妇女行为受到文化、经济、意识形态、技术、政治、宗教、社会和环境因素的影响，并往往因此更加严重。基于性别的暴力侵害妇女行为也受到政治、经济和社会危机、民间动乱、人道主义紧急情况、自然灾害、自然资源破坏或退化的影响。对妇女人权捍卫者、政治家、[6] 活动人士或记者实施的有害做法[7]或犯罪也属于受此类文化、意识形态和政治因素影响的基于性别的暴力侵害妇女行为。

15. 妇女免遭基于性别的暴力的生命权与其他人权不可分割、相互依存，其中包括生命权，健康权，人身自由和安全权，家庭内部的平等和平等保护权，免遭酷刑、残忍、不人道或有辱人格待遇的权利，以及表达、行动、参

---

[1] 委员会关于保留的声明（A/53/38/Rev.1，第二部分，第一章，A 节，第 12 段）；另见关于婚姻、家庭关系及其解除的经济后果的第 29（2013）号一般性建议，第 54 至 55 段。在其关于缔约国根据《公约》提交的报告的结论性意见中，委员会还指出就第二、第七、第九和第十六条提出的保留以及一般性保留不符合《公约》的目标和宗旨。

[2] 第 28 号一般性建议，第 41 至 42 段。

[3] 见第 27 号一般性建议和第 31 号以及第 18 号联合一般性建议/意见。

[4] 因基于性别的暴力致死包括谋杀、以所谓的"荣誉"为名义的杀人和强迫自杀。见关于墨西哥的调查报告；关于加拿大的调查报告（CEDAW/C/OP.8/CAN/1）；以及委员会关于缔约国下一次定期报告的结论性意见：智利（CEDAW/C/CHL/CO/5-6 和 Corr.1）；芬兰（CEDAW/C/FIN/CO/7）；危地马拉（CEDAW/C/GUA/CO/7）；洪都拉斯（CEDAW/C/HND/CO/7-8）；伊拉克（CEDAW/C/IRQ/CO/4-6）；墨西哥（CEDAW/C/MEX/CO/7-8）；纳米比亚（CEDAW/C/NAM/CO/4-5）；巴基斯坦（CEDAW/C/PAK/CO/4）；南非（CEDAW/C/ZAF/CO/4）；土耳其（CEDAW/C/TUR/CO/7）；坦桑尼亚联合共和国（CEDAW/C/TZA/CO/7-8）等。

[5] 第 19 号一般性建议，第 6 段，以及第 28 号一般性建议，第 19 段。

[6] 见各国议会联盟题为"对女性议员的性别歧视、骚扰和暴力行为"的问题简报（2016 年 10 月）。

[7] 第 31 号以及第 18 号联合一般性建议/意见。

《消除对妇女一切形式歧视公约》导读

与、集会和结社自由权。

16. 在某些情况下,包括在强奸、家庭暴力或有害做法的情形下,基于性别的暴力侵害妇女行为可能相当于酷刑、残忍、不人道或有辱人格的待遇。[1] 在某些情况下,某些形式的基于性别的暴力侵害妇女行为也构成国际犯罪。[2]

17. 委员会赞同其他人权条约机构和特别程序任务负责人持有的看法,即在决定基于性别的暴力侵害妇女行为是否相当于酷刑或残忍、不人道或有辱人格的待遇时,[3] 需要采取基于性别的办法,以理解妇女承受的痛苦程度,[4] 并且当认定行为或不作为具有性别针对性,或系基于性别施害时,便满足了将此行为归为酷刑的用意标准。[5]

18. 侵犯妇女性和生殖健康权利的行为,比如强迫绝育、强迫堕胎、强迫怀孕、将堕胎定为刑事罪、拒绝或拖延安全堕胎和/或堕胎后护理、强迫继续怀孕,以及蹂躏虐待寻求性和生殖健康信息、产品和服务的妇女和女童等行为均属于基于性别的暴力行为,取决于具体情节,可构成酷刑或残忍、不人

---

[1] 酷刑和其他残忍、不人道或有辱人格的待遇或处罚问题特别报告员报告(A/HRC/31/57);特别报告员报告(A/HRC/7/3),第36段;禁止酷刑委员会关于缔约国根据《禁止酷刑公约》提交下一次报告的结论性意见:布隆迪(CAT/C/BDI/CO/1);圭亚那(CAT/C/GUY/CO/1);墨西哥(CAT/C/MEX/CO/4);秘鲁(CAT/C/PER/CO/5-6);塞内加尔(CAT/C/SEN/CO/3);塔吉克斯坦(CAT/C/TJK/CO/2);以及多哥(CAT/C/TGO/CO/1);人权事务委员会关于男女权利平等的第28(2000)号一般性意见;人权事务委员会关于缔约国根据《公民权利和政治权利国际公约》提交下一次定期报告的结论性意见:斯洛伐克(CCPR/CO/78/SVK);日本(CCPR/C/79/Add.102);以及秘鲁(CCPR/CO/70/PER)等。

[2] 根据《国际刑事法院罗马规约》第七条第(一)款第7项,第八条第(二)款第2项第(22)目以及第八条第(二)款第5项第(6)目,这包括诸如强奸、性奴役、强迫卖淫、强迫绝育或严重程度相当的任何其他形式的性暴力等危害人类罪和战争罪。

[3] 酷刑和其他残忍、不人道或有辱人格的待遇或处罚问题特别报告员报告(A/HRC/31/57),第11段。

[4] 例如,以理解"即使在没有证据证明身体受伤或患疾的情况下,受害人在遭受强奸时也会本质上承受严重的痛苦。……遭受强奸的女性受害人还会承受复杂的心理和社会性后果"。美洲人权法院,费尔南德斯·奥尔特加等人诉墨西哥,2010年8月30日判决,第124段。另见酷刑和其他残忍、不人道或有辱人格的待遇或处罚问题特别报告员报告(A/HRC/31/57),第8段,以及A/HRC/7/3,第36段。

[5] 禁止酷刑委员会,第262/2005号来文,V.L.诉瑞士,2006年11月20日通过的意见;酷刑和其他残忍、不人道或有辱人格的待遇或处罚问题特别报告员报告(A/HRC/31/57),第8段,以及A/HRC/7/3。

道或有辱人格的待遇。[1]

19. 委员会认为基于性别的暴力侵害妇女行为根植于与性别有关的其他因素，例如男性的应享权利和特权高于女性的意识形态，有关男性身份的社会规范，以及维护男性统治或权力、指定性别角色或制止、劝阻或惩罚所认定的不可接受的女性行为的需要。这些因素也有助于社会公开或隐含地接纳基于性别的暴力侵害妇女行为，这种行为往往仍被视为私人问题，并且在这方面普遍存在有罪不罚的现象。

20. 基于性别的暴力侵害妇女行为存在于人际接触的所有空间和领域，无论是公共场所还是私人场所，包括家庭、社区、公共空间、工作场所、娱乐、政治、体育、健康服务和教育环境，以及根据以技术为媒介的环境重新界定的公共和私人场所，[2] 例如当下在网络或其他数码环境中发生的暴力行为。在所有这些环境中，基于性别的暴力侵害妇女行为可由国家或非国家行为体的行为或不作为引发，分为域内行为或域外行为，包括国家以个人身份或作为国际或政府间组织或联盟[3]采取的域外军事行动，或私人公司的域外业务活动。[4]

三、缔约国在基于性别的暴力侵害妇女行为方面的义务

21. 基于性别的暴力侵害妇女行为构成《公约》第一条对妇女的歧视，因此涉及《公约》所规定的所有义务。第二条规定，缔约国的全面义务是以一切适当手段尽快采取政策消除对妇女的歧视行为，包括基于性别的暴力侵害妇女行为，该义务须立即履行；不得以任何理由，包括经济、文化或宗教理由为由拖延执行。第19号一般性建议指出，在基于性别的暴力侵害妇女行为方面的义务包括国家为此种暴力承担的两方面责任，一方面是为缔约国或其行为体的行为或不作为承担的义务，一方面是为非国家行为体承担的义务。

---

[1] 酷刑和其他残忍、不人道或有辱人格的待遇或处罚问题特别报告员报告（A/HRC/31/57）；消除对妇女歧视委员会，第22/2009号来文，L. C. 诉秘鲁，2011年10月17日通过的意见，第8.18段；人权事务委员会，第2324/2013号来文，Mellet诉爱尔兰，2016年3月31日通过的意见，第7.4段，以及第2425/2014号来文，Whelan诉爱尔兰，2017年3月17日通过的意见。

[2] 见秘书长题为"深入研究一切形式的暴力侵害妇女行为"的报告（A/61/122/Add.1和Corr.1）。

[3] 例如，作为国际维持和平部队的组成部分。见第30号一般性建议，第9段。

[4] 委员会关于瑞士（CEDAW/C/CHE/CO/4-5）和德国（CEDAW/C/DEU/CO/7-8）定期报告的结论性意见。

《消除对妇女一切形式歧视公约》导读

A. 为国家行为体的行为或不作为承担的责任

22. 根据《公约》和一般国际法，缔约国负责为其机关和国家人员构成基于性别的暴力侵害妇女行为的行为或不作为承担责任，[1] 包括行政、立法和司法部门的官员的行为或不作为。《公约》第二条（d）项规定，缔约国及其机关和国家人员不参与直接或间接歧视妇女的任何行为或做法，并保证政府当局和公共机构都不违背这项义务。根据第二条（c）项和（g）项，除确保法律、政策、方案和程序不歧视妇女以外，缔约国必须建立有效且可获取的法律和法律服务框架，以解决国家人员在域内或域外犯下的一切形式的基于性别的暴力侵害妇女行为。

23. 缔约国负责防范本国的机关和国家人员产生此类作为或不作为，包括利用培训以及通过、执行和监测法律规定、行政条例和行为守则，负责调查、起诉和适用适当的法律或纪律制裁，并负责为基于性别的暴力侵害妇女的所有案件，包括那些构成国际犯罪的案件，以及公共当局过失、忽视或不作为案件提供赔偿。[2] 在这样做时，应该将妇女的多样性以及交叉形式的歧视行为的风险考虑在内。

B. 为非国家行为体的行为或不作为承担的责任

24. 根据一般国际法以及国际条约，私人行为体的行为或不作为可能使国家在某些情况下承担国际责任，包括如下责任：

1. 归于国家的非国家行为体的行为或不作为

（a）私人行为体在该国法律授权下行使政府权力要素的行为或不作为，包括私人机构提供保健或护理等公共服务的行为，或运行拘留所的行为，[3] 以及私人代理人根据国家的指示，或在国家的指示或掌控下[4] 的行为或不作为均被认作归于国家自身的行为；

2. 为非国家行为体的行为或不作为所承担的应尽职责义务

（b）《公约》第二条（e）项明确规定，缔约国必须采取一切适当措施，

---

[1] 见国际法委员会，《国家对国际不法行为的责任条款》，第四条，"国家机关的行为"。另见《1949年8月12日日内瓦四公约关于保护国际性武装冲突受难者的附加议定书》，第91条。

[2] 见国际法委员会，《国家对国际不法行为的责任条款》，脚注6和第33号一般性建议。

[3] 见国际法委员会，《国家对国际不法行为的责任条款》，第5条，"行使政府权力要素的个人或实体的行为"。

[4] 见国际法委员会，《国家对国际不法行为的责任条款》，第8条，"受到国家指挥或控制的行为"。

消除任何个人、组织或企业对妇女的歧视。[1] 这项频繁提及的应尽职责的义务是整个《公约》[2] 的支撑，因此，如果缔约国未能采取一切适当措施防范，并调查、起诉、惩罚和赔偿导致基于性别的暴力侵害妇女行为[3]的非国家行为体的行为或不作为，包括公司在域外实施的行为，则须为此负责。特别是，缔约国需要采取必要措施，防范公司在其可能施加影响的国家实施侵犯人权的行为，[4] 无论是通过监督手段，还是利用经济激励等措施。[5] 根据应尽职责的义务，缔约国必须通过并执行不同的措施，解决非国家行为体犯下的基于性别的暴力侵害妇女行为，包括颁布法律、建立机构和推出系统，以解决此类暴力问题，并确保它们在实践中发挥有效作用，并得到竭力执行法律的所有国家人员和机构的支持。[6] 缔约国如未能在其当局认识到或应该认识到此类暴力的风险的情况下采取一切适当措施防范基于性别的暴力侵害妇女行为，或未能调查、起诉和惩罚施害者并为遭受此类行为的受害人/幸存者提供赔偿，则为实施基于性别的暴力侵害妇女行为提供了默许或鼓励。[7] 这种不尽职或不作为构成了对人权的侵犯。

25. 此外，国际人道主义法和国际人权法均承认非国家行为体在特定情况下的直接义务，包括作为武装冲突当事方的直接义务。这些义务包括禁止酷刑，这是习惯国际法的一部分，并成为了强制性规范（强行法）。[8]

26. 上述一般性义务囊括国家行动的所有领域，包括立法、行政和司法部门的行动和在联邦、国家、国家以下、地方和社区各级采取的行动，以及私人化的政府服务供应方在政府当局的授权下采取的行动。它们要求拟订法律规范，包括宪法层面的法律规范，并设计旨在消除国家或非国家行为体实施的一切形式的基于性别的暴力侵害妇女行为的公共政策、方案、体制框架和监测机制。它们还要求按照《公约》第二条（f）项和第五条（a）项采取并执行措施，消除从根本上导致基于暴力的侵害妇女行为的偏见、成见和做法。总体

---

[1] 第28号一般性建议，第36段。
[2] 第28号一般性建议，第13段。
[3] 第19号一般性建议，第9段。
[4] 见儿童权利委员会，关于商业部门对儿童权利的影响方面国家义务的第16（2013）号一般性意见，第43至44段，以及《关于国家在经济、社会和文化权利领域的域外义务的马斯特里赫特原则》。
[5] 例如见经济、社会及文化权利委员会，关于享有能达到的最高标准健康的权利问题的第14（2000）号一般性意见，第39段。
[6] 格斯（已故）诉奥地利，第12.1.2段，以及 V.K. 诉保加利亚，第9.4段
[7] 第19号一般性建议，第9段。
[8] 第30号一般性建议。

《消除对妇女一切形式歧视公约》导读

而言,且以不妨碍下节规定的具体建议为限,包含以下义务

立法层面

（a）根据第二条（b）、（c）、（e）、（f）和（g）项以及第五条（a）项,要求缔约国通过禁止一切形式的基于性别的暴力侵害妇女和女童的立法,使国家法与《公约》保持一致。在立法中,作为此类暴力受害人/幸存者的妇女应被视为权利持有人。它应该包含顾及年龄和对性别敏感的条款以及有效的法律保护,包括对施害者的制裁以及为受害人/幸存者提供的赔偿。《公约》规定,任何现行的宗教、习俗、土著和社区系统规范必须与它的标准保持一致,必须废止构成对妇女歧视的一切法律,包括导致、推动或合理化基于性别的暴力行为的法律或对此类行为有罪不罚加以固化的法律。此类规范可能是规约、习俗、教规、土著规范或普通法、宪法、民法、家庭法、刑事法或行政法或证据法或程序法的一部分,比如基于歧视性或陈规定型观念或做法的允许基于性别的暴力侵害妇女行为或减轻此方面刑罚的条款；

行政层面

（b）第二条（c）、（d）和（f）项和第五条（a）项规定,缔约国应与相关国家部门协作,通过并为各项制度措施适当提供预算资源。此类措施包括制定有侧重点的公共政策,制定和执行监测机制,以及建立和/或资助国家主管法庭。缔约国应提供可获取的、可负担的和适足的服务,以保护妇女免遭基于性别的暴力,防范其反复发生,并提供或确保资助为所有受害人/幸存者提供的赔偿。[1] 缔约国还必须消除构成基于性别的暴力侵害妇女行为或容忍此种暴力,以及为缺乏响应或有意疏忽提供环境的制度性做法、个人行为和公职人员行为。这包括就负责这方面登记的公共当局办事效率低、共谋作案和有意疏忽开展适当调查并予以制裁,防范或调查此类暴力行为或为受害人/幸存者提供服务。在行政层面,还必须采取适当措施,修改或消除构成对妇女歧视的习俗和惯例,包括那些推动基于性别的暴力侵害妇女行为或使其合理化的习俗和惯例；[2]

立法层面

（c）根据第二条（d）项和（f）项以及第五条（a）项,要求所有立法机关不得采取任何歧视或基于性别的暴力侵害妇女的行为或做法,并严格适用规定了对此类暴力行为惩罚的所有刑法条款,确保涉及指控基于性别的暴

---

[1] 第30号一般性建议,脚注5和第33号一般性建议。

[2] 第31号以及第18号联合一般性建议/意见。

力侵害妇女行为的案件中的所有法律程序的公正、公平,且不受性别陈规定型观念或对国际法[1]等法律条款的歧视性解读的影响。如《公约》第二条和第十五条所规定的,适用关于何以构成基于性别的暴力侵害妇女行为、妇女对此类暴力作出何种反应以及证实发生此种行为的证据要求的先见和成见可影响妇女在法律面前平等权、公平审判权和有效补救权所需的证据和证据标准。[2]

四、建议

27. 在第19号一般性建议以及委员会自通过建议后所开展工作的基础上,委员会敦促缔约国加强执行其与基于性别的暴力侵害妇女行为有关的义务,无论此行为发生在域内还是域外。委员会再次重申其呼吁缔约国批准《公约》的《任择议定书》,并审查就《公约》提出的其余保留,以期予以撤回。

28. 委员会还建议缔约国在预防、保护、起诉和惩罚、补救、数据收集与监测和国际合作领域采取以下措施,以加快消除基于性别的暴力侵害妇女行为。所有措施应围绕受害人/幸存者执行,承认妇女作为权利持有人的地位,并增强她们的能动作用和自主性,包括女童在童年到少年阶段不断发展的能力。此外,这些措施应在妇女参与的情况下来制定和执行,考虑到妇女受交叉形式歧视影响的特定情况。

A. 一般性立法措施

29. 委员会建议缔约国实施下列立法措施:

(a) 确保将构成对妇女身体、性或心理完整权侵犯的所有领域的一切形式基于性别的暴力侵害妇女行为定为刑事罪,并从速引入或加强与罪行严重程度相当的法律制裁以及民事补救措施;[3]

(b) 确保所有法律制度,包括多元法律制度保护遭受基于性别的暴力侵害的妇女受害人/幸存者,并确保她们可根据第33号一般性建议规定的指导获得司法救助和有效补救。

(c) 废止包括习惯法、宗教法和土著法在内的所有歧视妇女和藉以保护、鼓励、促进、合法化或容忍任何形式的基于性别的暴力的法律条款。[4] 特别是,废止以下条款:

---

[1] 韦尔蒂奥诉菲律宾,第8.9 (b) 段; R.P.B. 诉菲律宾,第8.3段;以及第33号一般性建议,第18 (e) 段、26段和29段。
[2] 见第33号一般性建议。
[3] 第33号一般性建议,第14段d注 [1] 5。
[4] 依照第33号一般性建议规定的指导。

《消除对妇女一切形式歧视公约》导读

（一）允许、容忍或宽恕童婚[1]或强迫婚姻和其他有害习俗等各种形式的基于性别的暴力侵害妇女行为的条款，允许在未争得残疾妇女知情同意的情况下对其施以医疗程序的条款，将堕胎、[2]身为同性恋、双性恋或跨性别者、妇女卖淫和通奸定为刑事罪的条款，或使妇女不成比例地受到影响的任何其他刑事条款，包括那些导致有歧视地对妇女施以死刑的刑事条款；[3]

（二）歧视性的证据规则和程序，包括允许剥夺妇女的自由以保护其免遭暴力的程序，即基于文化、宗教或男性特权的侧重于"处女"和法律维护或减免因素的做法，例如对所谓的"荣誉"的维护、对传统赔罪的捍卫、确保受害人/幸存者家庭提出宽恕或对遭受性侵犯的受害人/幸存者的后续婚姻的维护，导致施以石刑、鞭刑和死刑等最严厉惩罚的程序，以及无视基于性别的暴力史而损害妇女被告的司法做法往往单为女性保留；[4]

（三）阻止或阻碍妇女报告基于性别的暴力行为的所有法律，包括剥夺妇女法律能力，或限制残疾妇女向法庭作证（即所谓的"保护性拘押"做法）的监护法，阻止妇女，包括移民家政女工，报告此类暴力行为的限制性移民法，以及允许在家庭暴力的情况下实施双重逮捕或在犯罪者无罪获释的情况下起诉妇女的法律。

（d）审查性别中立的法律和政策，确保它们不会造成或固化现有的不平等，并废除和修改存在此种做法的法律和政策；[5]

（e）确保将包括强奸在内的性侵犯定为侵犯人身安全及身体、性和心理完整权[6]的犯罪，并确保对包括婚内强奸和熟人强奸或约会强奸等性犯罪的界定以缺少自愿同意为基础并将胁迫情形[7]考虑在内。任何时效，只要存在，应优先照顾受害人/幸存者的利益，并考虑阻碍其向主管机关或当局报告

---

[1]《公约》第十六条第2款；以及第31号以及第18号联合一般性建议/意见，第42段和第55（f）段，关于在特殊情况下允许在18岁以前结婚的条件。

[2] 见关于菲律宾的调查摘要（CEDAW/C/OP.8/PHL/1）；第22/2009号来文，T.P.F.诉秘鲁，2011年10月17日通过的意见；以及经济、社会及文化权利委员会第22号一般性意见。

[3] 委员会回顾大会第62/149号、63/168号、65/206号、67/176号、69/186号和71/187号决议，其中大会呼吁仍保留死刑的国家暂停执行处决，以期加以废除。

[4] 除其他外，见委员会关于缔约国下一次定期报告的结论性意见：阿富汗（CEDAW/C/AFG/CO/1-2）；约旦（CEDAW/C/JOR/CO/6）；巴布亚新几内亚（CEDAW/C/PNG/CO/3）；和南非（CEDAW/C/ZAF/CO/4）；以及法外处决、即决处决或任意处决问题特别报告员报告（A/HRC/35/23）。

[5] 第28号一般性建议，第16段。

[6] 见韦尔蒂奥诉菲律宾。

[7] 见韦尔蒂奥诉菲律宾和R.P.B.诉菲律宾。

其所受侵害的情形。[1]

B. **预防**

30. 委员会建议缔约国实施下列预防措施：

（a）通过并执行有效的法律和其他适当的预防措施，解决导致基于性别的暴力侵害妇女行为的根本原因，包括家长观念和成见，家庭内部的不平等，以及对妇女公民、政治、经济、社会及文化权利的忽视或否定，并增强妇女的权能、能动性和声音。

（b）在妇女组织和边缘化的妇女和女童群体的代表等所有相关攸关方的积极参与下，制定并执行有效的措施，解决和消除《公约》第五条规定的对基于性别的暴力侵害妇女行为予以宽恕或推崇以及对男女结构性不平等加以巩固的成见、偏见、习俗和惯例。此类措施应包括以下几点：

（一）将关于性别平等的内容纳入公立和私立学校的各级教学大纲（从儿童早期教育开始），并纳入基于人权办法的教育方案。内容应针对陈规定型的性别角色并推崇性别平等和不歧视的价值观，包括非暴力的男性气概，并确保为女童和男童提供合乎年龄、有据可依、科学精准的全方位教育；

（二）制定提高认识的方案，提高对基于性别的暴力侵害妇女行为不可接受且有害无利观点的认识，提供禁止性暴力侵害的可用法律渠道，并鼓励旁观者报告此类暴力并加以干预；化解遭受此类暴力行为的受害人/幸存者所蒙受的耻辱；以及瓦解普遍持有的归咎受害人的信条，即女性应为其自身安全以及所遭受的暴力承担责任。这些方案应针对社会各阶层的妇女和男子；包括地方一级在内的参与预防和防范的教育、保健、社会服务和执法人员以及其他专业人员和机构；传统和宗教领袖；以及犯下任何形式的基于性别的暴力的施害者，以避免累犯；

（c）制定并执行有效的措施，为所有妇女和女童提供安全的公共空间并使之可获取，包括推广和支持在妇女群体的参与下通过的措施。这些措施应包括确保提供足够的有形基础设施，包括城市和农村环境的照明设施，尤其是校内和学校周围的照明设施；

（d）制定并执行有效的措施，鼓励媒体消除对妇女的歧视，包括在广告、网络和其他数字环境中在其活动、做法和产出中消除对妇女或妇女人权维护者等特定妇女群体做出的恶意的、有成见的描述。此类措施应包括以下几点：

---

[1] 见 L. R. 诉摩尔多瓦共和国以及第 33 号一般性建议第 51（b）段。特别是，应考虑作为性暴力受害人/幸存者的女童的处境。

《消除对妇女一切形式歧视公约》导读

（一）鼓励制定或加强在线或社交媒体组织等媒体组织的自律机制，旨在消除与妇女和男子或特定妇女群体有关的性别陈规定型观念，解决利用它们的服务和平台实施的基于性别的暴力侵犯妇女的行为；

（二）媒体恰当报道基于性别的暴力侵害妇女行为的准则；

（三）建设或加强国家人权机构的能力，以监测或审查就刻画性别歧视形象的任何媒体或物化或贬低妇女或推崇暴力男子气概的任何内容提出的指控；[1]

(e) 为司法机构成员、律师和执法人员，包括法医人员、立法人员和保健专业人员，[2] 以及所有教育、社会和福利人员，包括那些在寄宿制护理院、庇护中心和监狱[3]与妇女共事的人员，提供强制性、定期的、有效的能力建设、教育和培训，包括性和生殖健康领域，特别是性传播感染和艾滋病毒预防和治疗服务领域的教育和培训，以使他们能够适当预防和应对基于性别的暴力侵害妇女行为的能力。这种教育和培训应促进对以下几点的了解：

（一）性别陈规定型观念和偏见如何导致基于性别的暴力侵害妇女行为以及不充分作为；[4]

（二）创伤及其后遗影响，即表现亲密伴侣间暴力的权力动态以及影响遭受不同形式的性别暴力的妇女的不断变化的情况，这应该包括交叉形式的歧视，既影响特定的妇女群体，还影响在其工作环境中与之适当相处的方式，并抹杀导致其再次受害或国家机构和机关对其失去信心的因素；[5]

（三）关于基于性别的暴力侵害妇女行为的国家法律条款和国家机构、受害人/幸存者的合法权利、国际标准和相关机制及其在此方面的责任，应包括不同机构之间的妥善协调和转介以及对此类暴力行为的适足记录，适当尊重妇女的隐私权和保密权，并得到受害人/幸存者自愿的知情同意。

(f) 鼓励通过利用奖励和企业责任示范及其他机制让企业和跨国公司等私人部门参与进来，努力消除一切形式的基于性别的暴力侵害妇女行为，并

---

〔1〕 委员会关于克罗地亚合并定期报告的结论性意见（CEDAW/C/HRV/CO/4-5）。

〔2〕 委员会关于克罗地亚合并定期报告的结论性意见（CEDAW/C/HRV/CO/4-5），脚注5以及世界卫生组织关于应对亲密伴侣间暴力和对妇女实施性暴力的临床和政策准则（2013年）。

〔3〕 见阿布拉莫娃诉白俄罗斯；第53/2013号来文，A.诉丹麦，2015年11月19日通过的意见；以及大会关于《联合国女性囚犯待遇和女性罪犯非拘禁措施规则》（《曼谷规则》）的第65/229号决议。

〔4〕 除其他外，见别洛乌索娃诉哈萨克斯坦、R.P.B.诉菲律宾、贾洛诉保加利亚，以及L.R.诉摩尔多瓦共和国。

〔5〕 见M.W.诉丹麦、R.P.B.诉菲律宾、贾洛诉保加利亚，以及凯尔诉加拿大。

加强其为此种暴力行为的行动范围承担的责任，[1] 这有必要使用涉及在工作场所发生的或影响工作妇女的一切形式的基于性别的暴力侵害妇女的议定书和程序，包括有效、可获取的内部申诉程序，对它们的使用不应排除诉诸执法当局，且应涉及受害人/幸存者在工作场所的应享权利。

C. **保护**

31. 委员会建议缔约国实施下列保护措施：

（a）通过和执行有效的措施，在提起法律诉讼前后及过程中保护并协助投诉基于性别的暴力的妇女起诉者及为此作证的证人，包括：

（一）按照第33号一般性建议保护其隐私和安全，包括利用对性别敏感的法庭程序和措施，铭记受害人/幸存者、证人和被告的正当程序权。

（二）在无需受害人/幸存者提起法律诉讼的情况下提供适当、可获取的保护机制，以防范进一步暴力或潜在暴力，包括为残疾受害人消除交流障碍。[2] 这方面的机制应当包括由一系列有效措施构成的即时风险评估和保护，以及在适当时下达并监测驱逐、防范、限制或紧急禁止被指控施害者的命令，包括对违法行为予以适当制裁。保护措施应避免向妇女受害人/幸存者强加不必要的经济、官僚主义或个人负担。施害者或被指控施害者在诉讼程序中及诉讼之后的权利或权利主张，包括在财产、隐私、儿童监护、获得机会、联络和探访方面的权利或权利主张应由妇女和儿童享有的生命及身体、性和心理完整的人权决定，并受儿童最高利益的原则指导；[3]

（三）确保妇女受害人/幸存者及其家庭成员无偿获得经济援助，或低价获得高质量的法律援助，[4] 医疗、社会心理和咨询服务，[5] 教育，可负担得起的住房、土地、儿童保育、培训和就业机会。保健服务应针对创伤提供，并包括及时和全面的心理、性和生殖健康服务，[6] 包括紧急避孕和艾滋病毒的接触后防御。缔约国应提供专业化的妇女支助服务，例如，提供全天候的

---

[1] 见第28号一般性建议，第28段。见"工商企业与人权：实施联合国'保护、尊重和补救'框架指导原则"（A/HRC/17/31）。

[2] 例如，一些国家下达的保护令允许对据认为面临残割女性生殖器危险的人实施旅行禁令。

[3] 伊尔迪里姆诉奥地利、格斯诉奥地利、冈萨雷斯·卡雷尼奥诉西班牙、M.W.诉丹麦以及贾洛诉保加利亚。

[4] 第33号一般性建议，第37段，以及第28号一般性建议，第34段；另见凯尔诉加拿大、韦尔蒂奥诉菲律宾、S.V.P.诉保加利亚，以及L.R.诉摩尔多瓦共和国等。

[5] 第33号一般性建议，第16段。

[6] 经济、社会及文化权利委员会，第22号一般性意见。

免费救助热线，足够数量的安全、配备齐全的危机、支助和转诊中心，并视需要为妇女及其子女和其他家庭成员提供适当住所；[1]

（四）为居住在寄宿式护理院、庇护营和剥夺自由场所等公共机构的妇女提供与基于性别的暴力有关的保护和支助措施；[2]

（五）建立并实施适当的多部门转介机制，确保此类行为的幸存者有效获得全面的服务，确保非政府妇女组织充分参与并与之开展合作；

（b）确保关乎受害人/幸存者的所有法律程序、保护和支持措施以及服务尊重并加强她们的自主性。缔约国应将它们提供给所有妇女，特别是那些受交叉形式的歧视影响的妇女，考虑其子女及其他受抚养人[3]的具体需求，使之可在全国范围内获取，且不论居民身份如何、或能力如何，或提供给愿意配合对被指控的施害者[4]提起法律诉讼的人。缔约国还应尊重不驳回原则；[5]

（c）消除增大妇女遭受严重形式的性别暴力风险的因素，例如可随时获取和使用的火器，包括其出口，[6]降低高犯罪率和有罪不罚的现象，这可能会加剧武装冲突的局势或提高不安全性。[7]应当努力控制用于攻击妇女的酸和其他物质的可用性和可获取性；

（d）通过不同的、可行的媒体和社区对话，针对妇女，特别是那些受相互交叉的歧视影响的妇女，例如残疾妇女，文盲妇女或不会或不熟悉国家正式语文的妇女提供有关受害人/幸存者可利用的包括赔偿在内的法律和社会资源的可获取信息。

D. 起诉和惩罚

32. 委员会建议缔约国采取下列有关起诉和惩罚基于性别的暴力侵害妇女行为的措施：

---

[1] 见第 31 号以及第 18 号联合一般性建议/意见。

[2] 第 31 号以及第 18 号联合一般性建议/意见，脚注 54。

[3] R. P. B. 诉菲律宾、贾洛诉保加利亚，以及 V. K. 诉保加利亚。

[4] 第 33 号一般性建议，第 10 段。

[5] 根据 1951 年《关于难民地位的公约》和《禁止酷刑公约》。另见第 32 号一般性建议以及 A. 诉丹麦。

[6] 见《武器贸易条约》第 7 条第 4 款。另见委员会关于缔约国下一次定期报告的结论性意见：巴基斯坦（CEDAW/C/PAK/CO/4）；刚果民主共和国（CEDAW/C/COD/CO/6-7）；法国（CEDAW/C/FRA/CO/7-8）；瑞士（CEDAW/C/CHE/CO/4-5）；德国（CEDAW/C/DEU/CO/7-8）；以及人权事务委员会，关于人身自由和安全的第 35（2014）号一般性意见，第 9 段。

[7] 第 30 号一般性建议。

（a）确保受害人可有效诉诸法院和法庭，相关当局对基于性别的暴力侵害妇女行为的所有案件做出有效应对，包括适用刑事法，并视情况以公平、公正、及时、高效的方式正式起诉被控施害者，并施以适当惩罚。〔1〕不应将费用或法院收费强加给受害人/幸存者；〔2〕

（b）确保不对基于性别的暴力侵害妇女行为强制适用非诉讼纠纷解决程序，包括调解与和解。〔3〕这些程序应仅在专业小组在以往的评价中确保征得受害人自愿、知情的同意且无迹象表明对受害人/幸存者或其家庭成员造成进一步风险时使用，并且在使用时应予以严格规范。这些程序应增强受害人/幸存者的权能，并由经过专门训练了解并适当干预基于性别的暴力侵害妇女行为的案件的专家提供，确保充分保护妇女和儿童的权利，并以不带成见或不再使妇女受害的方式进行干预。非诉讼纠纷解决程序不应妨碍妇女诉诸正式司法。

E. 赔偿

33. 委员会建议缔约国在赔偿方面实施以下措施：

（a）为遭受基于性别的暴力侵害妇女行为的受害人/幸存者提供有效赔偿。按照第28号一般性建议、第30号一般性建议和第33号一般性建议，这些补偿应包括不同的措施，例如金钱补偿，提供法律、社会和保健服务，包括有助于全面康复的性、生殖和心理健康服务，以及抵偿和保证不再发生。这样的补救措施应适足、从速归责、全面、与所受伤害严重程度相称；〔4〕

（b）设立赔偿专项基金，或将拨款纳入现有基金的预算中，包括纳入过渡司法机制下，用以赔偿遭受基于性别的暴力侵害妇女行为的受害人。缔约国应执行不妨碍受害人/幸存者寻求司法补救的行政性赔偿权利的计划，制定转型式赔偿方案，帮助解决导致或极大推动侵犯行为的歧视根源或不利处境，同时考虑到个人、制度和架构各方面。应优先考虑受害人/幸存者的能动性、愿望、决定、安全、尊严和完整性。

F. 协调、监测和数据收集

34. 委员会建议缔约国在协调、监测和收集与基于性别的暴力侵害妇女行为有关的数据方面实施以下措施：

---

〔1〕 除其他外，见韦尔蒂奥诉菲律宾、S. V. P. 诉保加利亚，以及 L. R. 诉摩尔多瓦共和国。
〔2〕 第33号一般性建议，第17（a）段。
〔3〕 如第33号一般性建议第58（c）段所示。
〔4〕 第33号一般性建议，脚注5和第19段。

《消除对妇女一切形式歧视公约》导读

（a）与民间社会组织，特别是妇女组织，包括那些代表受交叉形式歧视影响的妇女组织磋商，制定并评估所有立法、政策和方案。缔约国应鼓励司法系统各级和各分支以及致力于保护和支助遭受基于性别的暴力侵害妇女行为的组织之间开展合作，同时考虑它们的看法和经验。[1] 缔约国应鼓励人权组织和妇女非政府组织的工作；[2]

（b）建立一项制度，以定期收集、分析和公布有关各种形式的基于性别的暴力侵害妇女行为的申诉数量的统计数据，包括以技术为媒介的暴力，颁发的保护令的数量和类型，驳回和撤回申诉、起诉和定罪的比例，以及处理案件所用的时间。该制度应包含关于对犯罪者判刑以及为受害人/幸存者提供的包括补偿在内的赔偿的信息。所有的数据应按照犯罪类型、受害人/幸存者之间的关系、以及与交叉形式的歧视妇女行为及受害人/幸存者年龄等其他相关社会人口特征的关联分列。对数据的分析应能够认定在保护方面的过失，并有助于改进和进一步制定预防措施，如有必要，应包括建立或指定观察站，以收集关于基于性别的杀害妇女（亦称作"杀害妇女"或"杀戮妇女"）和企图杀害妇女的行政数据；

（c）开展或支持关于基于性别的暴力侵害妇女行为的调查、研究方案和研究，以便，除其他外，对基于性别的暴力侵害妇女行为的普遍性以及加重这一暴力和影响两性关系的社会或文化信仰予以评估。研究和调查应考虑到交叉形式的歧视，以自我认同原则为基础；

（d）确保收集和维护基于性别的暴力侵害妇女行为数据的过程符合既定的国际标准和保障，[3] 包括关于数据保护的立法。对数据及统计数据的收集和利用应符合保护人权、基本自由和伦理原则的国际公认标准；

（e）建立机制或机构，或授权现行机制或机构定期协调、监测和评估国家、区域和地方实施措施的情况以及措施的有效性，包括本建议和其他相关的区域和国际标准和准则中建议的措施，以防范和消除各种形式的基于性别的暴力侵害妇女行为；

（f）在国家、区域和地方各级划拨适当的人力和财政资源，以有效实施防范各种形式的基于性别的暴力侵害妇女行为的法律和政策，为受害人/幸存者提供保护和支持，开展案件调查，起诉施害者，并为受害人/幸存者提供赔

---

[1] 伊尔迪里姆诉奥地利和格斯（已故）诉奥地利。
[2] 第28号一般性建议，第36段。
[3] 大会关于官方统计基本原则的第68/261号决议。

偿，包括为妇女组织提供支持。

G. 国际合作组织

35. 委员会建议缔约国在开展国际合作打击基于性别的暴力侵害妇女行为方面实施下列措施：

（a）在必要时寻求联合国系统的专门机构、国际社会和民间社会等外部来源支助，以便通过制定和实施消除和应对基于性别的暴力侵害妇女行为所需的所有适当措施履行人权义务，[1] 特别是考虑到不断变化的全球背景以及此类暴力不断具备的跨国性质，包括以技术为媒介的环境以及国内的非国家行为体从事的其他域外业务活动。[2] 缔约国应敦促其有能力施加影响力的企业行为体协助其开展业务活动的国家努力全面实现妇女免遭暴力的权利；

（b）优先实施相关的可持续发展目标，特别是关于实现性别平等，增强所有妇女和女童的权能的目标5，以及关于创建和平、包容的社会以促进可持续发展，让所有人都能诉诸司法，在各级建立有效、负责和包容的机构的目标16；支持制定国家计划，以根据妇女地位委员会第六十届会议通过的关于增强妇女权能和与可持续发展的联系的商定结论，以促进性别平等的方式落实所有可持续发展目标，促进民间社会和妇女组织有效参与落实可持续发展目标和后续行动的进程，并加强国际支持与合作，以实现知识共享和有效、有针对性地进行能力建设。[3]

第36号一般性建议：关于女童和妇女受教育权
消除对妇女歧视委员会第六十八届会议通过（2017年）

一、导言

1. 教育在推广人权价值观方面发挥了关键的推动变革和增强能力的作用，被认为是实现性别平等和增强妇女权能的途径。[4] 教育也是一项重要的工具，用于实现个人发展以及发展一支能够促进公民责任和国家发展的有能力的劳动力和公民队伍。因此，会员国2000年9月核可《联合国千年宣言》（大会第55/2号决议），决心确保到2015年，世界各地的儿童都能够完成初

---

[1] 第28号一般性建议，第29段，以及第33号一般性建议，第38段和第39段。
[2] 第34号一般性建议，第13段。
[3] 大会第70/1号决议，题为"变革我们的世界：2030年可持续发展议程"。
[4] 阿扎·卡兰姆："教育作为实现性别平等的途径"，载《联合国纪事》2013年第4号，第L卷。

《消除对妇女一切形式歧视公约》导读

级教育的全部课程,并且女童和男童能够平等接受所有各级教育。

2. 这一目标尽管取得了重大进展,但尚未实现。女童和妇女的教育被认为是实现可持续和包容性发展最有效的投资之一,但是全世界 2012 年有 3200 万小学适龄女童失学,占所有失学儿童的 53%,另有 3160 万初中年龄青春期少女(50.2%)失学。[1] 即使在提供受教育机会的情况下,不平等现象持续存在,阻碍妇女和女童充分利用这些机会。联合国教育、科学及文化组织(教科文组织)2013 年 9 月报告称,[2] 世界上有 7.735 亿成年人(15 岁以上)是文盲,其中妇女占 61.3%,而青年人(15 岁至 24 岁)为 1.252 亿,其中女性占 61.3%。一般而言,女童和妇女在教育过程中,在入学、在读、完成学业、待遇、学习成果以及职业选择方面受到过分歧视,造成她们在学校教育和学校环境之外的劣势。

3. 需要确保全民接受全纳和优质教育并促进终生学习,这是由 192 位世界领导人中 189 位所通过的 2015 年后可持续发展目标(大会第 70/1 号决议)中目标 4 的优先事项,旨在到 2030 年改变世界。需要实现的两项关键的教育方面的具体目标是:(a)确保所有男女儿童完成免费、公平和优质的中小学教育,并取得相关和有效的学习成果;(b)消除教育中的性别差距,确保残疾人、土著居民和处境脆弱儿童等弱势群体平等获得各级教育和职业培训。因此,全球教育界 2015 年 11 月配合可持续发展目标议程商定的《2030 年教育行动框架》承认性别平等与全民教育的权利有着密不可分的联系,实现该目标需要采取基于权利的方法。该方法确保男女学生不仅获得和完成教育周期,而且在教育过程中和通过教育获得相同的权能。

4. 然而,某些因素过分阻碍女童和妇女要求和享有受教育的基本人权。这些因素包括:弱势和边缘化女童和妇女的入学障碍因贫困和经济危机而恶化;课程、教科书和教学过程中的性别陈规定型观念;校内外对女童和妇女的暴力行为;对她们参与男性主导的学术和职业领域的结构性和意识形态方面的制约。

5. 法律上承认女童和妇女受教育权与现实之间仍然存在很大差距。如本一般性建议指出,有效落实该权利需要进一步就《消除对妇女一切形式歧视公

---

[1] 联合国教育、科学及文化组织(教科文组织)统计研究所和联合国儿童基金会,"Fixing the Broken Promise of Education for All: Findings from the Global Initiative on Out-of-School Children"(2015 年)。

[2] 教科文组织统计研究所:"成年人和青年扫盲概况介绍",2013 年第 26 号,http://uis.unesco.org/sites/default/files/documents/fs26-adult-and-youth-literacy-2013-en_1.pdf。

约》第 10 条提供指导和采取行动。本一般性建议及其建议的制定立足于《公约》现有判例，基于结论性意见和现有一般性建议，以及缔约国和包括非政府和民间社会组织以及学术界在内的一系列广泛的利益攸关方在消除对妇女歧视委员会 2014 年 7 月主办的半日初步协商中所提交呈文和口头介绍中的信息。[1]

二、受教育权的可诉性

6. 自联合国大会 1948 年 12 月通过《世界人权宣言》以来，教育被确认为一项基本人权。随后，若干国际、区域和国家文书和法院裁决[2]确定，该项权利具有可诉性，所以在法律上可强制执行。因此这些文书规定，在教育领域免受歧视是人权法中的一项根本和基本原则。

7. 因此，根据该委员会关于妇女获得司法救助的第 33 号一般性建议，所有缔约国都有义务保护女童和妇女不受剥夺她们接受各级教育机会的任何形式的歧视，并有义务确保她们在发生这种情况时有诉诸司法的途径。

三、受教育权：现有规范框架

8. 除了《世界人权宣言》，多项具有法律约束力的国际和区域文书[3]载入受教育权。因此缔约国有义务尊重、保护和实现受教育权，该权利必须在国家法律制度中可予审理。

9. 作为一项人权，教育有助于享有其他人权和自由、实现重大的发展惠益、促进性别平等和促进和平。教育还会减轻贫穷；促进经济增长和增加收入；增加获得健康生活的机会；减少童婚和孕产妇死亡；使个人能够防治艾滋病毒/艾滋病等疾病。

10. 虽然国际上，包括教科文组织，承认教育可以根据现有资源逐步实施，但是必须立即执行构成受教育权核心的国家法律，包括确保在不受歧视的情况使用公共教育机构和方案的权利；确保教育符合国际标准设定的目标；普及小学教育；通过并执行一项包括提供基础、中等和高等教育的国家教育战略；确保自由选择受教育的机会，不受国家或第三方干涉，但须符合最低教

---

[1] 见 www.ohchr.org/EN/HRBodies/CEDAW/Pages/Womensrighttoeducation.aspx。

[2] 见 SERAP 诉尼日利亚，西非国家经济共同体法院判决书（诉讼号 ECW/CCJ/APP/12/07），判决号 ECW/CCJ/JUD/07/10，2010 年 11 月 30 日。

[3] 《阿拉伯人权宪章》《美洲国家组织宪章》《美洲关于人的权利和义务宣言》《非洲人权和人民权利宪章》《非洲儿童权利与福利宪章》《非洲人权和人民权利宪章关于非洲妇女权利的议定书》《保护人权与基本自由公约第一议定书》和《欧洲移民工人法律地位公约》。

育标准。[1]

11. 国际上关于受教育权具有法律约束力的文件包括：《经济、社会及文化权利国际公约》（第13条）、《消除一切形式种族歧视国际公约》（第5条）、《保护所有移徙工人及其家庭成员权利国际公约》（第30条）、《残疾人权利公约》（第24条）、《儿童权利公约》（第28条）、教科文组织《国际体育教育、体育活动和体育运动宪章》（第1条）以及《技术和职业教育公约》。

12. 不具约束力的政治承诺和全球战略重申各国政府有责任承认教育是加快国家发展和社会变革的催化剂，并呼吁各国采取战略行动，以应对女童和妇女在获得教育和培训方面的不平等和欠缺。这些承诺和战略包括：1994年开罗国际人口与发展会议、《1995年北京行动纲要》、1990年在泰国吉姆田确立并于2000年在达喀尔重申的全民教育目标和2000年确立的千年发展目标，以及最近2015年通过的2030年可持续发展议程目标，其中包括旨在消除一切形式对所有妇女和女童歧视的目标和具体目标。

四、一般性建议的范围：三方的人权框架

13. 增强女童和妇女权能的教育使她们能够在社会上与男童和男人平等地要求和行使更广泛的社会经济、文化和政治方面的权利。为实现性别平等，教育制度的所有方面（法律和政策、教育内容、教学法和学习环境）应当对性别敏感，能满足女童和妇女的需求，并对女性和男性都有转变作用。

14. 本一般性建议立足于关于教育的人权框架，重点包括三个层面：首先是受教育权；其次是教育范围内各项权利；第三是通过教育实现的权利。本三重框架很大程度上反映了下文各段所指的无障碍环境、可获取性、可接受性和可调试性框架[2]中这四项内容所列的权利。

15. 受教育权涉及参与问题，反映在女童和男童以及妇女和男子平等参与的程度，以及各级有足够的基础设施满足各年龄段的程度。入学、在读和从一级到另一级过渡的指标是涉及受教育权的关切问题。

16. 教育范围内各项权利超出了数字上的平等，旨在促进教育中实质性的性别平等。因此，这些权利涉及待遇平等和机会平等以及男女学生和教师之间在教育机构中性别关系的性质。这一平等层面尤为重要，因为正是社会通过社会机构塑造和复制了基于性别的不平等，教育机构在这方面扮演关键角色。在许多社会，学校教育未挑战根深蒂固的歧视性性别规范和习俗，而是

---

[1] 教科文组织，"受教育权：法律和政策审查的指导方针"（2014年）。

[2] 见 E/CN.4/1999/49。

强化性别陈规定型观念，并维持社会性别秩序，表现方式是复制女/男和从属/支配等级制度，以及生殖/生产和私/公二元化。

17. 通过教育实现的权利界定了学校教育在教育领域外的生活各方面塑造权利和性别平等的方式。本应产生变革作用的教育未能显著提高妇女在社会、文化、政治和经济领域的地位，从而使其无法充分享受这些领域的权利，在此情况下，缺少此类权利尤为明显。一个核心问题是证书对女性而言是否具有与男性相同的价值和社会价值。全球趋势表明，在许多情况下，甚至在男性受教育程度低于女性的情况下，男性在这些领域占据的职位更高。

18. 本一般性建议旨在确保妨碍女童和妇女享有教育权、教育范围内各项权利和通过教育实现的权利、基于多种相互交叉歧视的区域差距和国家内部的不平等现象得到应对并最终消除。因此，本一般性建议扩大了《公约》第10条，并将其与其他所有条款和相关现有一般性建议联系起来，以确立受教育权与享受《公约》所载其它各项权利之间的关联。

19. 本一般性建议的目标用户包括：负责制定并执行与各级公共和私立教育相关的法律和政策性决定的所有国家官员；学术界和研究员；学生、教师和家长协会；国会议员、参与女童和妇女教育的非政府组织；传统和宗教组织；大众媒体；企业组织和工会。

五、应对教育中的性别歧视

20. 《公约》是国际妇女民权法典，并对截至2017年6月批准该公约的189个国家而言是具有约束力的国际法。第10条针对妇女和女童受教育的合法权利，呼吁各缔约国采取一切适当措施消除对妇女的歧视，从而保证妇女在教育方面享有与男子平等的权利。因此，《公约》要求缔约国在整个生命周期以及在各级教育中消除在教育方面对妇女的歧视。为了满足非歧视标准，教育必须在法律上和实践中对所有女童和妇女均无障碍，包括属于弱势群体和边缘群体的女童和妇女，不带任何基于被禁止理由的歧视。

21. 《公约》第1条把歧视界定为基于性别而作的任何区别、排斥或限制，其影响或其目的均足以妨碍或否认妇女不论已婚或未婚在男女平等的基础上认识、享有或行使在政治、经济、社会、文化、公民或任何其他方面的人权和基本自由。因此，缔约国不但需要确保教育作为一项人权得到承认，而且确保创造适当的条件，使女童和妇女充分和自由地享有和行使这一权利。

22. 《公约》第2条通过具体说明各缔约国必须确保男子和妇女在平等的基础上实现和享受权利的情况和要求，重申了消极义务和积极义务。《公约》的核心是禁止歧视。这意味着缔约国必须避免直接或间接地干涉女童和妇女充分享有受教育权,即尊重的义务。同样,缔约国必须采取积极步骤履行以下义务:通过确保受教育权、教育范围内各项权利和通过教育实现的权利,促进在与男子平等的基础上全面开发女童和妇女的潜能。

23. 尽管存在旨在促进事实上平等的正式法律和政策框架,但是在世界某些地区女童和妇女在教育领域数字上的进步掩盖了她们持续面临的歧视。只有按照《公约》第 1 和 2 条中的规定实施正式平等文书中的保护措施,这些措施才能切实有效。

24. 委员会建议缔约国采取以下措施,尊重、保护和实现女童和妇女接受教育的权利、教育范围内各项权利和通过教育实现的权利:

(a) 加强遵守《公约》第 10 条,并且在社会上宣传教育作为一项基本人权和增强妇女权能基础的重要意义;

(b) 对妇女人权和《公约》的适龄教育将纳入各级学校课程;

(c) 提出宪法修正案和(或)采取其他适当的立法行动,以确保保护和落实女童和妇女接受教育的权利、教育范围内各项权利和通过教育实现的权利;

(d) 颁布立法,对整个生命周期所有女童和妇女的受教育权作出规定,包括所有妇女和女童弱势群体;

(e) 消除和(或)改革在教育部门直接或间接歧视女童和妇女的政策、体制、行政或管理指示和做法;

(f) 颁布将女性最低结婚年龄定为 18 岁的立法,并遵守国际标准,使完成义务教育的年龄与最低就业年龄一致;

(g) 审查和(或)废除允许开除怀孕女童、其他类别的受训人员和教师的法律和政策,并确保她们生育后重返不受任何限制;

(h) 承认教育权作为法律上可强制执行的权利,一旦受到侵犯,女童和妇女获得平等和有效的司法救助,而且有权获得包括赔偿在内的补救;

(i) 监测在女童和妇女受教育权方面的国家、区域和国际规定的执行情况,确保在受侵犯时有权获得补救;

(j) 与国际社会和民间社会一道努力提高和发展女童和妇女的受教育权。

六、应对性别陈规定型观念

25. 女童和妇女在教育方面面临的歧视既是意识形态方面的,也是结构性的。意识形态层面在《公约》第 5 和 10(c) 条中述及,其中呼吁各国修改已被接受的基于…男女陈规定型角色的男女社会和文化行为模式。这一点在确保妇女和女童能够享有接受教育的权利、教育范围内各项权利和通过教育实现的权利方面极其重要。这一点至关重要，因为这些歧视性做法不仅在个人层面实施，而且还编入法律、政策和方案，因而由国家进行延续和执行。

26. 第5（a）条涉及歧视的结构层面，说明歧视植根于基于性别而分尊卑观念或基于男女定型角色的偏见、习俗和一切其他做法。在此方面，《公约》要求缔约国采取措施以促进机会、机构和制度的真正改变，不再以历史沿袭的男性权力和生活方式的规范为基础。教育制度是需要变革领域的一个实例，一旦实现转型，可以加快在其他领域的积极变化。

27. 根据《公约》第5和10（a）条，委员会建议缔约国通过采取以下措施，加强努力并采取积极措施消除在教育领域持续导致对女童和妇女的直接和间接歧视的性别陈规定型观念：

（a）挑战和改变限制女童和妇女充分行使其人权和自由以享有受教育权、教育范围内各项权利和通过教育实现的权利的父权意识形态和结构；

（b）制定和实施政策和方案，包括在各级学校和整个社会开展的关于《公约》、性别关系和性别平等的提高认识运动和教育活动，旨在依照《公约》第5（a）条改变男女社会和文化行为模式，以期消除偏见和习俗；

（c）鼓励媒体塑造女性包括族裔和少数群体女童和妇女、老年妇女和残疾女童及妇女）的正面和非性别化形象，并向整个社会倡导性别平等的价值观；

（d）修订和制订非陈规定型的教学课程、教科书和教材，以消除复制和加强针对女童和妇女进行基于性别的歧视的传统性别陈规定型观念，并促进塑造更加平衡、准确、健康和积极的女性形象和呼声；

（e）对各级教育的教学人员进行强制培训，内容涉及性别平等问题、性别敏感度及其性别行为对教学和学习过程的影响。

七、受教育权

28. 女童和妇女获得高质量教育的权利依赖于提供适足的基础设施满足她们的需求，否则获取权将受到损害。如果女童和妇女无法获得高质量的教育，她们最终面临重大困难，包括在以下重大事项中缺少个人自主权和选择：对自己的健康及其性和生殖决定的控制；本人及其子女享受较低质量的保健服务；贫穷世代相传；在私人和公共领域，不能与男童和男子平等地分享权力和参与。要确保这一权利，就必须重视实体环境无障碍、技术上无障碍和经济上无障碍，并为弱势群体者和状况不稳定者提供机会。

实体环境无障碍：适足基础设施的提供情况

29. 提供情况是指在缔约国管辖范围内，提供足够数量运作正常的教育机构和方案满足女童和妇女的需求，不按地点（第 14 条）或任何其他因素提供不相同的资源。此外，通过确保教育机构设在较为便利的地点或通过现代技术可以到达，女童和妇女必须能在安全范围内进入教育机构。鉴于在公共场所对女童和妇女的性别暴力猖獗以及女性在往返学校途中面临的风险，离学校近尤其在农村地区非常重要。学校的距离可能构成入学的主要障碍，尤其在农村地区，所有失学儿童 80% 以上生活在农村。

30. 此外，在教育机构提供适足基础设施方面的关键考虑因素与初经期开始对女童顺利完成学业构成的障碍有关。缺乏有利的学校环境，包括男女分开的供水、公共卫生和个人卫生设施不足，工作人员未经训练或不提供支持，以及缺乏适当的卫生保护材料和关于青春期和月经问题的信息，这一切导致社会排斥、对学习的参与和关注度下降以及在学人数减少。

31. 委员会建议缔约国采取下列措施，以确保为女童和妇女的教育提供有形设施：

（a）提供充足的预算、人力和行政资源，以确保在小学和中学各级提供充足的经费，以容纳各人口年龄组的所有女童；

（b）处理针对女童和妇女弱势和边缘化群体基于社会经济地位、地理位置、民族、性别认同和宗教信仰的预算分配失衡；

（c）依据第 4 条，采取暂行特别措施增加合格教师的数量，特别是在教师队伍主要为男性情况下女性教师的数量，包括通过提供适当和持续的培训；

（d）通过定期收集按性别、地理位置、年龄、学校类型和族裔群体分列的各级教育入学指标（在各级教育中入学的女性和男性人数在学龄人口中所占的比例）数据，对女童和妇女受教育权的实施情况进行监测；存活率、辍学率、在学率和留级率；女性和男性平均受教育年限；各级（儿童早期、初等教育、初中等教育和中等/高等/职业）之间的过渡；男和女教师的数量，即师资的均衡；不同年龄层次的女性和男性识字率；利用该信息为关于女童和妇女受教育机会障碍的决策、政策制定和向委员会提出的定期报告提供参考；

（e）基于分类数据，采取战略鼓励和监测学校注册、出勤、在读以及辍学后重返校园；

（f）通过在所有学校提供男女分开的厕所和洗手间以及安全饮用水，改善卫生设施。

32. 委员会建议缔约国采取下列措施，以确保所有女童和妇女可以接受教育：

（a）确保生活在农村和偏远地区的妇女和女童能够根据《公约》第14（d）和4条获得受教育的机会，并酌情采取暂行特别措施以支持她们的受教育权；

（b）确保学校可无障碍出入，并且离家的距离在安全范围内，特别是在农村和偏远地区；

（c）提供参加进修教育方案的机会，包括成人识字和实用识字教育的机会，特别是旨在缩小男女之间教育水平上一切差距的机会第10（e）条）；

（d）采取包括社会保障方案、学校供餐举措和提供卫生保护材料在内的政策举措，以增加在学人数，尤其是农村和偏远地区的在学人数；

（e）在家庭与学校之间的距离妨碍受教育机会的情况下为女童提供寄宿舍/交通手段，并确保这些设施内的女童不受性虐待和其他形式的虐待；

（f）培训教师提供有利的环境和文化，使青春期少女能够在不感到恐惧、耻辱或风险的情况下自信地参与学习。

技术上无障碍

33. 在资金有限的情况下，为学校和设施提供无障碍出入的一种变通办法是通过在远程和开放式学习环境中利用信息和通信技术。这些办法为接受常规形式的教育和培训机会有限的女童和妇女提供了明显的益处，包括那些由于下列因素而被排除在外的女童和妇女：居住在农村，离学校太远；家务劳动和育儿责任，特别是在童婚和少女怀孕的情况下；基于其他社会和文化障碍的排斥情况。愿意接受高等教育但同时兼顾工作和家庭责任的妇女也受益于这些可能性。

34. 使用开放式学习技术产生的其他明显益处包括：开发新的教学和学习模式，并促成一种新的学习文化；为成年学生提供更大的灵活性；为雇主提供机会，提供高成本效益的在职职业发展；为各国政府提供机会，提高教育和培训的成本效益和能力。

35. 委员会建议，在未向女童和妇女提供通过远程和开放式学习机会实现受教育权的情况下，缔约国应采取下列措施：

（a）审查是否可以在高中和高等教育阶段通过探索开放式学习机会而建立提供认证的设施，从而提供机会；

（b）更新教师使用信息和通信技术的知识和能力，并对开放式学习环境下运行所需的技能提供培训；

（c）确保属于弱势群体、来自农村社区以及识字水平低的女童和妇女不因为不具备有意义参与所需的工具和技能而被排除在这些机会之外。

经济上无障碍

36. 教育费用必须人人负担得起，不附加基于性别以及其他任何被禁止理由的歧视，并从学前教育到中学系统并逐步到高等教育提供免费义务教育。尽管存在规定到某一法定年龄或年级提供免费教育的立法，但许多缔约国向就读公立学校的学生征收附加费用以补充政府的补助金。此外，父母还需支付校服、交通、课本和其他学习材料、午餐以及各种收费和使用费等隐性费用，而最贫穷的五分之一学生受到的不利影响最严重，而且常常被污名化。

37. 通过收取使用费将机会货币化，迫使贫穷家长选择将哪个子女送去上学，并往往优先让男童受教育。家长对其教育投资根据他们认为会给家庭长期带来最大经济效益的安排做出决定。由于根深蒂固的性别不平等，劳动力市场普遍偏好男性。因此，家长得出结论认为，最好让男童受教育，因为男童受教育后能够获得更好的就业机会。家长的选择也受到了将女童置于家庭中的定型观念的影响。

38. 在经济危机的背景下，许多缔约国削减社会服务，将教育外包给私营实体并由宗教或社区团体和（或）非政府组织等非国家组织提供教育。现已确定，私有化对女童和妇女具有特定的消极影响，特别是来自贫穷家庭的女童，使其无法受教育。

39. 委员会建议缔约国采取包括以下措施在内的一切措施，确保使用费和隐形费用不会负面影响女童和妇女受教育的机会：

（a）提供从学前到中学的普遍免费义务教育，不论国家公民以及具有移民和难民地位的女童和妇女的社会经济状况；

（b）通过减少使用费以及间接和机会成本，提供负担得起的高等教育；

（c）推出安全网和其他措施，以确保来自较低社会经济阶层的女童和妇女不会因为不能支付使用费和（或）隐形费用被剥夺接受任何水平教育的机会；

（d）遵守关于在公共机构不歧视女童和妇女的相同标准是私人行为体有权运营学术机构的条件；

（e）开展针对家长和更广泛社会旨在克服偏向男性接受教育的运动，并认可女童接受教育的价值。

女童和妇女弱势群体

40. 许多女童和妇女被排斥在教育之外并被边缘化，因为她们同时面临交织在一起的不同形式的歧视，以及使用非本地语言的课程和交流缺乏相关性、受到暴力和污名化及贫穷等问题。这些处境不利或弱势群体包括：

41. 少数民族和土著女童和妇女。未上小学的女童大多数属于少数民族和其他受排斥的群体。影响这些群体受教育机会的主要因素包括贫穷、歧视和缺乏文化联系以及通常用多数人语言授课，导致教育成效较低、辍学率较高、丧失传统语言和较低的自尊。

42. 难民、寻求庇护者、无国籍者、无合法证件者、境内流离失所者以及移民女童和妇女。当被迫背井离乡时，这些情况下的女童和妇女生活的营地没有学校，或仅有能力有限、没有相关语言的课程或不以相关语言授课的临时学校。流离失所问题造成特别的学习障碍：可能丧失人力资源，而且有形基础设施可能遭到损毁；在逃亡中，儿童可能失去国家法定的合法证件，从而妨碍他们进入新的学校。女童尤其可能在流离失所期间受到影响，因为不安全状况的加剧导致一些父母让女童弃学回家。

43. 残疾女童和妇女。数百万残疾女童和妇女由于基于性别和残疾的多重歧视被剥夺了受教育权。据教科文组织的统计，全世界三分之一的失学儿童是残疾儿童。〔1〕

44. 许多政府在实践中正式推广全纳教育；但是残疾儿童，尤其是女童，被排除在外或被隔离在特殊学校中。残疾儿童（特别是残疾女童）就读率低在全球范围内具有类似的原因：缺乏无障碍环境；教师或学校校长拒绝接收这类儿童入学；学校课程和教材未能考虑其需求；更广泛而言，污名化及家长和社区缺乏认识导致对残疾妇女和女童的学习能力持消极态度。此外，受过如何教授有特殊需要学生培训的教师的数量往往不够。

45. 女同性恋、双性恋、跨性别和双性学生。同学和教师对这些学生的欺凌、骚扰和威胁构成了女同性恋、双性恋、跨性别和双性女童和妇女享有教育权的障碍。通常因为学校治理机构对政策执行不力以及教师、校长和其他学校主管部门对非歧视政策落实得不正规，学校延续和加强了社会偏见。教育程度有限和文化禁忌等因素阻碍了女同性恋、双性恋、跨性别和双性学生实现社会流动，并增加了她们遭受暴力的脆弱性。

46. 委员会建议缔约国采取一切适当措施，通过消除陈规定型和歧视消除障碍，并采取以下措施，确保所有类别弱势群体和边缘群体的受教育权：

---

〔1〕 见 www. unesco. org/new/en/education/themes/strengthening-education-systems/inclusive-education/single-view/news/equal_right_equal_opportunity_inclusive_education_for_a/。

（a）消除尤其针对少数群体和土著女童和妇女的陈规定型，这些陈规定型使她们在受教育方面面临风险，并使她们在学校和社区以及往返学校的途中（尤其在偏远地区）易遭受暴力；

（b）解决社会经济地位低和生活条件差的问题，尤其针对少数族裔和土著女童和妇女，这些问题成为接受教育的障碍，特别是鉴于在财政资源缺乏的情况下倾向于让男性接受教育；

（c）确保在必要时与捐助方和人道主义机构协作，为所有女童和妇女的弱势群体的教育和安全提供足够的经费；

（d）确保实行强制性着装规范和禁止特定服装不妨碍接受全纳教育，特别是对有移民背景者而言；

（e）通过查明和消除教育机构和社区内的法律障碍、有形障碍、社会障碍、财务障碍及态度、沟通和语言障碍，消除对残疾女童和妇女一切形式的歧视；

（f）采取必要措施，通过在提供合理便利的学习环境中提供全纳教育，确保在各级教育中不歧视残疾妇女和女童；

（g）确保教育机构建成无障碍环境，并防止校长阻碍残疾学生（尤其是女童）入学，确保根据受各种不同形式残疾影响的个人的独特需求定制课程、教材和教学法战略；

（h）按照暂行特别措施第 4 条，采纳奖励措施为所有各级教育吸引和培训特殊教育教师；

（i）通过确保采取应对阻碍女同性恋、双性恋、跨性别和双性女童和妇女接受教育的障碍的政策，消除对她们的歧视。

在冲突局势和自然灾害中的受教育机会

47. 限制女童和妇女受教育机会的另一因素是国家提供公共服务的基础设施由于武装冲突完全崩溃，导致无法向民众提供必要服务。在受冲突影响地区，学校因不安全而关闭，被国家和非国家武装团体占领或摧毁，所有这些阻碍了女童上学。委员会关于妇女在预防冲突、冲突中及冲突后局势中的作用的第 30 号一般性建议指出，其他阻碍女童接受教育的因素包括非国家行为体对女童及其教师有针对性的袭击和威胁，以及她们必须承担额外的照看责任和家庭责任（见第 48 段）。

48. 保护教育设施不受袭击全球联盟称，从 2005 年到 2012 年，至少在四大洲的 24 个国家，教育机构被用于冲突。除了面临袭击导致死亡或重伤的风险，在被部队和武装部队占领的学校上课的学生可能遭受身体虐待或性虐待，其中女童比男童面临更高的风险。当武装男子出现在学校时，家庭往往不愿送女童上学，因为担心她们会成为性暴力的受害者或受到性骚扰。因此，他们常常更愿意将女儿早嫁，相信这可能给她们提供保护。总体而言，对教育机构的袭击以及将学校和大学用于军事目的对女童和妇女造成巨大影响或带来歧视。

49. 妇女和女童是任何自然灾害中最易受伤害的年龄组。摧毁学校或利用学校作为受影响家庭的社区收容所对接受教育的机会造成严重后果，导致课堂教学时间损失和高辍学率。

50. 委员会建议，在冲突和自然灾害情况下缔约国实施以下措施，以最大限度地减少其对女童和妇女教育的影响，并保护她们的受教育权和安全：

（a）颁布立法、修订军事惯例和政策并实行培训，以禁止国家武装部队和武装团体违反国际人权法和（或）国际人权法规定的教育权，利用或占领学校、校园或其他教育设施和机构；

（b）采取措施，保护女学生和女教师免受占领教育机构的国家和非国家行为体的身体虐待和性虐待；

（c）评估和处理武装冲突对女童和妇女教育的影响；

（d）回顾安理会关于妇女与和平与安全的第 1325（2000）号决议和随后关于妇女与和平与安全的决议规定的义务，表示积极承诺采取必要措施，防止针对教育机构的攻击，并保护妇女和女童；

（e）确保妇女有意义地参与监测袭击和制定预防、保护和建设和平的措施，并确保妇女，包括弱势群体的妇女，参与措施的制定过程；

（f）制订有效、协调一致、再造和快速的应对措施，包括法律和非法律问责措施，以追究施害者的责任；

（g）根据国际标准，系统地调查和起诉应对一系列侵犯国际人权法、人道主义法和刑法行为负责的人，他们命令、参加或负责指挥这些构成对教育机构袭击的行为；

（h）确保在学校被毁或在自然灾害期间用作收容所时，女童/妇女的受教育机会不受到不适当的限制；

（i）优先恢复受自然灾害影响的学校，特别是其学生为弱势女童和妇女的学校；

（j）确保所有新校舍符合建筑规范，纳入抗灾能力，并对现有的学校进行定期审计。

《消除对妇女一切形式歧视公约》导读

文化障碍

51. 即使经费充足并且无障碍环境不是一个限制因素，基于长期存在的父权制度以及与女童和妇女相关的传统角色的文化规范和习俗可能成为女童和妇女享有受教育权的强大障碍。

52. 女童如果不上学，更有可能被迫结婚。在一些社会中，这种与宗教或文化习俗相关的歧视性和有害的童婚和（或）强迫婚姻习俗对受教育权产生了不利影响。此外，如果女童由于童婚和（或）强迫婚姻和怀孕而无法完成学业，她们面临着被迫离开学校、将女童限制在家庭内的社会规范和污名化等实际障碍。童婚还造成家庭暴力、生殖健康和行动自由权利受限的风险增加。如果不制止童婚，各国政府就不能履行其确保女童拥有与男童平等的接受教育机会的义务。

53. 在世界上一些地区，残割女性生殖器的共同文化习俗妨碍和（或）终结了女童的学业。手术后的并发症可造成女童较少关注学业或者缺勤，导致成绩欠佳并最终过早退学。在一些国家，与手术相关的费用较高，也影响了家长之后缴纳学校费用的能力，从而导致辍学。该手术是成年仪式，之后的强迫婚姻后还可能导致辍学，或把重点放在家庭的责任。

54. 贫穷，再加上文化习俗，迫使儿童从事有酬和无酬工作。国家劳工组织（劳工组织）2015年一份关于童工和教育的报告[1]显示，1.68亿名5-17岁的儿童被迫从事童工；女童在涉及自己或其他家庭的护理经济中的人数高于男童，女童还承担着家庭内外工作的双重负担，往往很少或没有时间去上学。同时上学和工作的女童往往成绩不佳而导致辍学。在许多地区，童工的做法也由文化决定，儿童在某些用工季节或一周中某几天从事与家庭有关的工作。

55. 委员会建议缔约国采取下列措施，以减轻文化和宗教习俗对女童和妇女受教育机会的影响：

（a）根据消除对妇女歧视委员会第31号以及儿童权利委员会有关有害习俗的第18号联合一般性建议/意见，保护女童和妇女不因父权、宗教或文化规范和习俗被剥夺受教育权；

（b）促进与宗教和传统领袖之间的对话，讨论为女童提供教育的价值以及消除对女童和妇女参与各级教育构成障碍的做法和习俗的重要性；

（c）确保无论父母同意与否，依照第31号和第18号一般性建议/意见，女童的最低结婚年龄被定为18岁；

---

[1] 劳工组织，《2015年世界童工问题报告：为年轻人的体面工作铺平道路》（2015年）。

(d) 依照委员会关于女性割礼的第 14 号一般性建议,将残割女性生殖器议题纳入正规和非正规教育,以便可以在免受污名化的情况下公开讨论这一议题,从而女童和妇女能够获得关于该习俗不利和有害影响的准确信息;

　　(e) 培训教师、协调人和青年工作者如何就残割女性生殖器问题教育女童,并为面临做该手术风险的女童或已经做过该手术的女童提供支持;

　　(f) 鼓励宗教领袖和社区领袖反对残割女性生殖器的习俗,并向所在社区宣传和教育残割女性生殖器带来的危险;

　　(g) 制定重返校园和全纳教育政策,使未满 18 岁的怀孕少女、年轻母亲和已婚女童能够留在校园或立刻重返校园,确保向所有教育机构和行政长官、家长和社区传播这些政策;

　　(h) 消除可能妨碍接受教育机会的做法,例如让女童在家中从事无报酬的劳动;

　　(i) 确保所有不到最低就业年龄的儿童,尤其是女童,接受全日制教育,并且在适当情况下依照相关国际劳工标准,纳入职业或技术教育。

八、教育范围内各项权利

56. 女童和妇女在教育范围内的各项权利与"可接受性"对应。[1] 可接受性涉及教育的形式(待遇)和实质(质量)问题,既适用于学校环境,也适用于教育内容和方法。这些权利需要政府为学生和教师提供资金、必要的基础设施、支助和用品。这些权利还要求在教师质量和设施数量方面女童拥有与男童同质量教育的平等机会以及以女童和妇女有机会追求目标以实现自决和自我实现为特点的环境。因此,教育范围内各项权利必须包括在整个教育周期尊重和促进女童和妇女的人权。

57. 女童和妇女在教育机构中经历的缺乏尊重和尊严由反映更广泛社会秩序的学校性别制度所决定。这种环境的特点往往是根深蒂固的父权思想、习俗和结构,深刻影响了教师和学生的日常生活。因此,女童在这种环境中,可能在长达 10 年的时间里遭受身体、情感和性虐待,导致在教育领域里权利被剥夺。应解决各种问题,以确保女童和妇女,包括女性工作人员,可以享有平等的待遇和机会。

学校和知识的分层 [第 10 (a) 和 (b) 条]

58. 一般而言,教育制度在将学生录取进入重视职业培训或重视学术培训的学校和(或)班级的分类方式方面高度分化,特别是在从小学阶段升入中

---

[1] 见第 14 段。

学阶段的节点。在一些制度中，学生一旦被录取，在二者之间转学较为困难。社会经济情况深刻影响了学生进入这些不同类型学校的情况。经济境况更好的学生更有可能进入立足学术的学校，这些学校提供为进入高等教育直接铺路的高等知识。因此，高度分化的教育制度在人生早期、早在学生完成学业进入劳动力市场之前维持了社会经济的不平等。

59. 在这种分化的教育制度中，在分配给学校用于教授课程的实物资源方面也存在着显著差异。通常社会经济条件较差社区的学校与社会经济条件较好社区的学校相比，物质资源和教师素质方面更差，后者能够更好地受益于家长的补贴，以抵消公共资金的不足。

60. 在学校类型之间和内部，还根据不同性别所适合学科的观念，按照性别对学生进行划分。在学术类学校，女童往往集中在人文学科，而在科学、技术、工程、数学学科中人数不足，而在职业学校，女性在食物和营养、美容和文员等专业中占绝对多数。学生和知识分层最终会导致女童被迫进入社会上视为地位较低的职业。这种分层可能在单一性别学校中进一步加强，这些学校往往只教授被认为适合该特定性别的学科。因此，女子学校不会提供木工、建筑和施工科目。促进女童和妇女获得与男童和男子同质量教育的权利需要在学校提供各种学术和职业科目，同时不强化课程的性别隔离。

61. 女童和妇女人数不足的一个关键的技术和职业领域是信息通信技术（信通技术）技能应用。全世界60%的人无法享受获得万维网带来的变革力量的权利，而其中大多数人是女童和妇女。为了克服男女之间在使用新技术方面的数字鸿沟，并为妇女提供获取相关行业信息和就业机会的平等机会，学校需要消除导致女性受到排斥的障碍。

62. 《公约》在第10（g）条中也呼吁缔约国确保女童和妇女有同样的机会积极参加体育运动和体育教育。然而，基于流行的定型观念，增强妇女权能以及性别平等在该领域的积极成果因在所有体育运动和活动中的歧视而受限。在国家和国际二级，性别隔离持续存在，妇女对决策的参与有限。此外，常常不重视女性体育，造成用于支持妇女参与的资源分配不足，而且薪酬较低。从事体育运动的妇女在媒体中的形象也对普遍存在的定型观念产生影响。在体育运动中对妇女的暴力行为、剥削和骚扰也反映了男性在体育领域传统的主导地位。

63. 委员会建议缔约国采取以下行动，以确保教育制度允许两性拥有平等的机会，自由选择学习科目和职业：

（a）在必要时改革和规范教育制度，确保在所有学校公平分配教育资源，不论地点和所服务的人群；

（b）尤其是在中学一级，在男女同校的学校里消除意识形态方面和结构性障碍（例如交叉安排与性别挂钩科目的时间）以及妨碍女童在科目和课程的选择方面作出自由选择的教师态度；

（c）让教师受训人员和教师能够向学生和家长提供职业咨询，以应对和改变对适合某一性别的学科和（或）职业根深蒂固的观念；

（d）依照第4条和委员会关于暂行特别措施的第25号一般性建议，通过提供特别奖励措施（如奖学金）和采取暂行特别措施，采取提高女性在各级教育中对科学、技术、工程和数学课程参与度的措施；

（e）确保在单一性别学校提供各种学科，特别是在技术—职业领域，以便女童有机会参加由男性主导的领域，反之亦然，从而提供更广泛的职业选择；

（f）制定国家信通技术计划和战略，纳入在学校和高等教育机构在获取信通技术方面实现性别公平的具体目标，辅之以预算拨款充足的具体方案和及时收集用于监测目标的按性别分列数据的计划；

（g）采取明确的立法和政策措施，以确保当女童/妇女在教育机构中参与男性主导的学科和活动时，保护其免受性骚扰和暴力；

（h）在教育机构中提供平等机会，使女童/妇女可以自由选择愿意参与的体育活动和运动领域，并从中获得所带来的健康和心理惠益；

（i）消除传统的定型观念，并提供设施，以便女童和妇女在男女同校和单一性别的教育机构中参与男性主导的体育活动和运动；

（j）依照第25号一般性建议，在体育运动、文化和娱乐领域采取积极的行动、特惠待遇或配额制度，并根据第34号一般性建议，在必要时使这些措施针对遭受多重歧视的女童和妇女，包括农村妇女。

学校中的性别不平等、虐待和性暴力

64. 教育中的性别不平等包括待遇方面的差别，即某一性别受学校系统优待，或优先给予奖励、关注、分数、机会和赞扬并对不当行为较轻处罚。性别不平等也体现在师生互动中在获得非物质地位和权力方面的不平等机会。女童在教育环境中的不平等待遇受到以下属性的影响：性别、社会经济状况、种族/民族或属于其他少数群体、外形和语言模式。

65. 女童和妇女受到不利影响的另一个领域是与其参与教育相关的性别政治。学校中的性别指的是以不必要的性暗示为特点的性别关系。一个常见的例子是在学校和（或）上下学途中对女童的性骚扰。女童可能遭受男性同学、教师和社区成员实施的性骚扰和虐待以及学校里有偏见的待遇。学校里的性侵犯和其他形式的性别暴力很大程度上加剧自卑、学习成绩差和不利的长期健康和福祉状况。由于暴力，女童不入学、辍学或不能充分参与学校生活。暴力行为往往始于辱骂和威胁手势，这种情况下如果没有当权者质疑，随之而来的是暴力行为。

66. 由于女童弱势群体面临多种形式的歧视，她们在学校遭遇暴力的风险增加。具体而言，艾滋病毒感染状况、种姓、族裔、种族和宗教增加了受虐待的风险，并影响了所遭受暴力的性质。残疾女童同时遭受性别和残疾导致的歧视，而女同性恋、双性恋、跨性别者和双性女童同时遭受性别主义和对同性恋的仇视。

67. 尽管对女童的性骚扰和虐待在教育机构中非常普遍，成为她们享有受教育权和教育范围内各项权利的主要障碍，但是这一点未系统纳入教育政策和方案。在许多情况下，没有严格的问责机制，并且该问题在学校被忽视，归咎受害人，并且有罪不罚。

68. 对女童的性虐待可能导致意外怀孕，尤其是少女意外怀孕，因此有必要提醒她们这一问题及其后果。该问题在家庭、学校和社区非常严重，因此一项重要的对策是需要根据《公约》第10（h）和12条、委员会关于妇女和健康的第24号一般性建议和关于对女性的性别暴力的第35号一般性建议，在各级教育开设适龄的强制性全面性教育课程，包括性和生殖健康及权利、负责任的性行为、预防早孕和预防性传播疾病。教师应接受专门训练，在各级提供适龄的教育。在一些情况下，如中学阶段的教学人员大多为男性，应努力征聘、培训和雇用可以作为女童和青年妇女榜样的女教师，使教室对其更加安全和有利。

69. 委员会建议缔约国采取以下措施，遏制对女童和妇女进行与教育机构和学校教育相关的暴力行为，从而保护她们获得尊重和尊严的权利：

（a）颁布和实施适当的法律、政策和程序，以禁止和消除在教育机构内和周围对女童和妇女的暴力行为，包括语言和精神虐待、盯梢骚扰、性骚扰和性暴力、身体暴力和剥削；

（b）教员大都为男性的教育机构征聘、培训和雇用更多女教师；

（c）确保在学校受到暴力影响的妇女和女童能有效诉诸司法和获得补救；

（d）处理暴力侵害女童和妇女的案件，具体途径包括保密和独立的报告机制、有效的调查、适当情况下提起刑事诉讼、对施害者给予恰当的处罚以及为受害者和幸存者提供服务；

（e）确保所有女童和妇女在教育机构遭受暴力侵害的案件被举报和记录，在聘用学校工作人员之前调查其犯罪记录，并制定和实施适用于所有学校工作人员和学生的行为守则；

（f）通过若干国家行动计划解决与学校有关的暴力侵害女童行为，包括学校的准则，并在早期干预战略方面对教师和学生进行强制培训，以解决对女童的性骚扰和暴力；

（g）指定一个预防和调查教育机构中暴力事件的政府机制，并提供充足的公共资金，以解决这一问题；

（h）为遭受暴力侵害的女童提供支助服务，包括咨询、医疗、艾滋病毒/艾滋病信息和药物；

（i）在所有各级教育制订和推行适龄、循证、科学上准确的强制课程，包括关于性和生殖健康及权利、负责任的性行为、预防早孕和性传播疾病的全面信息。

网络欺凌

70. 女童遭受的另一种形式的虐待是通过利用技术和各种社交媒体来恐吓、威胁或骚扰女童的网络欺凌。尽管男童和女童都参与网络欺凌，但研究显示，女童成为受害人和施暴者的可能性几乎是男童的两倍。青春期少女常常面临以下多种形式的网上迫害：谩骂、散布谣言、威胁、泄露机密资料、图像/录像、报复、色情、往往来自陌生人的性骚扰和性挑逗。

71. 网络欺凌对青春期少女有各种各样的影响，包括可能是轻度或极端的情绪影响；不安全和恐惧情绪；在某些情况下，不仅引起自杀的念头，而且导致实施自杀。

72. 委员会建议，尽管网络欺凌并非总是植根于学校，但缔约国在学校采取下列措施保护女童：

（a）提醒父母这一现象的蔓延以及可能对女童造成的影响；

（b）制订全面方案，向教师、学生和家长介绍网络欺凌可能的形式及其潜在影响，并为遭受网络欺凌的受害学生提供咨询和支持；

（c）制定确保学校的现有技术不用于网络欺凌的政策，并监测政策的执行情况；

（d）通过建立同龄人和教师咨询服务、学校热点以及匿名举报热线，建立学生可随时用来报告此类事件的多个渠道；

（e）告知女童从事此种行为对她们健康和福祉的后果以及可能适用的

制裁；

　　(f) 颁布界定和惩处所有形式的基于信通技术和在线骚扰妇女和女童行为的法律。

妇女对管理结构的公平参与

73. 教育机构中显而易见的性别制度对女性工作人员产生不利影响，尤其是教育制度的中学和高等教育。这一点最明显地体现在她们的职业升迁以及升任决策性职位的空间有限。虽然教学是一个女性化的职业，但是各级教育普遍存在女性在高级和高层管理职位人数比例偏低的情况。

74. 若干因素造成妇女在各级教育领导和决策职位的人数比例偏低，包括：接受教育的机会有限，特别是较低层次教师接受高等教育的机会有限；歧视性的任用和晋升做法；家庭的态度；职业中断；文化的陈规定型；远离建立关系网和提携的男性文化；对接纳妇女进入管理职位的持续抵制。[1]

75. 委员会建议缔约国采取以下措施，消除在各级教育领导职位方面的性别差距以确保消除妇女在这方面面临的歧视：

　　(a) 通过提供赠款和（或）奖学金增加妇女在高等院校的职业流动，使她们能够获得研究生学位，并采取留用她们的奖励措施／方案；

　　(b) 根据《公约》第4条第1款和第25号一般性建议，通过采用各种措施，包括暂行特别措施，加强努力，增加在各级教育担任领导职位的女性人数，特别是所有领域的大学教授；

　　(c) 审查任用和晋升程序，去除可能阻碍妇女平等担任教育机构领导职位的任何歧视性规定，并应对在任用和晋升方面的歧视性惯例；

　　(d) 克服不利于妇女在教育事业中升迁的组织文化；

　　(e) 在特定的时限制定各项目标，以确保在担任高等教育的高级职位、教授职位、大学校长和副校长方面的平等；

　　(f) 制定妇女在高等教育理事机构（如大学理事会和委员会）和研究机构平等任职的政策并设定配额。

九、通过教育实现的权利

76. 自1985年以来，一些联合国国际会议专注于人权、妇女、社会问题和可持续发展，并确定了促进性别平等和增强妇女权能的多项行动。其中许多会议强调将教育作为实现这些目标并改善妇女在社会中地位的手段。受教育的机会将使个人能适应不断变化的社会需求，因此应该在使妇女能够在学校以

---

[1] 见 www.unesco.org/education/educprog/wche/principal/women.html。

外的所有领域主张权利方面具有倍增效应。然而，妇女要通过教育实现的权利远远没有得到实现。

77. 尽管存在地区差异，但是全球数据表明，妇女获认证水平更高，因此是人力资本的更好来源。然而，某些工作和职位偏好认证水平较低的男子而非认证水平较高的妇女，从而助长了劳动力市场横向和纵向性别隔离的普遍现象。因此，认证对男子和妇女的社会价值不同。即使在男女有同等教育水平时，男子往往还获得优待。[1]

78. 这些系统性模式变得根深蒂固，在劳动力市场更是如此，劳动力市场在男性养家思维的基础上运作，导致男性占据工资收入工作中的重要职位。因此，在大多数社会，妇女就业水平较低，失业率较高，贫穷程度较高；在非全时工人中的比例较高；平均收入低于男子；在工作的脆弱领域所占比例过高；因此较少有机会获得体面工作的条件。此外，她们在社会和政治体制中微观和宏观两级担任决策性职位的人员不足，缺乏真正的个人自主权。虽然增加教育机会改善了妇女及其子女的生活条件，但是由于存在复制根深蒂固的性别意识、结构和系统的文化信仰和习俗，目前教育在改变经济、政治和社会领域的总体均势方面以及在增强妇女权能方面产生战略影响的潜力尚未实现。

79. 该长期模式的主要原因与性别社会化过程相关，后者复制和保持明确的男女性别分工，反过来又与公/私二元化联系在一起。在这一制度中，男性在公共领域占主导地位，而女性在私营领域占主导地位。结果是制度化的学校教育不具备变革性，而是成为国家复制性别秩序和保持男/女、支配/从属以及公/私等级制度的一种工具。[2]

80. 这一趋势将在妇女对政治进程和决策的参与中继续下去，因为妇女仍然在这方面代表性不足，无法有效影响对她们有影响的政策。2017年，在选举或提名的政府职位中，妇女的全球平均任职情况大约为4：1的男女比例。在下院，妇女占23.4%，而在上院中占22.9%。妇女在公共部门和私营部门董事会担任成员或主席的情况呈现同样的趋势。因此，由于歧视性法律、习俗、态度和性别陈规定型观念，妇女仍基本处于政治生活和董事会边缘的状态。

81. 委员会建议缔约国采取以下措施，以增加妇女对社会、经济和政治进程

---

[1] 见 www.un.org/womenwatch/daw/csw/csw55/panels/HLRTA-Bailey-Barbara.pdf。

[2] 见 www.un.org/womenwatch/daw/csw/csw55/panels/HLRTA-Bailey-Barbara.pdf。

以及所有部门决策性职位的平等参与：

（a）培训教师采取建构主义教学战略，使女童/妇女具备与男性一样平等参与社会、经济和政治领域高级别和决策性职位的批判性思考能力和积极的自我价值感和信心；

（b）尤其在较高级别，调整女童/妇女教育的备选办法和内容，从而增加她们对科学、技术和管理资格的参与，从而确保能够获得高级别工作和决策性职位，尤其在男性主导的职业和工作；

（c）加强旨在提高妇女在家庭和更广泛社会中作用和参与程度的学校公民学和公民教育以及促进性别平等的成人持续扫盲方案；

（d）确认必须通过关于政府、公共政策、经济、信息技术和科学等领域的教育和培训来增强所有妇女的权能，以确保她们获得为公共生活各个领域作出充分贡献所需的知识和技能；

（e）通过挑战劳动力市场根深蒂固的横向隔离，保护妇女从事体面工作的权利，因为男子在劳动力市场享有特权，基于提携而非才能进入高地位职业部门的人大都是男性；

（f）改善和扩大妇女获得包括电子政务工具在内的信息和通信技术的机会，以便能够参与政治并推动参与更广泛的民主进程，同时还使这些技术更能满足妇女的需要，包括边缘化妇女的需要；

（g）与妇女协商，开发适当的工具、技能和培训方案，使她们有能力担任领导职位，并在公共生活中承担责任；

（h）采取一切适当措施，消除阻碍妇女进入并充分参与社会、经济和政治领域的偏见和性别陈规定型观念。

十、国家责任：实施和监测

82. 本一般性建议前几节中的信息表明，虽然在女童和妇女受教育权方面取得了一些进展，她们在所有三个领域的权利，即接受教育的权利、教育范围内各项权利和通过教育实现的权利，仍然是一项未完成的议程。各节所载的建议确定了通过和（或）改进政策和立法框架的基准，以及规定和保护女童和妇女在这三个领域权利所需的财政和人力资源。如果教育最终要成为增强妇女个人、社会经济和政治权能的手段以及使她们能够抓住机会为国家和区域发展进程作出直接贡献的工具，对这些行动的关注并非可有可无而是必须的。然而，对制度和结构的变革只有在有政治意愿的情况下才能实现。缔约国须致力于履行公约规定的具有国际约束力的义务，如一般性建议支持的《消除对妇女一切形式歧视公约》，尤其是关于缔约国核心义务的第28号一般性建议。

83. 因此，委员会促请缔约国采取以下行动，以确保及时执行和监测本一般性建议中的建议，保护女童和妇女接受教育的权利、教育范围中各项权利和通过教育实现的权利，同时阐明《公约》第10条，将《公约》其他条款和委员会其他一般性建议联系起来：

（a）确保将一般性建议广泛传播给所有利益攸关方，包括教育部门和支助部门的所有政府官员、各级教育系统中的教育工作者、学生、家长、媒体以及相关国家和社区组织；

（b）如有必要，将本文件译成国语以及人口中各少数民族群体使用的语文；

（c）成立一个国家多部门工作队，吸纳来自参与提供教育和教育服务的主要政府部门以及参与教育的主要非政府利益攸关方的成员，旨在制定一项有明确时限的全面执行和监督战略以及衡量实现成果情况的基准，并分配人员监督该计划的具体方面；

（d）确保提供充足可用的定量和定性数据集，为监测成果提供参考；实现成果最大化，为此将本一般性建议的执行工作与符合本文书的关于女童和妇女受教育权、教育范围内各项权利和通过教育实现的权利的其他国际、区域和国家文书的要求协调一致。

第37号一般性建议：关于气候变化背景下减少灾害风险所涉性别方面
消除对妇女歧视委员会第六十九届会议通过（2018年）

一、导言

1. 气候变化使天气和气候灾害的频率和强度增加，加剧了全球灾害的风险和影响，增加了社区面对这些灾害的脆弱性。[1] 有科学证据表明，世界上大部分极端天气事件都是人类造成的气候变化所致。[2] 这类灾害造成的人权后果明显体现为政治和经济不稳定、不平等加剧、粮食和水安全减弱以及

---

[1] 政府间气候变化专门委员会，《2014年气候变化：综合报告——第一、第二、第三工作组对气候变化专门委员会第五次评估报告的贡献》（2013年，日内瓦）。政府间气候变化专门委员会指出，气候变化"指气候状态的变化，而这种变化可以通过其特征的平均值和/或变率的变化予以判别（如利用统计检验），且持续较长一段时期，通常为几十年或更久"。

[2] Susan J. Hassol and others, "(Un) Natural disasters: communicating linkages between extreme events and climate change", *WMO Bulletin*, vol. 65, No. 2 (Geneva, World Meteorological Organization, 2016).

对健康和生计的威胁加大。[1] 气候变化影响到每个人,但那些造成气候变化责任最轻的国家和人口,包括贫困人口、年轻人和子孙后代,最容易受到气候变化的影响。

2. 气候变化和灾害以不同方式影响妇女、女童、男子和男童,许多妇女和女童经历更大的风险、负担和影响。[2] 危机局势加剧了原先就存在的男女不平等,还加重了对以下群体的交叉式歧视,除其他外,包括贫困妇女,土著妇女,属于族裔、种族、宗教和性少数群体的妇女,残疾妇女,难民和寻求庇护的妇女,境内流离失所、无国籍和移徙妇女,农村妇女、未婚妇女、少女和老年妇女;与男性和其他妇女相比,她们经常受到过于严重的影响。[3]

3. 在许多情况下,性别不平等限制了妇女和女童对人生决定的控制权,也限制了她们获得粮食、水、农业投入、土地、信贷、能源、技术、教育、保健服务、适当住房、社会保障和就业等资源的机会。[4] 由于这些不平等,妇女和女童更容易遭受灾害引发的风险以及与其生计相关的损失,她们更加不能适应气候条件的变化。虽然减缓和适应气候变化方案可能在农业生产、城市可持续发展和清洁能源等部门提供新的就业和谋生机会,未能消除妇女在获得权利方面面临的结构性障碍将增加基于性别的不平等和交叉式歧视。

4. 妇女和女童遇到灾害死亡率和发病率更高。[5] 由于基于性别的经济不平等,妇女、特别是家庭女户主,陷入贫困的风险更高,更加可能居住在土地价值较低的城市和农村地区的不适住房,容易受到洪水、风暴、雪崩、地震、泥石流和其他灾害之类气候相关事件的影响。[6] 身处冲突局势下的妇女和女童特别容易面临与灾害和气候变化相关的风险。妇女在灾害期间和灾

---

〔1〕 United Nations Development Programme (UNDP), "Climate change and disaster risk reduction", 23 March 2016。

〔2〕 见妇女地位委员会2012年3月和2014年3月以协商一致方式通过的关于"自然灾害中的性别平等和增强妇女权能"的第56/2号和第58/2号决议。

〔3〕 例如,关于老年妇女问题和保护其人权的第27号一般性建议(2010年)。

〔4〕 为本一般性建议的目的,除非另有具体说明,"妇女"一词应理解为包括妇女和女童。

〔5〕 Eric Neumayer and Thomas Plümper, "The gendered nature of natural disasters: the impact of catastrophic events on the gender gap in life expectancy, 1981~2002", *Annals of the Association of American Geographers*, vol. 97, No. 3 (2007)。

〔6〕 联合国:《2015年全球减轻灾害风险评估报告:使发展可以持续——灾害风险管理的未来》;《2015年亚太灾害报告:灾害无国界——建设区域复原力,促进可持续发展》(联合国出版物,出售品编号:E.15.Ⅱ.F.13)。

害之后的死亡率和发病率较高，也是因为她们在获得充足的卫生保健、粮食和营养、水和环境卫生、教育、技术和信息方面面临不平等。[1] 此外，不能参与促进性别平等的规划和执行工作，常常导致预警机制、庇护所和救济方案等保护设施和基础设施忽视残疾妇女、老年妇女和土著妇女等不同妇女群体的特殊利用需求。[2]

5. 妇女和女童在灾害期间和灾害之后在遭受基于性别的暴力方面面临更高的风险。在缺乏社会保障计划的情况下以及在粮食不安全的处境下，再加上对基于性别的暴力有罪不罚，妇女和女童在尝试为家庭成员及其自身获得粮食和其他基本需求时，经常遭受性暴力和剥削。在营地和临时安置点，缺乏实体安全，以及缺乏安全、便利的基础设施和服务，包括饮用水和环境卫生，还导致针对妇女和女童的基于性别的暴力增加。由于基于身体局限和沟通障碍的歧视，由于不能获得基础服务和设施，残疾妇女和女童在灾害期间和灾害之后面临着遭受基于性别的暴力和性剥削的特殊风险。在灾害期间和灾害之后，还更可能发生家庭暴力、早婚和/或强迫婚姻、人口贩运和强迫卖淫。

6. 由于妇女和女童更脆弱、更容易遭受灾害风险和气候变化，是经济、社会和文化使然，所以可以减轻这种脆弱性。脆弱程度可能因灾害类型以及地理和社会文化背景不同而各异。

7. 把妇女和女童分类为需要保护以免受灾害影响的被动"弱势群体"是一种消极的性别陈规定型观念，没有认识到妇女在减少灾害风险、灾后管理及减缓和适应气候变化战略等领域做出的重要贡献。[3] 精心制订的减少灾害风险和气候变化倡议规定妇女要充分有效参与，能够促进实质性性别平等和增强妇女权能，同时确保实现可持续发展、减少灾害风险和气候变化目标。[4] 应当强调的是，性别平等是实现可持续发展目标的先决条件。

---

[1] C. Bern and others, "Risk factors for mortality in the Bangladesh cyclone of 1991", *Bulletin of the World Health Organization*, vol. 71, No. 1 (1993)。

[2] 三方核心小组："纳尔吉斯气旋灾后联合评估"，2008 年 7 月；Lorena Aguilar and others, "Training manual on gender and climate change" (San José, International Union for Conservation of Nature, UNDP and Gender and Water Alliance, 2009)。

[3] 联合国：《2015 年全球减轻灾害风险评估报告》；开发署："清洁发展机制：探索气候融资机制的性别方面"，2010 年 11 月；开发署：《确保气候变化融资的性别公平》(2011 年，纽约)。

[4] Senay Habtezion, "Gender and disaster risk reduction", Gender and Climate Change Asia and the Pacific Policy Brief, No. 3 (NewYork, UNDP, 2013); World Health Organization (WHO), "Gender, climate change and health" (Geneva, 2010)。

8. 鉴于气候变化和灾害风险为实现妇女人权带来的重大挑战和机会，消除对妇女歧视委员会向缔约国提供关于履行《消除对妇女一切形式歧视公约》规定的减少灾害风险和气候变化相关义务的具体指导。在其关于缔约国报告的结论性意见和多份一般性建议中，委员会已经强调，缔约国和其他利益攸关方有义务采取具体步骤，通过采取有针对性的法律、政策、减缓和适应战略、预算以及其他措施，处理减少灾害风险和气候变化领域对妇女的歧视。[1] 委员会在关于性别与气候变化的声明中概述称，"所有利益攸关方应确保气候变化和减少灾害风险措施都促进性别平等，对土著知识体系有敏感认识，而且尊重人权。在气候变化政策和方案中必须保障妇女参与各级决策的权利"（A/65/38，第一部分，附件二）。

9. 委员会注意到其他联合国人权机制，包括人权理事会及其特别程序任务负责人、经济、社会及文化权利委员会、残疾人权利委员会和儿童权利委员会，正在越来越频繁地提及气候变化、环境退化和灾害的负面影响。这些机制还申明，政府和其他利益攸关方有义务立即采取有针对性的步骤，预防和减缓气候变化和灾害对人权的负面影响，为减少灾害风险和适应气候变化措施提供技术和财政支助。

二、目标和范围

10. 根据《公约》第二十一条第 1 款，本一般性建议为缔约国履行《公约》规定的减少灾害风险和气候变化相关义务提供指导。在其根据第十八条向委员会提交的报告中，缔约国应涉及其确保妇女和男子在生活各个领域享有实质性平等的一般性义务，也涉及《公约》规定的、可能特别受到气候变化和灾害（包括洪水和飓风等极端天气事件，也包括缓发现象，例如，极地冰冠和冰川融化、干旱和海平面上升）影响的权利的具体保证。

11. 本一般性建议还可用于影响民间社会组织、国际和区域政府间组织、教育者、科学界、医疗人员、雇主以及任何其他从事减少灾害风险和气候变化

---

[1] 关于结论性意见，见 CEDAW/C/SLB/CO/1-3，第 40~41 段；CEDAW/C/PER/CO/7-8，第 37~38 段；CEDAW/C/GIN/CO/7-8，第 53 段；CEDAW/C/GRD/CO/1-5，第 35~36 段；CEDAW/C/JAM/CO/6-7，第 31~32 段；CEDAW/C/SYC/CO/1-5，第 36~37 段；CEDAW/C/TGO/CO/6-7，第 17 段；CEDAW/C/DZA/CO/3-4，第 42~43 段；CEDAW/C/NLZ/CO/7，第 9 和 36~37 段；CEDAW/C/CHI/CO/5-6，第 38~39 段；CEDAW/C/BLR/CO/7，第 37~38 段；CEDAW/C/LKA/CO/7，第 38~39 段；CEDAW/C/NPL/CO/4-5，第 38 段；CEDAW/C/TUV/CO/2，第 55~56 段。另见关于老年妇女问题和保护其人权的第 27 号一般性建议（2010 年），第 25 段和关于缔约国在《公约》第二条之下的核心义务的第 28 号一般性建议（2010 年），第 11 段。

相关活动的利益攸关方的工作。

12. 本一般性建议的目标是强调减缓气候变化的不利影响的迫切性，强调实现性别平等必须采取的步骤，因为实现性别平等将增强全球个人和社区在气候变化和灾害背景下适应能力。通过重点关注气候变化和灾害对妇女人权的影响，一般性建议还打算促进关于减少灾害风险和适应气候变化的各种国际议程的一致性、问责制和相互增强。

13. 在本一般性建议中，委员会并未详尽涵盖减缓和适应气候变化措施所涉性别问题，也没有区分气候变化相关灾害与其他灾害。但是，应当强调的是，一大部分当代灾害都可归咎于人类造成的气候变化，所提供的建议也同样适用于与气候变化无直接联系的危害、风险和灾害。为本一般性建议的目的，灾害系指《2015-2030年仙台减少灾害风险框架》提到的自然或人为灾患以及相关环境、技术和生物危害与风险造成的小规模和大规模、频发和偶发、突发和缓发灾害风险，以及其他任何化学、核或生物危害和风险。这类危害和风险还包括国家和非国家行为体试验和使用所有类型的武器。

14. 国际人权机制已经认识到各缔约国有义务有效减缓和适应气候变化，以减少灾害风险的增加。限制化石燃料使用和温室气体排放，限制采矿和水力压裂等采掘工业对环境的有害影响，还有气候融资的分配，都被认为是减缓气候变化和灾害对人权负面影响的关键步骤。制订和执行任何减缓或适应措施都应当遵守实质性平等和不歧视、参与和增强权能、问责制、司法救助、透明度以及法治等人权原则。

15. 本一般性建议重点关注缔约国和非国家行为体采取有效措施预防、减缓及应对灾害和气候变化的不利影响以及在此背景下，确保遵照国际法尊重、保护和实现妇女和女童人权的义务。确定了利益攸关方三个相辅相成的行动领域，核心是《公约》适用于灾害风险和气候变化的一般性原则，处理减少灾害风险和气候变化的具体措施；具体关切领域。

三、《消除对妇女一切形式歧视公约》和其他相关国际框架

16. 《公约》促进和保护妇女的人权，理当在气候变化和灾害预防、减缓、应对、恢复和适应的所有阶段都适用。除了《公约》，一些具体国际框架也对减少灾害风险、减轻和适应气候变化、人道主义援助和可持续发展做出了规定，其中一些还涉及性别平等。这些文书应当与《公约》条款一起解读。

17. 《关于环境与发展的里约宣言》（1993年）承认小岛屿发展中国家的处境特别脆弱，并重申性别平等原则以及有必要确保妇女和土著人民有效参与与气候变化相关的所有举措，2012年联合国可持续发展大会的题为成果文

件《我们希望的未来》予以重申。

18.《仙台框架》强调,"妇女及其参与对于有效管理灾害风险以及敏感对待性别问题的减少灾害风险政策、计划和方案的制订、资源配置和执行工作至关重要;需要采取适当的能力建设措施,增强妇女的备灾力量,并增强她们灾后获取替代生计手段的能力"。《框架》还强调,"增强妇女公开领导和推广性别平等和普遍可用的响应、复原、恢复和重建办法的能力"。[1]

19.《联合国气候变化框架公约》呼吁缔约各国在公平的基础上,并根据它们共同但有区别的责任和各自的能力,对气候变化采取行动。认识到,尽管气候变化影响到每个人,但那些造成温室气体排放责任最小的国家,还有贫困人口、儿童和子孙后代,受影响最重。气候公平要求减缓气候变化不利影响和适应气候变化的全球努力优先考虑最容易受其不利影响的国家、群体以及个人的需要,包括妇女和女童的需要。

20. 2014年,联合国气候变化框架公约缔约方大会通过了题为"性别问题利马工作方案"第18.CP/20号决定,其中确立了一份促进性别平衡并实现促进两性平等的气候政策的计划,目的是指导妇女有效参与《公约》所设机构。2017年,缔约方大会通过了题为"确立性别平等行动计划"的第3/CP.23号决定,同意推进妇女充分、平等、切实的参与,推动促进性别平等的气候政策,促进将性别视角纳入气候行动所有要素的主流。

21. 气候公约缔约方大会在《联合国气候变化框架公约》下的《巴黎协定》中指出,"缔约方在采取行动处理气候变化问题时,应当尊重并促进人权、健康权、土著人民权利、当地社区权利、移民权利、儿童权利、残疾人权利、处境脆弱的人民的权利、发展权以及性别平等、妇女赋权和代际公平,以及考虑到它们各自在这些方面的义务"。缔约方还承认,适应行动,包括能力建设以及减缓和适应行动,应当促进性别平等、注重参与性和保持充分透明,同时考虑到脆弱群体、社区和生态系统。

22. 可持续发展目标载有关于性别平等的重要具体目标,包括目标3-6和10下的具体目标,包括目标11和目标13关于气候变化和减少灾害风险的具体目标。

23. 在2015年于亚的斯亚贝巴举行的第三次发展筹资问题国际会议上,与会者通过了若干文件,将性别平等和妇女权利与适应气候变化和减少灾害风险联系起来,并呼吁缔约各国将这些问题纳入发展筹资之中。

---

[1] 分别见大会第69/283号决议,附件二,第36(a)(i)段和第32段。

24. 2016年世界人道主义峰会的与会者要求性别平等、增强妇女权能和妇女权利成为人道主义行动的支柱，包括在防灾救灾中。同样是在2016年，在《新城市议程》，联合国住房和城市可持续发展大会（人居三大会）的与会者认识到有必要采取促进性别平等的措施，以确保城市发展的可持续性和韧性，并为减缓和适应气候变化做出贡献。

四、《公约》适用于减少灾害风险和气候变化的一般性原则

25. 《公约》的一些交叉原则和条款至关重要，应当指导起草与减少灾害风险和气候变化相关的立法、政策、行动计划、方案、预算和其他措施。

26. 缔约国应确保所有与减少灾害风险和气候变化相关的政策、立法、计划、方案、预算和其他活动促进性别平等并基于人权原则，包括下述原则：

（a）平等和不歧视，优先考虑最边缘的妇女和女童群体，如，土著、种族、族裔和性少数群体的妇女和女童，残疾妇女和女童，少女，老年妇女，未婚妇女，女户主，寡妇，农村和城市环境下的贫困妇女和女童，卖淫妇女，以及境内流离失所、无国籍、难民、寻求庇护和移民的妇女；

（b）参与和增强权能，通过采取有效程序和分配必要资源，确保不同妇女群体有机会在各级政府，在地方、国家、区域和国际层面上，参与各个阶段的政策制订、执行以及监测；

（c）问责制和司法救助，要求提供适当和准确的信息和机制，确保向权利直接或间接受到灾害和气候变化影响的所有妇女和女童提供充分和及时的救济。

27. 这三项一般性原则——平等和不歧视，参与和增强权能，问责制和司法救助——是确保遵照《公约》执行所有与气候变化背景下减少灾害风险相关的干预措施的基础。

A. 实质性平等和不歧视

28. 根据《公约》第二条，缔约国有义务采取有针对性的具体措施，在各个部门保证妇女和男子之间的平等，包括采取与减少灾害风险和气候变化相关的促进性别平等的参与性政策、战略和方案。第二条确定了缔约国在确保在《公约》涵盖的所有领域里妇女和男子实质性平等方面的核心义务，以及为实现这一点应采取立法措施、基于政策的措施和其他措施。[1]《公约》第三条和第二十四条进一步扩大了采取"一切适当措施"的义务，包括在所有领域立法，以保证妇女在与男子平等的基础上得到充分发展和进步。

---

[1] 见第28号一般性建议（2010年）。

29. 交叉式歧视可能限制特定妇女群体获得帮助她们减缓灾害及气候变化不利影响的信息、政治权力、资源和资产。在关于缔约国在《公约》第二条之下的核心义务第 28 号一般性建议（2010 年），关于妇女的难民地位、庇护、国籍和无国籍状态与性别相关方面的第 32 号一般性建议（2014 年），关于妇女获得司法救助的第 33 号一般性建议（2015 年），关于农村妇女权利的第 34 号一般性建议（2016 年）、关于基于性别的暴力侵害妇女行为的第 35 号一般性建议（2017 年），更新第 19 号一般性建议及关于女童和妇女受教育权的第 36 号一般性建议（2017 年）中，委员会重申歧视妇女与影响妇女生活的其他因素密不可分。

30. 本一般性建议未详尽列出每个权利持有人群体，要求关于减少灾害风险和气候变化的法律、政策、方案和战略必须尊重它们的权利。不歧视和实质性平等原则构成了《公约》的基础，要求缔约国采取一切必要措施，确保矫正直接和间接歧视以及交叉式歧视。必须有具体措施，包括暂行特别措施、禁止交叉式歧视的立法以及资源分配，以确保所有妇女和女童能够参与制订、执行及监测气候变化和灾害相关政策和计划。

31. 正如第 28 号一般性建议所概述的，缔约国有义务在所有领域，甚至在《公约》未明确提到的领域，尊重、保护和实现不歧视原则，使所有妇女不受一切形式的歧视，确保妇女在所有领域的平等发展和进步。为确保男女在减少灾害风险和气候变化背景下的实质性平等，缔约国应采取具体、有针对性和可衡量的步骤：

（a）查明和消除对妇女的一切形式的歧视，包括在关于减少灾害风险和气候变化的政策、立法、政策、方案、计划和其他活动中对妇女的交叉式歧视。应当优先考虑解决与财产、土地及自然资源所有权、获得、使用、处置、控制、管理和继承相关的歧视，排除阻碍妇女在行动自由和平等获得粮食、卫生、工作和社会保障等经济、社会及文化权利等领域行使充分法律能力和自主权的障碍。还应当通过具体政策、方案和战略增强妇女和女童权能，使她们能够行使权利，寻求、接收和告知与气候变化和减少灾害风险相关的信息；

（b）建立有效机制，保证地方、国家、区域和国际在制订关于减少灾害风险和气候变化的措施时，妇女和女童权利是一项主要考虑因素。必须采取措施，确保在平等基础上，优质基础设施和关键服务对所有妇女和女童可利用、可获得并在文化上是可接受的。

B. 参与和增强权能

32. 不同妇女和女童群体在不同政府层级和地方社区内的参与及其领导能力的发展对于确保有效预防和应对灾害和气候变化的不利影响并且纳入社会各个部门的视角至关重要。促进女童和年轻妇女参与设计、制订、执行及监测关于气候变化和减少灾害风险的政策和计划至关重要,因为这些群体即便一生都会受到这些现象的影响,却经常被忽视。

33. 妇女对家庭、地方、国家、区域和国际经济以及不同层级的环境管理、减少灾害风险及气候变化适应能力做出了重要贡献。在农业区,妇女掌握的地方传统知识在这方面尤其重要,因为这些妇女处于一个非常有利的位置,能够观察环境变化,并通过在作物选择、种植、收割、土地保护技术以及认真管理水资源方面采取适应性做法应对这些变化。

34. 政府间气候变化专门委员会已经指出,大多数地方社区制订了能够而且应当查明和遵循的适应做法,以量身定制与减少灾害风险和气候变化相关的有效适应和应对战略。[1] 在《巴黎协定》中,缔约方大会承认,适应气候变化应当以现有的最佳科学以及适当的传统知识、土著人民的知识和地方知识系统为指导。这种观点与《公约》中规定缔约国确保向所有妇女提供富有意义的机会以参与政治决定和发展规划的许多条款,包括第七、八和十四条,是一致的。

35. 《公约》第七条和第八条规定,妇女应当在地方、国家和国际政治和公共生活中享有平等,第十四条重申,农村妇女有权参与发展规划和农业改革活动。这种政治平等的保证包括妇女的领导,妇女的代表性以及参与,这些要素对于制订和执行考虑到人口的需要,特别是妇女需求的有效减少灾害风险和气候变化方案和政策至关重要。

36. 为确保妇女和女童有平等机会领导、参与和进行减少灾害风险和气候变化活动的决策,委员会建议缔约国:

(a) 采取有针对性的政策,如,暂行特别措施,包括《公约》第四条和关于暂行特别措施的第 25 号一般性建议(2004 年)规定的配额,作为协调和受到经常监测的战略的一个要素,以实现妇女平等参与与减少灾害风险和气候变化相关的所有决策和发展规划;[2]

(b) 制订方案,通过民间社会组织等,特别是妇女组织,确保妇女在各

---

[1] 政府间气候变化专门委员会,《2007 年气候变化:综合报告——第一、第二、第三工作组对政府间气候变化专门委员会第四次评估报告的贡献》(2007 年,日内瓦)。

[2] CEDAW/C/TUV/CO/2,第 55~56 段。

个不同层级参与政治生活,发挥领导作用,特别是在地方和社区规划、气候变化、备灾、救灾和恢复背景下;

(c)确保妇女在社区、地方、国家、区域和国际减少灾害风险和气候变化论坛和机制中获得平等的代表,使她们能够参加和影响制订减少灾害风险和气候变化的政策、立法和计划及其执行工作。各缔约国还应当采取积极措施,确保向女童、年轻妇女以及属于土著和其他边缘群体的妇女提供在这些机制中获得代表的机会;

(d)加强与性别相关问题和妇女权利有关的国家机构、民间社会和妇女组织,向它们提供充足的资源、技能以及权力,以领导、建议、监测和执行预防和应对灾害及减缓气候变化不利影响的战略;

(e)分配充足的资源,建设妇女的领导能力,营造一个有利环境,在各级和所有相关部门,加强她们在减少灾害风险及应对和减缓气候变化中的积极作用。

C. 问责制和司法救助

37. 根据《公约》第十五条第1款,应给予妇女在法律面前平等的地位。在灾害情况下和气候变化背景下,这一点极其重要,因为妇女经常在司法救助方面面临障碍,在为减缓她们的损失和适应气候变化而索取赔偿和其他形式补偿时可能会遇到重大困难。承认妇女与男子具备相同的法律能力、承认包括残疾妇女和土著妇女在内的妇女群体之间的平等以及平等的司法救助,是治理灾害和气候变化政策和战略的根本要素。[1]

38. 根据关于妇女获得司法救助的第33号一般性建议,缔约国应确保法律框架不歧视并且所有妇女都能够获得有效的司法救助,包括通过以下途径:

(a)对现行法律进行性别影响分析,纳入那些适用于多元司法系统的法律,包括习惯、传统和/或宗教规范和实践,从妇女易遭灾害风险和气候变化的角度评估它们对妇女的影响,并相应地通过、废除或修正法律、规范和做法;

(b)向妇女提供关于其权利以及减少灾害风险和气候变化相关政策和方案方面的信息,增强她们在此背景下行使信息权的权能,提高妇女对现有法律救济和争端解决机制的认识,并丰富她们的法律知识;

(c)确保获得可负担得起或者,在必要情况下,免费的法律服务,包括法律援助,确保获得出生、死亡和婚姻证明等官方文件以及土地登记文件/契

---

[1] 另见第33号一般性建议(2015年)。

约。应当实行可靠的低成本行政管理制度，使妇女在灾害处境下能够获得和利用这类文件，从而能够受益于救济款和赔偿等服务；

（d）通过确保正式和非正式司法机制，包括替代性争端解决机制，与《公约》保持一致，确实存在，可以利用，使妇女能够主张她们的权利，消除妇女获得司法救助的障碍。还应当制订措施，保护妇女在提出权利主张时免遭报复；

（e）通过制订应对计划，规定部署机动或专门报告机制、调查小组和法院，最大程度地减少法律和司法系统可能由于灾害和气候变化出现的中断。灵活而便利的法律和司法机制对于希望报告基于性别的暴力事件的妇女和女童具有特别的重要意义。

五、《公约》与减少灾害风险和气候变化相关的具体原则

A. 评估和数据收集

39. 减少灾害风险和气候变化影响的性别相关方面经常没有得到很好地了解。国家和地方技术能力有限，导致缺乏按性别、年龄、残疾、族裔和地理位置分列的数据，这依然妨碍制订适当和有针对性的减少灾害风险和应对气候变化的战略。

40. 缔约国应：

（a）设立或确定现有的国家和地方机制，以收集、分析、管理和适用按性别、年龄、残疾、族裔和地区分列的数据。应当向公众提供此类数据，用于影响促进性别平等的国家和区域减少灾害风险和气候适应能力方面的立法、政策、方案和预算；

（b）根据分类数据制定促进性别平等的具体指标和监测机制，使缔约国能够建立基准线，衡量妇女参与减少灾害风险和气候变化举措以及参与政治、经济和社会机构等方面的进度。与《联合国气候变化框架公约》、《2030年可持续发展议程》和《仙台框架》等其他现有框架的整合与协调，对于确保采取一致有效的方法至关重要；

（c）在所有相关部门，包括经济规划、灾害风险管理、可持续发展目标实施工作的规划和监测，包括在地方层面上，增强负责收集、整理和分析分类数据的国家机构的权力，建设其能力，并在必要时通过捐赠方支助向其提供资源；

（d）通过确保与作为关于气候变化的宝贵社区知识来源的不同妇女群体进行磋商，将气候信息纳入国家和地方的灾害规划和决策。

B. 政策一致性

41. 最近才开始进行协同努力，协调关于性别平等、减少灾害风险、气候变化和可持续发展的政策。尽管《2030年议程》和可持续发展目标等一些政策文件将这些目标纳入了它们的执行框架，但是，在国家、区域和国际层面上，要使政策一致仍然有许多工作要做。应当在各部门，包括贸易、发展、能源、环境、水、气候科学、农业、教育、卫生、规划等部门，在各级政府，包括地方、国家以下、国家、区域和国际层级，协调行动方案、预算和战略，以确保采取基于人权的有效方法减少灾害风险，减缓和适应气候变化。

42. 缔约国应：

（a）对各部门和领域的政策和方案进行全面审计，包括气候、贸易和投资、环境和规划、水、粮食、农业、技术、社会保障、教育和就业，以查明性别平等视角的纳入程度及任何不一致之处，增强以减少灾害风险、减缓和适应气候变化为目的的努力；

（b）采取各种措施，比如关于减少灾害风险和气候变化的国家综合战略与计划，明确把性别平等视角纳入其方法之中，以改善部门之间，包括灾害风险管理、气候变化、性别平等、卫生保健、教育、社会保障、农业、环境保护、城市规划等部门之间的协调；

（c）在减少灾害风险和气候变化计划和政策的制订、执行和监测阶段进行性别影响评估；

（d）为在与减少灾害风险和气候变化相关的所有部门，将性别平等视角有效地纳入立法、政策和方案，开发、汇编和分享实用工具、信息和最佳实践与方法；

（e）促进和加强国家以下各级政府在减少灾害风险、服务提供、应急、土地利用规划和气候变化方面发挥的至关重要的作用。为此，应当分配充足的预算并建立种种机制，以监测国家以下层级的立法和政策执行情况。

C. 域外义务、国际合作和资源分配

43. 缔约国有义务在其领土内外确保全面执行《公约》，包括在减少灾害风险及减缓和适应气候变化方面。限制化石燃料使用、减少跨界污染和温室气体排放以及促进向可再生能源过渡等措施，都被认为是全球减缓气候变化和减轻气候变化和灾害的不利影响对人权负面影响的关键步骤。人权理事会在第26/27和第29/15号决议中指出，气候变化的全球性要求所有国家尽可能开展最广泛的合作，并参与有效和适当的国际应对行动。[1]

44. 目前，资源水平不足，既用于解决使妇女更容易受灾害风险和扩大气候变化影响的性别不平等的潜在结构性原因，又用于制订这些领域促进性别平等的方案。由于可利用的国家财政补助和发展援助有限，易受气候影响的低收入国家在制订、执行和监测促进性别平等的减少灾害风险及预防、减缓和适应气候变化政策和方案方面，在促进获得可负担得起的技术方面，面临特别的挑战。

45. 根据《公约》和其他国际人权文书，必须通过国家预算和通过国际合作方式，确保为促进性别平等的灾害和气候变化预防、减缓和适应分配充足和有效的财政和技术资源。缔约国为在其法域内或法域外预防、减缓和应对气候变化和灾害而采取的任何步骤，必须坚决基于实质性平等和不歧视、参与和增强权能、问责制和司法救助、透明和法治的人权原则。

46. 缔约国应单独并与其他方合作：

（a）采取有效步骤，公平地管理共享的自然资源，特别是水，并限制碳排放、化石燃料使用、毁林、近地表永久冻土退化、土壤退化和跨界污染，包括倾倒有毒废料，以及造成气候变化和灾害的所有其他环境、技术和生物危害和风险，这些气候变化和灾害往往给妇女和女童带来特别大的负面影响；

（b）增加国际、区域、国家和地方的专项预算拨款，以应对基础设施和服务部门具体性别对灾害和气候变化的预防、防备、减缓、恢复和适应需求；

（c）通过确定和支助能够适应灾害和气候变化、可持续和增强权能的生计，以及使妇女能够获得和受益于这些生计的促进性别平等的服务，着力增强妇女的适应能力；

（d）增加妇女参加适当减少风险计划的机会，如社会保障、生计多样化和保险；

（e）将性别平等视角纳入相关的国际、区域、国家、部门和地方方案和项目中，包括那些用国际气候和可持续发展基金资助的方案和项目；

（f）分享资源、知识和技术，建设妇女和女童减少灾害风险和气候变化适应能力，包括通过提供充足、有效和透明的资金，通过参与式、问责和不歧视的程序加以管理；

---

[1] 人权与环境问题特别报告员在其 2016 年的报告（A/HRC/31/52，脚注 27）中指出，"各国若无法通过国际合作有效应对气候变化，将会妨碍单个国家履行人权法规定的职责，即尊重并实现受其管辖之人的人权"。

（g）确保为减少灾害风险、可持续发展和气候变化提供技术和财政资源的国家、国际组织和其他实体将性别平等和妇女权利视角纳入它们所有方案的制订、执行和监测，并建立适当、有效的人权问责制机制。

D. 非国家行为体和域外义务

47. 在国家层面上和在跨国行动中，私营部门和民间社会组织能够在减少灾害风险、气候适应能力和促进性别平等方面发挥重要作用。目前正在通过一些不同的机制促进公私伙伴关系，包括在《2030年议程》背景范围内。这类伙伴关系可能提供必要的财政和技术资源，使得能够为减少灾害风险建设新的基础设施，并带来适应气候变化的生计。

48. 《联合国工商企业与人权指导原则》规定，企业有尊重和保护人权、为预防侵犯人权行为尽职采取行动，以及为与其业务相关的侵犯人权行为提供有效救济的直接责任。为确保私营部门在减少灾害风险和气候变化领域的活动尊重和保护妇女人权，这些活动必须保证问责制，人人可参与，促进性别平等，接受基于人权的定期监测和评估。

49. 缔约国应在其法域内管理非国家行为体的行为，包括它们在域外开展的业务。第28号一般性建议重申了第二条（e）项规定的消除任何公共或私人行为者对妇女的歧视，该义务扩大到在域外开展业务的国家公司的行为。

50. 在地方和国际层面开展业务的民间社会组织有时与政府主管部门和私营部门建立伙伴关系，同样有责任确保其在气候变化及减少和管理灾害风险领域的活动不伤害地方人口，并且这些组织还应当采取步骤，将只因在场和提供援助而造成的非有意伤害减至最低。[1]

51. 关于非国家行为体，缔约国应：

（a）创造有利环境，促进性别平等，着力预防、减缓及适应灾害和气候变化，包括利用城市和农村的可持续发展、推广可再生能源和社会保险计划；

（b）鼓励妇女创业，并激励妇女在清洁能源部门和农业生态粮食系统等领域参与从事可持续发展和适应气候变化的生计活动的企业。还应当鼓励在这些领域开展工作的企业增加它们妇女雇员人数，特别是领导岗位上的妇女雇员人数；

（c）对减少灾害风险和气候变化领域的任何拟议公私伙伴关系进行性别影响分析，确保不同妇女群体参与设计、执行和监测公私伙伴关系。应当特别注意保证所有妇女群体能够在实际上和经济上利用通过公私伙伴关系提供

---

[1] 见 A/HRC/28/76，第40（g）、99和104段。

的任何基础设施和服务；

（d）采取监管措施，保护妇女免遭私营企业行为体造成的侵犯人权行为，并确保其自身的活动，包括那些与私营部门和民间社会合伙进行的活动，尊重和保护人权，如果出现与非国家行为体相关的侵犯人权行为，还要确保有可利用的有效补救。这类措施应当适用于在有关缔约国领土内外发生的活动。

E. 能力发展和获取技术

52. 减少灾害风险和气候变化方案缺乏妇女的积极参与，特别是在地方层面上，阻碍了在履行性别平等承诺以及制订协调和有效的减少灾害风险和气候适应能力政策及战略方面的进度。应采取措施，建设妇女、妇女权利组织和国家实体的潜力和能力，在地方、国家、区域和国际层面上参与促进性别平等的灾害风险和气候评估。

53. 委员会在关于性别和气候变化的声明中指出，制订在获得、使用和控制科学技术以及正规和非正规教育和培训方面支持两性平等的政策，将增强国家在减少灾害、缓解和适应气候变化领域的能力（A/65/38，第一部分，附件二）。但是，妇女太过经常地由于基于性别的不平等而不能获得技术、培训机会和信息。

54. 缔约国应：

（a）通过支持她们获取技术能力和为这一目的提供充足的资源，增加妇女参与制订减少灾害风险和气候变化计划；

（b）防灾、备灾（包括制订和传播预警系统）、应灾、恢复以及减缓和适应气候变化领域把妇女担当各级领导定为制度；

（c）确保利用技术提供预警信息，技术应当现代的、在文化上合适的、可获得的，具有包容性，并且考虑到不同妇女群体的需求。特别是，应当在减少灾害风险和气候变化方案背景范围内，积极促进扩大互联网和移动电话覆盖面，推广无线电通信等其他节约成本的可靠通信技术，让所有妇女，包括属于土著和少数群体的妇女、老年妇女和残疾妇女都能用得上这种技术；

（d）确保妇女能够获得技术，预防和减缓灾害和气候变化对作物、牲畜、家园和企业的不利影响，确保妇女能够利用适应和减缓气候变化的技术，包括那些与可再生能源和可持续农业生产相关的技术，从中获得经济利益；

（e）促进了解、应用和使用妇女在减少和应对灾害风险以及减缓和适应气候变化方面的传统知识和技能；

（f）促进和推动妇女为构想、发展和使用减少灾害风险和气候方面的科学技术做出贡献。

六、具体关切领域

A. 免遭基于性别的暴力侵害妇女和女童行为的权利

55. 在第35号一般性建议中，委员会指出，"基于性别的暴力侵害妇女行为是一种将女性在地位上从属于男性及其陈规定型角色加以固化的根本性社会、政治和经济手段。"它还强调灾害处境以及自然资源的退化和破坏是影响和加剧基于性别的暴力侵害妇女和女童行为的因素。

56. 委员会还指出，"性暴力是人道主义危机中的常见现象，在发生全国性灾害后可能变得十分严重。在压力、目无法纪和无家可归的情况加剧时，妇女面临更多暴力威胁"（A/65/38，第二部分，附件二，第6段）。[1]

57. 根据《公约》和第35号一般性建议，缔约国应：

（a）在减少灾害风险和气候变化背景下制订政策和方案，解决基于性别的暴力侵害妇女行为的现有和新的风险因素——包括家庭暴力、性暴力、经济暴力、人口贩运和强迫婚姻——并促进妇女参与和领导她们的发展；

（b）确保妇女和男子的最低合法结婚年龄为18岁。缔约国应为所有参与应灾活动的人员提供关于早婚和强迫婚姻盛行情况的培训。应当与妇女协会和其他利益攸关方合伙，在地方和区域灾害管理计划范围内建立机制，预防、监测和解决早婚和强迫婚姻问题；

（c）为所有希望报告基于性别的暴力的妇女提供可获得的、保密的、支助性和有效的机制；

（d）与包括妇女协会在内的范围广泛的利益攸关方合伙，制订一项制度，以便定期监测和评价在减少灾害风险和气候变化方案中预防和应对基于性别的暴力侵害妇女行为的干预措施；

（e）为当局、应急服务工作人员和其他群体提供培训、宣传和提高认识活动，使其了解灾害处境下盛行的各种不同形式的性别暴力以及如何预防和解决它们。培训应当提供信息，介绍妇女和女童（包括土著和少数群体妇女、残疾妇女和女童以及同性恋、双性恋、跨性别妇女和女童及双性者）的权利与需求，也介绍她们面临和遭受性别暴力的方式；

（f）采取长期政策和战略，消除灾害情况下基于性别的暴力侵害妇女行为的根本原因，包括通过使成年男子和男童、媒体、传统和宗教领袖以及教育机构参与进来，以查明和消除涉及妇女地位的社会和文化陈规定型观念。

---

[1] 另见关于暴力侵害妇女行为的第19号一般性建议（1992年）和关于基于性别的暴力侵害妇女行为的第35号一般性建议（2017年），更新第19号一般性建议，第14段。

B. 受教育权和信息权

58. 《公约》第十条涉及消除教育领域的歧视。[1] 教育提高了妇女的能力，使她们参与住户、家庭、社区和企业事务，查明减少灾害风险、减缓气候变化、制订更有效恢复战略并因此建设更具复原力的社区的途径。教育还提供更多途径，可获得机会、资源、技术和信息，以协助减少灾害风险和制订有效的气候变化政策。预防和减缓灾害和气候变化要求在多个学科领域受过良好培训的妇女和男子，包括经济学、农业、水资源管理、气候学、工程学、法律、电信和应急服务。

59. 在灾害发生后，由于基础设施被破坏、缺乏教师和其他资源、经济困难以及安全考虑，受教育机会本来就由于社会、文化和经济障碍而经常受到限制的女童和妇女在参与教育方面可能面临甚至更大的障碍。

60. 根据《公约》第十条和第 36 号一般性建议，缔约国应：

（a）通过定期检查，确保教育基础设施安全，足以抵抗灾害，确保为保护学生和教育者免受气候变化和灾害影响而专门提供充足的资源；

（b）分配充足的资源和预算，把学校和其他教育设施建得可抵御灾患，根据全面的灾害风险评估和建筑法规加以重建，以及在灾害之后尽快使其运转起来。应当通过具体的外联方案，优先将传统上不重视其教育的女童和其他群体重新纳入进来，以确保女童和妇女在灾害之后不被排除在教育之外；

（c）确保妇女和女童能够平等地获得信息，包括科学研究，以及关于灾害和气候变化的教育。该信息应当构成各级教学核心教育课程的一部分；

（d）优先考虑促进性别平等的灵活创新教育方案，包括在社区层面上，以使妇女能够发展适应变化的气候和参与可持续发展举措所需要的技能。应当设立具体方案和奖学金，以支助女童和妇女在与减少灾害风险和管理以及环境和气候科学相关的所有领域接受教育和培训。

C. 工作权和社会保障权

61. 灾害和气候变化直接影响到妇女，特别是那些贫困妇女，因为影响了她们的生计。确立并强化妇女和男子之间经济不平等的因素是歧视，包括对土地和财产所有权和控制权的限制，不平等的薪酬，妇女集中在不安定、非正式和不稳定的就业，性骚扰和其他形式的工作场所暴力，就业中与怀孕相关的歧视，家务劳动的性别分化以及低估妇女对家庭、社会和护理工作的贡献；以及工作场所的歧视，包括劳动剥削和性剥削，土地掠夺及由于采掘业滥开

---

[1] 见关于女童和妇女受教育权的第 36 号一般性建议（2017 年）。

滥采和无监管的工业和/或农工业活动造成的环境破坏。所有这类基于性别的歧视都限制了妇女对灾害和气候变化造成的损害的预防和适应能力。

62. 在灾害之后，对于妇女来说，护理和家务负担经常增加。粮食储备、住房以及水和能源供应等基础设施的破坏，再加上缺乏社会保障制度和卫生保健服务，这些都给妇女和女童造成了具体的影响。这类性别不平等导致的结果是增加了妇女和女童的脆弱性和死亡率，并经常使她们更加没有时间参与经济活动或获得资源，包括获得恢复和适应所需的信息和教育。[1]

63. 社会和法律不平等进一步限制了妇女移徙到更安全、灾害较少地区的能力，并且可能限制妇女获得金融服务、信贷、社会保障福利以及有保障地保有土地和其他生产资源的权利。[2]

64. 缔约国应：

（a）着力促进性别平等的社会保障制度和社会服务，减少妇女和男子之间的经济不平等，使妇女能够减缓灾害风险和适应气候变化的不利影响。应密切监测社会保障计划的资格标准，以确保所有妇女群体都可参加，包括女户主、未婚妇女、境内流离失所妇女、移徙妇女、难民妇女以及残疾妇女；

（b）确保工作场所及核反应堆和工厂等关键基础设施的灾害风险适应能力，开展定期检查，采取建筑安全法规以及其他制度保证这类基础设施，特别是创收和家庭活动所需的基础设施，在灾害之后尽快运行；

（c）保证妇女按照《公约》第十一条的规定享有获得体面和可持续就业机会的平等权利，在灾害预防、管理和恢复背景下以及城乡地区与气候变化适应相关的背景下适用这种权利；

（d）推动妇女享有平等的市场准入、金融服务、信贷和保险计划，规范非正规经济，确保妇女能够申领养老金和其他就业相关的社会保障津贴；

（e）承认和解决妇女从事无偿和护理工作的不平等负担，包括在灾害和气候政策范围内。应当制订政策和方案，评估、减少和重新分配护理任务性别分化的负担，例如，提高对平等分担家务和无偿护理工作认识的方案，推行节省时间的措施，以及纳入适当的技术、服务和基础设施；

（f）保护和促进妇女在非传统工作领域获得培训的权利，包括在绿色经济和可持续生计范围内，使她们能够设计、参与、管理和监测灾害和气候变

---

〔1〕例如见 A/55/38，第339段。
〔2〕见关于婚姻、家庭关系及其解除的经济后果的第29号一般性建议（2013年）和关于农村妇女权利的第34号一般性建议（2016年）。

化的预防、备灾、减缓和适应举措,使她们能够更好地受益于这些干预措施。

D. **健康权**

65. 根据《公约》第十二条,缔约国要在提供各种保健服务,包括性健康和生殖健康服务以及精神和心理健康服务方面保证妇女和男子之间的实质性平等。委员会关于妇女和保健的第 24 号一般性建议(1999 年)中详细阐述了为尊重、保护和实现所有妇女的健康权,缔约各国必须根据第十二条采取的措施。即使在灾害背景下,保健服务和卫生系统,包括性和生殖保健服务,也应当是可利用、易获得、可接受和优质的。[1] 为此,应当采取措施,确保将促进性别平等的气候变化和灾害适应能力的政策、预算和监测活动完全纳入保健服务和卫生系统。[2]

66. 气候变化和灾害,包括流行病,影响新发和再发疾病的流行率、分布情况以及严重程度。获得粮食、营养和卫生保健方面的不平等以及希望妇女作为儿童、老年人和患者的主要护理人的社会期待,令妇女和女童更容易感染疾病。

67. 缔约国应确保制定详细政策和预算分配,以促进、保护和实现妇女的健康权,包括性和生殖健康以及全面的适龄性教育、精神和心理健康、个人卫生和环境卫生。提供产前和产后护理,如产科急诊和支持母乳喂养,应当构成应对气候变化和灾害战略、计划和方案的一部分。

68. 特别是,缔约国应:

(a) 确保不同妇女和女童群体参与规划、执行和监测卫生政策和方案,参与制订和管理灾害风险管理和气候变化背景下的妇女综合保健服务,包括走上决策岗位;

(b) 投资于适应气候变化和灾害的卫生系统和服务,最大限度地把现有资源分配给决定卫生健康的根本因素,如,干净的水、充足的营养和卫生设施以及月经卫生管理。这些投资应当适应卫生系统改造,使它们积极满足气候变化和灾害引发的不断变化的卫生保健需求,并且具备充足的适应能力,以应对这些新需求;

(c) 确保消除妇女和女童获得保健服务、教育和信息的所有障碍,包括

---

[1] 世卫组织:"环境卫生中的性别不平等",EUR/5067874/151(2008 年)。
[2] 政府间气候变化专门委员会:《2014 年气候变化:影响、适应和脆弱性——A 部分:全球和部门方面。第二工作组对政府间气候变化专门委员会第五次评估报告的贡献》,剑桥大学出版社 2014 年版),第 733 页。

在精神和心理健康、肿瘤治疗、性和生殖健康领域的障碍,特别是,为癌症检查、精神健康和咨询方案以及艾滋病毒等性传播感染的预防和治疗与艾滋病治疗方案分配资源,包括在灾害之前、期间和之后;

(d) 在备灾应灾方案中优先考虑提供计划生育以及性和生殖健康的信息和服务,包括获得紧急避孕,艾滋病毒接触后预防,艾滋病治疗和安全堕胎,通过安全孕产服务,提供合格的助产士和产前协助,降低孕产妇死亡率;

(e) 监测公共组织、非政府组织和私营组织向妇女提供的保健服务,确保护理的平等获取和质量,以满足灾害和气候变化背景下不同妇女群体的具体卫生保健需求;

(f) 要求在灾害情况下开展的所有保健服务都开办起来,以促进妇女人权,包括自主权、隐私权、保密权、知情同意权、不受歧视权和选择权。灾害情况下的卫生保健政策和标准应当明确纳入具体措施,以确保促进和保护残疾妇女和女童,属于土著和少数群体的妇女和女童,同性恋、双性恋、跨性别妇女和女童,双性者,老年妇女以及属于其他边缘群体的妇女和女童的权利;

(g) 确保卫生工作者的培训课程,包括急救服务,纳入关于妇女健康和人权、特别是关于性别暴力的全面、强制性、促进性别平等的课程。应当使卫生保健提供者认识到灾害风险增加、气候变化与公共卫生紧急事件的可能性增长之间的联系。培训还应当包括关于残疾妇女、土著和少数群体妇女以及其他边缘群体权利的信息;

(h) 收集和分享关于灾害处境下由于气候变化易患传染和非传染疾病方面的性别差异数据。应当利用该信息来制订以权利为基础应对灾害和气候变化的行动计划和战略。

E. 适当生活水准权

粮食、土地、住房、水和环境卫生

69. 由于粮食安全减弱、土地退化以及可用的水和其他自然资源更加有限,许多地区已经正在经受气候变化的影响。有证据表明,粮食、土地和水不安全的影响并非性别中立的,在粮食短缺时期,妇女更加可能遭受营养不足和营养不良的痛苦。[1] 事实还证明,在许多社会里,妇女和女童承担着种植、收割和制作粮食以及收集燃料和水的主要责任,所以缺乏可利用、可负担得起、安全和可获得的饮用水和燃料对她们影响特大。此类与气候有关的资源稀缺

---

[1] 例如见,CEDAW/C/NPL/CO/4-5。

加诸妇女的额外负担耗费时间，造成实际困难，增加了遭受暴力的风险，也增加了压力。[1]

70. 妇女，特别是农村妇女和土著妇女，作为粮食生产者和农业工人，直接受到灾害和气候变化的影响，因为她们事实上构成了全世界大多数的小土地所有者和自给农民以及相当大比例的农场工人。由于歧视性法律和社会规范，妇女获得土地保有权的机会有限，分给她们的农田往往质量低劣，更容易发生洪水、侵蚀或其他不利气候事件。由于受气候变化影响地区的男性外迁比率不断提高，只剩下妇女负责耕种。她们并不具备有效适应气候条件变化所必需的法律和社会认可的土地所有权。天气相关的事件对食品价格的影响也使妇女间接受到影响。

71. 《公约》第十二条和第十四条载有关于营养和妇女平等参与粮食生产和消费决策的具体保证。此外，《公约》第二条概述了缔约国消除歧视的义务、第五条（a）项概述改变基于歧视性陈规定型观念的文化行为模式的义务，第十五条概述确保在法律面前平等的义务，第十六条概述保证婚姻和家庭关系内的平等义务，这些核心义务对于解决妇女的土地和生产资源权利极其重要，它们是确保享有食物权和可持续生计权的关键所在。

72. 缔约国应：

（a）促进和保护妇女对粮食、住房、环境卫生、土地和自然资源（包括充足的饮用水、家庭用水和食品生产用水）的平等权利，采取积极措施保证这些权利的可利用性和可获得性，即使是在稀缺时期。应当特别关注确保贫困妇女，特别是城乡地区非正规安置点的妇女，能够获得适当住房、饮用水、环境卫生和粮食，特别是在灾害和气候变化背景下；

（b）通过确定和支助可持续和增强权能的生计，加强妇女对灾害和气候变化影响的适应能力，制订促进性别平等的服务，包括援助妇女农民的延伸服务，使妇女能够获得这些生计，从中受益；

（c）制订促进性别平等的参与式发展计划和政策，采取基于人权的方法，以保证可持续获得适当住房、粮食、水和环境卫生。应当优先考虑确保所有妇女可获得服务；

（d）通过立法、方案、政策，分配预算，以消除无家可归现象，确保所有妇女，包括残疾妇女，都可使用和获得适足和抗灾住房。必须采取措施，保护妇女免遭强行驱离，确保公共住房和租金援助计划优先考虑和满足妇女

---

[1] 世卫组织："性别、气候变化与卫生"。

群体的特殊需求。

F. 自由迁徙权

73. 气候变化造成的极端天气事件和环境退化的频率和强度增加，很可能导致国家内部和边界之间大量人口流离失所。[1]

74. 委员会和许多其他人权机构，包括保护所有移徙工人及其家庭成员权利委员会，都认识到灾害和气候变化是移徙、特别是妇女移徙的推动因素。[2] 在一些地区，气候变化和灾害促使妇女为了养活不再具备本地谋生机会的家庭成员，越来越多地自主进入女性主导的工作部门。

75. 妇女移民在途中、营地、边境和目的地国都面临更高的风险，可能遭受基于性别的暴力，包括人口贩运，以及其他形式的歧视。在移徙过程中和目的地，由于缺乏充足的性、生殖和精神保健服务以及在获得就业、社会保障、教育、住房、出生证或结婚证等法律文件和司法求助方面的歧视，妇女还可能面临特殊的侵犯人权行为。移徙妇女和女童经常受到交叉式的歧视。在目的地地区，特别是在发展中国家的城市中心，移徙妇女还可能容易受到气候变化的影响。

76. 但是，在许多情况下，妇女无法离开灾害风险很大的地区，或者为了在极端气候事件之后重建生活而移徙。[3] 基于性别的陈规定型观念、家庭责任、歧视性法律、缺乏经济资源和获得社会资本的机会有限，经常制约了妇女移徙的能力。

77. 在男性家庭成员移徙后的留守妇女也可能发现自己不得不承担非传统经济和社区领导工作，可她们几乎没有任何准备，也没受过任何相关培训；例如，发生灾害后，妇女必须承担起协调移徙、恢复和适应工作的主要责任。

78. 根据《公约》和关于移徙女工问题的第26（2008）号一般性建议以及第32号一般性建议，缔约国应：

(a) 确保移徙和发展政策促进性别平等，并纳入全面的灾害风险考虑，认识到灾害和气候变化是境内流离失所和移徙的重要推动因素。应当将该信

---

[1] 联合国促进性别平等和增强妇女权能署："关注难民和移徙者大规模流动中的性别层面"，保护所有移徙工人及其家庭成员权利委员会、消除对妇女歧视委员会、联合国促进性别平等和增强妇女权能署和人权高专办的联合声明，2016年9月16日。

[2] 联合国促进性别平等和增强妇女权能署："关注难民和移徙者大规模流动中的性别层面"，保护所有移徙工人及其家庭成员权利委员会、消除对妇女歧视委员会、联合国促进性别平等和增强妇女权能署和人权高专办的联合声明，2016年9月16日；另见关于移徙女工问题的第26号一般性建议（2008年）。

[3] 亚洲开发银行：《性别平等和粮食安全——将增强妇女权能作为消除饥饿的工具》，第12页。

息纳入监测和支持移徙和流离失所期间妇女和女童权利的国家和地方计划；

（b）推动移徙妇女，包括由于灾害和气候变化而流离失所的妇女，参与制订、执行和监测为在移徙所有阶段保护和促进她们的人权而制订的政策。必须特别努力使移徙妇女参与制订精神健康和社会心理支持、性和生殖健康、教育和培训、就业、住房和司法救助等领域的适当服务；

（c）确保接收移民的边境警察、军队人员和政府官员性别平衡，并培训这些群体了解移民妇女可能面临的具体性别伤害，包括加大的暴力风险；

（d）将人口流动相关的考虑纳入减少灾害风险及减缓和适应气候变化的政策中，考虑到灾害之前、期间和之后妇女和女童，包括未婚妇女和女户主的特殊权利和需求。

七、传播和报告

79. 为有效预防和减缓灾害和气候变化的影响，缔约各国和其他利益攸关方应当采取可衡量和有针对性的步骤，收集、分析和传播关于为解决男女不平等、减少灾害风险和增强抵御气候变化不利影响的能力而制订战略、政策和方案的信息和数据。

80. 从事性别平等领域工作的民间社会组织与致力于人道主义援助、减少灾害风险和气候变化的民间社会组织彼此之间应当建立合作网络，并且应当吸纳国家人权机构、各级政府机构和国际组织加入。

81. 为确保建立有效的监测和报告制度，缔约国应：

（a）设立可靠的机制，使之制度化，在与减少灾害风险、气候变化和性别平等相关的所有领域收集、分析数据，监测和传播调查结果；

（b）确保妇女在国家以下、国家、区域和国际层级参与数据收集、分析、监测和传播调查结果；

（c）在提交给委员会的定期报告中，载入信息，介绍为确保在气候变化和减少灾害风险政策范围内促进和保护妇女人权而执行的立法框架、战略、预算和方案的定期报告；

（d）将本一般性建议译成国语和地方语文，包括译为土著和少数群体语文，并广泛传播到所有政府部门、民间社会、媒体、学术机构和妇女组织。

第38号一般性建议：关于全球移民背景下贩运妇女和女童问题
消除对妇女歧视委员会第七十七届会议通过（2020年）

一、导言

1.《消除对妇女一切形式歧视公约》第6条规定，缔约国有法律义务采取一切适当措施，包括制定法律，以禁止一切形式贩卖妇女和强迫妇女卖淫对她们进行剥削的行为。尽管国家、区域和国际各级在打击贩运方面有大量法律和政策框架，但在全世界发现的人口贩运受害者中，妇女和女童仍然占大多数，犯罪者普遍逍遥法外。

2. 委员会认为，这种情况之所以持续存在，是因为总体上缺乏对贩运的性别层面的认识，特别是对遭受不同类型剥削（包括性剥削）的妇女和女童的贩运。对犯罪的性别情况分析表明，其根源在于基于性别的歧视，包括未能解决普遍存在的经济和父权结构问题，以及缔约国劳工、移民和庇护制度对不同性别造成的不同的不利影响，这些制度造成了脆弱处境，导致妇女和女童被贩运。

3. 占全球主导地位的经济政策进一步加剧了国家之间和个人之间的大规模经济不平等，表现为劳工剥削，包括公司、公共采购官员和雇主拒绝履行确保其供应或生产链中没有被贩运人口的义务。全球化的宏观经济和政治因素，包括公共产品私有化、劳动力市场缺乏管制、福利国家缩减、作为结构调整政策和援助条件部分内容的紧缩措施，往往加剧失业和贫困，并产生对妇女造成不成比例影响的经济不公状况。这往往伴随着其他经济政策，如政府减少社会服务支出、公共产品和服务的私有化、累退税转移和劳动力市场改革，所有这些都严重限制了各国的能力，难以执行为消除结构性不平等奠定基础的社会政策，这些不平等包括性别不平等和在不同领域侵犯妇女人权的行为。社会支出减少进一步将提供基本社会服务的责任从政府转移到妇女身上。这些因素强化了造成对不同妇女群体的压迫的歧视性文化和社会规范，后者又反过来使这些因素长期存在。

二、目标和范围

4.《公约》第二十一条授权委员会拟定一般性建议，以澄清缔约国打击对妇女和女童歧视的义务。委员会主张，必须承认不被贩卖的生活是一项人权，必须为妇女和女童充分享有这一权利创造适当条件。缔约国必须采取一切适当手段根除贩运和从卖淫中营利的行为，以确保法律、制度、条例和资金到位，有效实现这项权利，而不是虚无缥缈。《公约》的条款相辅相成，提供全面保护。本一般性建议将《公约》第六条与所有其他条款和委员会现有判例联系起来。

5. 本一般性建议将履行《公约》第六条规定的缔约国打击一切形式贩运的义务置于全球移民的背景下。人口贩运的途径往往与混合移民流动相一致。委员会强调被偷运的妇女和女童特别容易遭到贩运，并强调，限制性的移民和庇护制度造成的状况将移民推向非正规途径。

6. 在本一般性建议中，委员会确认，各国不论是单独还是集体，都有优先义务防止妇女和女童面临被贩运的风险。各国还有义务抑制助长剥削和导致人口贩运的需求。该建议提供了实际指导，以具备性别视角和跨部门视角的方法为基础，落实打击人口贩运的措施，专注于实现妇女和女童人权，将这作为实现可持续发展的战略优先事项。建议回顾，缔约国根据国际法，包括委员会的判例，有义务发现、协助和保护贩运幸存者，防止他们再次受害，确保他们能诉诸法律并惩罚犯罪者。

7. 委员会承认，对于女童、少女和成年妇女来说，被贩卖的原因、后果和经历各不相同。委员会强调指出，由于性别和年龄共同作用产生的特点，女孩更加脆弱，并回顾说，贩运活动的儿童受害者有权根据国际法获得更强的实质性和程序性保护。委员会鼓励缔约国全面处理所有这些差异，确保酌情采取适宜于年龄和以儿童为中心的反贩运对策。

三、法律框架

8. 《公约》第六条以《消除对妇女歧视宣言》第八条为基础，该条规定，应采取一切适当措施，包括立法，打击一切形式的贩运妇女和从妇女卖淫中营利的行为。《禁止贩卖人口及取缔意图营利使人卖淫的公约》编纂和发展了关于这一问题的国际法。这一法律依据要求将第六条理解为一个不可分割的条款，其中将人口贩运和性剥削联系在一起。

9. 虽然贩运在国际法中被定义为刑事犯罪，但缔约国的首要义务是以尊重、保护和实现个人人权、特别是边缘化群体人权的方式处理贩运问题，这是根据《世界人权宣言》制定的联合国核心人权条约所规定的。联合国人权事务高级专员办事处拟定的 2002 年《建议采用的人权与贩运人口问题原则和准则》及其 2010 年评注为将基于人权的方针纳入所有打击贩运措施提供了重要的软法框架。

10. 委员会确认，对妇女和女童的歧视包括性别暴力，禁止性别暴力已成为习惯国际法的一项原则。委员会认识到各种形式的贩运妇女和女童行为的性别特殊性及其后果，包括造成的伤害，承认贩运妇女和女童、从其卖淫中牟利的现象无疑根植于结构性的性别歧视，构成性别暴力，而且往往在流离失所、移民、经济活动全球化（包括全球供应链）提升、采掘业和离岸工业、军事化水平提高、外国占领、武装冲突、暴力极端主义和恐怖主义的背景下加剧。

11.《联合国打击跨国有组织犯罪公约关于预防、禁止和惩治贩运人口特别是妇女和儿童行为的补充议定书》第三条规定了国际公认的人口贩运法律定义：

（a）"人口贩运"系指为剥削目的而通过暴力威胁或使用暴力手段，或通过其他形式的胁迫，通过诱拐、欺诈、欺骗、滥用权力或滥用脆弱境况，或通过授受酬金或利益取得对另一人有控制权的某人的同意等手段招募、运送、转移、窝藏或接收人员。剥削应至少包括利用他人卖淫进行剥削或其他形式的性剥削、强迫劳动或服务、奴役或类似奴役的做法、劳役或切除器官；

（b）如果已使用本条（a）项所述任何手段，则人口贩运活动被害人对（a）项所述的预谋进行的剥削所表示的同意并不相干。

12. 委员会强调，贩运妇女和女童的现实情况超出了《打击人口贩运议定书》的范围，比如近期趋势所体现的情况，以及信息和通信技术、社交媒体和聊天应用程序在招募妇女和女童并对其进行剥削方面的作用。委员会承认，贩运人口的定义不仅限于使用身体暴力或剥夺受害者人身自由的情形。委员会对缔约国报告的审议表明，利用人们的脆弱境况和滥用权力是贩运犯罪的最常见手段，受害者往往受到多种形式的剥削。

13. 在全球移民背景下打击贩运妇女和女童行为需要运用范围更广的保护框架，此类框架应基于国际人道主义法、难民法、刑法、劳工法和国际私法、消除无国籍问题、奴隶制和奴隶贸易的公约以及国际人权法文书。《公约》加强和补充了针对贩运受害者的区域和国际法制度，特别是在国际协议中没有明确性别平等条款的情况下。委员会确认，妇女和女童同时受到这些法律文书的保护。

14. 贩卖妇女和女童和对其进行性剥削是侵犯人权的行为，可能对国际和平与安全造成威胁。包括《国际刑事法院罗马规约》在内的国际刑法强化了缔约国禁止贩运的积极义务，《罗马规约》确认，奴役、性奴役和强迫卖淫是可能属于法院管辖范围的罪行。

15. 非国家行为体禁止贩运的义务也源于禁止奴隶制、贩卖奴隶和酷刑的强制性规范（强行法），委员会指出，在某些情况下，贩运妇女和女童可能构成此类对权利的侵犯。

16. 各国打击贩运的全球战略行动，特别是打击贩运妇女和女童的行动，必须在《安全、有序和正常移民全球契约》和《2030年可持续发展议程》承诺的范围内以及执行《联合国打击贩运人口全球行动计划》和安全理事会决议的背景下进行。

17. 缔约国负有法律义务，应尊重和确保在其权利范围内或者有效控制下的任何人都享受《公约》所规定的权利，即使不在其领土之内。缔约国预防、调查、起诉和惩治贩运妇女和女童行为并向受害者提供补救的直接义务还拓展到所有犯罪者的行为或不作为，包括私人、家庭成员和亲密伴侣、国家授权的行为体和官员、组织和企业，以及非国家行为体，包括武装恐怖团体。

四、贩运妇女和女童的根源

18. 查明、解决和消除以下根源问题是缔约国履行义务，在全球移民背景下防止贩运妇女和女童和对其进行性剥削的关键要素：（a）系统性的性别歧视，造成妇女和女童在经济和社会方面不成比例地遭受不公正待遇；（b）冲突局势和人道主义紧急情况，包括随之而来的流离失所；（c）移民和庇护制度中的歧视；（d）助长剥削和导致人口贩运的需求。

19. 仅靠刑法无法处理或纠正贩运罪行，原因是各国之间和国家内部的法律不统一，包括对贩运的定义，金融运作的复杂性，以及司法系统的无力，这些系统往往腐败滋生、资金不足、资源不足，无法打击强大的贩运网络。因此，为了制定确保妇女和女童能够行使其基本权利、有效的打击贩运对策，必须在国际人权条约框架的范围内理解《公约》所有实质性条款并加以运用。

A. 社会经济不公

20. 贩运妇女和女童的根源在于基于性别的歧视、基于性别的结构性不平等和贫困的"女性化"。最容易被贩卖的妇女和女童属于边缘化群体，如生活在农村和边远地区的妇女和女童、属于土著和少数民族社区的妇女和女童、残疾妇女和女童、非正常移民身份的妇女和女童，以及流离失所、无国籍或面临无国籍风险、作为难民、寻求庇护（包括那些申请被驳回的人）的妇女和女童、生活在冲突或冲突后环境中或来自此类环境的妇女和女童，以及没有人照料或接受"替代照料"的女童，她们的人生充满权利被严重剥夺的经历。属于这些群体的人往往面临社会、政治和经济上的排斥，导致他们更可能遭受贫困，受不到教育或教育不足，无登记或无证件，失业或未充分就业，背负家务和育儿责任，获得国家福利、保护和服务受到限制，受到来自亲密伴侣和家人的暴力,在家庭环境中遭受虐待和忽视,身处照护机构中,遭受童婚、强迫婚姻、奴役婚姻,或因丧偶而遭受剥夺。由于被贩运(包括性剥削)而导致的损伤或严重疾病造成的额外负担可能会加剧此类情况。

21. 由于普遍和持续存在的性别和年龄不平等,导致妇女和女童的经济、社会和法律地位低于男子和男童享有的地位,她们仍然是人口贩运者进行特定形式剥削的主要目标。在贩运妇女和女童行为的根源,可以发现侵犯《公约》规定的所有权利的行为,必须在变革性办法中处理这些侵犯行为,这种办法根据可持续发展目标 1、3、4、5、8、10、11、13 和 16,通过促进性别平等、促进妇女和女童的公民、政治、经济、社会和文化权利,来赋予她们力量。

B. 移民和庇护制度中的歧视

22. 移民是现代社会的一个组成部分,如果妇女能够在尊重其尊严的条件下移民和工作,移民可以让她们变得更加强大。移民虽然为许多妇女提供了新的社会和经济机会,但也可能危及她们的人权和安全,特别是在她们被迫通过非正常渠道旅行和(或)因此造成非正常移民的情况下。在移民周期的各个阶段,在途中、被接收时和住宿地点、在边境和目的地国家,妇女和女童都面临着更大的被贩卖风险。回国后,她们可能会遭到报复和再次受害。

23. 尽管各国有主权权力控制其边界和规范移民事务,但在这样做的过程中必须完全履行自身作为已批准或已加入的人权条约的缔约方所承担的义务。这包括各国管理移民方式的透明度和问责制,并在移民的所有阶段提供保障妇女人权的安全途径。

24. 针对具体性别或歧视性的移民和庇护政策规定了加强边境管制、拒绝入境、推回、驱逐或拘留等措施,限制了逃离危机和冲突地区的妇女和女童的流动。这使她们更容易受到各种形式的剥削,特别是在过境点,尤其是因为需要更多使用人口走私者的服务或其他类型的地下或犯罪网络,以便在国内和跨国转移,逃避边境管制。由于流离失所而无人陪伴或与家人或其他支持机构分离的女孩特别容易被贩卖。

25. 委员会重申,流离失所问题有具体的性别层面,《公约》适用于流离失所周期的所有阶段,包括逃离、定居和返回期间。委员会承认,针对妇女和女童的性别暴力是妇女和女童遭受的主要迫害形式之一,可成为给予难民地位、庇护和(或)基于人道主义理由给予常住许可的理由。贩运妇女和女童违反了《关于难民地位的公约》的具体规定,因此在具体情况下应被承认为在法律和实践中受到国际保护的合法理由。此外,难民妇女和女童非常容易被贩卖,需要国际保护,特别是防止被驱回。

26. 各国移民政策中的性别中立条款限制了妇女获得安全和正规移民途径，以及在旅途和目的地国获得正规和体面工作的机会。基于性别的成见、歧视性法律、招聘中的歧视和剥削、缺乏可得的体面工作、关于移民的可靠信息有限，进一步限制了妇女的移民能力。移民妇女还面临移民法的间接歧视，此类移民法要求具备强制性最低工资等条件，才能获得签证。由于妇女往往从事低工资和不稳定的工作，一些妇女很难达到此类标准。

27. 签证制度可能会造成对雇主或配偶的经济和法律依赖，为剥削创造条件，让此类提供担保者在不受惩罚的情况下行事。移民妇女往往从事临时性或季节性工作，这些工作可能不会提供更加正规、长期或终生就业途径，往往不提供失业保护、医疗保健或获得其他促进性别平等的社会保障和基本服务的机会。值得注意的是，针对具体性别的移民禁令或限制旨在"保护妇女免遭人口贩运"，却往往会增加她们成为人口贩运受害者的风险，因为她们不得不因此寻求替代移民方式。

28. 不成比例的移民妇女从事非正规和不稳定的工作，特别是在护理、家政、制造业服务等被归类为"低技能"的行业。在这些部门，针对具体性别的移民规则和政策与种族歧视交织在一起，延续了基于性别的成见，即什么是所谓"妇女的工作"和对妇女的歧视。这种按性别区分的劳动力市场不提供体面安全的工作条件，因为要么属于不受监管的非正规经济，要么在受到监管的情况下，提供的保护低于达到国家标准的部门。移民妇女，特别是家政和农场工人，可能被局限在工作场所之内，无法获得有关其权利和应享福利的信息，从而使她们面临人权受到严重侵犯的风险。

C. 助长剥削和导致人口贩运的需求

29. 防止贩运的战略必须将需求作为根本原因加以考虑。未能认识到需求被认为是各国解决人口贩运问题面临的障碍之一。人口贩运背景下的需求往往受到寻求经济利益、歧视性态度（包括文化态度）和信仰的影响。妇女可能更容易成为某些形式的剥削的对象，因为她们被认为是软弱的，不太可能坚持自己的主张，或要求享有她们应得的权利。由于对某些族裔或种族群体成员的种族主义或文化歧视性假设，例如性取向、奴性或工作能力，他们可能成为与贩运有关的剥削对象。解决对某些形式的贩运的需求尤其紧迫。

30. 由于缔约国未能有效抑制助长剥削并导致贩运的需求，性剥削现象持续存在。关于男性统治、需要维护男性控制或权力、施加父权制性别角色、男性性权利、胁迫和控制的持续存在的模式化观念，驱使了对妇女和女童进行性剥削的需求。由于犯罪者不受惩罚，几乎没有风险的巨大经济收益仍然普遍存在。《禁止贩运人口议定书》第9（5）条规定，各国应采取或加强立法和其他措施，以遏制需求，这种需求助长了对人口特别是妇女和儿童的一切形式的剥削，并导致人口贩运。在数字技术使潜在受害者面临更大贩运风险的情况下，抑制助长性剥削的需求尤为重要。

31. 在以劳工形式贩运妇女和女童的背景下，由于监管环境不利，对贩运的需求持续存在。在工人得到组织的情况下，在工资、工作时间、条件、健康和安全方面的劳工标准得到监测和执行的情况下，在充分落实经济和社会权利并修改税法，以使国家能够为妇女所需的公共服务提供资金的情况下，对被贩运者提供的劳动力或服务的需求明显降低。

32. 器官移植方面的医学进步为危重病人提供了生存的机会。然而，人体器官极为稀缺以及未能明确需求和供应链中人员的法律责任，助长了不受监管、往往是强制进行的器官摘除。

D. 冲突局势和人道主义紧急情况

33. 在冲突、政治事件、健康危机或自然灾害导致的紧急状态中，缔约国的义务不会因此停止。妇女和女童在无法满足基本生计需要，或在经济上走投无路的情况下，更容易遭受性别暴力包括人口贩运的伤害，在这种情况下往往会恶化。

34. 在冲突和人道主义紧急情况期间和之后，由于流离失所、政治、经济和社会结构崩溃、不稳定和治理不足，包括缺乏法治、军国主义加剧、可得到小武器、社区和家庭关系削弱或疏远、大量妇女丧偶以及性别暴力（包括与冲突有关的性暴力）的"正常化"，加剧了对妇女和女童既有的结构性性别歧视，造成对妇女和女童的贩运情况恶化。

35. 某些恐怖团体获得的资金流仍然是贩运活动至关重要的组成部分，尤其是性剥削。在人道主义紧急情况下，各国政府往往必须转移资源，包括警务和社会服务，这使贩运者更容易隐藏其行动，使受害者更难得到注意，更难寻求保护、服务、援助和支持。

E. 数字技术在人口贩运中的使用

36. 数字技术提供了新的可能性，以给社会带来积极影响。与此同时，这在个人和国家层面都带来了新的安全挑战。电子货币的使用提供了隐藏个人信息的工具，如参与交易者的身份和地点，并甚至允许在不披露交易目的的情况下匿名支付，所有这些都为参与贩卖人口者提供了便利。通过社交媒体、暗网和聊天平台等需求渠道，提供了接触潜在受害者的便捷途径，使他们变得更加脆弱。

37. 在全球大流行病中，利用数字技术进行人口贩运带来了特殊问题。在冠状病毒病疫情的背景下，缔约国面临网络空间人口贩运的增加，包括网上性剥削招募、对儿童性虐待材料的需求以及由技术促进的儿童性贩运增加。

五、向妇女和女童贩运受害者提供援助和保护

A. 受害者识别

38. 国际人权法规定各国有识别贩运受害者的积极义务。这一义务明确地施以国家，不论受害者是否主动表明受害身份。受害者往往隐藏在非公共区域，如私人住宅、与世隔绝的工厂、农场及妓院。一线专业人员往往缺乏必要的培训，无法充分了解、识别和适当应对所有类型的受害者，包括性剥削和交叉形式剥削的幸存者。在混合移民中，热点地区缺乏适当和保密的空间，无法由训练有素的工作人员和口译员进行身份识别，以及时评估脆弱性指标并提供适当支持。幸存者往往不愿表明自己的身份或披露其贩运者，因为害怕遭到报复、缺乏关于犯罪和举报地点的信息，也害怕与当局接触，包括害怕被拘留、起诉、惩罚和驱逐出境。

B. 受害者援助和保护

39. 贩运受害者具有特殊身份，有权获得国家提供的特别援助和保护措施。以需求为基础、以受害者为中心的长期全面援助和保护措施往往缺乏打击人口贩运的应对措施，原因是受害者识别不力，以及国家法律对人口贩运的定义和执行不充分。

40. 贩运受害者需要能立即获得高质量的支持服务，这些服务须有包容性、容易获得，包括了解其权利和向他们提供的医疗、心理、社会及法律服务，如何获得这些服务，以及如何获得安全和适当的住所。然而，他们获得基本服务的机会往往受到限制，无论是在被发现的地方还是在原籍地，原因如下：提供服务的费用和语言；缺乏性别或文化敏感性、缺乏体察创伤的做法；应急响应人员没有进行适当的风险评估和转介；害怕被迫参与康复方案，或在起诉贩运过程中与执法部门合作；害怕因被贩运而犯下的罪行或因移民罪而受到起诉。必须向残疾妇女和女童提供充分援助，她们特别容易遭受贩卖。

41. 缔约国有义务保护人口贩运受害者，特别是妇女和儿童免于再次受害。这包括保障人口贩运受害者免遭强迫遣返。

六、受害者诉诸法律的途径

42. 必须确保被贩运的妇女和女童，包括不具有移民身份的妇女和女童能在平等和不歧视的基础上诉诸司法，包括起诉施害者和提供补救措施。然而，现有的司法系统更有可能侵犯妇女的权利，而不是保护她们，包括对受害者

进行刑事定罪，使其遭受污名、再次受害、被骚扰和可能受到报复。

A. 对人口贩运受害者的补救措施

43. 《公约》第二条（b）款规定，缔约国有义务向《公约》为其规定的权利受到侵犯的妇女提供适当和有效补救措施，包括恢复原状、恢复、赔偿、抵偿和保证不重犯。人口贩运受害者在为遭受的损害要求赔偿和其他形式的补偿（包括损害赔偿）时往往遇到很大困难，包括在以下情况下：与执法当局合作被作为提供补偿的条件；受害者无法获得高质量、对性别问题有敏感认识、体察创伤的法律援助和代理；居留许可与刑事司法程序挂钩，在寻求或获得民事补救之前发生遣返；受害人在民事诉讼中承担举证责任；就法律规定的赔偿而言，贩运幸存者不被确认为犯罪受害者；无法获得金钱赔偿，或犯罪所得没有重新分配给受害者。

B. 对犯罪者的调查、起诉和惩罚

44. 起诉的障碍包括缺乏能满足受害者需要的特别法庭程序、司法系统质量的缺陷（包括在法庭上有性别偏见和指责受害者的言论导致歧视性判决或决定）、社会明确接受或默许基于性别的暴力侵害妇女行为、诉讼拖延和诉讼时间过长、国家官员腐败和牵涉犯罪活动，以及不了解对包括性剥削在内的各种形式剥削的需求。

45. 委员会承认，对贩卖妇女和女童的指控进行调查和起诉非常复杂，需要高水平的技能，这些指控可能牵涉跨国运作的犯罪网络。人口贩运和移民的跨国性质要求所有受影响国家相互合作，并要求各国参与作出有效和适当的国际对策，以保护受害者权利。缔约国有义务接受被贩运到国外的国民自愿返回并为此提供便利。

46. 委员会谴责利用打击贩运措施为针对特定妇女群体的暴力行为辩护，特别是在执法当局为瓦解贩运网络而进行暴力突袭和开展诱捕行动的情况下。

七、建议

A. 消除贩运妇女和女童的根源

47. 缔约国必须努力在支持实现性别平等、促进妇女和女童人权及可持续发展等领域调动公共资源、加强公共服务，以降低导致人口贩运因素造成的风险。全面实现可持续发展目标对于应对加剧人口贩运风险的因素至关重要，特别是实现性别平等及增强妇女和女童权能，促进和平、正义和强有力的机构，减少不平等，消除一切形式的贫困，确保包容和公平的优质教育，促进妇女和女童的终身学习机会，确保健康生活，增进各个年龄段妇女和女童的福祉，确保妇女和女童有体面的工作和参与经济，以及在性别平等政策中推动应对气候变化措施。

1. **解决社会经济不公**

48. 确保妇女和女童,特别是人口贩运受害者、面临贩运风险者、受人口贩运和(或)打击人口贩运措施影响的社区,充分、有效、切实参与预防和打击人口贩运的各级决策和所有阶段的努力,参与设计基于人权、对性别有敏感认识的应对措施,包括制定、执行、监测和评价反人口贩运立法、政策和方案,以继续执行《公约》和《禁止贩运人口议定书》,并将这作为根据安全理事会第 1325(2000)号决议及后续决议开展建立和平、稳定和重建进程的重要组成部分。

49. 采取变革性办法,促进性别平等和增强妇女权能,以消除剥夺妇女和女童基本权利的结构性和系统性条件,这些条件将她们置于易受各种形式贩运和性剥削的境地。

50. 采取经济和公共政策,防止妇女和女童缺乏可持续生计选择和达不到基本生活标准,以此消除使妇女和女童的经济、社会和法律地位低于男子和男童的普遍、长期性别不平等,从而降低人口贩运风险。

51. 消除限制妇女自主权和获得关键资源的社会结构,这些结构增加了被摆脱贫困的承诺引诱的风险,具体包括获得教育和职业培训、资产和土地所有权及信贷的机会较少,妇女参与决策的程度低,不平等工资,童婚和强迫婚姻,家长式性别角色的普遍存在,妇女集中在没有保障和不稳固的工作中以及缺乏获得体面工作的机会。

52. 颁布保护妇女和向家庭暴力受害者提供有效援助的立法,审查家庭法,处理社会文化习俗问题,包括增加妇女和女童遭受贩运和性剥削风险的家庭内部安排。

53. 消除在立法中正式确立的父权规范和价值观,包括使贩卖儿童/早婚和强迫婚姻变得容易的家庭法。必须采取措施,防止家庭同意他们的女儿无限期或临时"结婚",以换取经济利益。考虑到一些国家的计划生育政策造成的所谓"妇女短缺"加剧了这种情况。

54. 加强落实劳工权利框架,具体如下:

(a) 引入、加强和执行就业立法,以保护所有女工,包括移民工人,不论她们的移民身份、技能水平或工作部门如何,无论她们是在正规经济还是非正规经济中以及就业时间长短如何,并通过提供非常明确的保护,包括本地化的基本生活工资要求、加班费、健康和安全、社会保障、体面工作条件、同工同酬,特别是在依赖移民劳工的无管制、非正规或无监督的经济部门,

最大程度地减少发生剥削的可能性;

（b）确保提供充足资源，增加劳动监察员的人数，加强其能力、任务授权和调查权力，以进行对性别问题有敏感认识、安全、道德、保密的检查，系统地确认和报告在例行和突击检查中发现的违反劳动法和嫌疑贩运妇女和女童的案件，特别是在高度女性化的部门，检查移民工人的季节性和非正式工作场所和住所、农业农场，以及在适当情况下检查私人家庭。

（c）在劳工检查、受害者使用公共服务（包括医疗服务）、其他监测机制以及移民和（或）非法劳工刑事执法工作之间建立防火墙，以使人们能够在此类报告机制中报告嫌疑贩运案件;

（d）鼓励企业与工人代表合作，为所有工人建立安全和匿名、对性别问题有敏感认识的申诉机制，以确保他们的劳工权利得到维护，并可在不担心报复的情况下获得此类权利;

（e）对存在不公正雇佣和劳工行为的雇主实施适当法律制裁;

（f）向企业提供援助和培训，确保遵守人权和劳工标准，特别是针对已知为贩运活动中心、入口点或渠道的行业。

55. 向弱势妇女和女童群体提供特别经济和社会支持，如农村和城市地区的极端贫困妇女和女童、被污名化和种族化群体中的妇女和女童、性虐待幸存者和残疾妇女。

2. 促进安全移民框架

56. 建立促进性别平等的安全移民框架，通过以下方式保护移民妇女和女童，包括非正常移民身份者，使其人权在移民的所有阶段都不受侵犯：

（a）考虑到妇女及其子女的具体需要，支持增加获得安全和正常移民渠道的机会，避免剥削，包括性剥削，确保这些渠道中的移民人口在其原籍国和目的地国有权获得受保护的正规就业机会，以及接受教育和职业培训的合法途径;

（b）促进妇女独立获得官方身份证明和旅行证件，以便希望移民的妇女能安全通行，而无需获得配偶或男性监护人的许可;

（c）对所有移民政策和方案以及重新接纳协定等双边和多边协定进行可靠的性别平等分析，包括与就业、劳工权利、拘留、提供护照、签证和居留证有关的政策和方案;

（d）增加家庭团聚的机会，重点关注心理社会层面和经济层面的依赖，包括考虑到各种类型的家庭;

（e）维护儿童权利，保障他们让自己的声音被听到的权利，认为孤身女童尤其脆弱，需要额外保护。

57. 根据《安全、有序和正常移民全球契约》，委员会鼓励缔约国：

（a）参与区域进程，与目的地国签署就业双边协定，以确保缔约国之间的协调，以此加强合作，按照确保保护和促进移民女工权利的国际劳工和人权标准，规范工作条件；

（b）确保工人代表参与此类协定的制定；

（c）在目的地国建立机制，处理移民女工就业期间遭受的侵权行为，特别是举报剥削行为和索要拖欠的工资与福利；

（d）确保对外交使团、劳工和经济专员以及领事官员进行处理被贩运移民女工案件的培训。

58. 确保签证计划不歧视妇女，不加剧或导致贩运妇女，为此采取下列措施：

（a）取消对女性从事特定类别工作的任何限制，或消除将女性占多数的职业排除在签证计划之外的行为；

（b）废除对工人进行强制性怀孕检测的要求，消除以怀孕或感染艾滋病毒诊断为由驱逐出境的行为；

（c）修订向妇女发放居留证的条件，以减轻依赖于配偶造成的后果。

59. 规范和监督劳务招聘者、中介和职业介绍所，具体如下：

（a）支持他们承诺做出转变，采取符合道德规范的招聘措施，如通过国际劳工组织的公平招聘倡议和国际移民组织的"先知后行"运动，以及向潜在移民工人提供服务，包括使原籍国领事网络参与其中；

（b）建立执法机制，确保在目的地国和工人原籍国使用相同的合同；

（c）作废在招聘过程中对劳动者施加过大压力的合同；

（d）起诉和惩罚开展剥削性招聘程序的行为，包括暴力、胁迫、滥用权力、欺骗或剥削，如故意提供误导性信息和文件，除持证者和执法当局以外的任何人没收护照、其他身份证件或工作许可证，向工人收取非法招聘费或要求支付押金，或为发放签证、护照、交通票据或参加启程前培训收取费用。

60. 减轻移民女工依赖于雇主并处于脆弱境况的风险，具体如下：

（a）消除招聘中的歧视性条件，包括将工人的移民身份与某一特定雇主的担保或保证挂钩，"捆绑式签证"就是如此；

（b）使移民有权在不征得现有雇主许可或离开该国的情况下寻找其他雇主和就业部门；

（c）停止要求移民工人的雇主缴纳保证金的做法，以确保这些雇主"控制并监督"其外籍员工；

（d）确保雇主提供的住宿和食物价格合理，并且费用不会自动从工人工资中扣除；

（e）为移民女工进入劳动力市场提供便利，并为其提供培训方案以提高技能。

3. 助长剥削和导致人口贩运的需求

61. 抑制助长通过卖淫进行剥削和导致人口贩运的需求。

62. 落实针对潜在使用者的教育、社会或文化措施。

63. 通过以下方式预防和解决所有企业活动、公共采购和企业供应链中的人口贩运问题：

（a）对所有参与贩运人口的施害者进行调查、起诉和定罪，包括需求方的施害者；

（b）对于因强制性尽职调查法未得到遵守而受到损害的全球供应链中的工人，在业务所在国和公司组建所在国的法律中提供民事案由；

（c）鼓励企业和公共机构确保有工人及其代表参与的专门监管机构具备权力和资源，能积极调查并监测强制性尽职调查法的遵守情况，并处罚不予遵守的实体；

（d）开展和（或）资助提高认识运动，使消费者和顾客了解哪些产品和服务可能涉及剥削性劳动，包括不道德的招聘做法和奴役行为，以及在哪里可以举报嫌疑犯罪活动。

64. 通过有效监管提供器官匹配无偿服务的组织，尽可能解决捐赠者等待时间的问题，监测医院是否开展非法移植活动并发现秘密临时手术室，宣传贩卖的移植器官导致的健康风险，抑制对器官贩运的需求。

4. 冲突和人道主义紧急情况

65. 将妇女和女童遭到贩运（包括性剥削）的现有风险和新风险因素纳入减轻冲突和灾难风险、备灾和应对计划，确保向她们提供全面保护和援助。

66. 解决流离失所家庭成员的脆弱性问题，包括经济无保障、获得优质教育和生计以及合法身份证件的机会、关于性别角色的陈规定型观念、有害的"男子气概"和不平等的权力关系、对家庭荣誉的看法，以及流离失所女童尤其容易遭到以性剥削为目的的贩运。

67. 防止在流离失所妇女和女童居住的任何场所发生贩运和性剥削，包括为此培训这些场所的工作人员识别潜在受害者；通过提供单一性别的住所和设施、警察（包括女警察）在区域内的巡逻、提供充足照明和卫生设施、在妇女和女童生活的附近地区建立资源中心，确保妇女和女童的安全。

68. 根据国际人权标准，对贩运和性剥削、强迫劳动、奴役、类似奴隶制的做法采取零容忍政策，具体对象包括国家武装部队、维和部队、边境警察、移民官员以及国际组织和国际民间社会组织的人道主义人员和其他工作人员等。

69. 确保在人权遭到侵犯的情况下能够诉诸申诉程序和补救机制。

70. 解决武器特别是小武器和非法武器国际转让对不同性别造成的不同影响，包括为此批准和实施《武器贸易条约》。

5. 在贩运中使用数字技术

71. 要求社交媒体和通信平台公司对使用其服务的妇女和女童暴露于人口贩运和性剥削风险承担责任。要求这些公司界定相关的控制措施，以减轻这些风险，并建立适当的治理结构和程序，使其能够作出应对，并向有关当局提供所需层面的信息。还要求公司利用自身在大数据、人工智能和分析方面的现有能力，识别任何可能导致贩运的模式，并查明各当事方，包括需求方。

72. 缔约国应呼吁现有的数字技术公司提高透明度。与此同时，缔约国应致力于以所披露的用户信息（包括实益所有人、订购客户、与交易相关的服务或商品）为基础，启动并创建电子货币使用平台，例如，可将这作为中央银行系统的一部分。确保反洗钱法律得到有效实施，以遏制使用基于用户匿名制的电子货币。

73. 在冠状病毒病疫情期间及之后，积极主动地发现制作网上性虐待材料的情况；与技术公司合作开发检测在线招聘并识别人贩子的自动工具；加强公私部门之间的伙伴关系，以解决疫情导致的此类犯罪增加的问题。

74. 呼吁在数字互动平台之间共享信息，以促进打击人口贩运和性剥削方面的国际合作，并协助开展执法工作。改进数据收集，确保数据保持更新，并提供可靠的信息共享。

6. 提高认识

75. 向公众，特别是处境不利的妇女和女童、生活在边远和边境地区的妇女和女童以及在途中或目的地的妇女和女童提供准确信息，说明她们的权利以及为何和如何避开人口贩运者，包括为此清楚了解社区风险因素以及社区成员在保护自己和他人免遭贩运、特别是在移民背景下免遭贩运所面临的障碍，在此基础上开展基于证据、易于理解的宣传运动，以便人们在感到可能面临贩运或剥削风险时，辨认并报告潜在贩运者，并能够向服务提供方求助。

B. 维护受害者的权利

1. 识别受害者

76. 处理打击贩运工作造成的不利附带影响，确保无辜妇女和女童不被任意逮捕、虐待或诬告,特别是属于边缘群体的妇女和卖淫妇女,包括在执法当局为瓦解贩运网络而进行突袭的过程中。

77. 制定符合国际标准的国家准则并定期更新,以便尽早识别受害者或推定受害者、向其提供服务并将其转介,纳入以权利为基础、以受害者为中心、适龄、敏感对待性别问题、体察心理创伤的做法,并由所有相关的国家和非国家行为体在国际边界和缔约国全境统一适用。

78. 由包括所有相关领域专业人员的跨部门小组开展确认受害者或推定受害者身份、为其提供援助转介的工作,小组的构成可根据案件具体情况加以调整,不应完全由执法或移民当局领导,也不应与刑事诉讼的启动或结果挂钩,而是应以受害者和潜在受害者个人和社会方面的脆弱性为出发点。

79. 向所有相关领域的专业人员提供经更新的统一培训,内容包括贩运妇女和女童以及对其不同形式剥削的原因、后果和发生情况,关于确认受害者身份、提供服务和转介制度的国家准则的内容和如何有效执行,以便在受害者知情的情况下征得其同意后,协助对包括非本国国民在内的受害者进行安全、保密和非歧视性的筛查和转介。

80. 加强医疗系统对面临贩运风险的妇女和女童以及贩运受害者的早期识别和干预能力,无论她们的移民身份如何,确保她们可以保密、安全地获得参照国际标准、体察心理创伤、以幸存者为中心的免费医疗。

81. 与民间社会组织合作,包括加强其人力、技术和财政资源,以确保贩运受害者尽早得到识别、援助和保护,包括通过流动小组开展工作,并提供安全披露程序和安全空间,尤其是针对收留、登记或拘留流离失所和移民妇女和女童的地点。

82. 评估国家法律和政策框架的影响,特别是在移民、庇护、劳工、保健、教育和社会保障框架对贩运受害者的适用方面,以确保这些框架不会对受害者的身份确认、援助、保护、融入社会和重返社会产生不利影响,也不会增加妇女和女童遭受贩运、再贩运、拘留、强迫返回或其他伤害的风险。

83. 处理阻碍受害者寻求援助的因素,包括为此在移民执法、刑事司法系统以及所有照护和支持服务之间建立防火墙,确保贩运受害者和易遭贩运者能够安全地前往有关当局,而不必担心因与成为贩运受害者有关的移民、劳工或其他方面的罪行而面临被起诉、惩罚、拘留或驱逐出境等负面后果。

2. **其他保护框架的应用**

84. 加强边境管制、执法、儿童保护和社会保障当局、非政府组织之间的跨境协作、协调和知识交流,为流离失所和移民妇女和女童提供适当、充足的接待设施和服务,在海陆空边境抵达安排中敏感对待性别问题和心理创伤,包括提供安全住所和妥善对待,同时考虑到需要熟练人员充分筛查和识别贩运活动的潜在受害者,并确保采取必要措施满足贩运受害者的具体保护需求,包括获得领事保护。

85. 确保在国际边界采取的所有治理措施,包括旨在应对非正常移民问题和打击跨国有组织犯罪的措施,都符合不推回原则以及禁止任意和集体驱逐原则。

86. 对警察、移民和边境管制官员等执法人员、在面临"困境移民"和流离失所及面临这种风险的妇女和女童所在地区及周围工作的专业人员进行能力建设并协助定期更新为其提供的培训,让其认识到自己对充分保护此类妇女和女童发挥的作用,为此制定程序,以识别可能的贩运受害者,包括涉嫌与非国家武装团体有关联或从非国家武装团体控制地区返回的人。

87. 将尽职调查框架应用于跨部门小组进行的风险评估,以识别被贩运妇女和女童,使其权利免遭更多侵犯,包括为此:

(a) 使无国籍妇女和女童有机会进入无国籍地位确定程序,给予她们法律地位和保护,包括保护她们不被强制返回原籍国;

(b) 建立庇护程序与贩运保护制度之间的定期协调程序,以便在确认同时存在这两种情况时,妇女和女童不仅能获得难民身份,而且能作为贩运受害者或潜在受害者获得保护;

(c) 对涉嫌违反国家劳工法、移民法或刑法以及被关押并剥夺自由的流离失所和移民妇女和女童进行筛查,特别是在无证移民拘留中心;

(d) 建立指标,以识别受武装冲突影响地区的被贩运妇女和女童,特别是被性剥削的妇女和女童,以确保贩运受害者不会被错误地拘留或面临驱逐出境程序;

(e) 向包括武装冲突人口贩运受害者在内的难民提供将其案件记录在案的选择权,以便将来采取法律行动,追究贩运者的责任。

88. 认识到在具体案件中,贩运妇女和女童可被视为性别迫害,因此,受害者或潜在受害者应被告知并切实享有获得公平、高效、体察心理创伤和明确的庇护程序的权利,在这一过程中不受歧视、不受任何先决条件的限制,不论其原籍国和进入缔约国的方式如何,也不论是否参与了刑事诉讼程序。应根据《关于难民地位的公约》,依照联合国难民事务高级专员公署国际保护准则第1号(与性别有关的迫害)、第7号(贩运受害者和面临贩运风险者)、第8号(儿童庇护申请)和第9号(性取向和性别认同),解释识别迫害受害者的依据。

89. 缔约国有义务保护贩运受害者，特别是妇女和女童，使其免于再次受害，包括为此：

（a）在以下情况下，确保贩运受害者受到保护，不被强制遣返回原籍地：

㈠对于担心被重新贩运或遭受污名、威胁、恐吓、暴力或报复的受害者而言，这不是恰当的持久解决办法；

㈡他们可能面临迫害和（或）生命权被侵犯或违反酷刑禁令的情况；

（b）保护贩运情况下出生的儿童免于再次受害和蒙受污名，包括为此澄清和确保无证件儿童的法律地位，提供全面支持，并确保这些儿童不与母亲分离。

90. 面临被再次贩运风险的女童不应被送回原籍国，除非这符合她们的最佳利益，并在这种情况下为保护她们采取适当措施，包括进行风险和安全评估以确保安全返回，在返回国为其提供长期支持以重新融入，包括提供医疗保健、教育和（或）职业培训的机会，以及防止她们被歧视和再次贩运。

91. 改善与接收国的合作，通过标准化流程以及参与当局和官员之间的有效沟通，确保被贩运到国外的公民和永久居民被自愿遣返到他们希望返回的地方，确保接收国遵守保护和援助贩运受害者的国际标准。

3. **不作刑事定罪和不设前提条件**

92. 基于人权和人道主义理由，向被贩运妇女及其受扶养人提供获得免费法律援助的机会，在其等待正式身份确认期间，在可能的情况下提供反思和恢复期以及居留证，使她们能够参与恢复和重新融入措施，这些措施必须具有包容性、易于获得，并且不以参与刑事司法程序或对贩运者定罪为条件，包括以个性化、敏感对待性别问题和儿童、体察心理创伤的方式提供适当的应急和长期住所、社会福利、教育和就业机会、高质量的医疗服务（包括性健康和生殖健康服务和心理咨询）、免费发放的官方身份证件、家庭团聚措施和必要庇护程序。向女童受害者发放符合其最佳利益的无限期居留证，以使其获得可持续、长期安全的持久解决办法。

93. 在收容所和危机中心内，使性暴力和强迫卖淫受害者能够立即获得数量充足、资金充分、设备齐全的住所和独立单元，这些住所和独立单元安全、无障碍、适合被贩运妇女和女童，包括带着孩子的妇女，并配备受过专门培训的工作人员，专注于根据标准作业程序向受害者提供量身定制的援助，确保她们以保密的方式获得有尊严的待遇。

94. 确保在知情和自愿的基础上为所有受贩运影响的妇女提供援助服务和融入社会方案，不违背受害者或其子女的意愿，将其强制收容或留在收容所或

"康复"项目中,或对其实施强制保护性拘留,包括为证人作证目的。在出于安全考虑而限制妇女行动自由的例外情况下,这种限制措施应限于可能的最短时间内。

95. 支持帮助被贩运妇女和女童重返社会和融入社会的社区方案,包括提供安全、负担得起的独立住所,在国家机构为受害者提供工作配额,将受害者列入获得社会方案和免除拖欠税款的优先群体名单。

96. 确保将保障儿童最高利益的原则作为涉及所有遭贩运女童(包括非国民)的决策时首要考虑的因素,确保尊重她们表达意见的权利,保证她们有机会获得与发育情况和年龄相适应的综合、跨部门保护和支持服务,包括个性化案件管理,追踪孤身和离散儿童的家人并使其与家人重新团聚,确保儿童永远不会被刑事定罪或拘留。仅在万不得已的情况下进行年龄评估,评估方式应跨学科、在科学上和文化上适当、敏感对待儿童和性别问题,并且对所有孤身或离散女童的评估应由有资格的监护人监督。

97. 消除对遭贩运和性剥削妇女和女童(特别是移民)的偏见和歧视,为此为负责提供援助和保护服务的个人提供体察心理创伤、敏感对待性别问题和儿童的培训,培训对象包括相关地方和国家当局、儿童保护机构、使领馆、雇主、公私招聘机构,以及警察、边防人员、移民人员、劳动监察员、社会工作者和保健服务提供者。

98. 确保所有遭受贩运的妇女和女童无一例外不受逮捕、指控、拘留、起诉或处罚,不因无证进入过境国和目的地国或在其境内逗留而受到惩罚,或因参与非法活动而受到惩罚,只要这种参与是作为贩运受害者境况导致的直接后果。非惩罚原则必须:

　　(a) 载于立法,并通过适当培训加以实施,以确保响应人员能够识别贩运受害者并提供上述豁免;

　　(b) 不强迫受害人提供证据或证词,以换取免于起诉、补偿或服务;

　　(c) 为贩运受害者提供追索权,在因遭到贩运而直接导致犯罪并被定罪的情况下,清除其犯罪记录。

4. 对权利和法律援助的知情权

99. 向所有妇女和女童以她们能够理解的方式提供容易获得的信息,说明她们根据《公约》及其任择议定书享有的权利、保护她们免遭贩运和剥削的法律规定、投诉侵犯这些权利的行为能获得的相应补救措施、如何获得这些补救、获得持续援助和保护的权利,包括通过全天候运作热线、在所有法律领域的司法和准司法程序中免费获得法律援助、咨询和代理。

5. 获得补救的权利

100. 提供便利,确保包括非公民在内的所有被贩运妇女和女童能诉诸有包容性、敏感对待年龄和性别问题的投诉机制和司法机制,为此提供程序便利和适龄措施,在她们的权利受到侵犯时为其提供寻求保护和补偿的有效途径,为其提出投诉创造适当条件,而不必担心被报复、逮捕、拘留或驱逐出境。

101. 确保被贩运妇女和女童有法律上可执行的权利,通过刑事、民事和劳动法庭以及行政诉讼程序获得可负担、可获得的及时补救办法,包括获得赔偿、补发工资和其他有针对性赔偿的权利,确保这些赔偿不以没收贩运者的资产为条件,并根据国内法为受害者规定的条件予以保障。作为犯罪受害者获得的赔偿不应影响受害者接受的社会援助或其他国家方案提供的社会援助。

C. 敏感对待性别问题的法庭程序

102. 确保在行政和司法程序,包括拘留和驱逐程序中向所有被贩运妇女和女童提供公平审讯和正当程序,确保她们在整个审讯过程中得到倾听、告知和询问,并有机会获得体察心理创伤、符合文化特点、敏感对待性别和年龄问题的适当措施、支持和保护,使她们能够指证其贩运者。

103. 保障被贩运女童的隐私权;确保持续向她们提供信息,确保她们能够行使表达意见的权利。保障她们在法庭诉讼中获得特别保护的权利,为此提供敏感处理儿童问题的专门法律援助,简化作证程序,防止增加心理创伤,包括为此任命受害人权益倡导者、社会工作者或法定监护人。

104. 为有效实施被贩运妇女和女童及其家庭成员、证人和线人的保护制度提供资金和支持,以便在诉讼程序期间和之后防范贩运网络的威胁和报复,包括为此提供证人保护方案、基于需要的法院程序以及为非公民及其受扶养人发放临时居留证,无论她们是否配合起诉。

105. 及时调查、起诉和适当惩罚直接参与贩运者以及在处理或预防贩运方面疏忽大意者,包括涉嫌腐败的政府官员和私营部门成员,确保施加的处罚与犯罪的严重程度和犯罪者的责任程度相当。

106. 确保有效起诉和适当惩罚贩运妇女和女童者,为此为所有法院官员和支持人员设计、执行和定期评估多部门能力建设方案,使他们能够以体察心理创伤、敏感对待年龄、性别和文化问题、以人权为本的方式适用打击贩运人口的立法和对待受害者。

107. 鼓励缔约国将其刑事司法和司法合作系统化,包括与妇女和女童贩运的来源国、过境国和目的地国统一在司法互助、引渡、没收和返还犯罪所得方面的法律程序。

108. 建立跨机构调查小组并提供充足资源,以追踪贩运妇女和女童所产生的资金流动,并将没收的所有此类犯罪行为所得重新分配给受害者,作为对她们所遭受侵犯人权行为的补偿。

D. 数据收集以及立法、政策和体制框架

109. 在反贩运、移民和发展从业人员、国际组织以及以妇女和女童为重点的民间社会利益攸关方(包括受贩运和/或打击贩运措施影响的群体组成的社区组织)之间建立伙伴关系,系统地收集、交流、分析和发布数据,以了解贩运妇女和女童的趋势,实施有针对性、基于证据的预防战略,加强向受害者及时提供促进性别平等、基于人权和需求的援助,并确保受害者得到保护和赔偿。

110. 在国家法律允许的情况下,根据可持续发展目标指标 16.2.2,按所有被认为相关的参数,包括性别、年龄、残疾状况、族裔、国籍、移民身份、所在地、社会经济地位和被剥削形式,收集贩运受害者和施害者的细分数据。

111. 所有收集、存储、共享或传播数据的措施都必须以合法、符合道德规范的方式进行,并遵守有关隐私和保密的国际标准。

112. 通过并实施以受害者为中心、敏感对待儿童和性别问题的打击人口贩运全面立法,在所有层级的管辖区域提供将贩运人口定为刑事犯罪的统一办法,确保此类立法:

(a) 完全符合国际人权标准,包括《公约》、本一般性建议、《禁止贩运人口议定书》和适用的区域文书;

(b) 明文规定受害者同意不构成贩运人口的有效抗辩理由;

(c) 在其他国家法律尚未处罚以下行为的情况下,打击童婚、强迫和奴役婚姻、家庭奴役、债役、农奴制、乞讨、强迫或强制劳动、奴隶贸易、奴役、性剥削和商业性剥削、虐待性代孕和买卖儿童、贩运器官、组织和细胞(包括贩运人体卵细胞)、强迫犯罪等目的的贩运;

(d) 应对当代贩运手段,如使用信息和通信技术,包括社交媒体;

(e) 促进资产调查,将这作为打击人口贩运的关键工具;

(f) 得到制定、实施、监测和评价,以评估其影响,并使受人口贩运影响的妇女和女童积极参与其中。

113. 通过注重成果、以证据为导向、促进性别平等、以权利为基础、以受害者为中心的打击贩运人口全面国家行动计划,确保该计划:

(a) 符合联合国人权事务高级专员办事处建议的人权与贩运人口问题、弱势移民问题和国际边界人权问题原则和准则;

（b）与关于性别平等、打击暴力侵害妇女行为、妇女与和平与安全、移民和庇护管理以及可持续发展的国家行动计划保持一致；

（c）得到充足资金和定期评估。

114. 建立国家转介机制，以协调所有相关国家政策，使其保持一致，确保对打击贩运妇女和女童采取基于人权的有效方针，确保通过资金充足的专门秘书处使该机制得以运作，秘书处负责协调相关地方和国家当局（包括移民、庇护和劳工官员）、国家人权机构、私营部门、参与打击贩运妇女和女童的民间社会组织之间的清晰信息管理和协调架构，以制定共同对策，包括概述相关法律义务、转介程序、作用和责任的全面标准作业程序。

115. 设立独立的人口贩运问题国家报告员，跟踪和报告促进性别平等、增强妇女权能的打击人口贩运变革性战略的进展情况。

E. 传播和报告

116. 委员会强调，需要根据《2030年可持续发展议程》、《北京宣言》和《行动纲要》执行情况25周年审查提出的建议，加快落实《公约》的所有条款，以此在妇女行使自主权和自决权方面促生变革性、根本性的变化。

117. 委员会建议缔约国在根据《公约》提交的定期报告中提供资料，说明在打击贩运工作中为促进和保护妇女和女童人权而实施的战略。

118. 邀请联合国专门机构和人权理事会特别程序在审查缔约国定期报告的背景下，向委员会酌情提供涉及具体国家和区域的资料，说明在全球移民的背景下妇女和女童遭受贩运和性剥削的情况，以及所采取的保护和恢复措施。

119. 鼓励缔约国在向其他机制的报告中，说明为落实促进性别平等、增强妇女和女童权能的打击贩运变革性对策而制定的战略，包括在人权理事会普遍定期审议进程、可持续发展高级别政治论坛、《安全、有序和正常移民全球契约》以及《联合国打击跨国有组织犯罪公约》及其各项议定书实施情况审议机制的背景下。

120. 本一般性建议应翻译成当地语言，并向政府所有部门、民间社会、媒体、学术机构、妇女、女童和移民权利组织、私营部门和金融机构广泛传播。

F. 批准或加入条约

121. 鼓励缔约国批准或加入下列文书：

（a）《消除对妇女一切形式歧视公约任择议定书》；

（b）《联合国打击跨国有组织犯罪公约关于预防、禁止和惩治贩运人口特别是妇女和儿童行为的补充议定书》以及该公约《关于打击陆、海、空偷运移民的补充议定书》；

(c)《儿童权利公约关于买卖儿童、儿童卖淫和儿童色情制品问题的任择议定书》；

(d)《保护所有移徙工人及其家庭成员权利国际公约》；

(e) 国际劳工组织管理劳工移民和保护移民工人的劳工权利框架：

㈠《2011年家庭工人公约》（第189号）和《2011年家庭工人建议书》（第201号）；

㈡《2019年暴力和骚扰公约》（第190号）；

㈢《1930年强迫劳动公约》（第29号）及其议定书、《1957年废除强迫劳动公约》（第105号）、《2014年关于禁止强迫劳动的补充措施建议书》（第203号）；

(f)《关于难民地位的公约》及其议定书、《关于无国籍人地位的公约》和《减少无国籍状态公约》；

(g)《禁奴公约》和《废止奴隶制、奴隶贩卖及类似奴隶制的制度与习俗补充公约》；

(h)《禁止贩卖人口及取缔意图营利使人卖淫的公约》。

122. 敦促缔约国批准《关于难民和移民的纽约宣言》和作为其附件的《安全、有序和正常移民全球契约》及全球难民契约。

《消除对妇女一切形式歧视公约》导读

后 记

在本书的编写和试用过程中，我们自始至终得到了很多机构和人士的帮助和支持，他们是：联合国妇女署、联合国儿童基金、全国妇联原国际部、全国妇联妇女研究所、中华女子学院、山东女子学院、湖南女子大学、黑龙江省妇女研究所、云南省妇女儿童工作委员会办公室等，以及 Pramila Patten、Reya Abada Chiongson、张亚丽、马雷军、高涛、段国辉、宋文艳、赵红菊、何淑文、张颖、王羿、陈婷婷、戴瑞君、龚新玲、白桂梅、郭砾、贺燕蓉、徐国平、张兆田、刘晓丹、刘叶等，在此深表谢意。特别感谢联合国消除对妇女歧视委员会前委员邹晓巧为此投入的心血与专业指导，感谢我们的助手或同事靳世静、王庆红、范思贤和我们一起日日夜夜的工作，以及为此做出的一丝不苟的努力；也衷心感谢奥斯陆大学挪威人权研究中心对本书的资助。

刘伯红　刘小楠
2021 年 12 月 31 日

声　明　1. 版权所有，侵权必究。
　　　　2. 如有缺页、倒装问题，由出版社负责退换。

图书在版编目（CIP）数据

《消除对妇女一切形式歧视公约》导读/刘伯红，刘小楠编著.—北京：中国政法大学出版社，
2022.9
ISBN 978-7-5764-0554-5

Ⅰ.①消⋯　Ⅱ.①刘⋯②刘⋯　Ⅲ.①妇女－人权－国际条约－研究　Ⅳ.①D440

中国版本图书馆CIP数据核字(2022)第142318号

书　　　名	《消除对妇女一切形式歧视公约》导读 Xiaochu Dui Funü　Yiqie Xingshi Qishi Gongyue Daodu
出　版　者	中国政法大学出版社
地　　　址	北京市海淀区西土城路25号
邮寄地址	北京100088 信箱8034分箱　邮编100088
网　　　址	http://www.cuplpress.com（网络实名：中国政法大学出版社）
电　　　话	010-58908435(第一编辑部) 58908334(邮购部)
承　　　印	固安华明印业有限公司
开　　　本	720mm×960mm　1/16
印　　　张	22.5
字　　　数	404千字
版　　　次	2022年9月第1版
印　　　次	2022年9月第1次印刷
印　　　数	1～3000册
定　　　价	69.00元